Die Geschichte des modernen Subjekts

AF211980

Waxmann Verlag GmbH
Steinfurter Straße 555, 48159 Münster
info@waxmann.com

Interaktionistischer Konstruktivismus

herausgegeben von
Kersten Reich und Stefan Neubert

Band 6

Waxmann 2008
Münster / New York / München / Berlin

Claus Dahlmanns

Die Geschichte des modernen Subjekts

Michel Foucault und Norbert Elias im Vergleich

Waxmann 2008
Münster / New York / München / Berlin

Bibliografische Informationen der Deutschen Nationalbibliothek
Die Deutsche Nationalbibliothek verzeichnet diese Publikation in der
Deutschen Nationalbibliografie; detaillierte bibliografische Daten sind
im Internet über http://dnb.d-nb.de abrufbar.

Interaktionistischer Konstruktivismus, Bd. 6

ISSN 1612-6572
ISBN 978-3-8309-1986-5

© Waxmann Verlag GmbH, 2008
Postfach 8603, 48046 Münster

www.waxmann.com
info@waxmann.com

Umschlaggestaltung: Pleßmann Kommunikationsdesign, Ascheberg

Gedruckt auf alterungsbeständigem Papier, säurefrei gemäß ISO 9706

Für Line

Inhalt

Vorwort von Kersten Reich 13

Einleitung 19

Teil I: Das Subjekt im Werk Michel Foucaults

1.   Die „Archäologie des Wissens" 24

1.1   Das Subjekt des Wissens 26
1.1.1   Die Geburt des Menschen 30
1.1.1.1 Das Empirische und das Transzendentale 33
1.1.1.2 Das Cogito und das Ungedachte 36
1.1.1.3 Das Zurückweichen und die Wiederkehr des Ursprungs 37
1.1.1.4 Der anthropologische Schlaf 38
1.1.1.5 Die Humanwissenschaften 39
1.1.2   Dezentrierung des Subjekts 45
1.1.3   Aporien der Archäologie des Wissens 50

2.   Eine genealogische Analytik von Macht und Wissen 56

2.1   Ein neues Analyseschema 58
2.1.1   Produktivität der Macht 60
2.1.2   Relationale und strategische Konzeption der Macht 64
2.1.3   Technologien der Macht 66
2.1.3.1 Disziplinarmacht 67
2.1.3.2 Bio-Macht 69
2.1.4   Widerstand 71

2.2   Das Subjekt der Macht 73
2.2.1   Das Disziplinarsubjekt 73
2.2.2   Das Geständnissubjekt 80
2.2.3   Resümee 89

3.   Gouvernementalität oder: Die Regierung der Individuen 98

3.1   Macht, Herrschaft, Regierung 102

3.2   Selbst- und Machttechnologien 107

4. Die „Geschichte des Subjekts" 112

4.1 Die Geschichte der Selbstsorge oder: Vom Selbst zum Subjekt 119

4.2 Die „Genealogie des Begehrensmenschen" 128
4.2.1 Die klassisch-griechische Ästhetik der Existenz:
Ethik der Selbstbeherrschung 128
4.2.2 Die hellenistisch-römische Ethik: Die „Kultur seiner selber" 133
4.2.3 Moral und Ethik im Christentum: Die „Hermeneutik des Begehrens" 135
4.2.4 Reaktualisierung einer Ästhetik der Existenz? 141

4.3 „Was ist Kritik?" oder: „Ethik als Praxis der Freiheit" 145

4.4 Foucault in der deutschen Pädagogik 149

Teil II: Foucault und Elias im Vergleich

1. Die Genese des „homo clausus" 157

2. Soziologischer Realismus versus historischer Nominalismus 166

2.1 Epistemische Modelle 166
2.1.1 Repräsentationalismus versus Antirepräsentationalismus 169

2.2 Symboltheorie versus Diskursanalyse 172
2.2.1 Wissen, Macht und Wahrheit 182
2.2.2 Eine „Geschichte der Wahrheit" oder:
Zwischen Kontinuität und Diskontinuität 185

2.3 Die „Ethik des Intellektuellen" oder der Anspruch des Historikers 187

2.4 Beobachter, Teilnehmer und Akteur 193

3. System versus Subjekt 198

3.1 Der Teilnehmer in der archäologischen Diskursanalyse 198

3.2 Der Beobachter in der genealogischen Machtanalyse 203

3.3 Das Subjekt als Akteur 204

3.4 Foucault – Elias 207
3.4.1 Figurationen 207
3.4.2 Der „soziale Habitus" 209
3.4.3 Selbsttechniken und Selbstkontrolle 211

4. Genealogie versus Genese des Subjekts 214

4.1 ‚Psycho-Logiken‘ als Zwangsmodelle? 214

4.2 Selbstzwang versus Selbstreg(ul)ierung 220

4.3 Die Erfahrung des Anderen 228

5. Anstatt eines Schlusswortes: Ein Ausblick 235

Literatur 247

Sigelverzeichnis für die Zitierung Foucaults 247

Arbeiten Foucaults 249

Sonstige Literatur 252

Danksagung

Danken möchte ich meinem Doktorvater Kersten Reich für die vielfältige Unterstützung und Anschubmotivation, die dieses Projekt erst ins Rollen gebracht hat; Johannes Wickert für viel Inspiration und Idealismus; Wolf-Dietrich Bukow für eine kritisch-konstruktive Würdigung meiner Arbeit; der Universität zu Köln für die Gewährung eines Graduiertenstipendiums; meinem Doktorandenkolloquium für die Begleitung des gesamten Arbeitsprozesses, die über das Erwartbare weit hinausging; allen Freunden, die mein Freizeitleben während der Promotionszeit aufrechterhalten haben; Friedel Tholen dafür, dass er die Mühen der Endkorrektur auf sich genommen hat; meinen Eltern, auf die ich auch bei diesem Vorhaben immer zählen konnte, und Kerstin sowieso.

Vorwort von Kersten Reich

In den neueren kultur- und sozialwissenschaftlichen Diskursen sind die Arbeiten Michel Foucaults nicht nur wegweisend wegen der Analysen des zuvor oft übersehenen oder nur oberflächlich begründeten Zusammenhanges von Machtverhältnissen in Praktiken, Routinen und Institutionen der Kultur und Gesellschaft geworden, sondern auch wegen der wissenschaftlichen Selbstreflexion, die die Methodologie seines Herangehens und ihre Bedeutung für die Ordnungen von Diskursen betreffen. Hier ist Foucault, der aus Strömungen des Marxismus und Strukturalismus inspiriert wurde, der zugleich einen sehr eigenen Wandel, vermittelt über eine Vielzahl weiterer Quellen, vollzog, zu einer Schlüsselstelle in der Wende der Diskurse hin zu einer Abkehr von zu einfachen Widerspiegelungstheorien marxistischer oder realistischer Art geworden. Er trägt zu einer Abwehr funktionalistischer Vereinfachungen ebenso bei wie zu einer Negation bloß individualistischer oder empirisch deskriptiver Modelle, die eine Analyse des Hintergrundes und der Voraussetzungen ihrer Diskurse selbst verweigern. In dieser Schlüsselrolle ist Foucault heute für alle Kultur- und Gesellschaftstheorien zu einem wesentlichen Bezugspunkt geworden, um die eigene Position zu bestimmen. Dies gilt auch für sozial-konstruktivistische Ansätze, denen sich Claus Dahlmanns mit seinem Bezug auf den interaktionistischen Konstruktivismus verpflichtet weiß. In „Die Ordnung der Blicke" habe ich daher bereits gezielt auf Foucault Bezug genommen, um insbesondere zu zeigen, wie Foucaults Beschreibung in „Die Ordnung der Dinge" uns diskursiv dazu zwingt, eine Beobachtertheorie als diskursiven Rahmen zu entwickeln, die hilft, den Wandel unseres Verständnisses über Beobachtung und Teilnahme, über Teilnahme und Aktionen neu zu überdenken. Für Foucault hat sich im Verlauf der Geschichte die repräsentative Ordnung der Dinge als Wissen differenziert, in Wissenschaften institutionalisiert und ist als Schulwissen in disziplinierender Hinsicht in die Bemühungen zurückgekehrt, um für richtiges Blicken bei den Heranwachsenden zu sorgen. Solche Sorge ist von Ausschließungen begleitet, von dem Wahn eines Diskurses, der sich selbst als positiv und empirisch abgesichert gegenüber allem wähnt, was an ihm bestritten werden könnte. Er lebt in Klassifikationen, in Auf- und Unterteilungen von Wirklichkeit, im Erscheinen von Disziplinarmächten, um das zu repräsentieren, was als Ordnung der Dinge „wirklich" ist. Aber die Wirklichkeit, die hier repräsentiert wird, ist brüchiger als die Handelnden selbst übersehen. Die Repräsentation hatte über die letzten Jahrhunderte nicht die Kraft, in den unterschiedlichen Bereichen des Blickens ihre endlosen Ketten, Zerlegungen, Spezialisierungen wieder zu vereinigen, um sich als Tableau des Blickens zu rechtfertigen. Gegen Ende des 18. Jahrhunderts wurde – insbesondere in der Naturgeschichte, der Theorie des Geldes und Wertes und der Sprache: also in den Beobachterbereichen Leben, Arbeit und Sprache – erkennbar, dass es gegenüber den Repräsentationen eine Art Hinterwelt geben musste, die Foucault uns zu entdecken half. Die verborgene Architektur, die in der Repräsentation eingeschlossen ist, wird zu einem Thema des wissenschaftlichen Diskurses, der jedoch keine universelle Antwort mehr finden kann, sondern in den möglichen Antworten die eigene Dekonstruktion der Antwortmöglichkeiten mit zu bedenken hat. Der Ordnungsraum der Moderne verändert hierbei die Tableaus der Wahrheit, indem er sie als zeitliche Abfolge, als Stückwerk einer arbeitenden Subjektivität, als Zerrissenheit eines Bewusstseins wiedergibt, das sich die

Wirklichkeit und sein Wissen hierüber aus dem Grund seiner Geschichte und Traditionen anzueignen bemüht, so dass ein Riss zwischen die Dinge „da draußen" und dem Wissen dieses Subjekts getreten ist. So wird die Identität zwischen Dingen und Menschen gespalten, zerrissen, um die Repräsentationen zu verändern: Die Dinge „da draußen" und der Mensch scheinen in eine Koexistenz zu treten. Diese Koexistenz, so argumentiert Foucault, erscheint in den Repräsentationen als radikale Endlichkeit des Menschen, die ihm das verheißungsvolle Ergebnis der Repräsentation als eine Art Einheit seines Denkens und Wissens vom Grunde aus entreißt und verunmöglicht.

Mit der Brüchigkeit der Repräsentationen werden die Subjekte grundsätzlich verunsichert. In den wissenschaftlichen Diskursen benötigen sie neue Vergegenwärtigungen, die jedoch dann naiv werden, wenn sie diesen Wandel übersehen. Ein möglicher Weg damit umzugehen ist es, die Subjektivität als neue radikale Kraft in den Diskurs einzuführen. Dieser Weg, wie ihn etwa radikale Konstruktivisten beschreiten, ist für Foucault in all seinen unterschiedlichen Ausprägungen jedoch ein Irrweg, weil er den Verlust des Ursprunges unseres Wissens mit dem Resultat kulturbezogenen Wissens verwechselt, das keinesfalls bloß zufällig, beliebig oder arbiträr gedacht werden kann. Hier sind es insbesondere die „Machtfallen", wie ich in „Die Ordnung der Blicke" beschrieben habe, die uns zeigen, inwieweit die Endlichkeit der Repräsentationen zugleich in eine Wirksamkeit auf Zeit verwandelt werden, die zu übersehen in naive Gesellschafts- und Subjektivitätsbilder führen würde.

Der interaktionistische Konstruktivismus schließt deutlich an Foucault an. Foucault steht hier programmatisch für eine Denkweise, die man teilweise gerne als Postmoderne charakterisiert. Ihr kommt dabei einerseits die Freiheit dieser Lebensform zu, die alle möglichen Perspektiven zulässt, das heißt aber auch keine bestimmten Blicke und Perspektiven mehr vorschreiben oder untersagen kann, obwohl sie andererseits bestimmte Interessen und Machtverhältnisse, die in dieser angeblichen Freiheit durchgesetzt werden, umfassend zu analysieren versucht. Deleuze sieht dabei in der Philosophie immer noch jene Disziplin, die die Arbeit von Intellektuellen inspirieren kann. Sie erfindet Begriffe. Sie ist im Grunde eine konstruktive Form der Auseinandersetzung mit Wirklichkeit, ein Arbeitsfeld, das Begriffe schafft und Konzepte kreiert. Sie ist, so setze ich hinzu, ein Feld der Beobachtungen auf einer sehr allgemeinen und methodologisch reflektierten Ebene. Mit Foucault verbindet einen Konstruktivismus, der dieses Wechselspiel als notwendigen diskursiven Rahmen in der Gegenwart akzeptiert, sowohl das konstruktive Spiel (das Foucault teilweise als Vorbereiter einer konstruktivistischen Denkweise zeigt) als auch die strukturelle Reflexion, die nicht alles in Subjektivität auflöst. Dieser methodologische Anspruch ist in der hier vorgelegten Arbeit von Claus Dahlmanns vorausgesetzt. Er soll daher kurz für die Begriffe umrissen werden, die auch maßgeblich in dieser Arbeit wieder erscheinen:

Seit der französischen Revolution und in Vermittlung durch die klassische deutsche Philosophie Kants, Fichtes und Hegels ist das Subjekt als ein Subjekt der Aufklärung differenziert erörtert worden. Dieses Subjekt wurde aus seinem kontemplativen, bloß beobachtenden Schlaf geweckt und in die Handlungen, die Welt der Aktionen, gestellt. Darin hat es bis heute eine Radikalisierung erfahren, weil und insofern es in allen Feldern der Handlung, in allen Praktiken der Lebensformen, in den Routinen als auch den Institutionen der Lebenswelt als Akteur, als zunehmend aktiver Teil gesehen wird. Dieses Primat des Akteurs wirkt auf allen Ebenen seines Handelns: In der Planung, in der Durchführung, in der Rechenschaft, die er sich über dies alles rational abzugeben hat, in der Zurechnungsfähigkeit, die ihm von anderen darüber ausgestellt wird. In der Moderne sagt man als Akteur deshalb nicht: „Ich bin bloß ein Subjekt, ich kann nichts dafür", sondern haftet für seine Subjektivität im Blick auf alle Handlungen. Mitunter reicht dies bis in die Selbstüberschätzung einer reinen Autonomie oder einer grenzenlos erscheinenden Freiheit.

Solche Autonomie und Freiheit aber ist immer begrenzt, weil jedes Subjekt als Akteur immer auch Teilnehmer ist: Von bestimmten Verständigungsgemeinschaften, von Gruppen und deren Interessen, in funktionalen Systemen, in bestimmten Strukturen, mit einem Habitus, mit Selbst- und Fremdzwängen, in bestimmten Kulturen, Nationen, Rassen, Geschlechtern usw. Mitunter scheint die Teilnehmerperspektive in der des Akteurs aufzugehen, oft aber fallen beide auseinander. Der Akteur wünscht sich seine Freiheit, aber als Teilnehmer wird er an Regeln gebunden. Der Akteur wünscht sich andere Beziehungen, aber Beziehungen unterliegen bestimmten Mustern. Der Akteur will sich einer Institution nicht unterwerfen, aber Institutionen bilden Strukturen der Teilnahme. Foucault ist ein wesentlicher Bezugspunkt, um diese Teilnehmerrolle kritisch zu reflektieren.

Wann immer wir Akteure, Teilnehmer oder eine Beteiligung mit oder gegen jemanden analysieren wollen, so tun wir dies aber auch als Beobachter. Hier scheint es mir berechtigt zu sein, von einem Primat der Perspektiven, die vor jeder „Ordnung der Dinge" liegen, zu sprechen. Wenn Akteure agieren, Teilnehmer sich in bestimmten Situationen befinden, Beteiligte zu bestimmen haben, in welchen Graden sie beteiligt sind, so können sie dies nur über die Vermittlung ihrer Beobachtungen tun, die sie sich bewusst machen. Dies geschieht entweder als Selbst- oder als Fremdbeobachter. Sofern eine Theorie nur Akteure, Teilnehmer oder Beteiligte zulässt, aber nicht ausdrücklich den Beobachter hierbei thematisiert, entsteht der Verdacht, dass diese Theorie meint, die beste und letzte Beobachterposition schon gefunden zu haben. Demgegenüber will der interaktionistische Konstruktivismus durch die Betonung des Verhältnisses von Beobachter und Beobachtung in jedem analytischen Einzelfall gerade dies vermeiden und die vorgängige Bedeutung von Perspektiven bei der Bestimmung dessen, was Akteure, Teilnehmer oder Beteiligte sind, möglichst umfassend thematisieren. Aus dieser Sicht betrachtet der interaktionistische Konstruktivismus jene Theorien kritisch, die diese Thematisierung verweigern.

Hier sind wir am Ausgangspunkt einer Fragestellung, die Foucault produktiv auf den konstruktivistischen Diskurs beziehen lässt. Wenn jeder Mensch sich in seiner Endlichkeit ein neuer Ursprung dessen wird, was in einem Zeitalter als Konstruktion von Wirklichkeit bereitsteht, dann bleibt über das Nach- und Nebeneinander solch subjektiver Ursprünge in ihrer Endlichkeit das Problem, mit der Unendlichkeit von Ursprüngen und Endlichkeiten umzugehen. Wenn dies als Problem anerkannt wird, dann erscheint nicht mehr nur das Subjekt als Konstrukteur seiner Objektivität, sondern die Ordnung dieses Konstruierens auch als Ordnung der Blicke: Das Subjekt als Beobachter von anderen und seiner selbst. Dann bedarf es auch einer Beobachtertheorie, um diese Ordnung zu thematisieren. Bei näherer Betrachtung der Werke Foucaults zeigt es sich, wie weit Foucault diesem Anspruch bereits entspricht. Claus Dahlmanns versucht deshalb, aus einer immanenten

Werkanalyse Foucault in verdichteter Form zu uns sprechen zu lassen, um aufzuzeigen, welche Selbstreflexion (als Ausdruck einer impliziten Beobachtertheorie) in diesen Diskursen selbst enthalten ist. Dabei fokussiert er auf das Subjekt und seine vielschichtigen Rollen und Veränderungen, um so die Perspektive auf Schlüsselprobleme zu beziehen, die für Kulturtheorien, Gesellschaftstheorien wie auch für Erziehungstheorien maßgeblich sind.

In Teil I rekonstruiert der Verfasser die Subjekttheorie Foucaults in vier sinnvollen Schritten. Diese Schritte entsprechen einer heute in der Foucault-Forschung üblichen Herangehensweise. Allerdings ist die Verdichtung auf das Thema der Rolle des Subjekts im Werke Foucaults in dieser Form neuartig und die Analyse eignet sich sehr gut als eine Einführung in das Thema. Claus Dahlmanns gelingt es, die Vielschichtigkeit und Differenziertheit der Werke Foucaults auf einen roten Faden hin zu reduzieren, ohne dass seine Darstellung zu vereinfachend oder bloß exemplarisch wirkt. So ist ein Text entstanden, der als elaborierte Einführung in das Thema ebenso gelesen werden kann wie als differenzierte Fragestellung in die engere gewählte Thematik. Da das Subjekt bei Foucault eine veränderte Stellung in den Werkphasen einnimmt, erweist sich das differenzierende Vorgehen als sehr günstige Perspektive, die Foucaults Ansatz systematisch umschreiben hilft und nicht vorrangig auf Machtaspekte (wie es in anderen Arbeiten geschieht) reduziert. Dieser Teil bleibt in seiner Intention einer immanenten Werkinterpretation verpflichtet, wenngleich der konstruktivistische Ausgangspunkt dem Verfasser die Freiheit eröffnet, das Werk in seinen unterschiedlichen Konstruktionen als deutlich variabel und unterschiedlich konfiguriert zu begreifen.

Teil II führt ergänzend zu Foucault Norbert Elias als einen weiteren Vertreter einer veränderten Sicht auf die Sozio- und Psychogenese des Menschen an. Auch hier steht „Die Ordnung der Blicke" als Ausgangspunkt der Fragestellung. Elias wurde von mir neben Foucault als ein Schlüsselautor herausgehoben, um kulturelle und zivilisatorische Veränderungen im Prozess der Moderne und in ihrer Bedeutung für Diskurse zu beschreiben. In „Die Ordnung der Blicke" wurden Elias und Foucault jedoch nur in ihrer Wirkung auf das konstruktivistische Denken beschrieben, ein systematischer Vergleich beider Ansätze unterblieb. Diese Forschungslücke schließt Claus Dahlmanns mit seiner Argumentation.

Dabei stellt er im zweiten Teil der Arbeit den Ansatz von Elias dar und bezieht ihn zugleich unmittelbar auf Foucault (und den ersten Teil seiner Arbeit). Die Subjektposition bei Elias wird kurz umrissen und dann in mehreren Schritten produktiv mit Foucault verglichen. Zunächst werden die unterschiedlichen Methodologien in ein Verhältnis zueinander gesetzt. Dieser Vergleich umgreift die epistemischen Modelle, einen Vergleich von Diskursanalyse und Symboltheorie, um dann für die konkreteren Phänomene wie Wissen, Macht und Wahrheit diskutiert zu werden. Die Rolle des Wissenschaftlers wird für beide Ansätze thematisiert. Hier werden Gegensätze erkennbar, die bis heute für viele Kämpfe in einer kultur- und sozialwissenschaftlichen Beschreibung von Subjektivität bedeutsam sind. Ein beobachtertheoretischer Vergleich aus interaktionistisch-konstruktivistischer Sicht schließt diesen Teil ab, indem der Verfasser zu beiden Positionen ein produktives Verständnis einnehmen kann und ihre Bedeutsamkeit mit- und gegeneinander thematisiert.

Aufbauend auf diesem Verständnis werden daran anschließend aus konstruktivistischer Sicht struktur- bzw. systemtheoretische und handlungstheoretische Positionen beider Ansätze miteinander verglichen, die als Rahmenkonzepte beider Ansätze fungieren. Dabei kommt Dahlmanns zu interessanten Einzelergebnissen. Schließlich werden die Genealogie und die Genese des Subjekts gegenübergestellt, die einen Vergleich der Konzeptualisierung des Subjekts auf einer konkreteren Ebene ermöglichen. Besonders im Kapitel über Selbstzwang versus Selbstreg(ul)ierung werden Unterschiede beider Positionen deutlich. Im Kapitel über die Erfahrung des Anderen wird ausdrücklich die Bedeutung der Intersubjektivität herausgearbeitet.

Die vergleichenden Aspekte sind zahlreich und vielschichtig. Sie zeigen zwei sehr unterschiedliche Ansätze, die jedoch verschränkt zueinander gedacht jeweils auf Fehlstellen und Auslassungen der anderen Seite aufmerksam machen, die hohe diskursive Bedeutsamkeit haben. Es wird auch deutlich, dass sich nicht einfach eine Mischform aus beiden Ansätzen bilden lässt, sondern dass unser reflexives Bemühen um einen Diskurs der Subjektivität eher an gegensätzlichen Enden ansetzen muss, um hinreichend Diversität in unseren Beschreibungen zu ermöglichen. Hier ist Foucaults Leitbild sicher durchgehend tragfähiger als das von Elias, auch wenn Elias in vielen Aspekten insbesondere in der Psychogenese ganz eigene Sichtweisen entwickeln hilft, die für Subjektdiskurse als unverzichtbar erscheinen.

Die Arbeit schließt in ihrem Schlussteil mit einer Verfremdung, die sehr stark dem Anspruch Foucaults folgt, das sicher geglaubte Terrain des Diskurses jederzeit durch historischen oder kulturellen Wechsel dekonstruieren zu können. Der Fokus auf Subjektivität in japanischen Diskursen ist eine solche mögliche Verfremdung. Auch wenn dieser Teil zunächst nichts mit dem Vergleich zwischen Foucault und Elias zu tun zu haben scheint, so weist er implizit eine Perspektivenerweiterung auf. Die schon für den chinesischen Kulturkreis von Yuqing Wei und mir aufgedeckte Bedeutsamkeit der intersubjektiven Verortung aller Diskurse („Beziehungen als Lebensform") setzt sich in Dahlmanns knapper Skizzierung von Japan in eigener Weise fort. Die zu unseren – durch Foucault und Elias stark geprägten – Subjektivitätsvorstellungen unterschiedlichen Herleitungen und Zuschreibungen können den Leser inspirieren, nochmals anders auf Subjektivität zu reflektieren und einen anderen Diskurs zu denken, wobei die sprachlich und argumentativ für wichtig gehaltenen Deutungen über Foucault und Elias als verdeckten Vergleichsanspruch aus dem Text als unsichtbaren Hintergrund nicht gänzlich auszuschließen sind, was wohl auch nicht die Absicht des Autors gewesen ist. Insoweit sind auch Beschreibungen in der Art der hier vorgelegten Reflexionen nie frei von ihren Kontexten, in denen sie sich re/de/konstruktiv ansiedeln und aus denen heraus sie ihre Argumente beziehen und fokussieren.

Die vorliegende Arbeit wurde von der Humanwissenschaftlichen Fakultät der Universität zu Köln als Dissertation angenommen. Der Tag der mündlichen Prüfung war der 8. Oktober 2007. Erster Gutachter war Prof. Dr. Kersten Reich, Zweiter Gutachter war Prof. Dr. Wolf-Dietrich Bukow.

„Es wäre interessant, wenn man einmal zu klären versuchte, wie sich im Laufe der Geschichte ein Subjekt konstituiert, das nicht ein für alle Mal gegeben ist, das nicht diesen Kern bildet, von dem aus die Wahrheit Einzug in die Geschichte hält, sondern ein Subjekt, das sich innerhalb der Geschichte konstituiert, das ständig und immer wieder neu von der Geschichte begründet wird. "(WF 12)

Einleitung

Ausgangspunkt dieser Untersuchung ist eine späte Selbstkommentierung Foucaults bezüglich seines Gesamtwerks: „Das umfassende Thema meiner Arbeit ist ... nicht die Macht, sondern das Subjekt." (Schriften IV 270) Aus dieser Feststellung leitet sich die grundsätzliche Fragestellung des ersten Teils dieser Arbeit ab: Wie thematisiert Foucault das Subjekt in den verschiedenen Phasen seines Schaffens, die doch sehr unterschiedlich zu sein scheinen? Entsprechend geht es im ersten Teil vornehmlich um eine chronologisch aufbauende und werkimmanent vorgehende Rekonstruktion des foucaultschen Œuvres mit besonderer Berücksichtigung der Subjektthematik. Die Gliederung folgt dabei einer international gebräuchlichen Unterscheidung von drei Werkphasen: archäologische Diskursanalyse (1. Kapitel), genealogische Machtanalytik (2. Kapitel) und Untersuchung von antiken Subjektivierungsweisen (4. Kapitel). Das 3. Kapitel über die *Gouvernementalität* dokumentiert eine wichtige Erweiterung von Foucaults Machtanalyse, in der er den Zusammenhang zwischen Machtprozessen und Subjektivierungsweisen deutlich anders problematisiert als in seinen vorangegangenen Arbeiten. Auch wenn eine solche Unterteilung immer etwas künstlich ist, macht sie doch wichtige Einschnitte und Umbruchphasen in Foucaults Denken deutlich.

Die Rekonstruktion des foucaultschen Werkes beginnt mit dem 1966 erschienenen *Les mots et les choses* (Die Ordnung der Dinge).[1] Den Anfang des ersten Kapitels bildet eine kurze Darstellung der Besonderheiten der in diesem Buch vorzufindenden archäologischen Analyseperspektive. Danach wird die in „Die Ordnung der Dinge" formulierte Kritik an der Subjektvorstellung des modernen westlichen Denkens behandelt, einem Subjektbild, das für Foucault besonders auf den (oft disparaten) Diskursen von Subjektphilosophie und Humanwissenschaften basiert. Dabei vollzieht sich seine Kritik auf zwei Ebenen. Auf einer ersten Ebene beschreibt er, wie sich das Subjektbild des modernen Denkens als historisch kontingente Form einem epistemischen Bruch, d.h. einem Bruch in der Erkenntnisstruktur zwischen klassischer und moderner Epoche, verdankt. Es ist für Foucault damit eine relativ junge und sehr spezifische Weise der Problematisierung (und Konstituierung) des Subjekts bzw. des ‚Menschen', die man nicht in eine kontinuierliche Entwicklungslinie mit den Denkweisen vorangegangener Epochen stellen kann. Auf einer zweiten Ebene möchte er zeigen, dass sich die in Subjektphilosophie und Humanwissenschaften konstituierende Figur des ‚Menschen' in unauflösliche Widersprüche verstrickt. Insgesamt

---

1 Seine früheren Arbeiten spielen in der vorliegenden Untersuchung nur eine untergeordnete Rolle. Zwar spielen die für die vorliegende Arbeit interessanten Problembereiche der Zusammenhänge von Wissen, Macht und Subjekt auch in Foucaults Frühwerk eine wichtige Rolle, er modifiziert seine Analyseperspektive in seinen späteren Arbeiten jedoch erheblich.

resultiert Foucaults als ‚Dezentrierung des Subjekts' zu verstehende Kritik auch aus seinem damaligen Bestreben, eine Diskursanalyse zu entwickeln, die in der Beschreibung der Entstehung von Wissensordnungen ohne ein konstitutives Subjekt auskommen kann. In dieser theoretischen Perspektive bestimmt nicht das Subjekt den Diskurs, sondern der Diskurs das Subjekt. Hier, in der „Illusion des autonomen Diskurses" (Dreyfus/Rabinow 1987), liegt aber auch die Quelle einer Reihe von theoretischen Problemen, welche die (archäologische) Diskursanalyse aufwirft und die zum Abschluss des Kapitels kurz behandelt werden.

Das zweite Kapitel beschäftigt sich mit Foucaults (genealogischer) Machtanalytik. Die wichtigste Grundlagenliteratur hierfür sind seine Monographien *Surveiller et punir* (Überwachen und Strafen) von 1975 und *La volonté de savoir* (Der Wille zum Wissen) von 1976 sowie die zu dieser Werkphase dazugehörigen Schriften. Zunächst werden kurz die Besonderheiten der genealogischen Untersuchungsmethode thematisiert, um danach die wichtigsten Merkmale von Foucaults Machtbegriff (Produktivität, relationale und strategische Konzeption, technologische Funktionsweise, inhärentes Widerstandspotential) darzustellen. Anschließend geht es entsprechend der Fragestellung dieser Arbeit darum, wie die Subjektproblematik innerhalb der Machtanalyse Foucaults behandelt wird. Dazu wird in einem ersten Schritt der Zusammenhang zwischen Disziplinarmacht und Subjekt bzw. Subjektivität beschrieben, den Foucault vor allem in seinem Buch „Überwachen und Strafen" darstellt. In einem zweiten Schritt wird auf die mit der „Bio-Macht" (WZW 167) verbundenen Subjektivierungspraktiken eingegangen, die er u.a. in seiner Monographie „Der Wille zum Wissen" analysiert. In der kritischen Perspektive der Genealogie wird das Subjekt vor allem als ein den Machttechniken der Disziplinar- und Bio-Macht unterworfenes Subjekt problematisiert. Es erscheint als Effekt und Produkt spezifischer „Macht/ Wissen-Komplexe" (ÜS 39) und darüber hinaus als deren Instrument, weil diese die Vorstellung eines freien und autonomen Subjekts benutzen, um die Individuen an ihre Mechanismen und ihre Rationalität zu binden. Den Abschluss des Kapitels bildet ein Resümee, in dem auf einige Problemstellen der Machtanalytik, wie z.B. die nur marginale Berücksichtigung von Möglichkeiten der Freiheit und des Widerstands, eingegangen wird.

Inhalt des dritten Kapitels sind Foucaults Überlegungen zur *Gouvernementalität* und zum Begriff der ‚Regierung'. In diesen Studien zeigen sich prägnante Verschiebungen im Vergleich zu seinen bisherigen Analysen von Macht, Wissen und Subjektivität, wobei vor allem die Dimension der Freiheit hier eine deutlich wichtigere Rolle spielt. In diesem Zusammenhang kommt auch dem von Foucault Anfang der 1980er Jahre neu eingeführten Begriff der „Technologien des Selbst", der auf den Selbstbezug des Individuums verweist, eine zentrale Bedeutung zu. Ausgehend von diesen Neuorientierungen verlagert sich in Foucaults Spätwerk die Fragestellung bezüglich der Subjektthematik vom ‚dezentrierten' Subjekt der Diskurs- und Machtanalyse hin zur Genealogie eines sich über geregelte Praktiken selbst konstituierenden Subjekts.[2]

---

2   Wie im dritten Kapitel ausgeführt wird, ist Foucaults Hinwendung zum sich selbst konstituierenden Subjekt nicht als eine Rückkehr zum souveränen und autonomen Subjekt zu verstehen. Denn die ‚Technologien des Selbst' stehen für Foucault immer in einem Verhältnis der Wechselwirkung mit historisch entstandenen Denkweisen und gesellschaftlichen Machtverhältnissen.

Letzteres wird Inhalt des vierten Kapitels sein, in dessen Mittelpunkt Foucaults späte Arbeiten zum Subjekt und dessen Selbstbezug stehen. Zu Foucaults Spätwerk gehören vor allem seine letzten beiden, kurz vor seinem Tod im Jahre 1984 fertig gestellten Bücher *L'usage des plaisirs* (Der Gebrauch der Lüste) und *Le souci de soi* (Die Sorge um sich).[3] Zunächst werden jedoch die Vorlesungen Foucaults am Collège de France aus den Jahren 1981/82 behandelt, die unter dem Titel „Hermeneutik des Subjekts" 2004 in deutscher Übersetzung veröffentlicht wurden. Die Vorlesungen von 1981/82 sind im Vergleich zu den eben angesprochenen Monographien noch sehr viel allgemeiner gehalten und thematisieren antike Subjektivierungsprozesse ohne besondere Bezugnahme auf die Sexualität. Dagegen spielen in seinen beiden letzten Büchern die antiken und spätantiken Weisen der Problematisierung von Erfahrungsbereichen, die man heute unter dem Begriff ‚Sexualität‘ zusammenfassen würde, die zentrale Rolle. Foucault verfolgt mit seinem Rückgriff auf die griechische und römische Antike vor allem zwei Ziele. Zum einen geht es um eine mögliche ‚Geschichte‘ moderner Subjektivierungsmodi, die durch ein ständiges Streben nach Selbstobjektivierung und Selbsterkenntnis gekennzeichnet sind. Speziell auf den Kontext der ‚Sexualität‘ bezogen, versucht Foucault eine „Genealogie des Begehrensmenschen" (GL 20) zu leisten, der glaubt, in der ‚Wahrheit‘ über sein Begehren, in seiner sexuellen Identität, sich selbst zu erkennen. Diese Subjektivierungsform leitet Foucault aus christlichen Praktiken ab, die durch einen „Geständniszwang" (MM 90) gekennzeichnet sind und auf die Produktion einer ‚inneren‘ Wahrheit abzielen. Den Ursprung dieser Techniken sieht er in den antiken Selbsttechniken, die sich von den christlichen Führungstechniken jedoch in vielen Punkten deutlich unterscheiden. Dies leitet zu einer zweiten Zielsetzung von Foucaults „Genealogie des Subjekts" (Schriften IV 210) über. Denn mit seiner Untersuchung der antiken Selbsttechniken will er auch zeigen, dass es in der Geschichte der westlichen Kultur Subjektivierungsformen gab, die wenig Ähnlichkeit mit den Subjektivierungsweisen der Moderne haben und nicht die bekannten Formen der Unterwerfung (unter eine ‚innere‘ Wahrheit) aufweisen. So handelt es sich bei den antiken Subjektivierungsformen laut Foucault um Formen, die den Zugang zur Wahrheit an eine ethische Arbeit gebunden haben. Hingegen sind neuzeitliche Subjektivierungsmodi für ihn durch das stetige Bestreben, sich selbst zu erkennen, gekennzeichnet und das Subjekt einem Wahrheitsgesetz unterworfen. An die Stelle des Subjekts rechten Handelns tritt das Subjekt der Selbsterkenntnis (vgl. Gros 2004, 636 ff.). Insgesamt schreibt Foucault hier also eine „Geschichte des Subjekts" (Schriften IV 528) in seiner historischen Bedingtheit, nimmt aber gleichzeitig die ethische Dimension auf und öffnet durch diese doppelte Analyseperspektive einen Raum, um über Alternativen zu modernen Subjektivierungsweisen nachdenken bzw. diese kritisch hinterfragen zu können. An dieser Stelle zeigt sich deutlich die ethisch-kritische Haltung Foucaults, die im Grunde sein gesamtes Werk durchzieht. Denn Foucault geht es in all seinen Arbeiten immer auch darum, die Evidenz vermeintlicher Universalien zu dekonstruieren, indem er versucht, ihre historische Gewor-

---

3 Hierbei handelt es sich um die Bände zwei und drei von „Sexualität und Wahrheit", die acht Jahre nach dem ersten Band „Der Wille zum Wissen" erschienen sind. Der vierte Band zum frühen Christentum, „Die Geständnisse des Fleisches", ist aufgrund der Verfügung Foucaults, keine posthumen Veröffentlichungen vorzunehmen, bisher unveröffentlicht. Man kann die wichtigsten Thesen Foucaults zur christlichen Selbstführung jedoch anhand anderer Texte von ihm rekonstruieren.

denheit, ihr Verstricktsein in historisch generierte Wissensordnungen und Machtverhältnisse offen zu legen, so auch die Existenz des modernen (Selbst-)Erkenntnissubjekts. Diese besondere Form der kritischen Haltung wird zum Abschluss des ersten Teils der vorliegenden Arbeit dargestellt, um anschließend ihre Bedeutung, die sie für den pädagogischen
Diskurs gerade auch hinsichtlich Foucaults Subjektkritik gewonnen hat, aufzuzeigen.
Hierzu wird kurz auf einige wichtige Rezeptionslinien der foucaultschen Arbeit innerhalb
der deutschsprachigen Erziehungswissenschaften eingegangen.

Im zweiten Teil dieser Arbeit geht es vor allem um einen Vergleich zwischen den Subjektkonzeptionen von Norbert Elias und Michel Foucault. Dafür werden im ersten Kapitel
zunächst die Grundlagen der Zivilisationstheorie von Norbert Elias erörtert, insbesondere
die Theorieteile, die im späteren Vergleich mit den Analysen Foucaults wichtig werden.
Der Vergleich zwischen Foucault und Elias ist deshalb interessant, da sich auch Elias in
einer historischen Perspektive mit der Herausbildung moderner Subjektivität beschäftigt,
jedoch nicht in Form einer ‚Genealogie', sondern als ‚Genese'. Gerade in den Unterschieden zwischen den beiden Autoren lassen sich wichtige Problemstellen identifizieren, an
denen man teilweise Foucault mit Elias bzw. Elias mit Foucault weiterdenken könnte.

Dazu werden im zweiten Kapitel des zweiten Teils zunächst die erkenntnistheoretischen Differenzen zwischen beiden Autoren herausgearbeitet. Könnte man Foucaults epistemologische Position als nominalistisch-konstruktivistisch bezeichnen, ist Elias einem
pragmatisch orientierten, konvergenten Wissenschaftsrealismus verpflichtet. Aus diesem
Unterschied ergeben sich deutliche Divergenzen nicht nur in ihrem theoretischen Selbstverständnis, sondern auch hinsichtlich ihrer Subjektkonzeptionen. Während Elias an einer
(sozial-)wissenschaftlich fundierten Subjekttheorie interessiert ist, geht es Foucault eher
darum, den (Objektivitäts-)Anspruch derartiger Theorien zu dekonstruieren, indem er versucht, die historische Gewordenheit und Kontingenz spezifischer Subjektvorstellungen,
vor allem auch die mit humanwissenschaftlichen Diskursen verbundenen, aufzuzeigen.
Die Unterschiede im jeweiligen theoretischen Anspruch zeigen sich besonders deutlich,
wenn man eine beobachtertheoretische Vergleichsfolie an beide Autoren anlegt (vgl. Abs.
2.4).

Im dritten Kapitel werden mit Hilfe der Beobachtertheorie des interaktionistischen
Konstruktivismus und unter gleichzeitigem Rückgriff auf struktur- und handlungstheoretische Fragestellungen einige wesentliche Unterschiede hinsichtlich der Problematisierung
des Subjekts in den Werken beider Autoren dargestellt. In einer solchen Untersuchungsperspektive zeigen sich die Differenzen vor allem im Wechselverhältnis von Autonomie
und Heteronomie des Subjekts.

Nach dem Vergleich beider Werke auf vornehmlich erkenntnis- und beobachtertheoretischer Ebene, beschäftigt sich das vierte Kapitel mit einigen wesentlichen Unterschieden zwischen beiden Autoren, die sich auf einer konkreteren inhaltlichen Ebene ergeben.
Zunächst soll es um das Problem moderner ‚Psycho-Logiken' als mögliche Beschreibungskategorien von Subjekt(ivität) und Subjektivierung gehen. Aus foucaultscher Sicht
haben diese Logiken in ihrer historischen Entwicklung vor allem eine unterwerfende
Funktion, indem sie Beobachterpositionen formulieren und bereitstellen, die immer mit
Machtmechanismen verbunden sind und in deren normierenden Blicken eine bestimmte

Form von Subjektivität produziert wird, durch die das Individuum erkannt wird. Dagegen betont Elias das enorme Emanzipationspotential der Humanwissenschaften und deren ‚Psycho-Logiken', die dem Menschen helfen ein „realitätsgerechteres" (Elias) Bild von sich zu gewinnen. So greift Elias in seiner Theorie von der „Psychogenese" grundlegend auf Theoriemodelle (besonders die freudsche Psychoanalyse) zurück, deren Machtwirkungen für Foucault besonders problematisch sind. In der vorliegenden Arbeit wird für eine Mittelposition plädiert, in der die ‚Psycho-Logiken' nicht als reiner ‚Zwangseffekt' gesehen werden, gleichzeitig aber auch ihre Machtverwobenheit mit berücksichtigt wird. Nun bestimmen die ‚Psycho-Logiken' nicht nur humanwissenschaftliche Dispositive und Narrative, sondern sind gleichzeitig eine Weise der Selbsterfahrung des modernen Menschen, der sich in dieser Logik als Subjekt mit einem (zu entziffernden) Innenleben (an)erkennt und konstituiert. Die historische Herleitung dieser Art von Selbsterfahrung als hoch individualisiertes, verinnerlichtes Subjekt geschieht bei Foucault und Elias auf den ersten Blick ähnlich (bei beiden spielt der Aspekt der Selbstdisziplin bzw. Selbstkontrolle eine wichtige Rolle), auf den zweiten Blick sind hier jedoch auch deutliche Unterschiede feststellbar. Foucault schreibt die Entstehung der „Hermeneutik des Selbst" als komplexe Transformationsgeschichte der Selbst(regulierungs)techniken, während Elias die ‚Geburt' des „homo clausus" vor allem auf den zunehmenden gesellschaftlichen Zwang zum Selbstzwang zurückführt, der eine immer stärkere Selbstbeobachtung im Verbund mit Prozessen der „Psychologisierung" und „Rationalisierung" erfordert. An dieser Stelle zeigen sich klare Differenzen in der Bewertung der geschichtlichen Entwicklung des Selbstzwangs bzw. der Selbstregulierung des Individuums. Ein letzter wichtiger Unterschied zwischen beiden Autoren betrifft das Problem der Intersubjektivität. Im Vergleich zu Elias bleibt in Foucaults Perspektive auf Subjektivität die Dimension der Intersubjektivität unterrepräsentiert. Daher wird in diesem Zusammenhang der Vorschlag gemacht, die von Foucault definierten drei Achsen der Erfahrung (Wissen, Macht und Selbstbezug), „die den Menschen zum Subjekt machen" (Schriften IV 269), durch eine vierte zu ergänzen, nämlich die der Erfahrung des Anderen. Begründet wird dies unter Rekurs auf Autoren wie Mead, Sartre, Lévinas, Lacan und vor allem auch der theoretischen Position des interaktionistischen Konstruktivismus.

Zum Abschluss der Arbeit soll in einem kurzen Ausblick Foucaults und Elias' Historisierung des modernen westlichen Subjekts und die damit verbundene Betrachtungsweise von Subjektivität als Kontingenzphänomen durch eine kulturvergleichende Perspektive unterstützt und ergänzt werden. In der Kontrastierung westlicher und östlicher (respektive japanischer) Diskurse erscheinen die unterschiedlichen Beschreibungen von Subjektivität dabei nicht nur als kulturrelativ, sondern auch als beobachterrelativ. An die Stelle einer westlichen identitäts- oder subjektlogischen Perspektive tritt in den japanischen Diskursen eine ortlogische Perspektive, in der die Orte oder Felder unterschiedlicher Zwischenverhältnisse Subjektivität(en) konstituieren und transformieren. Mögliche Engführungen, die sich in den ‚Japandiskursen' aus der besonderen Betonung des spezifisch Eigenen und Singulären ergeben können, werden beobachtertheoretisch problematisiert.

Teil I: Das Subjekt im Werk Michel Foucaults

1. Die „Archäologie des Wissens"

Foucault betrachtet seine „Archäologie des Wissens" weniger als eine Theorie oder Methode im engen Sinne, sondern als eine Analyseperspektive, die versucht, die Ebene zu untersuchen, auf der „die Existenz eines wissenschaftlichen Diskurses und dessen Funktionsweise innerhalb unserer Gesellschaft sichtbar werden" (Schriften II 192). Bei der Untersuchungsebene der archäologischen Analyse handelt es sich um die Ebene der Diskurspraktiken. Diese bezeichnen die „Art und Weise, in der der wissenschaftliche Diskurs praktiziert wird." (Ebd. 81). Dabei markieren oder begrenzen die Diskurspraktiken einen „Objektbereich", indem sie eine „Systematik" bilden, in der eine bestimmte Erkenntnisperspektive mit spezifischen Ausschluss- und Auswahlregeln zum Ausdruck kommt, wobei es sich bei dieser Systematik nicht um eine Systematik handelt, die logischer oder linguistischer Natur ist (vgl. Schriften II 294). Entsprechend geht es bei der Archäologie nicht um das Auffinden allgemeiner (logischer oder linguistischer) Konstruktionsgesetze wie z.B. im Strukturalismus, sondern um die Suche nach den historischen Existenzbedingungen, den historischen (Formations-)Regeln, die eine bestimmte (wissenschaftliche) Aussage haben erscheinen lassen und „keine andere an ihrer Stelle" (AW 159; vgl. Lemke 1997, 46). Diese Formationsregeln sind den Diskursen nicht äußerlich, obwohl sie von äußeren Faktoren beeinflusst werden können, sondern werden erst in der „Gesamtheit der Beziehungen" (AW 272) zwischen den diskursiven Elementen bzw. Praktiken gebildet.[4]

Wie schon angedeutet, denkt Foucault die Formationsregeln als historisch veränderbar.[5] Sie stellen ein „historisches *Apriori*" (vgl. Schriften IV 778) dar, das ein bestimmtes

---

4   Dabei fallen die Diskurspraktiken und ihre Systematik nicht unbedingt mit einzelnen Wissenschaften zusammen, sondern vereinigen oft mehrere Disziplinen oder Wissenschaften in sich. Beispielsweise untersucht Foucault in „Die Ordnung der Dinge" u.a. die Gemeinsamkeiten von Naturgeschichte, Ökonomie und Grammatik in der klassischen Epoche und stellt dabei fest, dass „die Naturgeschichtler, die Ökonomen und die Grammatiker ... – was ihnen selbst unbekannt blieb – die gleichen Regeln zur Definition der ihren Untersuchungen eigenen Objekte, zur Ausformung ihrer Begriffe, zum Bau ihrer Theorien" (OD 12) benutzten (vgl. Davidson 2003, 204 f.).

5   Insgesamt versteht Foucault die historischen Veränderungen auf Ebene der Episteme oder der Diskurspraktiken als Produkte äußerst komplexer und uneinheitlicher Prozesse: „Man kann diese Veränderungen (der Diskurspraktiken; C.D.) nicht auf eine einzelne, genau zu benennende Entdeckung zurückführen; aber man kann sich auch nicht damit begnügen, sie als globale Veränderung der Mentalität, der kollektiven Einstellungen oder eines Zeitgeistes zu begreifen. Die Veränderung diskursiver Praktiken ist mit einem ganzen und vielfach komplexen Ensemble von Veränderungen verbunden, ... Diese Ausschluss- und Auswahlprinzipien, die in vielfältiger Weise präsent sind, ihre Wirkung in den Praktiken entfalten und in ihrer Veränderung eine gewisse Autonomie zeigen, ... verweisen nicht auf ein (geschichtliches oder transzendentales) Erkenntnissubjekt, das sie nacheinander erfände oder auf einer Ursprungsebene begründete; sie bezeichnen vielmehr einen anonymen, polymorphen Willen zum Wissen, der zu geregelter Veränderung fähig und in einem Netz erkennbarer Abhängigkeiten gefangen ist." (Schriften II 295)

Wissen in einer Epoche möglich macht und gleichzeitig anderes mögliches Wissen, das nicht in die „Ordnung des Diskurses" (Foucault) hineinpasst, ausschließt.[6] Die gemeinsamen Formationsregeln, welche die Diskurse einer Epoche ordnen und bestimmen, nennt Foucault „Episteme".[7] Diese bildet eine Art „implizite Hintergrundstruktur" (Kögler 1994, 40), die den Subjekten des Wissens nicht unbedingt bewusst sein muss und schon gar nicht von der (transzendentalen) Erkenntnisfähigkeit des Subjekts abhängt, sondern ein sich diskursintern generierendes Regelsystem darstellt, das ein bestimmtes (historisches) Wissen der Subjekte erst ermöglicht: „Die Episteme ist keine Form von Erkenntnis und kein Typ von Rationalität, die, indem sie die verschiedenen Wissenschaften durchdringt, die souveräne Einheit eines Subjekts, eines Geistes oder eines Zeitalters manifestierte; es ist die Gesamtheit der Beziehungen, die man in einer gegebenen Zeit innerhalb der Wissenschaften entdecken kann, wenn man sie auf der Ebene der diskursiven Regelmäßigkeiten analysiert." (AW 272 f.)

Gegenstand Foucaults (archäologischer) Untersuchungen sind vor allem die Diskurse der Humanwissenschaften und an diesen interessiert ihn besonders die Frage, wie in diesen Diskursen das „Subjekt als Subjekt Objekt einer Erkenntnis" (Schriften IV 778) wird. So beschäftigt sich Foucault in seinen frühen Arbeiten über den Wahnsinn mit den Aus-

---

6   Eines von Foucaults bekanntesten Beispielen bezüglich der letztgenannten Problematik ist der ,Fall' Mendel, der mit seiner Vererbungslehre nicht in den wissenschaftlichen Diskurs seiner Zeit passte: „Mendel sagte die Wahrheit, aber er war nicht ,im Wahren' des biologischen Diskurses seiner Epoche: biologische Gegenstände und Begriffe wurden nach ganz anderen Regeln gebildet ... es mußte eine ganz neue Gegenstandseben in der Biologie entfaltet werden, damit Mendel in das Wahre eintreten und seine Sätze ... sich bestätigen konnten. Mendel war ein wahres Monstrum, weshalb die Wissenschaft nicht von ihm sprechen konnte." (OdD 25)

7   In „Die Ordnung der Dinge" scheinen die jeweiligen Episteme, die Foucault den verschiedenen dort behandelten Epochen zuordnet, so etwas wie allgemeine Strukturschemata zu sein, die sämtliche Diskurse einer Epoche regeln. Auch wenn Foucault das so explizit wie im folgenden Zitat nur selten behauptet: „In einer Kultur, und in einem bestimmten Augenblick, gibt es immer nur eine *Episteme*, die die Bedingungen definiert, unter denen jegliches Wissen möglich ist. Ob es sich nun um das handelt, was in einer Theorie manifestiert wird, oder das, das schweigend durch eine Praxis eingehüllt wird, spielt dabei keine Rolle." (OD 213 f.) In seinem Folgebuch „Archäologie des Wissens" oder auch in späteren Interviews präzisiert Foucault die ,eigentlichen' Intention von „Die Ordnung der Dinge": „Zunächst einmal muss ich etwas richtig stellen. In *Les Mots et les Choses* habe ich keine allgemeine Archäologie des abendländischen Wissens in seinen Tiefen schreiben wollen. Ich wollte sehen, wie bestimmte Bereiche empirischer Erkenntnisse entstanden sind, im Wesentlichen diejenigen, die mit dem Leben, der Sprache, der Arbeit und der Ökonomie zu tun hatten. Nur das. Es ging nicht um eine Durchleuchtung der abendländischen Kultur in ihrer ganzen Dichte ... Das Problem, das ich aufgeworfen habe, war viel begrenzter: Es war das der Kritik einer empirischen Wissenschaft." (Schriften 2, 1005) Man kann diese Richtigstellung jedoch auch als eine deutliche Selbstkorrektur verstehen. Denn selbst wenn, wie schon angedeutet, die ,starke' Version des Episteme-Begriffs kaum als klar formulierte Grundthese in „Die Ordnung der Dinge" zu finden ist, scheint bezüglich dieser Problematik ein von Welsch (1991) festgestelltes Phänomen zuzutreffen. Dieser arbeitet in seinem Aufsatz heraus, wie Foucault durch den Einsatz von Präzision und Suggestion den Leser dazu bringt, Thesen aus seinen Büchern herauszulesen, die er zwar nie so direkt ausgesprochen und ausgearbeitet, aber dennoch so gemeint hat. Im Folgenden wird der Episteme-Begriff in seiner ,starken' bzw. ,suggestiven' Version verwendet, da in der Beschäftigung mit Foucaults Archäologie vor allem „Die Ordnung der Dinge" behandelt wird und der Episteme-Begriff in späteren Arbeiten Foucaults nur noch eine untergeordnete Rolle spielt.

schlussregeln und Teilungspraktiken, die durch die Ausgrenzung des ‚Anderen der Vernunft', d.h. des Wahnsinns, eine bestimmte Form von Subjektivität, nämlich die eines Vernunftsubjekts, konstituieren. In seinem Buch „Die Geburt der Klinik" beschreibt er das Aufkommen des „ärztlichen Blicks" (vgl. Untertitel) und dessen Auswirkungen auf das (moderne) Subjekt mit seinem endlichen und gleichzeitig durch ein medizinisches Wissen positiv darstellbaren Körper. Weiterhin geht es in seiner Monographie „Die Ordnung der Dinge" u.a. um eine Kritik an der Vorstellung des Menschen als einem transzendentalen Subjekt auf der einen und um eine Kritik der humanwissenschaftlichen Objektivierung des Menschen als Objekt der Erkenntnis auf der anderen Seite.

Im Folgenden wird es zunächst um eine Rekonstruktion der wichtigsten Gedankengänge Foucaults bezüglich der Subjektthematik in die „Die Ordnung der Dinge" gehen. Auf seine früheren Arbeiten wird nur wenige Male verweisen. Die für die Thematik der vorliegenden Untersuchung interessanten Bereiche des Wissens, der Macht und des Subjekts und deren wechselseitige Verbindungen tauchen zwar in unterschiedlichen Formen auch in seinen früheren Werken auf, werden aber in seinen folgenden Büchern in einer oft deutlich veränderten Art und Weise analysiert und Foucault distanziert sich später teilweise von früher eingenommenen Positionen.[8]

1.1 Das Subjekt des Wissens

Eine Hauptthese in Foucaults „Die Ordnung der Dinge" ist, dass der „Mensch" vor dem Ende des achtzehnten Jahrhunderts nicht existiert (vgl. OD 373). Der „Mensch" ist für Foucault eine Erfindung der modernen Epoche. Das heißt nicht, dass es vor der Moderne kein Bewusstsein vom Menschen und seinem Verhältnis zur Natur gab, aber in früheren Epochen gibt es „kein erkenntnistheoretisches Bewußtsein vom Menschen als solchem" (OD 373). „Der Mensch als dichte und ursprüngliche Realität, als schwieriges Objekt und

---

8 Beispielsweise beschreibt er in „Wahnsinn und Gesellschaft" eine ursprüngliche Erfahrungsdimension des Wahnsinns, von der das Vernunftsubjekt unwiderruflich entfremdet ist, die aber gleichzeitig ‚das Andere' der Vernunft und deren Möglichkeitsbedingung abzugeben scheint. Eine solche Konstruktion weist in ihrer Grundstruktur eine ähnliche Problematik auf, die Foucault in „Die Ordnung der Dinge" am modernen Subjektdenken stark kritisieren wird und die er als Wiederholung des Ungedachten im Cogito und als Wiederholung des Zurückweichens des Ursprungs in seiner Wiederkehr bezeichnen wird (vgl. Abs. 2.1.1.2 und 2.1.1.3). So merkt er auch in seinem späteren Buch „Archäologie des Wissens" selbstkritisch an, dass er in „Wahnsinn und Gesellschaft" noch von einem grundlegenden Begriff der „Erfahrung" ausging, „wodurch das Buch zeigte, in welchem Maße man noch bereit war, ein anonymes und allgemeines Subjekt der Geschichte zuzugestehen." (AW 29) In seinen folgenden Büchern wird er einen solchen Begriff einer fundamentalen Erfahrung fallen lassen. Auch benutzt er in „Wahnsinn und Gesellschaft" noch überwiegend eine negative Konzeption der Macht, in der der Wahnsinn vor allem als etwas Unterdrücktes und Ausgeschlossenes erscheint (vgl. Schriften III 197). Später wird er diese in erster Linie repressive Machtvorstellung durch einen produktiven Machtbegriff ersetzen (zu den „Verschiebungen" seiner Analyseperspektive bezüglich des Wahnsinns vgl. auch MP 28 ff.). Bezüglich „Die Geburt der Klinik" bedauert Foucault, dass „er einen ‚medizinischen Blick' beschworen [habe], der noch die einheitliche Form eines Subjekts unterstellte und zu sehr auf ein objektives Feld fixiert war." (Deleuze 1992, 24)

souveränes Subjekt jeder möglichen Erkenntnis" (OD 375) entsteht erst im Denken des modernen Zeitalters. Zwar hat der Mensch auch im Humanismus der Renaissance (16. Jahrhundert) und im Rationalismus der klassischen Epoche (Mitte des 17. bis Anfang 19. Jahrhundert) einen privilegierten Platz in der Ordnung der Welt, aber beide können den Menschen als Erkenntnissubjekt und -objekt nicht denken (vgl. OD 384).

Der Grund dafür liegt für Foucault in den spezifischen Episteme der jeweiligen Epochen. Sind die Wissenssysteme der Renaissance durch ein Denken in Ähnlichkeitsbeziehungen geprägt, vollzieht sich im Übergang zur Klassik ein epistemischer Bruch hin zu einem Denken der Repräsentation. Beide epistemischen Ordnungen zeichnen sich dadurch aus, dass der Mensch selbst als Subjekt und Objekt der Erkenntnis keinen Platz in ihnen hat, da er selber Teil und damit auch Abbild der Ordnung ist (vgl. Ricken 1999, 161). Im Denken der Renaissance ist der Mensch eingebunden in ein universales und unendliches System von Ähnlichkeitsbeziehungen. Er ist in dieser kosmischen Ordnung „ein privilegierter Punkt ... mit Analogien übersättigt, ... Er steht in einer Proportion zum Himmel wie zu den Tieren und den Pflanzen, zur Erde, den Metallen, den Stalaktiten oder den Gewittern. Zwischen den Flächen der Welt stehend, hat er Beziehung zum Firmament (sein Gesicht ist für seinen Körper das, was das Gesicht des Himmels für den Äther ist; sein Puls schlägt in seinen Adern, wie die Sterne nach den ihnen eigenen Wegen ihren Lauf nehmen; die sieben Öffnungen bilden in seinem Gesicht, was die sieben Planeten am Himmel sind)" (OD 51 f.). Eingebettet in diese göttliche Ordnung ist der Mensch Kraft seines Geistes und seiner Fähigkeit zur Interpretation in der Lage, die Ähnlichkeitsbeziehungen zu erkennen und anhand dieser die kosmische Ordnung zu deuten. Aber diese Deutung kann nie zu einem Ende kommen, weil das „Spiel der Ähnlichkeiten" (OD 88) unbegrenzt ist.

Zu Beginn des klassischen Zeitalters findet laut Foucault ein epistemischer Bruch statt, von der Episteme der „Ähnlichkeit" hin zur Episteme der „Repräsentation". Charakteristisch für das klassische Zeitalter ist die Idee, dass die Welt eine natürliche Ordnung besitzt, welche in vollkommener Weise mit Hilfe eines künstlichen Zeichensystems darstellbar ist. Ort einer solchen Darstellung ist das Tableau, auf dem das gesamte Sein geordnet und restlos repräsentierbar sein sollte: „Das Tableau der Zeichen wird das *Bild* der Dinge sein." (OD 101) In der klassischen Epoche geht es aber nicht darum, ein verborgenes Zeichensystem zu entdecken, das einer ursprünglichen Ordnung schon immer eingeschrieben ist, „den ursprünglichen Text einer gehaltenen und für immer festgehaltenen Rede wiederzufinden" (OD 97), wie es in den vorangegangen Jahrhunderten der Fall war. Vielmehr hat sich das Verständnis vom Zeichen in der klassischen Epoche komplett verändert. Diese Veränderung lässt sich nach Foucault anhand dreier Variablen festmachen.[9]

Zum Ersten ist das Zeichen nicht mehr in den Dingen selbst eingeschrieben, es ist nicht etwas, das bloß verborgen ist und nur entdeckt werden muss, sondern „es bildet sich stets nur durch einen Akt der Erkenntnis" (OD 93), nämlich dann, wenn „die Möglichkeit einer substitutiven Beziehung zwischen zwei bereits *bekannten* Elementen *erkannt* wird" (OD 93). Zum Zweiten ist die Bildung des Zeichens abhängig von einer Analyse, die es mit dem zugehörigen Bezeichneten verbindet. Dabei ist es gleichzeitig Resultat als auch

---

9   Foucault bezieht sich hier auf die 1683 erschienene Logik von Port Royal.

Instrument dieser Analyse: es kann ohne sie nicht erscheinen, kann aber auch auf neue Eindrücke übertragen werden: „Weil der Geist analysiert, erscheint das Zeichen. Weil der Geist Zeichen disponiert, setzt sich die Analyse unaufhörlich fort." (OD 95) Zum Dritten wird in der klassischen Epoche im Gegensatz zur Renaissance dem künstlichen, vom Menschen gebildeten Zeichen ein höherer Stellenwert gegeben als dem natürlichen Zeichen. Das geschaffene Zeichen zieht die Trennungslinie zwischen Mensch und Tier. Dabei sieht das klassische Denken keinen Widerspruch zwischen künstlichem Zeichensystem und Natur. Charakteristisch für dieses Denken ist vielmehr die universale Berechnung und die Suche „nach dem Elementaren in einem künstlichen System, das dadurch die Natur von ihren ursprünglichen Elementen bis hin zur Gleichzeitigkeit all ihrer möglichen Kombinationen erscheinen lassen kann" (OD 97).

Das Zeichen bekommt nun die Kraft, aus sich heraus die Dinge zu repräsentieren. Die Fähigkeit des Zeichens zur Repräsentation, ohne „in der Ordnung der Dinge selbst gesichert" (OD 98) zu sein, kann entstehen, da man im Gegensatz zur Renaissance[10] eine binäre Organisation des Zeichens annimmt.[11] Signifikant (das Bezeichnende) und Signifikat (das Bezeichnete) stehen in einem direkten und eindeutigen Verhältnis zueinander, die Ähnlichkeit als Vermittlungsinstanz fällt weg. Zwischen Bezeichnendem und Bezeichnetem herrscht völlige Deckungsgleichheit. Diese Transparenz ist laut Foucault aber nur möglich, wenn in der bezeichnenden Idee (oder Vorstellung) die Vorstellung repräsentiert ist, dass ihre Funktion die der Repräsentation ist. Das heißt die bezeichnende Vorstellung muss ihre eigene Repräsentationsleistung, ihr Etwas-Repräsentieren, noch einmal in sich selbst darstellen bzw. repräsentieren (vgl. Frank 1984, 153, 162 f.).[12]

---

10 In der Renaissance implizierte die Zeichentheorie drei völlig voneinander getrennte Elemente: „das, was markiert wurde, das, was markierend war, und das, was gestattete im Einen die Markierung des Anderen zu sehen. Dieses letzte Element war die Ähnlichkeit: das Zeichen markierte insoweit, als es ‚fast die gleiche Sache' war wie das, was es bezeichnete" (OD 98).

11 Deutliche Ähnlichkeiten zwischen Foucaults Darstellung der klassischen Zeichentheorie und der Semiologie Saussures sind an dieser Stelle nicht zu übersehen. In diesem Zusammenhang ist Foucault der Auffassung, dass Saussure die klassische Theorie der Repräsentation zumindest zum Teil wiederentdeckt hat: „Es war ... notwendig, daß beim Wiederaufnehmen des Plans einer allgemeinen Semiologie Saussure eine Definition vom Zeichen gegeben hat, die ‚psychologisch' hat erscheinen können (Verbindung eines Begriffs und eines Bildes): tatsächlich entdeckte er da die klassische Bedingung von neuem, die binäre Natur des Zeichens zu denken." (OD 102) (vgl. auch Frank 1984, 153 f.) Hier ist anzumerken, dass Saussure gleichzeitig die binäre Zeichenlogik überschreitet, da in seiner strukturalen Linguistik das Wesentliche des Zeichens seine Stellung innerhalb eines komplexen Differenzsystems ist und nicht die Repräsentationsbeziehung zwischen Zeichen und Objekt. Trotzdem bleibt Saussures Argumentationsstruktur in ihrem Schwanken zwischen repräsentativer Sprachauffassung und der damit zusammenhängenden Bedeutung von subjektiven Vorstellungen einerseits und strukturalistischer Sprachtheorie jenseits eines sinnstiftenden Subjekts andererseits für Foucault ambivalent (vgl. Kammler 1986, 56 ff.).

12 „Tatsächlich hat das Bezeichnende als alleinigen Inhalt, als alleinige Funktion und als alleinige Bestimmung nur das, was es repräsentiert: es ist völlig danach geordnet und transparent; aber dieser Inhalt wird nur in einer Repräsentation angezeigt, die sich als solche gibt, und das Bezeichnete liegt ohne Rückstände oder Undurchsichtigkeit im Innern der Repräsentation des Zeichens ... Eine Vorstellung (ideé) kann das Zeichen einer anderen nicht nur deshalb sein, weil sich zwischen ihnen eine Verbindung der Repräsentation ergeben kann, sondern weil diese Repräsentation sich selbst stets im Innern der Idee, die repräsentiert, repräsentieren kann; ... Vom klassischen Zeitalter an ist das Zeichen die Re-

Daraus folgt für Foucault zum einen die Koextensität von Zeichenverwendung und Denken (Alles Denken ist eine Vorstellung von etwas, aber in dem Sinne, dass das Denken seine Repräsentativität durchschaut.) (vgl. OD 99 f., Frank 1984, 153). Zum anderen wird eine spezielle Theorie der Bedeutung ausgeschlossen: „Wenn aber die Phänomene stets nur in einer Repräsentation gegeben sind, die in sich selbst und ihrer eigenen Repräsentierbarkeit völlig Zeichen ist, kann die Bedeutung kein Problem sein. Oder noch mehr: sie erscheint nicht einmal" (OD 100). Das heißt auch, dass im klassischen Denken keine Vorstellung davon existiert, dass Bedeutung durch menschliches Bewusstsein gebildet werden könnte, da jedes Zeichen in seiner Zeichenhaftigkeit nur das ist, was es repräsentiert, es zwischen dem Zeichen und seinem Inhalt kein vermittelndes Element, keine Undurchsichtigkeit gibt. Daher gibt es in der klassischen Epoche keine Idee vom Menschen als Subjekt der Erkenntnis oder als eine „transzendentale Quelle der Bedeutung" (Dreyfus/Rabinow 1987, 45). Der Mensch hat als Vernunftwesen zwar die privilegierte Rolle, „die Ordnung der Welt zu klären" (ebd.), indem er versucht, mittels Analyse eine künstliche Beschreibung der natürlichen Ordnung der Welt zu geben. Aber er tritt nicht als Schöpfer von Sinn oder Bedeutung auf, denn der Sinn kann „nicht mehr als die Totalität der in ihrer Verkettung entfalteten Zeichen sein." (OD 101) Aber auch der Mensch als Objekt der Erkenntnis kann im klassischen Zeitalter nicht gedacht werden. Es existiert zwar die Vorstellung einer menschlichen Natur, aber die Funktion, die sie in der klassischen Episteme hatte, schließt aus, dass es eine klassische Wissenschaft vom Menschen gibt: In der klassischen Episteme sind menschliche Natur und Natur auf komplementäre und funktionale Weise miteinander verbunden. Die Funktion der menschlichen Natur in der klassischen Episteme besteht darin, Kraft ihres Geistes und der Fähigkeit zur Analyse die perfekte Ordnung der Welt mit Hilfe eines (künstlichen) Zeichensystems zu repräsentieren. Umgekehrt ermöglicht bzw. erzwingt die Natur erst diese Funktion, indem sie „als reale Welt, so wie sie sich den Blicken gibt, nicht schlicht und einfach Ablauf der grundlegenden Kette der Wesen ist, sondern deren vermengte – wiederholte und diskontinuierliche – Fragmente bietet" (OD 374). Im Auftauchen von mehr oder weniger allgemeinen Zügen, von Markierungen und infolgedessen auch Wörtern wird die Kette der Wesen zum Diskurs und verbindet sich dadurch mit der menschlichen Natur und der Folge der Repräsentationen.

Diese wechselseitige komplementäre Beziehung zwischen Natur und menschlicher Natur hat weitreichende theoretische Konsequenzen. Denn die Funktion, welche die menschliche Natur in Beziehung zur Natur hat, nämlich die Ordnung des Seins zu klären, muss zwangsläufig auch ihr eigenes „Sein" im klassischen Denken repräsentieren.[13] Nur in dieser Funktion wird die menschliche Natur auf dem klassischen Tableau repräsentiert. In Foucaults Worten: „In der großen Disposition der klassischen Episteme sind die Natur,

---

präsentativität der Repräsentation, insoweit sie *repräsentierbar* ist." (OD 99) Foucault verdeutlicht diesen Gedanken am Beispiel des Bildes als einer grafischen Repräsentation. Das Bild hat „nur das zum Inhalt, was es repräsentiert, und dennoch erscheint dieser Inhalt nur durch eine Repräsentation repräsentiert." (Ebd.)

13 Deutlich wird die Funktion der menschlichen Natur auch in Descartes Ausspruch: „Cogito ergo sum". Die Repräsentation des ‚Ich denke', als die Funktion des Menschen, macht das Sein des Menschen, seine Natur, sein ‚Ich bin' aus.

die menschliche Natur und ihre Beziehungen funktionale, definierte und vorgesehene Momente" (OD 375), und das definierte Moment der menschlichen Natur ist „die Gelehrsamkeit und ihr Funktionieren" (ebd.).

Daraus folgt aber, dass im klassischen Denken gar keine Notwendigkeit besteht, das „Sein" des Menschen bzw. seine Natur zu problematisieren und ihn als „schwieriges Objekt" (OD 375) zu betrachten. Mehr noch: Die „modernen Themen" der Humanwissenschaften und ihrer Theorie vom Menschen als „eines gemäß den Gesetzen einer Ökonomie, Philologie und Biologie lebenden, sprechenden und arbeitenden Individuums" (OD 375) werden durch das klassische Denken praktisch ausgeschlossen. Denn andernfalls wäre die (Erkenntnis-)Funktion des Menschen nicht mehr eindeutig und stabil, wie dies die klassische Episteme vorschreibt. Vielmehr wäre die Funktionsweise der menschlichen Erkenntnisfähigkeit bestimmten Gesetzmäßigkeiten unterworfen und ihre Entstehung tief im Dunkeln der Menschheitsgeschichte verborgen. Damit wäre seine Darstellung der „Ordnung der Dinge" zwangsläufig von seinem durch diese Gesetze bestimmten und begrenzten Erkenntnisvermögen geprägt und könnte nicht mehr die universale Ordnung der Welt widerspiegeln. Die Funktion des Menschen in der klassischen Episteme, eine vollkommene und klare Darstellung der perfekten Ordnung des Seins zu liefern, wäre mehr als in Frage gestellt. So können die Humanwissenschaften erst entstehen, als sich die klassische Episteme grundlegend verändert, als die stabilen Repräsentationen und damit auch die des Menschen beginnen, brüchig zu werden.

1.1.1 Die Geburt des Menschen

Diese Veränderung ereignet sich Foucault zufolge Ende des 18. Jahrhunderts. An die Stelle der klassischen Ordnung der Repräsentation tritt die Geschichte: „Als Seinsweise all dessen, was uns in der Erfahrung gegeben wird, ist die Geschichte so zum Unumgänglichen unseres Denkens geworden." (OD 271) Das Denken wird nun „nicht mehr nach Art eines Tableaus konstituiert, sondern als Folge, als eine Verkettung oder ein Werden." (OD 321) Die Dinge sind nicht mehr so, wie sie sind, weil die Welt eine universale, seit dem Anfang der Schöpfung bestehende Ordnung besitzt, sondern weil sie geschichtlich so geworden sind. Foucault gibt für den epistemischen Bruch keine ursächlichen Erklärungen. Er konstatiert nur, dass es dafür eines fundamentalen Ereignisses bedurfte, „eines der radikalsten wahrscheinlich, das der abendländischen Zivilisation zugestoßen ist", das uns aber zum großen Teil entgeht, „weil wir noch in ihm befangen sind", und dass sein Umfang wohl „erst am Ende einer fast unendlichen Untersuchung geschätzt und gemessen werden [könnte], die nicht mehr oder weniger als das Sein unserer Modernität selbst beträfe." (OD 273)

Eine der für Foucault wichtigsten Folgen dieser Veränderung ist „das gleichzeitige Auftauchen eines transzendentalen Themas und neuer oder zumindest auf neue Weise eingeteilter und begründeter empirischer Felder" (OD 300). Denn das Verschwinden der Repräsentationen macht zwei neue, korrelative Denkweisen möglich. Die eine sucht nach Quelle und Ursprung der Dinge bzw. Objekte in der Welt außerhalb der Repräsentationen und findet sie in einem transzendentalen Subjekt, das „in seinem Verhältnis zu einem Ob-

jekt X alle formalen Bedingungen der Erfahrungen im allgemeinen bestimmt." (OD 300)
Die andere dagegen sucht nach „den Bedingungen der Möglichkeit für die Erfahrung in
den Bedingungen der Möglichkeit des Objekts und seiner Existenz" (OD 301). In der ersten Perspektive entsteht die Transzendentalphilosophie, an deren Anfang der Name Kant
steht.[14] In der zweiten Perspektive bilden sich die empirischen Wissenschaften u.a. vom
Leben, von der Sprache und der Ökonomie, in denen diese drei Felder als „Quasi-
Transzendentalia" (OD 307), als Möglichkeitsbedingungen der Erkenntnis erscheinen,
indem sie „die objektive Erfahrung der Lebewesen, der Produktionsgesetze und der Formen der Sprache ermöglichen." (OD 301)

Am Kreuzungspunkt dieser beiden Denkweisen liegt für Foucault die Geburtsstunde
des modernen Menschen „mit seiner nicht eindeutigen Position als Objekt für ein Wissen
und als Subjekt, das erkennt. Unterworfener Souverän, betrachteter Betrachter" (OD 377).
Auf dem Feld der positiven Wissenschaften erscheint der Mensch als jemand, dessen konkrete Existenz in der Arbeit, dem Leben und der Sprache seine Bestimmung findet: „Man
kann zu ihm nur Zugang durch seine Wörter, seinen Organismus, die von ihm hergestell-
ten Gegenstände haben. Als hielten sie als erste (und vielleicht allein) die Wahrheit in
Händen." (OD 378 f.) In der Positivität des Wissens manifestiert sich nun gleichzeitig die
fundamentale Kategorie des Menschen in der Moderne: die Endlichkeit.[15]

Dadurch werden die Denkweisen, die vom Menschen als Subjekt der Erkenntnis ausgehen, vor das Problem gestellt, wie bzw. was der durch Arbeit, Leben und Sprache in
seiner Erkenntnisfähigkeit begrenzte Mensch überhaupt erkennen kann. Das subjektphilo-
sophische Denken des 19. und 20. Jahrhunderts antwortet hierauf mit einer im Vergleich
zu vorangegangen Jahrhunderten völlig anderen Vorstellung von Endlichkeit. Endlichkeit
erscheint nicht mehr als die negative Grenze der Erkenntnis, als das Gegenteil des Unendlichen, wie dies im klassischen Denken der Fall war. Vielmehr wird die Endlichkeit ins
Positive gewendet und wird zur Möglichkeitsbedingung von Erkenntnis überhaupt. Denn
für dieses Denken begründen „die Grenzen der Erkenntnis positiv die Möglichkeit zu wissen, wenn auch in einer stets begrenzten Erfahrung, was das Leben, die Arbeit und die
Sprache sind." (OD 382) Die Endlichkeit erscheint gleichzeitig als Grenze und als Bedingung der Erkenntnis.

---

14   Für Foucault nimmt Kant eine Mittlerfunktion zwischen klassischem und modernem Denken ein. Er ist
     derjenige, der das Denken aus dem „dogmatischen Schlummer" der klassischen Metaphysik befreit
     hat, indem er die Begrenztheit des menschlichen Erkenntnisvermögens aufzeigte. Damit lässt Kant das
     klassische Denken, das Denken der Repräsentation hinter sich, das noch davon ausging, dass der
     menschliche Verstand, durch seinen direkten Zugang zu der Struktur der Objekte und der Welt (zu-
     mindest theoretisch) in der Lage ist, die perfekte, von Gott geschaffene Ordnung der Welt auf dem
     Tableau restlos darzustellen. Indem Kant die Endlichkeit zur Grundlage der Erkenntnis macht, ist er
     der Wegbereiter des modernen Denkens, das Foucault auch als „Analytik der Endlichkeit" bezeichnet.
     Gleichzeitig unterscheidet sich sein Denken aber auch fundamental von diesem, da das moderne (phi-
     losophische) Denken die radikale Trennung von empirischer und transzendentaler Ebene aufheben
     wird. Gerade diese Vermischung von Empirischem und Transzendentalem wird dann auch ein Haupt-
     kritikpunkt Foucaults sein (vgl. Abs. 1.1.1.1).

15   „Man weiß, daß der Mensch endlich ist, so wie man die Anatomie des Gehirns, den Mechanismus der
     Produktionskosten oder das System der indoeuropäischen Konjugation kennt" (OD 379).

Damit unterscheidet die Moderne für Foucault im Begriff der Endlichkeit zwei Ebenen. Zum einen ist da die Endlichkeit auf der empirischen Ebene, durch welche die Grenzen des Menschen (durch seine Natur, Arbeit und Sprache) festgelegt werden. Sie erweist sich aber für Foucault als instabil, da „nichts gestattet, sie in sich selbst festzumachen." (OD 379) So ist die Evolution der Art nicht abgeschlossen, die Entstehung transparenter Symbolsysteme, die in der Lage sind, die Undurchsichtigkeit der historischen Sprachen aufzulösen, zumindest vorstellbar und ein Denken, das im Verhältnis des Menschen zu seiner Arbeit vor allem das Prinzip seiner Entfremdung und zu den Bedürfnissen des Menschen vor allem den Zwang und „die konstante Erinnerung an seine Grenzen" (OD 379) findet, nicht das letzte Wort (vgl. ebd.). Deshalb erscheint auf der archäologischen Ebene die „fundamentale Endlichkeit", die in einem „bestimmten Sinn dieselbe ist" und dennoch „radikal eine andere." (OD 380) Auch auf dieser Ebene wird wieder der Mensch zur Geltung gebracht, aber nicht in seiner Begrenztheit und Abhängigkeit vom Außen, wie das auf der empirischen Ebene der Fall ist. Vielmehr bilden hier die Endlichkeit seines Körpers, seines Verlangens und seiner Sprache die Prinzipien und Konstanten der menschlichen Seinsweise, auf deren Fundament sich erst ein Wissen über den Menschen bilden kann. Erst die Endlichkeit des Menschen ermöglicht es den Wissenschaften (vom Leben, der Arbeit und der Sprache), ihre positiven Wahrheiten zu formulieren.

Nun findet sich der Mensch und seine Seinsweise in der modernen Episteme nicht nur als ein Objekt von empirischen Wissenschaften wieder, sondern er ist gleichzeitig das erkennende Subjekt dieser Wissenschaften. Aber nicht mehr wie im klassischen Denken als „reiner Betrachter" (Dreyfus/Rabinow 1987, 52), der aufgrund des eindeutigen Verhältnisses zwischen Repräsentation und Sein eine schon im Voraus gegebene Ordnung beschreiben kann (wenn auch nie vollständig). Denn durch den Zusammenbruch der Repräsentation und damit der Vorstellung eines direkten Zugangs zur Struktur der Objekte und der Welt ist es jetzt vielmehr der Mensch in seiner Endlichkeit und der Begrenztheit seiner Erkenntnisfähigkeit selbst, der eine (endliche) Ordnung des Wissens schafft. So beginnt die Moderne mit der Vorstellung eines Wesens, das, wie Dreyfus und Rabinow dies formulieren, „kraft seiner Versklavung Souverän ist, einem Wesen, dessen Endlichkeit es ihm erlaubt, die Stelle Gottes einzunehmen." (Dreyfus/Rabinow 1987, 54)[16] Auch hier bedeutet die Endlichkeit des Menschen gleichzeitig Begrenzung der Erkenntnis und die Bedingung der Möglichkeit von Erkenntnis und Wissen. Sie ist positive Grenze und fundamentaler Ermöglichungsgrund in einem.

In dieser Unterscheidung von zwei Ebenen im Begriff der Endlichkeit drückt sich für Foucault ein grundsätzliches Dilemma des modernen Denkens aus, das er als „Wiederholung des Positiven im Fundamentalen" (OD 381) bezeichnet. Denn der Mensch taucht in

---

16 Den Beginn dieses Denkens markiert Kants Transzendentalphilosophie, dessen „Kritik der reinen Vernunft" versucht, unter Rekurs auf den Menschen als endliches, denkendes Wesen eine neue Ordnung zu begründen. Was er in seiner Kritik zeigen will, ist, dass eine reine Erkenntnis, ein Zugang zu dem ‚Ding an sich', für den Menschen unmöglich ist. Es ist vielmehr die Beschaffenheit des menschlichen Erkenntnisvermögens, die der Erfahrung (und gleichzeitig auch den Gegenständen der Erfahrung) eine bestimmte Struktur aufprägt. Damit rückt nun der Mensch in den Mittelpunkt einer Ordnung des Wissens, deren Urheber er aufgrund der Endlichkeit seiner Erkenntnisfähigkeit selber ist (vgl. Lavagno 2003, 113).

seiner Endlichkeit sowohl auf der empirischen Ebene als auch auf der Begründungsebene des Wissens auf. Die Endlichkeit als „ein immanentes Merkmal der empirischen »conditio humana«" wird so in den Stand einer transzendentalen Bedingung der Möglichkeit erhoben (vgl. Veyne 2003, 35). Der Widerspruch, der sich damit für das moderne Denken ergibt, ist der, dass man einen grundlegenden Erklärungsanspruch erhebt, jedoch mit dem Menschen eine Erklärungsinstanz einführt, welche eng mit dem Empirischen verwoben ist und der damit kein universaler, Erkenntnis begründender Status zukommen kann (vgl. Lavagno 2003, 116).[17] Diese ambivalente Denkform, von Foucault als „Analytik der Endlichkeit" (OD 377) bezeichnet, wird von ihm anhand dreier Motive deutlich gemacht, die seiner Meinung nach unauflöslich mit dem modernen Denken verbunden sind: der Wiederholung des Empirischen im Transzendentalen, der Wiederholung des Ungedachten im Cogito und der Wiederholung des Zurückweichens des Ursprungs in seiner Wiederkehr.

1.1.1.1 Das Empirische und das Transzendentale

Ein wichtiges Bestreben der Philosophie Kants war es, Empirisches und Transzendentales radikal zu unterscheiden, „um die reine *Form* der Erkenntnis vor Geschichte und Tatsächlichkeiten zu retten" (Dreyfus/Rabinow 1987, 57). Nun bilden sich in der Moderne in der Auseinandersetzung mit dem Denken Kants zwei Denkformen, die versuchen, das Transzendentale dem Empirischen anzunähern, da es sich gezeigt hat, dass „nicht nur der Inhalt, sondern auch die Form empirischer Erkenntnis empirischen Einflüssen unterliegt." (Dreyfus/Rabinow 1987, 57)

Die einen beschränken sich in Anlehnung an Kants transzendentale Ästhetik auf die Untersuchung des Körpers und seiner spezifischen Sinnesmechanismen. Sie entdecken, dass die Form der Erkenntnis anatomisch-physiologische Bedingungen hat und folgern daraus, dass es eine „Natur" der menschlichen Erkenntnis gibt, die deren Formen bestimmt und gleichzeitig in ihren empirischen Inhalten fassbar ist (vgl. OD 385). Die andere Linie, Kants transzendentale Dialektik weiterentwickelnd, versucht das Transzendentale im Historischen aufgehen zu lassen, indem sie zeigen wollen, „daß die Erkenntnis historische, gesellschaftliche oder ökonomische Bedingungen hatte ... kurz: daß es eine Geschichte der menschlichen Erkenntnis gab, die gleichzeitig dem empirischen Wissen gegeben werden und ihm seine Form vorschreiben konnte." (OD 385) Charakteristisch für beide Positionen ist, dass der empirische Inhalt der jeweiligen Analysen auf der Ebene des Transzendentalen zur Geltung gebracht wird. Das heißt, die Bedingungen der Erkenntnis, die nach Kant eigentlich als der empirischen Erfahrung vorausliegend, als transzendental,

---

17 Für Foucault sind aber auch Versuche, welche die ‚Wahrheit' jenseits des Menschen suchen, indem sie eine „*Metaphysik* des Lebens, der Arbeit und der Sprache" (OD 383) einführen wollen, zum Scheitern verurteilt. Denn diese Versuche werden sofort unterminiert, da diese Metaphysiken untrennbar mit der Endlichkeit des Menschen verbunden sind. Denn es handelt sich „um die Metaphysik eines zum Menschen selbst konvergierenden Lebens, auch wenn sie nicht bei ihm aufhört; um die Metaphysik einer den Menschen befreienden Arbeit, so daß der Mensch sich seinerseits davon befreien kann; um die Metaphysik einer Sprache, die der Mensch im Bewußtsein seiner eigenen Kultur sich wieder aneignen kann." (OD 383)

gedacht werden müssen und die er deshalb nur rein formal bestimmt hat, werden im empirisch Zugänglichen gesucht.

Da diese beiden auf die Natur und die Geschichte gerichteten Analysen davon ausgehen, dass ihre Inhalte selbst als transzendentale Reflexion funktionieren, können sie, so Foucault, außerdem behaupten, nur auf sich selbst beruhen zu können, ohne auf die jeweils andere Analytik (was Foucault aber, wie weiter unten dargestellt, bestreiten wird) oder auf eine Theorie des Subjekts zurückgreifen zu müssen. Dieses Vorgehen setzt „den Gebrauch einer gewissen Kritik" (OD 386) voraus, welche sich zur kantschen Kritik aber in einer doppelten Differenz befindet. Einmal wird „die der Kritik eigene[n] Dimension auf die Inhalte einer empirischen Erkenntnis reduziert" (OD 386). Außerdem ist diese Kritik nicht wie bei Kant „die Ausübung einer reinen Reflexion, sondern das Ergebnis einer Folge von mehr oder weniger dunklen Teilungen" (OD 386), wobei die grundlegendste Teilung im Begriff der Wahrheit selber liegt.

Denn zum einen muss eine Wahrheit existieren, die zur Ordnung des Objekts gehört, eine „Wahrheit an sich" (Dreyfus/Rabinow 1987, 57), welche entweder durch die Geschichte oder mit Hilfe der Wahrnehmung zugänglich ist. Des Weiteren muss aber auch eine Wahrheit existieren, die zur Ordnung des Diskurses gehört – eine Wahrheit, die es dem Diskurs bzw. der Disziplin, welche diesen Diskurs führt, erst ermöglicht, wahr über die Natur oder die Geschichte der Erkenntnis zu sprechen. Für Foucault bleibt aber „der Status dieses wahren Diskurses ... uneindeutig" (OD 386), da sich zwei Typen von Wahrheitsdiskursen, die sich aus der Untersuchung von Natur (positivistischer Typ) einerseits und Geschichte (eschatologischer Typ) andererseits ableiten, vermischen. Foucault argumentiert wie folgt: Entweder ist die Wahrheit unabhängig vom Diskurs und der Diskurs damit positivistisch: „... die Wahrheit des Objekts schreibt die Wahrheit des Diskurses vor, der dessen Bildung beschreibt" (OD 386). Oder der Diskurs erhält seine Wahrheit, indem er die Wahrheit antizipiert, sie im Voraus skizziert und man erhält einen Diskurs von eschatologischem Typ, à la Marx: „die Wahrheit des philosophischen Diskurses konstituiert die Wahrheit während ihrer Formierung" (OD 386). Diese beiden Diskurstypen erscheinen zwar als Gegenströmungen, sind aber „archäologisch nicht voneinander lösbar" (OD 387). Da sie „gleichzeitig empirisch und kritisch" sein wollen, müssen sie „positivistisch und eschatologisch in einem sein." (OD 387) Denn ein rein positivistischer Diskurs, der die Wahrheit des Diskurses ausgehend von der Wahrheit des Objekts bestimmt, würde, wie Kögler (1994, 55) anmerkt, die Vermittlung des Objekts durch das Subjekt naiv unterschlagen und damit an die Geschichtsphilosophie verwiesen werden. Dagegen würde ein rein geschichtsphilosophischer Diskurs, welcher die Wahrheit als Entfaltung von „geschichtlich wirksamen Geistesstrukturen" (ebd.) versteht, alle Erkenntnis in „subjektive Bewußtseinslogik" (ebd.) auflösen, ohne sich hinreichend gegenüber den empirischen Wissenschaften abzusichern.

Dieses Oszillieren zwischen Eschatologie und Positivismus ist laut Foucault charakteristisch für alle Analysen, die das Empirische auf der Ebene des Transzendentalen zur Geltung bringen wollen.[18] Der Mensch erscheint in einem solchen gemischten Diskurs

---

18 Focault wechselt in Bezug auf Eschatologie und Positivismus öfters die Perspektive. Meistens erscheinen Positivismus und Eschatologie als Diskurse, in denen sich empirische und transzendentale Ebene

„als eine gleichzeitig reduzierte und verheißene Wahrheit" (OD 387) und als eine „empirisch-transzendentale Dublette" (OD 384), da sowohl im positivistischen als auch im eschatologischen Diskurs die transzendentalen Erkenntnisbedingungen im empirischen Menschen selbst, d.h. in seiner Natur oder Geschichte, gesucht werden. Aus Sicht Foucaults herrscht in ihnen deshalb eine „präkritische Naivität" (OD 387).

In dieser instabilen Spannung zwischen positivistischer und historischer Theorie vom Menschen sucht das moderne Denken als Ausweg nach einem Diskurs, der „weder zur Reduktion noch zur Verheißung gehört: einen Diskurs, dessen Spannung das Empirische und das Transzendentale in einer Trennung aufrechterhielte und dennoch gestattete, gleichzeitig auf beide zu zielen; einen Diskurs, der erlauben würde, den Menschen ... als Ort empirischer ... Erkenntnisse und als reine ... Form zu analysieren." (OD 387) Oder wie Dreyfus und Rabinow formulieren: Nach einer Disziplin, „die empirischen Inhalt hat und doch transzendental ist, ein *konkretes a priori*, das den Menschen als selbstproduzierende Quelle von Wahrnehmung, Kultur und Geschichte auffassen konnte." (Dreyfus/Rabinow 1987, 58) Diese Rolle hat im modernen Denken die „Analyse des Erlebten" (OD 387), hier meint Foucault vor allem die Phänomenologie Merleau-Pontys, eingenommen, welche den Erkenntnisgrund in das Erleben des Menschen verlagert hat. Doch bei aller Wertschätzung für diese Philosophie bleibt auch sie für Foucault in der Ambivalenz der „empirisch-transzendentale[n] Dublette" gefangen: „Immer noch verbleibt, daß die Analyse des Erlebten ein Diskurs gemischter Natur ist: sie wendet sich an eine spezifische, aber doppeldeutige, ausreichend konkrete Schicht, damit man eine sorgfältige und deskriptive Sprache auf sie anwenden kann, jedoch auch ausreichend gegenüber der Positivität der Dinge zurückgezogene Schicht, so daß man ausgehend davon jener Naivität entgehen, sie in Frage stellen und nach ihren Grundlagen fragen kann." (OD 388) Deshalb ist sie nicht stabil, da sich „in einer unendlichen Oszillation das, was in der Erfahrung gegeben ist, und das, was die Erfahrung möglich macht, entsprechen" (OD 405) und „die Inhalte der Erfahrung bereits ihre eigenen Bedingungen sind" (OD 409). Auch hier werden empirische und transzendentale Ebene vermischt und das aus der Erfahrung Gewonnene wird für die Bedingung der Möglichkeit von Erfahrung gehalten. Auch hier erscheint der Mensch als „empirisch-transzendentale Dublette", wenn versucht wird seinen Körper und seine Grenzen zu Existenzbedingungen allen Wissens zu machen (vgl. Dreyfus/Rabinow 1987, 58). Daher kann auch eine solche Form der Analyse nicht die Schwierigkeiten, die Eschatologie und Positivismus aufwerfen, auflösen.

Insgesamt ist es für Foucault nicht möglich, eine Lösung des Problems der empirisch-transzendentalen Vermischung innerhalb des modernen Denkens zu finden, da dieses die Ursache des Problems, die Figur des ‚Menschen', erst produziert hat und unauflöslich mit dieser verbunden ist. Vielmehr würde für Foucault dieses Problem erst überwunden werden, wenn man mit der Formation des modernen Denkens brechen und sich die Frage stellen würde, „ob der Mensch wirklich existiert." (OD 388)

---

vermischen. Teilweise sind sie für ihn durch ein gemeinsames Vergessen des Transzendentalen gekennzeichnet und wären damit beide „empirisch". An manchen Stellen beschreibt er ihr Verhältnis als analog zur „empirisch-transzendentalen Dublette" (OD 384), so als ob jede von ihnen eine der oszillierenden Seiten entspräche (vgl. Roedig 1997, 30 f.).

1.1.1.2 Das Cogito und das Ungedachte

Aus der Figur des Menschen als „empirisch-transzendentale Dublette" leitet sich für Foucault auch das zweite Problem ab. Denn aufgrund dieser ambivalenten Situation des Menschen, „in der die empirischen Inhalte der Erkenntnisse die Bedingungen, aber von sich aus, liefern, ... kann der Mensch sich nicht in der unsichtbaren und souveränen Transparenz eines Cogito geben. Aber er kann ebensowenig in der objektiven Untätigkeit dessen ruhen, was nicht zum Selbstbewußtsein kommt und nie kommen wird." (OD 389)

Im modernen Denken erfährt der Mensch sich einerseits als durch ihm vorausgehende Strukturen bestimmt: Er denkt mit Hilfe einer Sprache, die er nicht selber gemacht hat und deren Struktur und System er nicht kennt. Er hat einen Körper, der sein Leben ermöglicht, dessen Funktionen ihm aber zum größten Teil entgehen. Er ist bestimmt durch eine Arbeit, deren Erfordernisse und Gesetze ihm von außen aufgezwungen sind. Andererseits unternimmt er den Versuch, diese vorgängigen, ihm unbewussten Strukturen, die sein Denken und sein Leben erst möglich machen, reflexiv einzuholen. So wird das moderne Denken das Thema des Cogito und seiner Beziehung zum Unbewussten in den Mittelpunkt seiner Analysen stellen. Das moderne Cogito kann aber nicht mehr zu einer Selbst- bzw. Seinsbestätigung im Sinne von Descartes führen. Vielmehr entsteht durch die Orientierung am Ungedachten eine Reflexionsrichtung, die sich vom Cartesianismus und auch von der kantschen Analyse deutlich unterscheidet. Diese neue Denkrichtung hat laut Foucault zwei Konsequenzen zur Folge.

In der ersten („negativen") erscheint die Phänomenologie, die das Thema des Cogito aufgreift, dabei aber mit einem Cogito operiert, dessen Funktion sich im Vergleich zu Descartes deutlich verändert hat. Zwar versucht Husserl das cartesische Cogito mit dem transzendentalen Motiv Kants zu verbinden. Letztendlich führt der Rückgriff auf das (transzendentale) Subjekt aber zu der „ontologischen Frage" (OD 393), also der Frage nach dem Sein des Menschen, und das phänomenologische Vorhaben löst sich auf „in eine Beschreibung des Erlebten, die ungewollt empirisch ist, und in eine Ontologie des Ungedachten, die den Primat des ‚Ich denke' außer Kurs setzt." (OD 393) So kann das moderne Cogito nicht mehr vom ‚Ich denke' zum ‚Ich bin' führen. Es ist keine absolute Seinsbestätigung mehr durch das reine Denken möglich, eben weil dem Denken immer etwas entgeht. Die zweite („positive") Konsequenz betrifft das Verhältnis des Menschen zum Ungedachten. Hier erscheint das Ungedachte als unauflöslich verbunden mit dem Auftauchen des ‚Menschen' in der modernen Episteme. Der ‚Mensch' konnte nur gedacht werden, indem das Denken gleichzeitig das Ungedachte entdeckte, ein Ungedachtes, „das in Beziehung zum Menschen das *Andere*: das brüderliche *Andere* [ist], der Zwilling, nicht von ihm geboren, nicht in ihm, sondern neben ihm ..." (OD 394). Aus der modernen Erfahrung des gegenseitigen Bedingungsverhältnis zwischen Gedachtem und Ungedachtem und der sich daraus ergebenden konstitutiven Rolle, die das Ungedachte für das Denken spielt, resultieren die für das moderne Denken typischen Versuche, das Ungedachte soweit wie möglich reflexiv einzuholen: „Das ganze moderne Denken ist von dem Gesetz durchdrungen, das Ungedachte zu denken, in der Form des *Für sich* die Inhalte des *An sich* zu reflektieren, den Menschen aus der Entfremdung zu befreien (*désaliéner*), indem man ihn mit seinem eigenen Wesen versöhnt, den Horizont zu erklären, der den Erfahrungen ihren

Hintergrund der unmittelbaren und entwaffneten Evidenz gibt, den Schleier des Unbewußten zu lüften, sich in seinem Schweigen zu absorbieren oder das Ohr auf sein unbegrenztes
Gemurmel zu richten." (OD 394)

Gleichzeitig ist dem modernen Denken bewusst, dass es das Ungedachte immer nur
partiell wird einholen können. Denn wenn das Ungedachte für das moderne Denken die
Möglichkeitsbedingung bzw. den Hintergrund des Denkens darstellt, kann es nie völlig
durch das Cogito eingeholt werden, obschon dieses die vollständige Transparenz, zumindest theoretisch, anstrebt. So wird der Mensch in seinem Denken vor eine unendliche
Aufgabe gestellt. Sobald es ihm gelungen ist, sich eine implizite Voraussetzung seines
Denkens ins Bewusstsein zu holen, führt dieser Erfolg letztendlich nur dazu, dass sich
noch weitere Dimensionen ergeben, die reflexiv eingeholt werden müssten. Der Mensch
wird durch die „aporetische Teilung – bzw. Verdopplung – in das Cogito und das Ungedachte" (Lavagno 2003, 117) selbst zu einem gespaltenen Wesen und kann nicht mehr als
das ruhende Fundament eines Wissens angesehen werden. Daher wird Foucault behaupten, dass sich ein Denken, das sich auf die Figur des Menschen stützt, früher oder später
zusammenbrechen wird (vgl. ebd.).

1.1.1.3 Das Zurückweichen und die Wiederkehr des Ursprungs

Die letzte Verdopplung des Menschen innerhalb der „Analytik der Endlichkeit" kommt
für Foucault schließlich in seinem Verhältnis zum Ursprung zum Ausdruck. Anders als in
der Klassik, in der der Ursprung die „ideale Genese" (OD 396) bezeichnet und wiederzufinden ist, indem man sich „möglichst nahe an die schlichte und einfache Reduplizierung
der Repräsentation" (ebd.) stellt – man dachte z.B. den „Ursprung der Sprache als Transparenz zwischen der Repräsentation einer Sache und der Repräsentation eines Schreies,
des Lautes, der Mimik (der Gebärdensprache), die sie begleitete" (OD 397) – ist der Ursprung in der Moderne im Dunkel der Geschichte verloren gegangen. Es ist nun nicht
mehr der Ursprung, welcher der Geschichtlichkeit Raum gibt, sondern es ist vielmehr die
Historizität, die in ihrem (Erkenntnis-)Raster die Frage nach einem Ursprung impliziert,
einem Ursprung jedoch, „der ihr zugleich innerlich und fremd wäre." (OD 397)

Im modernen Denken macht der Mensch die Erfahrung, nie direkt mit den Anfängen
seiner eigenen Geschichte kommunizieren zu können, deren entferntes Produkt er jedoch
zugleich ist. Denn „wenn er sich als Lebewesen zu definieren versucht, entdeckt er seinen
eigenen Anfang nur auf dem Hintergrund eines Lebens, das selbst lange vor ihm begonnen
hat. Wenn er versucht, sich als arbeitendes Wesen zu erfassen, bringt er die rudimentärs-
ten Formen davon nur an den Tag innerhalb einer menschlichen Zeit und eines menschlichen Raumes, die bereits institutionalisiert, bereits von der Gesellschaft beherrscht sind.
Wenn er seine Essenz als die eines sprechenden Subjekts zu definieren versucht, diesseits
jeder effektiv konstituierten Sprache, findet er stets nur die Möglichkeit der bereits entfalteten Sprache und nicht das Gestammel, das erste Wort, von dem aus alle Sprachen und
Sprache selbst möglich geworden sind. Stets auf einem Hintergrund eines bereits Begon-
nenen kann der Mensch das denken, was für ihn als Ursprung gilt." (OD 398)

Je stärker das moderne Denken versucht, dieser Ursprünge habhaft zu werden, desto mehr weichen sie zurück: „... es nimmt sich paradoxerweise vor, in die Richtung vorzuge- hen, in der sich dieses Zurückweichen vollzieht und unaufhörlich vertieft." (OD 402) Aus dieser Ursprungsproblematik heraus entwickelt das moderne Denken laut Foucault zwei gegenläufige Strategien (vgl. OD 402 f.; Dreyfus/Rabinow 1987, 67). Die eine geht von der völligen Wiederkehr des Ursprungs aus. Vor allem Denker wie Hegel, Marx und Spengler sehen im Ursprung die Wiederholung, die Rückkehr dessen, was schon angefan- gen hat. Sie verstehen die Geschichte als Bewegung in Richtung eines Endpunktes, in dem sich das Denken durch das Gewahr werden der ursprünglichen Wahrheit selbst begreift. Durch die Einsicht in seinen eigenen Ursprung wird das Denken Vollkommenheit erlan- gen und sich gleichzeitig selbst auflösen, da es seinen Antrieb verlöre. Als Gegenbewe- gung erscheint das Denken eines Hölderlins, Nietzsches und Heideggers, in dem die Wie- derkehr des Ursprungs sich nur in seinem äußersten Zurückweichen zeigt. Sie gehen da- von aus, dass es in mythischer Vergangenheit ein tieferes Wissen um den Menschen gege- ben hat, doch kann dieser mit diesem ursprünglichen Wissen nur noch in Berührung kommen, indem er sich bewusst wird, was er verloren hat (vgl. Dreyfus/Rabinow 1987, 67). Es handelt sich hier nicht mehr um eine Rückkehr zum Ursprung, „sondern um jenen unaufhörlichen Riß, der den Ursprung in dem Maße seines Rückzuges freisetzt." (OD 403) Der Ursprung ist dem Menschen nur in seiner reinen Abwesenheit gegeben, eine Rückkehr zu ihm ist unmöglich. Letztendlich bleiben beide Denkbewegungen, ob sie nun in Erfüllung oder Verzweiflung enden, einer wenig fruchtbaren Fragestellung verhaftet. Denn in der „unendlichen Aufgabe, den Ursprung möglichst nahe und möglichst fern von sich zu denken, entdeckt das Denken, daß der Mensch nicht mit dem zeitgenössisch ist, was ihn existieren läßt – oder mit dem, von wo ausgehend er ist; sondern, daß er in einer Kraft gefangen ist, die ihn verstreut, ihn fern von seinem eigenen Ursprung hält, aber ihm seinen Ursprung in einem unmittelbaren Bevorstehen verheißt, daß vielleicht für immer ihm entzogen bleibt." (OD 403) Und diese Kraft, die ihn verstreut, ist „die seines Seins selbst." (ebd.)

1.1.1.4 Der anthropologische Schlaf

Für Foucault sind diese gerade dargestellten Aporien unauflöslich mit der „anthropologi- schen Konfiguration der modernen Philosophie" (OD 411) verbunden; einer Philosophie, die den Menschen zum Maß aller Dinge macht, ihn in das Zentrum des Denkens und Wis- sens stellt. Dies vollzieht sich nicht mehr in dem Sinne des Descartschen ‚Ich denke‘, son- dern im Sinne einer „Analytik der Endlichkeit", in der das endliche, durch Positivitäten bestimmte Sein des Menschen es ist, „das jeder Bestimmung die Möglichkeit gibt, in ihrer positiven Wahrheit zu erscheinen." (OD 405) Demgemäß zeigt die „Analytik der Endlich- keit" einerseits die Gebundenheit und Determiniertheit des Menschen bezüglich der Ge- setzmäßigkeiten des Lebens, der Arbeit und der Sprache, die des Menschen Sein bestim- men. Andererseits soll er gerade aufgrund der Endlichkeit seines Seins in der Lage sein, diese Gesetzmäßigkeiten zu erkennen. So handelt es sich hier um eine Denkweise, die den Menschen in seiner Endlichkeit zum ersten Mal in der Geschichte des Denkens wirklich angemessen zu erkennen glaubt und die ihn zur gleichen Zeit als Sinn gebendes und Erkenntnis ermöglichendes Subjekt in Stellung bringt; als ein Subjekt, das die Wahrheit des Lebens, der Arbeit und der Sprache und in dieser Wahrheit sich selbst erkennen kann.

Mit diesem Denken als konstitutivem Merkmal fällt die moderne Philosophie für Foucault in den „anthropologischen Schlaf"[19] (OD 411). Denn nun gilt jede empirische Erkenntnis, vorausgesetzt sie betrifft den Menschen, „als mögliches philosophisches Feld, in dem sich die Grundlagen der Erkenntnis, die Definition ihrer Grenzen und schließlich die Wahrheit jeder Wahrheit enthüllen muß." (Ebd.) Ein solches anthropozentrisches Denken ist für Foucault aufgrund der oben genannten Aporien natürlich keine Lösung. Vielmehr geht es ihm darum, das „anthropologische »Viereck«" (ebd.), bestehend aus der Verbindung der Positivitäten mit der Endlichkeit, der Reduplizierung des Empirischen im Transzendentalen, der ständigen Beziehung des Cogito zum Ungedachten und dem Rückzug und der Wiederkehr des Ursprungs (vgl. OD 404), „bis in seine Grundlagen hin zu zerstören" (OD 411). Die dadurch entstehende „Leere des verschwundenen Menschen" (OD 412), würde einen Raum eröffnen, „in dem es schließlich möglich ist, zu denken." (ebd.)[20]

1.1.1.5 Die Humanwissenschaften

Eng verbunden und in „gefährliche(r) Vertrautheit" (OD 418) mit dem anthropozentrischen Denken der modernen Philosophie sind für Foucault die Humanwissenschaften.[21] Beschäftigt sich die Philosophie im Hinblick auf die Doppelrolle, die der Mensch in der Moderne als Subjekt und Objekt des Wissens innehat, vornehmlich mit seiner Subjektposition (aber immer unter dem (zumindest indirekten) Einfluss der empirischen Wissenschaften) besetzen die Humanwissenschaften den Bereich, der den Menschen als Objekt, als Quelle von empirischem Wissen zum Gegenstand hat. Nun ist es aber laut Foucault so, dass nicht „jener privilegierte und besonders unklare Gegenstand Mensch" (OD 437) es ist, der die Humanwissenschaften konstituiert und ihnen ein spezifisches Gebiet gibt. „Sondern es ist die allgemeine Disposition der *episteme*, die ihnen Raum gibt, sie hervorruft und einrichtet und ihnen so gestattet, den Menschen als ihr Objekt zu konstituieren."

---

19 Diesen Ausdruck benutzt Foucault in Anspielung auf Kants Rede vom „dogmatischen Schlummer" (vgl. Schmid 2000, 132). Dem Denken Kants kommt in diesem Zusammenhang eine (ambivalente) Doppelfunktion zu. Hatte er das Denken gerade erst aus dem „dogmatischen Schlummer" der klassischen Metaphysik geweckt, indem er die Endlichkeit der menschlichen Erkenntnis aufzeigt, öffnet seine Philosophie gleichzeitig einen Raum für eine Denkform wie die der „Analytik der Endlichkeit" und ermöglicht so den „anthropologischen Schlummer".

20 Lavagno (2003, 137 f., 148 ff.) merkt in diesem Zusammenhang kritisch an, dass Foucault in seiner Kritik an der modernen Philosophie wichtige Strömungen unberücksichtigt lässt. Beispielsweise beachtet er kaum die sprachpragmatische Wende in der modernen Philosophie oder den Einfluss des mathematischen Denkens auf den Positivismus und auf das moderne Denken insgesamt. Für Lavagno treffen aber bezüglich beider Denklinien ebenso wie auf Kant und Hegel in ‚Reinform' die von Foucault in „Die Ordnung der Dinge" formulierten Aporien so nicht zu.

21 Foucault versteht unter dem Oberbegriff Humanwissenschaften die Bereiche der Psychologie, Soziologie und Kulturwissenschaft.

(OD 437) Es ist das besondere Verhältnis zu den Wissenschaften, die in der modernen Episteme „das Triëder des Wissens" (OD 413) (Philosophie, Mathematik, empirische Wissenschaften)[22] bilden, das charakteristisch für sie ist und sie ermöglicht.

Die Humanwissenschaften können laut Foucault erst entstehen, als sich die klassischen, taxonomischen Wissenschaften verwandeln: Aus der allgemeinen Grammatik wird die Geschichte nationaler Sprachen, aus den Tableaus der Naturgeschichte die Evolution der Arten und aus der Analyse der Reichtümer eine Theorie, welche die Gebrauchs- und Tauschwerte auf die Verausgabung von Arbeitskraft zurückführt. Durch diesen Wandel wird erst ein epistemischer Raum eröffnet, in dem der Mensch als sprechendes, lebendes und arbeitendes Wesen wahrgenommen werden kann (vgl. Habermas 1988, 310). Die Philosophie antwortet auf diesen Wandel mit einer „Analytik der Endlichkeit", in welcher der empirische, durch Arbeit, Leben und Sprache begrenzte Mensch zur transzendentalen Bedingung der Möglichkeit von Erkenntnis erhoben und zur Grundlage seiner eigenen Endlichkeit gemacht wird. Dagegen versuchen die Humanwissenschaften die Endlichkeit des Menschen in einer positiven und empirischen Form darzustellen; aber in der Art und Weise, dass in ihren Analysen der Mensch als ein Wesen erscheint, „das sich zu den von ihm, dem sprechenden und arbeitenden Lebewesen selbst erzeugten Objektivationen verhält." (Ebd.) Die Humanwissenschaften fragen also nicht danach, was der Mensch in der Positivität seines Lebens, seiner Arbeit, seiner Sprache ist. Dies ist das Gebiet der empirischen Wissenschaften der Biologie, Ökonomie und Philologie. Sondern das Objekt der Humanwissenschaften ist der Mensch, der sich eine Vorstellung vom Leben machen kann (und deshalb eine Psychologie hat), der eine Vorstellung von seinen Bedürfnissen und der Gesellschaft, in der er diese befriedigt, haben kann (und deshalb ein soziologisches Phänomen wird), der sich den Sinn seines Sprechens, seiner Wörter vorstellen kann (und deshalb kulturwissenschaftlich interessant wird) (vgl. OD 422 ff.; Visker1991, 49). Anders ausgedrückt beschäftigen sich die Humanwissenschaften nicht mit dem ‚Was' sondern mit dem ‚Wie'. Das heißt, es geht ihnen um die Frage, wie der Mensch zu seinen spezifischen Vorstellungen bzw. Repräsentationen von seinem Leben, seinen Bedürfnissen und seiner Sprache kommt, und sie versuchen diese Vorstellungen ihrerseits in eine Ordnung der Repräsentation zu überführen (dazu weiter unten mehr). So befinden sich die Humanwissenschaften für Foucault auch nicht im Feld der empirischen Wissenschaften, sondern eröffnen einen Raum der Vorstellung bzw. Repräsentation, in der sie die empirischen Wissenschaften wieder aufnehmen.

Des Weiteren sind die ehemals klassischen Wissenschaften für Foucault noch auf eine andere Weise für die Humanwissenschaften konstitutiv. Da im klassischen Zeitalter kein Gebiet existiert, das man als Vorläufer der Humanwissenschaften bezeichnen könnte, müssen diese sich entliehener Modelle und Objektivitätsideale bedienen, welchen sie Mathematik, Philosophie und empirischen Wissenschaften entnehmen.[23] Dabei sind es vor

---

22 Zu den empirischen Wissenschaften zählt Foucault die moderne Ökonomie, Biologie und Philologie, die sich aus ihren klassischen Vorläufern entwickelt haben.

23 „Sie [die Humanwissenschaften; C.D.] haben den mehr oder weniger verschobenen, aber konstanten Plan, sich eine mathematische Formalisierung zu geben oder auf jeden Fall auf der einen oder anderen Ebene eine solche zu benutzen. Sie prozedieren gemäß Modellen oder Begriffen, die der Biologie, der Ökonomie und den Wissenschaften von der Sprache entliehen sind. Sie wenden sich schließlich an je-

allem die empirischen Wissenschaften, welche die konstituierenden Modelle für die Humanwissenschaften bereitstellen. Hier handelt es sich um Modelle, die den Humanwissenschaften „die Bildung von Gesamtzusammenhängen von Phänomenen als ‚Objekte' für ein mögliches Wissen" (OD 427 f.) gestatten und es damit erst ermöglichen, dass der Mensch als Objekt für ihren Diskurs in Erscheinung treten kann. So werden die kategorialen Modelle der Funktion und der Norm, die der Biologie entstammen, von der Psychologie übernommen, die des Konflikts und der Regel (Ökonomie) von der Soziologie und die der Bedeutung und des Systems (Sprachwissenschaften) von den Kulturwissenschaften.[24] Für Foucault decken diese drei Begriffspaare den gesamten Bereich der humanwissenschaftlichen Erkenntnis ab. Obschon die spezifische Zuordnung grundlegend für das jeweilige Gebiet ist, sind die Begriffspaare jedoch nicht streng auf nur den jeweils einen humanwissenschaftlichen Bereich beschränkt. Vielmehr gelten alle Begriffspaare im gesamten Raum der Humanwissenschaften. Beispielsweise findet der Konflikt und die Regel seine Anwendung nicht nur auf dem Gebiet der Soziologie, sondern auch auf dem Feld der Psychologie.[25]

Innerhalb der Humanwissenschaften stehen die kategorialen Paare in einem besonderen Verhältnis zueinander. Die Kategorien Funktion, Konflikt, Bedeutung verweisen darauf, wie der Mensch als ein Wesen, dass sich sein Leben, sein Bedürfnis und seine Sprache vorstellt, repräsentiert werden kann. Dabei umfasst das Untersuchungsgebiet der Humanwissenschaften z.B. die Bereiche der Verhaltensweisen und Attitüden, der Befehle, Strafen, Riten, Feste und des dazugehörigen Glaubens, der ihre spezielle Form unterstützt, der Literaturen, Mythen, mündlichen Manifestationen und schriftlichen Dokumente (vgl. OD 426). Die Humanwissenschaften behandeln diese Empirizitäten als Repräsentationen, mit Hilfe derer sich die Menschen Leben, Bedürfnis und Sprache repräsentieren.

Nun stellt sich an dieser Stelle ein grundlegendes Problem. Der Mensch erscheint in den Humanwissenschaften zwar als ein Wesen, das sich Leben, Bedürfnis und Sprache repräsentiert, gleichzeitig muss dem untersuchten Menschen oder der untersuchten Gruppe aber nicht bewusst sein, dass das, was er oder sie sich gerade vorstellt, eine Repräsentation einer dieser drei Bereiche ist. Zum Beispiel muss der Mensch, der Feste feiert, keine bewusste Vorstellung davon haben, dass die Feste seiner Bedürfnisbefriedigung dienen. Trotzdem behandelt die Soziologie das Fest, als ob es eine Repräsentation des Menschen für sein Bedürfnis bzw. seiner Bedürfnisbefriedigung ist. Gleichzeitig gehen die Humanwissenschaften davon aus, dass gerade ihre jeweiligen Diskurse Kategorien bereitstellen

---

ne Seinsweise des Menschen, die die Philosophie auf der Ebene der radikalen Endlichkeit zu denken versucht, während sie selbst deren sämtliche empirischen Manifestationen durchlaufen wollen." (OD 417)

24 Die Psychologie untersucht den Menschen als ein Wesen mit physiologischen, sozialen und kulturellen *Funktionen*, das bestimmten Anpassungs*normen* zu entsprechen hat. Die Soziologie begreift den Menschen als ein Wesen, dass durch seine Bedürfnisse in eine irreduzible *Konflikt*situation gerät, die er durch Errichtung eines *Regel*zusammenhangs zu begrenzen versucht. Die Kulturwissenschaften sehen den Menschen als Produzent von *Bedeutung*, der mit Hilfe sprachlicher und nichtsprachlicher Signifikanten ein Zeichen*system* bildet (vgl. OD 428).

25 „So überkreuzen sich alle Humanwissenschaften und können sich stets gegenseitig interpretieren, verwischen sich ihre Grenzen, vervielfachen sich unbegrenzt die dazwischenliegenden und vermischten Disziplinen, löst sich ihr eigener Gegenstand schließlich auf." (OD 429)

können, um Leben, Bedürfnis und Sprache in objektiver Weise zu repräsentieren. Beispielsweise ist für die Soziologie der Begriff des Konflikts die fundamentale Kategorie, um das Bedürfnis des Menschen zu repräsentieren. So erscheint der Mensch im Denken der Soziologie als ein Wesen, das Bedürfnisse und Wünsche hat, die es befriedigen will und damit im Gegensatz zu den Bedürfnissen und Interessen anderer steht. Der Konflikt ist dem Bedürfnis immer mitgegeben. Er erscheint „als ursprüngliche, archaische Gegebenheit, die mit den grundlegenden Bedürfnissen des Menschen vorhanden ist" (OD 430). Ähnliches gilt für den übrigen Bereich der Humanwissenschaften; nur operieren diese, wie weiter oben schon dargestellt, mit anderen Vorstellungen vom Menschen und mit anderen Kategorien.

Dementsprechend werden die Humanwissenschaften sich nicht damit begnügen, eine einfache Beschreibung des Menschen, der sich bestimmte Vorstellungen bildet, zu geben, sondern sie werden anhand ihrer Kategorien Funktion, Konflikt, Bedeutung versuchen, die Empirizitäten, die ihnen ihr Untersuchungsgebiet liefert (also die Vorstellungen des Menschen), als Repräsentationen von Leben, Bedürfnis und Sprache zu repräsentieren, auch wenn diese dem „naiven Bewusstsein" nicht notwendigerweise bewusst sind. Die Humanwissenschaften nehmen also eine Trennung zwischen Bewusstsein und Repräsentation vor, die sich in der Funktion ihrer komplementären Grundkategorien (System, Regel und Norm) noch verstärken wird. Denn die Rolle dieser Kategorien ist es zu zeigen, dass die Repräsentationen, welche die Kategorien Funktion, Konflikt, Bedeutung liefern, nur sekundär sind, sie auf einem zugrunde liegenden, unbewussten System, einer vorausgehenden, ungedachten Regel oder Norm basieren. Diese komplementären Kategorien (System, Regel und Norm) bzw. das, was sie repräsentieren sollen (das Unbewusste der Repräsentation), sind grundsätzlich unbewusst. Sie sind der alltäglichen Erfahrung nicht gegeben, sondern prinzipiell nur einem reflexiven Wissen, nämlich dem der Humanwissenschaften, zugänglich.[26]

Dieses Unbewusste definiert damit die Grenzen und gleichzeitig die Möglichkeitsbedingungen für die Art und Weise, wie die Humanwissenschaften Leben, Bedürfnis, Sprache repräsentieren können (durch die Kategorien Funktion, Konflikt, Bedeutung) bzw. wie sich ein Bewusstsein Leben, Bedürfnis und Sprache, zumindest partiell[27], vorstellen kann. Deshalb bezeichnet dieses Unbewusste für die Humanwissenschaften, Foucault spielt hier auf die „Analytik der Endlichkeit" an, so etwas wie die fundamentale Endlichkeit der Repräsentationen von Leben, Bedürfnis sowie Sprache, und Aufgabe der Kategorien System,

---

26   So besteht z.B. „die Rolle des Begriffs der Bedeutung darin, zu zeigen, wie etwas wie eine Sprache, selbst wenn es sich nicht um einen expliziten Diskurs handelt und selbst wenn sie nicht für ein Bewußtsein entfaltet wird, im allgemeinen der Repräsentation gegeben werden kann. Die Rolle des komplementären Begriffs des Systems ist es, zu zeigen, wie die Bedeutung niemals ursprünglich und zeitgleich mit sich selbst ist, sondern stets sekundär und gewissermaßen im Verhältnis zu einem System abgeleitet, das ihr vorhergeht ... Im Verhältnis zum Bewußtsein einer Bedeutung ist das System stets unbewußt" (OD 433).

27   Die Vorstellung kann nur partiell sein, da Leben, Bedürfnis und Sprache durch die humanwissenschaftlichen Kategorien Funktion, Konflikt, Bedeutung in einer Form repräsentiert werden können, die völlig unbewusst sein kann.

Regel sowie Norm ist es, diese Endlichkeit in einer positiven und empirischen Form zu repräsentieren.

Hier sieht man aber auch schon den Unterschied zwischen moderner Philosophie und Humanwissenschaften. Die moderne Philosophie verlegt die Endlichkeit und die daraus folgende Instabilität in das Sein des Menschen (vgl. Visker 1991, 51 f.). Sie wird die Endlichkeit des Menschen zu einer transzendentalen Bedingung der Möglichkeit von Erkenntnis erheben und in der „Analytik der Endlichkeit" den Menschen als ein seltsames Doppelwesen denken, dessen empirische Erfahrung gleichzeitig die Möglichkeitsbedingung dieser Erfahrung ist, dessen Denken durch ein Ungedachtes konstituiert wird, das es gleichzeitig transparent machen will, dies aber nie schafft und es das Produkt eines Ursprungs ist, den es ständig versuchen wird einzuholen, der ihm aber immer weiter entweicht.

Dagegen ist die Endlichkeit als das Unbewusste der Repräsentation von Leben, Bedürfnis und Sprache in den Humanwissenschaften ein grundlegendes Merkmal ihrer Grundstruktur selber, die durch eine bewusst/unbewusste Dichotomie gekennzeichnet ist. Auch hier erscheint das Unbewusste als fundamentale Endlichkeit, als Möglichkeitsbedingung und Grenze (der Repräsentation) zugleich. Im Unterschied zur „Analytik der Endlichkeit" befindet sich der humanwissenschaftliche Diskurs aber vollständig im Raum der Repräsentation und auch das Unbewusste bzw. die Endlichkeit stellt ein Element dar, das in positiver Form repräsentiert werden kann.[28] Die Endlichkeit als transzendentale Dimension wird in ihren Analysen keine Rolle spielen.

Dieser „Primat der Repräsentation" (OD 435) sorgt nun für eine grundsätzliche Instabilität der Humanwissenschaften. Denn wenn das Unbewusste für den Diskurs der Humanwissenschaften kein Problem mehr darstellt, da es in einer Ordnung der Normen, der Regeln, der Systeme vollständig repräsentiert werden kann (zumindest theoretisch), dann kann auch die Repräsentation selber nichts anderes als ein Phänomen empirischer Ordnung sein, welches sich im Menschen ereignet und das man als solches analysieren kann (vgl. OD 435). Gleichzeitig ist die Repräsentation aber das „allgemeine Fundament" (ebd.), die Möglichkeitsbedingung für die Humanwissenschaften. Dies hat zur Folge, dass die Humanwissenschaften, „während sie das behandeln, was Repräsentation (in einer bewußten oder unbewußten Form) ist, eben das als ihren Gegenstand behandeln, was für sie die Bedingung der Möglichkeit ist. Sie sind also stets von einer Art transzendentaler Beweglichkeit belebt. Sie hören nicht auf, sich selbst gegenüber eine kritische Wiederaufnahme zu praktizieren. Sie gehen von dem, was der Repräsentation gegeben wird, zu dem, was die Repräsentation möglich macht, was aber wiederum eine Repräsentation ist." (OD 436) Die Humanwissenschaften werden also immer nur auf ihre Möglichkeitsbedingungen zurückgeführt, die als Teil der Empirizitäten selbst Gegenstand der Untersuchung werden. Dies führt im Prinzip zu einer unaufhörlichen Bewegung der eigenen Entmystifizierung, zu einer Neigung, sich selbst ständig kritisch in Frage zu stellen.[29]

---

28 Dagegen kann in der „Analytik der Endlichkeit" das Unbewusste trotz allem Bestreben nie ganz eingeholt werden.

29 Eine zweite sich aus dem „Primat der Repräsentation" ergebende Konsequenz ist die, dass, sobald man die Humanwissenschafen philosophisch wendet, man sich in eine Philosophie klassischen Typs stellt und damit hinter Kant zurückfällt.

Diese Instabilität der Humanwissenschaften ist für Foucault kein Merkmal ihrer spezifischen Form von Wissenschaftlichkeit, sondern veranlasst ihn zu der Schlussfolgerung, dass sie eigentlich gar keine Wissenschaften sind, sondern „in ihrer eigenen Gestalt neben den Wissenschaften und auf dem gleichen archäologischen Boden *andere* Konfigurationen des Wissens" (OD 438) bilden. Es ist ihre besondere Stellung in der modernen Episteme und es sind die spezifischen Verbindungen, die sie zu den drei Dimensionen des Wissens unterhalten, die ihre Konfiguration prägen und erst möglich machen, es aber zugleich unmöglich machen, sie als Wissenschaften zu bezeichnen.

Darüber hinaus macht ihre besondere Stellung in der modernen Episteme die Humanwissenschaften zu „gefährlichen Mittelgliedern" für die anderen Gebiete des Wissens. In dem dreidimensionalen Raum des „Triëders des Wissens", den die Achsen der Philosophie, der Mathematik und der empirischen Wissenschaften aufspannen, bilden die Humanwissenschaften eine „wolkenartige" (OD 417) Formation. Und diese ungenaue Lokalisation im erkenntnistheoretischen Feld macht sie zu einer permanenten Gefahr für Mathematik, Philosophie und empirische Wissenschaften. Denn sobald eine der drei Wissenschaften seine Grenze überschreitet und versucht, mit einer der zwei anderen Wissenschaften in Beziehung zu treten, ist das Risiko gegeben, dass „das Denken in das von den Humanwissenschaften besetzte Gebiet" (ebd.) stürzt. Daher rührt dann auch die Gefahr eines „Psychologismus" (ebd.) oder eines „Soziologismus" (ebd.). Foucault spricht hier zusammenfassend von „Anthropologismus" (ebd.), welcher den ehemals ‚reinen' wissenschaftlichen Diskurs in die „Unreinheit" (ebd.) einer humanwissenschaftlichen Gedankenführung überführt. So konnte sich auch erst durch die Verbindung von Philosophie und empirischen Wissenschaften das „anthropologische »Viereck«" (OD 411), das sich aus der Wiederholung des Positiven im Fundamentalen, des Empirischen im Transzendentalen, des Ungedachten im Cogito und des Zurückweichens des Ursprungs in seiner Wiederkehr zusammensetzt, bilden, welches, die moderne Philosophie charakterisiert und sie in den „anthropologischen Schlaf" (ebd.) gewiegt hat.

Insgesamt spielt für Foucault sowohl im Diskurs der Humanwissenschaften als auch im Diskurs der modernen Philosophie die Endlichkeit des Menschen eine fundamentale Rolle: in der Philosophie als transzendentale Bedingung der Möglichkeit von Erkenntnis und in den Humanwissenschaften als Empirizität für ein positives Wissen über den Menschen. Damit entsprechen Humanwissenschaften und moderne Philosophie in gewisser Weise den beiden oszillierenden Seiten der empirisch-transzendentalen Form, die der Mensch in der modernen Episteme besitzt. Es ist vor allem diese Zweideutigkeit von erkenntnistheoretischer Subjektivierung und humanwissenschaftlicher Objektivierung, in welcher der Mensch gleichzeitig als „Subjekt allen Wissens und Objekt eines möglichen Wissens" (SW 16) erscheint, die Foucault kritisiert und die seiner Ansicht nach keine brauchbare Denkoption mehr darstellt. Im Folgenden soll Foucaults aus der Perspektive seiner Archäologie des modernen Denkens formulierte Subjektkritik noch einmal kurz zusammengefasst werden.

1.1.2 Dezentrierung des Subjekts

Foucaults Kritik am modernen Subjekt in „Die Ordnung der Dinge" vollzieht sich auf zwei Ebenen. Auf einer ersten Ebene will er zeigen, dass die moderne Vorstellung vom Subjekt in der Subjektphilosophie und in den Humanwissenschaften – der ‚Mensch' – eine historisch kontingente Form ist, die sich einem epistemischen Bruch verdankt und damit kein universales Prinzip darstellen kann. Dazu ein bekanntes Zitat von Foucault:

„Eines ist auf jeden Fall gewiß: der Mensch ist nicht das älteste und auch nicht das konstanteste Problem, das sich dem menschlichen Wissen gestellt hat. Wenn man eine ziemlich kurze Zeitspanne und einen begrenzten geographischen Ausschnitt herausnimmt – die europäische Kultur seit dem sechzehnten Jahrhundert – kann man sicher sein, daß der Mensch eine junge Erfindung ist. Nicht um ihn und um seine Geheimnisse herum hat das Wissen lange im dunklen getappt. Tatsächlich hat unter den Veränderungen, die das Wissen von den Dingen und ihrer Ordnung, das Wissen der Identitäten, der Unterschiede, der Merkmale, der Äquivalenzen, der Wörter berührt haben – kurz inmitten all der Episoden der tiefen Geschichten des *Gleichen* –, eine einzige, die vor anderthalb Jahrhunderten begonnen hat und sich vielleicht jetzt abschließt, die Gestalt des Menschen erscheinen lassen. Es ist nicht die Befreiung von einer alten Unruhe, der Übergang einer Jahrtausende alten Sorge zu einem lichtvollen Bewußtsein, das Erreichen der Objektivität durch das, was lange in Glaubensvorstellungen und in Philosophien gefangen war: es war die Wirkung einer Veränderung in den fundamentalen Dispositionen des Wissens. Der Mensch ist eine Erfindung, deren junges Datum die Archäologie unseres Denkens ganz offen zeigt. Vielleicht auch das baldige Ende. Wenn diese Dispositionen verschwänden, so wie sie erschienen sind, wenn durch irgendein Ereignis, dessen Möglichkeit wir höchstens vorausahnen können, aber dessen Form oder Verheißung wir im Augenblick noch nicht kennen, diese Dispositionen ins Wanken gerieten, wie an der Grenze des achtzehnten Jahrhunderts die Grundlage des klassischen Denkens es tat, dann kann man sehr wohl wetten, daß der Mensch verschwindet wie am Meeresufer ein Gesicht im Sand" (OD 462).[30]

Sowohl Subjektphilosophie als auch Humanwissenschaften übersehen für Foucault die basale Verbundenheit ihrer Wahrnehmungs- und Erkenntniskategorien mit der modernen Episteme, welche erst die Grundlage, den positiven Boden ihres (Subjekt-)Denkens bildet.

---

30 Diese berühmt gewordene Metapher vom ‚Tod des Menschen' wird Foucault später relativieren: „Wenn ich vom Tod des Menschen spreche, möchte ich allem ein Ende setzen, das dieser Erzeugung des Menschen durch den Menschen eine feste Erzeugungsregel, ein wesentliches Ziel vorgeben will. Als ich in der *Ordnung der Dinge* diesen Tod als etwas dargestellt habe, das sich in unserer Epoche vollzieht, habe ich mich getäuscht. Ich habe zwei Aspekte miteinander verwechselt. Der Erste ist ein eher untergeordnetes Phänomen: die Feststellung, dass in den verschiedenen Humanwissenschaften, die sich entwickelt haben ..., der Mensch am Ende seiner langen und verschlungenen Wege niemals sich selbst begegnet ist. Wenn es das Versprechen der Humanwissenschaften war, uns den Menschen zu entdecken, so haben sie es gewiss nicht gehalten; es handelt sich dabei eher um eine allgemeine kulturelle Erfahrung, nämlich die Konstitution einer neuen Subjektivität, ... die das menschliche Subjekt auf ein Erkenntnissubjekt reduziert. Der zweite Aspekt, den ich mit dem ersten verwechselt habe, besteht darin, dass die Menschen im Laufe ihrer Geschichte niemals aufgehört haben, sich selbst zu konstruieren, das heißt ihre Subjektivität beständig zu verschieben, ... Diese Serie von Subjektivitäten wird niemals zu einem Ende kommen und uns niemals vor etwas stellen, das ‚der Mensch' wäre. Die Menschen treten ständig in einen Prozess ein, der sie als Objekte konstituiert und sie dabei gleichzeitig verschiebt, verformt, verwandelt – und der sie als Subjekte umgestaltet. Das war es, was ich sagen wollte, als ich undeutlich und vereinfachend vom Tod des Menschen sprach" (Schriften IV 93 f.).

Erst innerhalb der modernen Episteme konnten sich die Figur des ‚Menschen' und die Möglichkeit, ihn humanwissenschaftlich zu objektivieren, bilden und damit die spezifischen Denkweisen von Subjektphilosophie und Humanwissenschaften entstehen. Das heißt, das anthropozentrische Denken der Moderne und mit ihm das Konzept ‚Mensch' ist Ausdruck und Form bestimmter epistemischer Bedingungen, die sich auch wieder ändern und damit die Figur des ‚Menschen' und das dazugehörige Denken verschwinden lassen könnten. Damit kann das Subjekt für Foucault auch kein letzter, nicht hintergehbarer Ausgangspunkt für alles Denken sein. Dementsprechend geht es Foucault vor allem darum, die zentrale Rolle des Subjekts, die es für die moderne Subjektphilosophie hat, in Frage zu stellen, es zu ‚dezentrieren'. Diese kritische Haltung bezieht sich auch auf einen humanwissenschaftlichen Diskurs, der in Bezug auf sein Untersuchungsobjekt ‚Mensch' ebenfalls einen Anspruch auf Universalität und Wahrheit erhebt. Aber gerade die Humanwissenschaften verdanken laut Foucault ihre Existenz und Ausprägung ihrer spezifischen Position in der modernen Episteme, ihrer Nachbarschaft zu den anderen Wissenschaften. Sie sind jedoch für ihn von deren objektivem Wissenschaftsideal, dem sie verpflichtet zu sein glauben, weit entfernt.

Foucaults ‚Dezentrierung' des Subjekts vollzieht sich vor allem auch auf einer zweiten Ebene, auf der er versucht, die Instabilität und die inneren Widersprüche einer universalistischen Subjektphilosophie, die das Subjekt als Urheber aller Wahrheit und Erkenntnis sieht, und von objektivistischen Humanwissenschaften, die in der Positivität des Menschen (s)eine fundamentale Wahrheit zu finden glauben, aufzudecken.[31] Beiden Diskursen ist gemeinsam, dass für ihr Denken die Endlichkeit als ein „immanentes Merkmal der empirischen *conditio humana*" (Veyne 2003, 35) grundlegend ist. Die fundamentale Rolle, welche die Endlichkeit in diesen Diskursen spielt, hat aber für beide eine tiefgreifende Instabilität zur Folge, die sie unterscheidet, sie jedoch gleichzeitig in einer „gefährlichen Vertrautheit" (OD 418) hält. Der Unterschied zwischen moderner Subjektphilosophie und Humanwissenschaften liegt, wie schon weiter oben dargestellt, darin, dass die Philosophie die Endlichkeit und die daraus folgende Instabilität in das Sein des Menschen selbst verlegt. Sie wird in der „Analytik der Endlichkeit" die Endlichkeit des Menschen als transzendentale Bedingung der Möglichkeit von Erkenntnis und den Menschen selbst als eine „empirisch-transzendentale Dublette" (OD 384) denken, welche „als der Ort eines metaempirischen Ursprungs oder eines authentischen Wesens der menschlichen Dinge erscheinen soll: Transzendentales Ich; Heideggersche Freiheit, das Wahre zu sehen; Husserlscher Ursprung der Geometrie ..." (Veyne 2003, 35). Eine scheinbare Tautologie, die für Foucault aber nicht aufgeht, sondern sich in die unauflöslichen Aporien des ‚anthropologischen Vierecks' verstrickt (vgl. Abs. 1.1.1 bis 1.1.1.3). Bei den Humanwissenschaften ist die Endlichkeit in ihrer Grundstruktur selbst eingeschrieben, die durch eine bewusst/unbewusste Zweiteilung gekennzeichnet ist und in der die Dimension des Unbewussten gleichzeitig als fundamentale Endlichkeit erscheint. Nun ist es das Ziel aller Humanwissenschaften, das Bewusstsein des Menschen auf seine (unbewussten) realen Be-

---

31 Die Positivität des Menschen finden die Humanwissenschaften aber nur, indem der Mensch in ihrem Diskurs als ein Wesen erscheint, das lebt, spricht und arbeitet und sich Vorstellungen davon machen kann.

dingungen zurückzuführen, es „auf die Inhalte und Formen zurückzubringen, die es haben entstehen lassen und die sich in ihm verbergen" (OD 436), indem „in der dem Unbewußten eigenen Dimension Normen, Regeln und Bedeutungsmengen definiert werden, die dem Bewußtsein die Bedingungen seiner Formen und Inhalte enthüllen." (OD 437) Das ständige Bestreben der Humanwissenschaften, dieses Unbewusste bzw. die Endlichkeit in einer positiven und empirischen Form vollständig zu repräsentieren, konfrontiert sie aber immer nur mit ihren eigenen Möglichkeitsbedingungen, die wiederum in ihrer Positivität repräsentiert werden können. Das führt zu einem „quasi transzendentalen Vorwärtsgehen" (OD 436), zu einer unaufhörlichen Tendenz, sich ständig zu entmystifizieren, „von einer unmittelbaren und nicht kontrollierten Evidenz zu weniger transparenten, aber grundlegenderen Formen überzugehen" (ebd.; vgl. dazu auch Abs. 1.1.1.5). Trotz der unterschiedlichen Art und Weise, in der Humanwissenschaften und moderne Philosophie die Endlichkeit in ihr Denken aufnehmen, befinden sich beide Diskurse in „gefährlicher Vertrautheit" (OD 418) zueinander. Denn beide verfallen der Instabilität, weil sie sich in ihrer spezifischen Weise auf eine „Analytik der Endlichkeit" einlassen: Die moderne Philosophie, indem sie in der Endlichkeit des Menschen die transzendentale Bedingung der Möglichkeit von Erkenntnis sieht, die Humanwissenschaften, indem sie versuchen, die Endlichkeit des Menschen in positiver und universaler Weise zu repräsentieren. Insgesamt könnte man sagen, dass moderne Subjektphilosophie und Humanwissenschaften die beiden oszillierenden Seiten der „empirisch-transzendentale[n] Dublette" bilden, als die der Mensch im modernen Denken in Erscheinung tritt. In dieser Gleichzeitigkeit von transzendentaler Überhöhung und humanwissenschaftlichen Positivismus zeigt sich für Foucault aber eine grundsätzlich untaugliche Denkweise. Der Mensch als „Subjekt allen Wissens und Objekt eines möglichen Wissens" (SW 16) ist für ihn „keine fruchtbare Hypothese, kein fruchtbares Forschungsthema mehr" (ebd.).

Foucaults ‚Dezentrierung' des Subjekts stellt jedoch nicht die Leugnung eines Bewusstseinssubjekts überhaupt dar. Nur ist er der Auffassung, dass man das Entstehen von Wissensordnungen besser beschreiben kann, ohne die konstituierende Kraft eines Subjekts in den Mittelpunkt der Analyse zu stellen.[32] Foucault legt hier die Herstellung von Sinn und Bedeutung nicht mehr in ein transzendentales Subjekt, das kraft seiner universalen Erkenntniskategorien allen Sinn synthetisiert. Denn aus der Perspektive des Archäologen

---

32 So schreibt er: „Ich negiere also das Cogito nicht, ich beschränke mich auf die Behauptung, daß seine methodologische Fruchtbarkeit nicht mehr so groß ist, wie man geglaubt hat, und daß wir in jedem Falle unter völliger Mißachtung des Cogito Beschreibungen durchführen können, die mir objektiv und positiv zu sein scheinen." (SW 19) Entsprechend untersucht Foucault in „Die Ordnung der Dinge" die unterschiedlichen Episteme, die den jeweiligen Wissensordnungen zugrunde liegen, ohne deren Entstehung mit Hilfe der geistigen Eigenschaften des Subjekts, dessen Bewusstsein oder auch Unbewusstem, erklären zu müssen. Dies wird methodologisch versucht zu erreichen, indem in der Archäologie nur das analysiert werden soll, was in seiner „Materialität" und „Äußerlichkeit" direkt zugänglich ist und das wären die schriftlichen und mündlichen Ereignisse, die Aussagesequenzen der diskursiven Praktiken (vgl. Reckwitz 2000, 287 f.). Anhand dieser können die diesen Praktiken zugrunde liegenden Formationsregeln rekonstruiert werden, die eben nicht als das Produkt eines synthetisierenden Subjekts gedeutet werden können, da dieses nur indirekt zugänglich wäre. Vielmehr erscheint aus archäologischer Sicht die Vorstellung eines allen Sinn synthetisierenden Subjekts selbst als Produkt spezifischer Formationsregeln.

ist der Sinn nichts weiter als ein Diskursphänomen. Die Diskurspraktiken liefern „selbst einen bedeutungslosen Raum regelgeleiteter Transformationen, in dem Aussagen, Subjekte, Objekte, Begriffe usw. von den Beteiligten für bedeutsam gehalten werden." (Dreyfus/Rabinow 1987, 105)

Wie Lavagno (2003, 189 f.) ausführt, versucht Foucault in seiner (archäologischen) Diskursanalyse, deren theoretische Fundierung er vor allem in seinem Buch „Archäologie des Wissens" vornimmt, das Subjekt als sinnstiftenden Autor, als transzendentales Ich und als kompetenten Sprecher systematisch auszuklammern. Derart meint der Begriff des Subjekts hier auch nicht mehr „das sprechende Bewußtsein, nicht den Autor der Formulierung, sondern eine Position, die unter bestimmten Bedingungen mit indifferenten Individuen gefüllt werden kann" (AW 167; vgl. auch AW 285). Der Subjektbegriff stellt nur noch eine Leerstelle im Diskurs dar, die beliebig besetzt werden oder sogar frei bleiben kann (vgl. Lavagno 2003, 185). So scheint aus der Perspektive der Archäologie das Subjekt bzw. sein Bewusstsein, sein Denken, Sprechen und Handeln weitestgehend durch den Diskurs und seine ihm immanenten, dem Subjekt unbewussten Regeln bestimmt zu werden.

An dieser Stelle wird schon deutlich, wo Foucault, zumindest zu diesem Zeitpunkt seiner Theoriebildung, einen Ausweg aus dem modernen Subjektdenken zu finden hofft: im Diskurs und in der Sprache. Foucault ist in diesem Bestreben von vielen Kommentatoren in eine mehr oder weniger große Nähe zum ‚Strukturalismus' gerückt worden, obwohl Foucault selber die Etikettierung als ‚Strukturalist' schon im Vorwort zur deutschen Ausgabe von „Die Ordnung der Dinge" vehement zurückweist (vgl. OD 15 f.). Jedoch vertreten auch die verschiedenen unter dem Oberbegriff ‚Strukturalismus' zusammengefassten Denkrichtungen eine Auffassung von Sprache, in der diese als ein System aufgefasst wird, welches aus sich heraus Struktur und Ordnung besitzt, ohne auf ein konstituierendes Subjekts zurückgreifen zu müssen, dieses sogar ablehnt. Ähnlichkeiten zu Foucaults Vorstellung eines autonomen und selbstreferentiellen Diskurses, der ebenso ohne ein sinnstiftendes Subjekt auskommt, sind an dieser Stelle nicht zu übersehen.

Hieraus erklärt sich auch die Sympathie, die Foucault für die strukturalistische Ethnologie eines Lévi-Strauss' oder die Psychoanalyse eines Lacan zumindest noch in „Die Ordnung der Dinge" hegt (wobei Lacan und Lévi-Strauss dort namentlich nicht erwähnt werden). Lacan macht in Anlehnung an die Linguistik von Saussure die „Entdeckung, daß auch das Unbewußte eine bestimmte formale Struktur besitzt oder vielmehr: daß es eine solche *ist*." (OD 454) Für ihn ist das Unbewusste strukturiert wie eine Sprache. Für Lévi-Strauss ermöglichte „die Phonologie Trubetzkoys und Jakobsons die Revolution der Humanwissenschaften und damit auch der Ethnologie, weil erst ihr es gelungen sei, die Produktion von ‚Sinn' auf das Zusammenspiel von Elementen, den Phonemen, zurückzuführen" (Kammler 1986, 58), die selber keinen Sinn besitzen. Gleichzeitig zeichnen sich Ethnologie und Psychoanalyse dadurch aus, dass sie im Gegensatz zu Subjektphilosophie und Humanwissenschaften, in denen nach dem Menschen als Produzent von ‚Wahrheit' und ‚Sinn' gefragt wird, nach dem Unbewussten des Menschen bzw. der Kultur suchen, welches das menschliche Bewusstsein bzw. das System einer Kultur erst bestimmt (vgl.

ebd.).[33] Das macht sie für Foucault dann auch zu „Gegenwissenschaften" (OD 454) für die moderne Subjektphilosophie und die Humanwissenschaften, da sie diesen „entgegenarbeiten und sie auf ihr epistemologisches Fundament zurückführen und nicht aufhören, diesen Menschen ‚kaputt' zu machen, der in den Humanwissenschaften seine Positivität bildet und erneut bildet." (Ebd.)[34]

Eine deutliche Nähe zu Foucaults Archäologie ist hier nicht zu leugnen. Denn auch diese beschäftigt sich mit dem Herausarbeiten der (unbewussten) Regeln, welche die Diskurse einer Epoche bestimmen, und auch Foucault übt in seiner Archäologie scharfe Kritik am Subjektbegriff von Humanwissenschaften und Subjektphilosophie. Doch schon in seinem ‚Methodenbuch' „Archäologie des Wissens" wird Foucault auf Distanz zum Strukturalismus gehen. Denn im Grunde geht dieser für Foucault genauso universalistisch vor wie Subjektphilosophie und Humanwissenschaften, wenn er nach allgemeinen, zeitlosen und transkulturellen Regeln sucht. Da aber „Foucault der Geschichte verpflichtet ist" (Dreyfus/Rabinow 1987, 108), muss er die strukturalistische Methode an dieser Stelle ablehnen. Außerdem bleibt, wie Reckwitz ausführt, auch der Strukturalismus im Stile eines Lévi-Strauss' für Foucault insofern im Horizont von Subjektphilosophie und Humanwissenschaften, als dass der „Ausgangs- und Endpunkt" (Reckwitz 2000, 281) der strukturalistischen Analyse die geistige Struktur des Menschen ist (vgl. ebd.). Sie versucht nicht wie die Archäologie den Diskurs aus sich selbst heraus zu erklären, sondern „grundlegende, für jedweden Geist verbindliche Merkmale aufzudecken." (Levi Strauss 1980, 75) Diese universalen Strukturen des Geistes, die Lévi-Strauss auch in einigen Stellen seines Werkes in naturalistischer Weise auf allgemeine Strukturen des menschlichen Gehirns zurückführt, sind in der strukturalistischen Perspektive letztendlich die Grundlage jeder symbolischen Ordnung und jeden Diskurses (vgl. Reckwitz 2000, 219).

Dies ist ein theoretisches Programm, dem Foucault skeptisch gegenübersteht. Dagegen versucht er in seinen archäologischen Arbeiten zu zeigen, dass der Diskurs sich aus sich selbst heraus produziert, ohne aus einer mentalen Struktur abgeleitet zu sein, sei es nun in Form eines intentionalen Bewusstseins wie in der modernen Subjektphilosophie oder im Sinne von allgemeinen kognitiven Schemata im Strukturalismus. Dementspre-

---

33 Hier ist mit Reckwitz (2000, 219 ff.) anzumerken, dass das Unbewusste im Sinne des Strukturalismus eines Lévi-Strauss' sich deutlich vom psychoanalytischen Unbewussten unterscheidet. Bei Lévi-Strauss meint es das „kognitive Unbewußte" (ebd. 221), das gleichzeitig ein kollektives Unbewusstes ist, da es sich auf allgemeine Differenzsysteme bezieht, die in den mentalen Strukturen eines jeden Menschen verankert sind. Diese universalen Relationssyteme bilden die Basis jeder symbolischen Ordnung. Das Bewusstsein des Menschen ist für Levi-Strauss ein aus dieser Systemstruktur abgeleitetes Epiphänomen, das den Menschen letztendlich darüber täuscht, was sein Denken und Handeln eigentlich bestimmt: die unbewussten und universalen kognitiven Schemata. Dieses Unbewusste kann durch die Instrumente der strukturalen Analyse zugänglich gemacht werden. Für die Psychoanalyse leitet sich das Bewusstsein zwar auch aus dem Unbewussten ab, das „affektive Unbewußte" (ebd. 221 f.) der Psychoanalyse ist aber stärker individuell, nicht kollektiv und von Mensch zu Mensch verschieden, auch wenn es sich innerhalb allgemeiner Gesetzmäßigkeiten bildet.

34 „Der Bruch kam, als Lévi-Strauss für die Gesellschaft und Lacan für das Unbewusste zeigten, dass Sinn wahrscheinlich nur eine Oberflächenerscheinung, eine Spiegelung, eine Schaumkrone darstellt, während das eigentliche Tiefenphänomen, von dem wir geprägt sind, das vor uns da ist und uns in Zeit und Raum trägt, das *System* ist." (Schriften 1, 665)

chend versucht Foucault sich vom Strukturalismus abzugrenzen: „Wenn ich die Bezüge zum sprechenden Subjekt aufgehoben habe, ging es nicht um die Entdeckung der Konstruktionsprinzipien ..., die von allen Sprechern auf die gleiche Weise angewandt würden" (AW 285). Dies wird ihn nach Meinung vieler Kommentatoren nicht davor bewahren, dass sich auch seine Archäologie in grundsätzliche theoretische Probleme verstrickt. Zwar sucht die Archäologie nicht mehr nach universalen Strukturregeln, sondern wendet diese Suche ins Historische und fragt nach den historischen Existenzbedingungen, die bestimmte Aussagen möglich machen, nach den „historischen Aprioris", welche die Diskurse einer Epoche regeln. Dennoch verbleibt die Archäologie zumindest zum Teil innerhalb eines strukturalistischen (Denk-)Horizonts und wird dadurch eine Reihe von Folgeproblemen produzieren.

1.1.3   Aporien der Archäologie des Wissens

Vor allem Dreyfus/Rabinow (1987) haben in ihrem Buch „Michel Foucault: Jenseits von Strukturalismus und Hermeneutik" auf eine Reihe von theoretischen Problemen, die die archäologische Methode aufwirft, hingewiesen. Ich werde mich an dieser Stelle nur auf die wesentlichsten Problemstellungen beschränken und auch diese nur kurz skizzieren. Wie oben dargestellt, versucht Foucault das moderne anthropozentrische Denken durch seine Archäologie, in der das Subjekt zum Epiphänomen des Diskurses degradiert wird, zu überwinden. In dieser ist es nicht mehr das Subjekt, das autonom ist, sondern der Diskurs. Der Diskurs ist weder Ergebnis subjektiver Sinnstiftung, noch wird er von kausalen objektiven Gesetzen oder durch nicht-diskursive Praktiken, wie es die Hermeneutik formuliert, konstituiert (vgl. ebd., 105). Es ist der Diskurs selber, der seine eigenen Regeln bildet und der auf alle anderen Beziehungen wirkt.[35] Die Formierung bzw. Konstituierung von Subjekten, Objekten, Begriffen, Aussagen und ihre spezifischen Bedeutungen scheinen in der archäologischen Perspektive durch die immanenten Regeln des Diskurses bestimmt zu werden (vgl. ebd., 110).[36]

---

35 Foucault unterscheidet die diskursiven Beziehungen von zwei anderen Beziehungstypen: den primären oder wirklichen Beziehungen und den sekundären oder reflexiven Beziehungen. Die primären Beziehungen definiert er als Beziehungen, „die, unabhängig von jedem Diskurs oder jedem Diskursgegenstand, zwischen Institutionen, Techniken, Gesellschaftsformen usw. beschrieben werden können." (AW 69) Hierunter würden z.B. Machtbeziehungen fallen. Unter den sekundären Beziehungen versteht er das, was die in den Diskursen sich befindenden und handelnden Subjekte reflexiv als ihr eigenes Verhalten bestimmen. Die diskursiven Beziehungen werden zwar von den primären und sekundären Beziehungen beeinflusst, den diskursiven Beziehungen kommt aber eindeutig die Priorität zu, da sie es sind, die die primären und sekundären Beziehungen organisieren. Das heißt, der Diskurs nimmt nichtdiskursive (primäre und sekundäre) Elemente auf, benutzt diese und ist deshalb keineswegs unabhängig von nicht-diskursiven Faktoren, letztendlich ist es aber der Diskurs (als Praxis), der zwischen und aus den verschiedenen Elementen ein Beziehungssystem herstellt (vgl. ebd., 80). Die nicht-diskursiven Elemente verfügen selbst nicht über „Bildungskräfte" (Dreyfus/Rabinow 1987, 103), sondern sind lediglich „bildende Elemente" (AW 100), die von den diskursiven Praktiken aufgegriffen und geordnet werden.

36 Foucault lehnt in der methodologischen Perspektive seiner Archäologie jede Bezugnahme auf eine bedeutungsstiftende Kraft, die von Außen bzw. von Innen Sinn in den Diskurs hineinbringt, ab, sei es

Mit der These des „autonomen Diskurses" (ebd., 12) rückt Foucault aber nun in gefährliche Nähe zu dem, was er am Strukturalismus kritisiert hat und was er die „Illusion der Formalisierung" nennt, nämlich „sich einzubilden, dass die Konstruktionsgesetze gleichzeitig und zu Recht die Existenzbedingungen sind" (Schriften I 927; vgl. Lemke 2002, 50). Auch stellt sich hier ein von Wittgenstein aufgeworfenes Problem, nachdem eine Regel nie ihre eigene Anwendung regeln kann (vgl. Habermas 1988, 315; Kögler 1994, 67). Für diese Anwendung bräuchte es eine andere Regel, für deren Anwendung wiederum eine Regel existieren müsste usw.[37] Danach können die (der Archäologie zugänglichen) Regeln zwar die Bedingungen des Auftretens von Aussagen verständlich machen, sie können aber die Diskurspraxis in ihrer Gesamtheit und in ihrem „tatsächlichen Funktionieren" nicht erklären. Denn dazu müssten diese Regeln ihre eigene Anwendung regeln können. Genau dies scheint aber in der Archäologie der Fall zu sein, wenn sie an der Auffassung festhalten will, dass die Diskurspraktiken autonom sind. Dreyfus und Rabinow sprechen in diesem Zusammenhang von dem „merkwürdige[n] Begriff der Regelmäßigkeiten, die sich selbst regeln" (Dreyfus/Rabinow 1987, 110). So muss Foucault den Regeln selbst ursächliche Wirkkraft zuschreiben und auch an dieser Stelle ist die Nähe zur strukturalistischen Theorie nicht zu übersehen (vgl. ebd.).

Die Problematik des „autonomen Diskurses" verweist für Dreyfus und Rabinow auf eine grundlegende Ambivalenz, von der die Archäologie durchzogen ist. Auf der einen Seite ist die Archäologie laut Foucault auf einer rein deskriptiven Ebene anzusiedeln. Sie ist eine Methode, die anhand eines Vergleichs einer Menge von Aussagen Beschreibungen liefert, welche auf komplexe und regelmäßige Beziehungen zwischen diesen Aussagen schließen lassen. Gleichzeitig sollen diese Regelmäßigkeiten aber auch darauf verweisen, welche Aussagen in einer bestimmten diskursiven Formation überhaupt möglich sind. Damit verlässt Foucault seinen „bescheidenen Empirismus" (ebd.) und misst den beschriebenen Regelmäßigkeiten den Status von präskriptiv wirksamen Regeln bei. Sie stellen Regeln dar, denen eine grundsätzliche und erklärende Funktion für das Auftauchen von Aussagen zukommt (vgl. ebd., 105 ff.):[38] „Die Analyse der Aussagen und diskursiven Formationen ... will das Prinzip bestimmen, gemäß dem nur die signifikanten Gesamtheiten haben erscheinen können, die Aussagen gewesen sind." (AW 172 f.)

Diese Verlagerung von der Deskription zur Präskription führt für Dreyfus und Rabinow dazu, dass sich auch die Archäologie in zumindest zwei der Doppel verstrickt, die

---

nun durch ein transzendentales Subjekt, durch objektive Gesetze oder auch nur durch einen gemeinsam geteilten Verständnis- bzw. Bedeutungshorizont. Das heißt nicht, dass Foucault das Vorhandensein von Bedeutung grundsätzlich negiert. Aber für die Archäologie ist Bedeutung letztendlich ein Diskursphänomen, ein sekundäres und abgeleitetes Phänomen, abhängig von der diskursiven Ordnung, innerhalb derer sie erscheint bzw. die sie erst möglich macht. Zu dieser Problematik weiter unten mehr.

37   Dieser „regressus ad infinitum", dieser unendliche Regress, wird in der Subjektphilosophie durch das regelkonstituierende Subjekt verhindert. Eine Lösungsmöglichkeit, die Wittgenstein ablehnt und auf die auch Foucault nicht zurückgreifen würde (vgl. Kögler 1994, 67).

38   Das heißt nicht, dass Foucault diese Regeln als ein feststehendes formales System begreift. Hier unterscheidet er sich deutlich vom Strukturalismus. Vielmehr ergeben sich die Regeln erst durch die Beziehungen, die zwischen den Aussagen existieren, und sind in ihrer Existenz deshalb direkt an den Diskurs gekoppelt. So kann Foucault auch zu der Annahme gelangen, dass der Diskurs autonom ist und seine eigene Regeln bildet.

Foucault dem modernen Denken vorwirft. So vermischt auch die Archäologie die empirische und die transzendentale Ebene, da sie anhand ihrer historischen Studien Regeln identifizieren bzw. aufstellen möchte, die sie zwar nicht als transzendentale Bedingungen der Möglichkeit definiert, aber dennoch als Bedingungen der Existenz des Auftretens von Aussagen darstellt.[39] Damit sind sie für Dreyfus und Rabinow „transzendental genau in dem ‚existenzialisierten' Sinne wie Heideggers Existenziale und Merleau-Pontys Körperschema, nämlich als Wirklichkeitsbedingungen" (ebd., 119).[40] Ebenfalls wiederholt sich für die beiden in der Archäologie das Ungedachte im Cogito. Denn auch die Archäologie versucht das Ungedachte durch das Gedachte einzuholen. Die nicht bewussten Regeln, welche den Diskurs steuern, sollen durch die archäologische Methode bewusst gemacht werden. Gleichzeitig geht sie davon aus, dass diese unbewussten Regeln nie vollständig aufgedeckt werden können: „Es liegt auf der Hand, daß man das Archiv einer Gesellschaft, einer Kultur oder einer Zivilisation nicht erschöpfend beschreiben kann; ... Auf der anderen Seite ist es uns nicht möglich, unser eigenes Archiv zu beschreiben, da wir innerhalb seiner Regeln sprechen, ... Das Archiv ist in seiner Totalität nicht beschreibbar; und es ist in seiner Aktualität nicht zu umreißen." (AW 188 f.)[41] Dadurch gerät Foucaults Archäologie für Dreyfus und Rabinow in dasselbe Dilemma, dass er dem modernen Denken vorgeworfen hat. Denn mit der Auffassung, dass allen Diskursen unbewusste Regeln und Strukturen zugrunde liegen, es aber unmöglich ist, diese einzuholen, vor allem nicht die des eigenen Diskurses, hat auch die Archäologie dafür gesorgt, dass ihre Aufgabe unendlich ist, und verfällt derselben Instabilität wie das moderne Denken (vgl. Dreyfus/Rabinow 1987, 120 ff.).[42]

---

39 Gerade der Begriff der „Episteme", zumindest so, wie er in „Die Ordnung der Dinge" verwendet wird, verweist auf ein Ordnungsschema, welches sämtliche Diskurse einer Epoche regeln soll. Bezüglich dieser Problematik wird Foucault, wie auch schon angesprochen, wenig später eine deutliche Selbstkritik üben: „... in *Les mots et les choses* ... hat das Fehlen einer methodologischen Abgrenzung an Analysen in Termini kultureller Totalität glauben lassen können." (AW 29) In einem späteren Text formuliert er: „...; *die Episteme ist* nicht *eine Art zugrundeliegender Großtheorie*, sie ist ein Raum der *Streuung*, sie ist ein *offenes und zweifellos endlos relational beschreibbares Feld* ... : die *Episteme ist kein Teil der Geschichte*, der allen Wissenschaften gemeinsam wäre. Sie ist ein *simultanes Spiel spezifischer Remanenzen* ... Die Episteme ist *kein allgemeines Stadium der Vernunft*, sie ist ein *komplexes Verhältnis sukzessiver Verschiebungen.*" (Schriften 1, 862)

40 Für A. Hemminger (2004, 216) wirkt sich die Vermischung von empirischer und transzendentaler Ebene bei Foucault anders aus als in der „Analytik der Endlichkeit". Da sich die Archäologie „erstens auf die Beschreibung von Gesetzmäßigkeiten beschränkt und den Anspruch der Begründung von Gesetzmäßigkeiten aufgibt und zweitens die Geschichte als Grenze der Ordnung und nicht als Ausdruck der Ordnung begreift, ... geht [sie] nicht mit einem Imperativ des Gleichen einher, sondern ist im Gegenteil notwendig mit Differenz verbunden" (ebd.).

41 Foucault versteht unter dem Begriff des Archivs ein allgemeines Regelsystem, „was *die* Diskurse in ihrer vielfachen Existenz differenziert und sie in ihrer genauen Dauer spezifiziert." (AW 188) Dabei versteht er dieses nicht als starres und universales Struktursystem, sondern als veränderbares Funktionssystem.

42 In diesem Zusammenhang merkt Kögler (1992, 62) an, dass sich Foucaults Archäologie nur in die beiden Doppel verstrickt, weil auch sie im Grunde einem überhistorischen und universalen Maßstab verpflichtet ist, oder, so könnte man hinzufügen, zumindest bei seinen Kritikern den Anschein erweckt, einem solchen verpflichtet zu sein. Denn an dieser Stelle könnte man sich auch die Frage stellen, ob die Vorwürfe nicht ein Stück weit an Foucaults (erkenntnis-)theoretischer Haltung vorbei zielen. Fou-

Darüber hinaus weisen Dreyfus und Rabinow auf weitere Probleme hin, die auf eine „doppelte Reduktion" (ebd., 73) zurückzuführen sind. In dieser klammert der Archäologe sowohl den Bezug auf Wahrheit als auch den auf Bedeutung aus, um eine rein äußerliche Beschreibung der diskursiven Ereignisse zu liefern, ohne nach einem verborgenen Sinn hinter den Diskursphänomenen zu suchen (vgl. ebd., 73 ff.). Den Archäologen interessiert demnach nicht, ob die Aussagen, die er untersucht, wahr sind, oder die Frage, warum die Diskursteilnehmer ihnen diese ernsthafte Bedeutung zuschreiben. Vielmehr nimmt er die Position eines neutralen und unbeteiligten Beobachters ein und behandelt die Aussagen als äußere, für sich stehende „Monumente" und nicht als „Dokumente" mit einer tiefer liegenden Bedeutung (vgl. AW 198).[43] Insgesamt ist diese neutrale Beobachterposition für den Archäologen eine methodologische Notwendigkeit, mit deren Hilfe es ihm gelingen kann, spezifische Regelmäßigkeiten in den Beziehungen zwischen den Aussagen zu beschreiben. In diesen regelmäßigen Beziehungen können sich wiederum die Formationsregeln zeigen, die bestimmen, was im untersuchten Diskurs als Aussage erscheinen kann und was nicht.[44]

Aber ein völlig neutraler Beobachterstandpunkt ist nicht möglich, darüber ist sich auch Foucault im Klaren. Denn selbst der Archäologe ist bei seiner ‚reinen' Beschreibung an sein Begriffssystem und Vorverständnis, d.h. an seine Bedeutungsmuster, gebunden und damit ist die archäologische Beschreibung immer auch ein Beobachterkonstrukt. Alles andere wäre eine „positivistische Fiktion" (Sarasin 2003, 43). Außerdem muss er den Diskursen, die er untersucht, zumindest indirekt Sinn und Bedeutung zuschreiben: „Vielmehr muß er [der Archäologe; C.D.], um seine Disziplin ausüben zu können, am Alltagskontext der Diskurse, die er untersucht, beteiligt sein. Wäre für den Archäologen jeglicher Diskurs bedeutungsloses Rauschen, so könnte er die Aussagen nicht einmal katalogisieren ... Selbst wenn der ernsthafte Diskurs nie wirklich die von ihm beanspruchte ernsthafte Be-

---

caults Denken und theoretischer Anspruch sind sicherlich sehr viel näher am Perspektivismus eines Nietzsches als bei einem universalistischen Wahrheits- und Erkenntnisbegriff, ob nun transzendental-philosophisch oder positivistisch gedacht (zu Foucaults epistemologischer Position vgl. Teil II, Kapitel 2). Diesen Perspektivismus bezieht er auch auf seine eigene Arbeit, selbst wenn er das nicht immer so deutlich formuliert. Entsprechend wäre beispielsweise „Die Ordnung der Dinge" auch nur Produkt und Resultat einer spezifischen Beobachterperspektive und nur eine mögliche Version einer Archäologie der Humanwissenschaften, die durch weitere ergänzt oder kritisiert werden könnte (vgl. Seitter 1978, 162).

43 Foucault bezeichnete die Archäologie in einem Interview auch einmal als „Ethnologie der Kultur, der wir angehören" (SW 13), um damit die Außenperspektive seiner Methode bei der Untersuchung der eigenen Kultur deutlich zu machen.

44 Für die Archäologie erscheint eine Aussage also nicht, weil sie von den Subjekten für bedeutsam gehalten wird, sondern aufgrund ihrer Beziehung zu den anderen Aussagen. Die Bedeutung einer Aussage ist lediglich ein Epiphänomen des Diskurses, die sich aus ihrer Stellung in der Episteme ergibt. Entsprechend definiert Foucault seinen Begriff der Episteme als „die Gesamtheit der Beziehungen, die man in einer gegebenen Zeit innerhalb der Wissenschaften entdecken kann, wenn man sie auf der Ebene der diskursiven Regelmäßigkeiten analysiert." (AW 273) Die Episteme ist daher auch keine feststehende Struktur, sondern unterliegt (wie auch mit ihr die Aussagen) ständigen Transformationen: „... sie ist eine unendlich bewegliche Gesamtheit von Skansionen, Verschiebungen und Koinzidenzen, die sich herstellen und auflösen." (Ebd.) Auch ist, wie oben schon angesprochen, die vollständige Beschreibung einer Episteme nicht möglich.

deutung hat, sondern nur die regelgeleitete Transformation bedeutungsloser Objekte, Subjekte, Begriffe und Strategien ist, die die Archäologie in ihm entdeckt; ... gilt immer noch: weder der ernsthafte Wissenschaftler noch der Archäologe hätten ihrer Arbeit nachgehen können, wäre da nicht die Illusion, es gäbe ernsthafte Bedeutung." (Dreyfus/Rabinow 1987, 114)

An diese Problematik schließt auch Reckwitz' Kritik an. Für ihn verweist das Schwanken zwischen deskriptiver und präskriptiver Ebene auf die grundlegende Frage, inwiefern die Archäologie Formationsregeln von Diskursen bestimmen kann, ohne auf mentale Eigenschaften der Diskursteilnehmer und das damit verbundene subjektive Sinnverstehen zurückgreifen zu müssen (vgl. Reckwitz 2000, 287). In diesem Zusammenhang stellt er fest, dass diskursive Ereignisse durch die archäologische Methode nie direkt zugänglich gemacht werden können, selbst wenn Foucault dies an manchen Stellen suggeriert. Denn der Archäologe muss den Zeichen- und Lautsequenzen, die er untersucht, Bedeutung und Sinn unterstellen, damit diese erst zu Aussagen und Diskursen werden können: „Würde der Wissensanalytiker tatsächlich nur das untersuchen, was unmittelbar zugänglich, das, was ‚äußerlich' vorhanden ist – er würde gar nicht erst zu den diskursiven Praktiken und zu deren Wissensordnungen vordringen, sondern die bloße Sequenz von Lauten und Markierungen und deren Wiederholungsmuster registrieren." (Ebd., 290) Deshalb wird die Archäologie in letzter Konsequenz auch auf die Bedeutung, welche die Diskursteilnehmer den Aussagen und diskursiven Formationen zuschreiben, und damit auf die mentalen Eigenschaften bzw. auf das mentale Wissen der Teilnehmer verwiesen. Eine Beschreibung, die von den Bedeutungsmustern der Akteure völlig absehen würde, wäre für Reckwitz eine reine Beobachterkonstruktion, in welcher der Beobachter aufgrund seiner eigenen Unterscheidungsweisen und Bedeutungszuschreibungen eine mehr oder weniger willkürliche und subjektive Ordnung der untersuchten Aussagesequenzen konstruieren würde (vgl. ebd., 290 f.). Aber diese Art von Beschreibung wäre nicht die Intention des Archäologen, da diese seinem methodischen Anspruch einer möglichst neutralen Beobachterposition widersprechen würde.[45] Die Prämisse der Archäologie, Bedeutung als bloßes Epiphänomen zu behandeln und das mentale Wissen der Diskursteilnehmer ausklammern zu können, erweist sich damit als problematisch.

Insgesamt weist Foucaults Archäologie also eine Reihe von theoretischen Schwierigkeiten auf. In seinen folgenden Arbeiten wird er daher zunächst seine These von der Autonomie des Diskurses aufgeben, um der Frage nachzugehen, inwiefern nicht-diskursive Praktiken den Diskurs und seine Ordnung beeinflussen: „Was jedoch meiner Arbeit fehlte, war die Frage nach der ‚diskursiven Ordnung', der sich aus dem Spiel der Aussagen ergebenden spezifischen Machtwirkungen. Ich verwechselte sie zu sehr mit der Methodik, der theoretischen Form einer Sache wie dem Paradigma. Dort, wo *Wahnsinn und Gesellschaft*

---

45 Natürlich ist es, wie oben schon angesprochen, nicht möglich, eine völlig neutrale und objektive Beobachterperspektive einzunehmen. So ist jede Art von Beschreibung ein Beobachterkonstrukt, da schon in die Auswahl und Anwendung deskriptiver Kategorien immer die Vorannahmen und Interpretationsmuster des Beobachters eingehen. Der Unterschied zwischen den beiden angesprochenen Möglichkeiten der Beschreibung von Wissensordnungen liegt darin, ob diese alleine auf den Bedeutungs- und Ordnungszusammenhängen des Beobachters beruhen oder ob in die Beschreibung auch noch die Rekonstruktion der Sinnzusammenhänge der Diskursteilnehmer eingeht (vgl. Reckwitz 2000, 291).

und *Die Ordnung der Dinge* zusammentreffen, befand sich unter zwei sehr unterschiedlichen Gesichtspunkten dieses zentrale Problem der Macht, das ich noch ziemlich schlecht herausgeschält hatte." (DM 26 f.)

2. Eine genealogische Analytik von Macht und Wissen

Während die archäologische Diskursanalyse in „Die Ordnung der Dinge" die Untersuchung der diskursiven Regelmäßigkeiten zum Gegenstand hat, welche einem Diskurs zugrunde liegen und diesen regeln, geht es Foucault in seinen folgenden Arbeiten zusätzlich um die Berücksichtigung der nicht-diskursiven Bedingungen, speziell um eine Analytik der Machtverhältnisse und -beziehungen, welche die „Ordnung des Diskurses" beeinflussen und bestimmen. Versucht Foucault in „Die Ordnung der Dinge" die nicht-diskursiven Aspekte noch zu neutralisieren, um die diskursiven Bereiche der Wissensformationen besser isolieren zu können (vgl. Davidson 2003, 207), wird er sich in seiner weiteren Arbeit sehr viel stärker den nicht-diskursiven Elementen zuwenden und eine besondere Analytik der Macht entwickeln.[46] Die archäologische Methode wird in Foucaults folgenden Arbeiten dennoch weiterhin Anwendung finden, sowie auch Foucaults vorangegangene Untersuchungen durchaus schon genealogische Elemente aufweisen.[47] Insgesamt verschränken sich also genealogische und archäologische Perspektiven miteinander, wobei der genealogischen Dimension in den weiteren Analysen Foucaults stärkeres Gewicht zukommen wird.

Foucault übernimmt den Begriff der Genealogie von Nietzsche. Insgesamt ist es schwierig, Foucaults genealogischer Methode eine strenge Systematik zu unterstellen, da schon bei Nietzsche (wie auch bei Foucault) die Verwendung dieses Begriffs keineswegs eindeutig ist (vgl. Saar 2003a, 157). Darüber hinaus weist Foucaults Rückgriff auf Nietzsche durchaus interpretative Freiheiten auf (vgl. ebd., 157 ff.; 2003c 168 ff.). Dennoch beschreibt Foucaults Nietzsche-Essay aus dem Jahr 1971, „Nietzsche, die Genealogie, die Historie", einige wichtige Grundmerkmale der Genealogie Nietzsches, die auch für Foucaults genealogische Analyseperspektive charakteristisch sind.

Nach Foucault ist der eigentliche Sinn und Zweck der Genealogie Nietzsches, den Glauben an die reinen Ursprünge und damit verbunden an unveränderliche Wahrheiten, welche diesen Ursprüngen entspringen sollen, zu zerstören. Anstatt nach einem ersten

---

46 Foucault interessiert sich in seiner Machtanalytik jedoch nicht nur für die Enflüsse von Macht auf Wissensordnungen. Sie stellt gleichzeitig eine ‚Genealogie der Macht' dar, d.h. eine Beschreibung der (historischen) Transformationen bezüglich der verschiedenen Weisen der Machtausübung.

47 So formuliert Foucault z.B. im Hinblick auf seine letzten beiden Bücher bezüglich der dort vorzufindenden Dimensionen von archäologischer und genealogischer Analyse: „Die archäologische Dimension der Analyse bezieht sich auf die Formen der Problematisierung selbst; ihre genealogische Dimension bezieht sich auf die Formen der Problematisierung ausgehend von den Praktiken und deren Veränderungen." (GL 19)
Man könnte archäologische und genealogische Methode dadurch unterscheiden, dass erstere eine stärker synchrone und die letztere eine eher diachrone Analyseperspektive einnimmt, wobei die Archäologie auch diachrone und die Genealogie auch synchrone Elemente aufweist. Darüber hinaus versucht Foucault in der stärker archäologisch ausgerichteten Diskursanalyse das Erscheinen bestimmter Aussagen auf eine regelhafte Grundstruktur, die Episteme, zurückzuführen, während die Genealogie die Entstehungs- und Herkunftsgeschichte ihrer Untersuchungsobjekte aus einer Vielzahl widerstreitender, sich ergänzender, überlappender usw. (historischer) Ereignisse ableiten will. Damit gibt die Genealogie die selbstgewählte ‚Neutralität' des archäologischen Beobachters auf und begibt sich in das „widersprüchliche und umkämpfte Feld des Historischen." (Gehring 2004, 133)

Ursprung von Wahrheit, nach ihrer reinen Identität zu suchen, beschäftigt sich der Genealoge mit der „Entstehung" (NGH 88) oder der „Herkunft" (ebd.) von Wahrheit. Dabei bezieht sich der Begriff der „Herkunft" auf das kaum zu entwirrende Netz, auf die unendlichen Spuren von unzähligen Ereignissen, in deren kontingentem Beziehungsgeflecht sich eine bestimmte Wahrheit gebildet hat.[48] Der Begriff der „Entstehung" verweist für Foucault auf das (zufällige) Spiel der Kräfte, auf den ständigen Kampf, innerhalb dessen sich ‚Wahrheit' ausbildet und, falls sich die Kräfteverhältnisse umkehren, auch wieder verschwinden kann. Demnach sind es vor allem die mit diesem Kräftespiel verbundenen Machtverhältnisse, die man laut Foucault analysieren muss, will man die Entstehung von Wahrheitsdiskursen untersuchen.

Aus dem Blickwinkel einer so verstandenen „wirklichen Historie" gehorchen die „Kräfte im Spiel der Geschichte ... weder einer Bestimmung, noch einer Mechanik, sondern dem Zufall des Kampfes." (NGH 98) Damit weist die Genealogie jede Form von Teleologie oder natürlicher und kontinuierlicher Geschichte zurück. Vielmehr zeichnet sie sich durch einen „historischen Sinn" aus, der um seine eigene Perspektivität weiß, aber gleichzeitig „das System seiner eigenen Ungerechtigkeit" (NGH 100) nicht ablehnt: „Er [der historische Sinn; C.D.] betrachtet unter einem bestimmten Blickwinkel, er ist entschlossen, abzuschätzen, ja oder nein zu sagen, allen Spuren des Giftes zu folgen, das beste Gegengift zu finden." (NGH 100 f.) Ein solcher Perspektivismus impliziert eine besondere Form der Selbstbezüglichkeit der Genealogie oder des foucaultschen Denkens überhaupt (vgl. Schäfer 1995, 128). Diese Selbstbezüglichkeit ist dadurch gekennzeichnet, dass nicht nur die untersuchten Wahrheiten, sondern auch die eigene theoretische Position als perspektivisch und kritisierbar angesehen wird und keinem Standpunkt, auch nicht dem eigenen, ein universeller Status zukommen kann.

Bezogen auf die Subjektproblematik besitzt das Subjekt aus Sicht der Genealogie keine feste Identität. Es ist nicht ‚da', um dann in die strategischen Kämpfe einzugreifen, sondern es wird vielmehr selbst innerhalb der Machtspiele und der sozialen Praktiken einer bestimmten Kultur und Epoche konstituiert. Auch hier geht es dem Genealogen darum, die Fiktion von Festigkeit und Beständigkeit zu entlarven. Die Identität ist nichts Verschollenes, kein innerer Wesenskern, den man suchen müsste, sondern sie „ist selber nur eine Parodie: der Plural regiert sie, unzählige Seelen machen sie einander streitig; die Systeme durchkreuzen sich und beherrschen einander." (NGH 106)[49] Selbst der Körper er-

---

48 „Die Genealogie geht nicht in die Vergangenheit zurück, um eine große Kontinuität jenseits der Zerstreuung des Vergessenen zu errichten ... Den komplexen Faden der Herkunft nachgehen heißt vielmehr das festhalten, was sich in ihrer Zerstreuung ereignet hat: die Zwischenfälle, die winzigen Abweichungen oder auch die totalen Umschwünge, die Irrtümer, die Schätzungsfehler, die falschen Rechnungen, die das entstehen ließen, was existiert und für uns Wert hat. Es gilt zu entdecken, daß an der Wurzel dessen, was wir erkennen und was wir sind, nicht die Wahrheit und das Sein steht, sondern die Äußerlichkeit des Zufälligen." (NGH 89 f.)

49 Oder an anderer Stelle: „Wo sich die Seele zu einen behauptet, wo sich das Ich eine Identität oder Kohärenz erfindet, geht der Genealoge auf die Suche nach dem Anfang – nach den unzähligen Anfängen, die jene verdächtige Färbung, jene kaum merkbaren Spuren hinterlassen, welche von einem historischen Auge doch nicht übersehen werden sollten. Die Analyse der Herkunft führt zur Auflösung des Ich und läßt an den Orten und Plätzen seiner leeren Synthese tausend verlorene Ereignisse wimmeln." (NGH 89).

scheint in der genealogischen Perspektive als nichts Beständiges, sondern als von Macht-praktiken geformt: „Dem Leib prägen sich die Ereignisse ein (während die Sprache sie notiert und die Ideen sie auflösen). Am Leib löst sich das Ich auf (das sich eine substan-tielle Einheit vorgaukeln möchte). Er ist eine Masse, die ständig abbröckelt." (NGH 91) Der Körper ist der Ort, an dem die Macht angreifen und über diesen das Subjekt konstitu-ieren kann; eine Auffassung, die Foucault in seinen weiteren Arbeiten noch präzisieren wird.

Aufgrund ihres auch selbstbezüglichen erkenntnistheoretischen Perspektivismus und der damit verbundenen Begrenzung des eigenen theoretischen Anspruchs kann es sich bei einer genealogisch ausgerichteten Machtanalytik nicht um eine allgemeine Theorie der Macht oder um eine spekulative Suche nach dem Wesen oder der Natur der Macht han-deln. Vielmehr verschiebt sich in dieser Analyseperspektive die „definitorische Frage, *was* Macht ist und *woher* sie kommt ... zu der Frage, *wie* sie sich vollzieht, *wie* sie ausgeübt wird und *wie* sie wirkt." (Seier 2001, 96).[50] Das heißt, es handelt sich bei Foucaults Machtanalysen um historisch und kulturell konkrete Untersuchungen spezifischer gesell-schaftlicher Machtverhältnisse und ihrer (Wirkungs-)Mechanismen. Im Folgenden soll zunächst in die zentralen Elemente der foucaultschen Machtanalytik eingeführt werden, um im Anschluss daran die Art und Weise, wie das Subjekt innerhalb dieser Analyseper-spektive thematisiert wird, darzustellen.

2.1   Ein neues Analyseschema

Foucault präsentiert seine Form der Machtanalyse in den 1970er Jahren vor allem in sei-nen Büchern „Überwachen und Strafen" und „Der Wille zum Wissen", aber auch in zahl-reichen Interviews, Vorlesungen und Essays, die zu dieser Zeit entstanden sind. Seine Ar-gumentation richtet sich besonders gegen eine Konzeption der Macht, die er die „juri-disch-diskursive" (WW 102) nennt. Darunter versteht Foucault ein Analyseschema, wel-ches die Funktionsweise der Macht vor allem in ihrer Negativität beschreibt: Die Macht wirkt in Form von Gesetzen, Verboten, Zensur, Zwang usw. (vgl. Lemke 1997, 98 f.) Eine solche Machtkonzeption wird für Foucault durch vier Postulate charakterisiert (vgl. MM 114 ff.; Deleuze 1992, 39 ff.; Lemke 1997, 99). Das Postulat des Besitzes: Die Macht als Eigentum, der im Besitz einer bestimmten sozialen Klassen ist und von dem die anderen völlig ausgeschlossen sind. Das Postulat der Lokalisation: Die Machtstruktur verläuft ver-tikal von oben nach unten und ist vor allem in den Staatsapparaten lokalisiert. Das Postulat der Unterordnung: Die Macht dient der „Aufrechterhaltung, Fortsetzung und der Repro-duktion einer Produktionsweise" (MM 114), die ihr selbst vorgeordnet und von der sie

---

50   Dazu Foucault: „Es geht überhaupt nicht darum, eine Theorie der Macht, eine allgemeine Theorie der
     Macht zu begründen, und auch nicht darum zu sagen, worin ihr Wesen und ihr Ursprung besteht ... Die
     Frage lautet nicht: ‚Woher kommt die Macht, und wohin geht sie?', sondern ‚In welchen Zusammen-
     hängen und wie tritt sie auf, was sind die Machtverhältnisse, wie kann man bestimmte Grundverhält-
     nisse der Macht beschreiben, die in unserer Gesellschaft bestehen?' " (Schriften III 714)

abhängig ist. Das Postulat der Modalität: Die Macht wirkt durch Gewalt oder Ideologie. Entweder sie unterdrückt oder sie manipuliert.

Die mit diesen Postulaten verbundene ‚juridische' Machtkonzeption ist für Foucault jedoch nicht geeignet, die komplexen modernen Machtverhältnisse angemessen zu beschreiben. Das Problem liegt dabei nicht nur in der Beschränktheit ihres theoretischen Potentials, sondern vor allem auch in der Nachzeitigkeit ihrer Analyseperspektive. Denn der mit dieser Vorstellung verbundene Typus von Macht basiert auf einer feudal-absolutistischen Gesellschaftsordnung, in der der Souverän mit den Mitteln des Gesetzes, welches das Recht über Leben und Tod einschließt, tatsächlich von ‚oben' bis in die untersten Ebenen der Gesellschaft Macht ausüben kann. Mit den gesellschaftlichen Veränderungen des 18. und 19. Jahrhunderts setzt sich aber ein neuer Machttyp durch, der die sozialen Verhältnisse nicht mehr von oben nach unten durchzieht. Funktioniert Macht in der alten Gesellschaft vor allem in Form der „Abschöpfung", d.h als Entzug von Produkten, Gütern, Diensten usw. (vgl. WZW 162), so „erfindet" die sich entwickelnde bürgerliche Gesellschaft einen „neuen Machtmechanismus mit ganz besonderen Verfahren, völlig neuen Instrumenten und ganz anderen Apparaten" (DM 90): die disziplinäre und schließlich regulative Macht der Moderne (vgl. WZW 161 ff.; Ott 1998, 23; Lemke 1997, 100 f.):

„Im Grunde ist die Repräsentation der Macht über die unterschiedlichen Epochen und Zielsetzungen hinweg doch im Bann der Monarchie verblieben. Im politischen Denken und in der politischen Analyse ist der Kopf des Königs noch immer nicht gerollt. Daher rührt die Bedeutung, die man in der Theorie der Macht immer noch dem Problem des Rechts und der Gewalt beimißt, dem Problem des Gesetzes und der Gesetzwidrigkeit, des Willens und der Freiheit und dem Problem des Staates und der Souveränität (auch wenn diese nicht mehr in der Person des Königs sondern in einem kollektiven Wesen gesucht wird). Die Macht von diesen Problemen her zu denken, heißt sie von einer historischen Form her zu denken ... Denn wenn auch viele ihrer Elemente überlebt haben und noch immer bestehen, so ist sie doch allmählich von ganz neuen Machtmechanismen durchdrungen worden, die wahrscheinlich nicht auf die Repräsentation des Rechts zurückgeführt werden können ... Und wenn es wahr ist, daß das Juridische in gewiß nicht erschöpfender Weise eine Macht repräsentieren konnte, die wesentlich an der Abschöpfung und am Tode orientiert war, so ist es doch den neuen Machtverfahren völlig fremd, die nicht mit dem Recht sondern mit der Technik arbeiten, nicht mit dem Gesetz, sondern mit der Normalisierung, nicht mit der Strafe sondern mit der Kontrolle, und die sich auf Ebenen und in Formen vollziehen, die über den Staat und seine Apparate hinausgehen." (WZW 110 f.)

So muss man, um die modernen Machtverhältnisse adäquat beschreiben zu können, nach Ansicht Foucaults neue Analyseperspektiven entwickeln, die über die juridische Konzeption der Macht hinaus gehen. Eine solche Analytik der Macht, „die nicht mehr das Recht als Modell und als Code nimmt" (WZW 111), ist prägendes Forschungsthema Foucaults in den 1970er Jahren. Im Folgenden sollen kurz einige wichtige Perspektiven oder Thesen, die Foucault dort entwickelt, rekonstruiert werden. Dazu orientiere ich mich mit Kammler (1986, 140 ff.) an vier Hauptgesichtspunkten, die Foucault bezüglich seiner Machtanalytik besonders hervorhebt: die Produktivität, die relationale und strategische Konzeption, die technologische Funktionsweise und das inhärente Widerstandspotential von Machtverhältnissen. An dieser Stelle sei noch einmal gesagt, dass die foucaultsche Machtanalytik nicht als einzig angemessene Methode zur Beschreibung moderner Machtverhältnisse verstanden werden sollte, sondern als Versuch, neue Analyseperspektiven zu liefern, um die Probleme und Schwierigkeiten traditioneller Machtmodelle ein Stück weit zu umgehen oder aufzulösen.

2.1.1 Produktivität der Macht

Noch in seiner Inauguralvorlesung „Die Ordnung des Diskurses", die Foucault im Jahr 1970 am Collège de France gehalten hat, betrachtet er die Beziehung zwischen Diskurs und Macht vor allem unter den Gesichtspunkten von Ausschließungsmechanismen und „Verknappungsprinzipien" (OdD 34).[51] Beide Funktionsweisen unterstellen eine Vorstellung von Macht, die den Diskurs unterdrückt, einschränkt, reglementiert usw. Damit ist Foucault zu diesem Zeitpunkt seiner Arbeit nach eigenem Bekunden aber noch einem Machtverständnis verbunden, das sich stark an der juridischen Konzeption orientiert.[52] In

---

51 Auch in einem ebenfalls aus dem Jahr 1970 stammenden Vortrag analysiert Foucault das Verhältnis zwischen Wahnsinn und Gesellschaft in Bezug auf die Rolle spezifischer Ausschließungssysteme, die für ihn in unterschiedlichen Ausprägungen in jeder Gesellschaft zu finden sind. Entsprechend erscheint hier der Wahnsinn vor allem als etwas, was von diesen Systemen ausgeschlossen und ausgegrenzt wird (vgl. Schriften III 608–632).

52 „Ich glaube, daß ich in jener ‚Ordnung des Diskurses' zwei Konzeptionen vermischt habe oder vielmehr auf eine Frage, die mir legitim scheint (die Verknüpfung der Diskurstatsachen mit den Machtverhältnissen), eine inadäquate Antwort vorgeschlagen habe. Es ist ein Text, den ich in einer Übergangssituation geschrieben habe. Bis dahin, scheint mir, akzeptierte ich die traditionelle Konzeption der Macht als eines im wesentlichen juridischen Mechanismus, als das, was das Gesetz sagt, was untersagt, was nein sagt, mit einer ganzen Litanei negativer Wirkungen: Ausschließung, Verwerfung, Versperrung, Verneinungen, Verschleierungen usw. Diese Konzeption halte ich heute für inadäquat." (DM 104 f.)
Ebenso distanziert sich Foucault in diesem Zusammenhang von der u.a. in seinem Buch „Wahnsinn und Gesellschaft" (erschienen: 1961) vertretenen Auffassung vom Wahnsinn als „eine Art lebendigen, geschwätzigen und ängstlichen Wahnsinn" (Schriften III 197), der von der Macht der Psychiatrie unterdrückt und zum Schweigen gebracht wird. Ein solches Analyseraster ist nach späterer Einschätzung Foucaults nicht geeignet, um die „Frage der Macht" wirklich adäquat zu stellen und zu beantworten (vgl. ebd. 193 f.). In seinen Vorlesungen am Collège de France von 1974, „Die Macht der Psychiatrie", wird er daher schon eine deutlich andere Analyseperspektive einnehmen. Im Vergleich zu „Wahnsinn und Gesellschaft" wird Foucault u.a. den Begriff der „Gewalt" aufgeben, um die Produktivität der psychiatrischen Macht stärker herausarbeiten zu können (zu den Verschiebungen, die Foucault im Vergleich zu „Wahnsinnn und Gesellschaft" in diesen Vorlesungen vornehmen möchte, vgl. MP 28 ff.). Insgesamt erscheint hier die psychiatrische Macht als auf verschiedenen Ebenen produktiv: Die Produktion der Wahrheit des Wahnsinnns erfolgt in einem Erkenntnisverhältnis, in welchem der Arzt qua fachlicher Autorität die Macht der Beurteilung hat. Er bringt die Wahrheit des Wahnsinns (diskursiv) hervor: Entweder durch die aktive Erzeugung der „Realität einer Geisteskrankheit" und ihrer anschließenden Deutung (z.B. Charcot) oder in einer rein auf die Erkenntnis (der Wahrheit) der zu beobachtenden Phänomene ausgerichteten Funktion auf der Grundlage eines wissenschaftlichen Diskurses (vgl. MP 495 f.). Gleichzeitig entsteht mit dem psychiatrischen Diskurs das, was Foucault die „Psy-Funktionen" nennt (ebd. 129 ff., 272 ff.). Diese bedeuten eine Ausbreitung der psychiatrischen Macht auf die verschiedensten gesellschaftlichen (Disziplinar-)Institutionen (Schule, Fabrik, Gefängnis, Militär), in denen sie als produktive Steuerungsinstrumente zur Kontrolle, Manipulation und Effizienzstei-

seiner späteren Arbeit wird Foucault jedoch eine andere Auffassung der Beziehung zwischen Diskurs und Macht oder der Funktionsweise von Machtmechanismen im Allgemeinen entwickeln, welche sich weniger mit der Negativität und Restriktivität als mit der Positivität oder Produktivität ihres Verhältnisses beschäftigt (vgl. Lemke 1997, 53): „Man muß aufhören, die Wirkungen der Macht immer negativ zu beschreiben, als ob sie nur ‚ausschließen', unterdrücken, verdrängen, zensieren, abstrahieren, maskieren, verschleiern würde. In Wirklichkeit ist die Macht produktiv; und sie produziert Wirkliches. Sie produziert Gegenstandsbereiche und Wahrheitsrituale: das Individuum und seine Erkenntnis sind Ergebnisse dieser Produktion." (ÜS 250)[53] Foucault bestreitet zwar nicht, dass Macht unterdrücken, einschränken und verhindern kann und dies auch tut. Aber die Repression ist zum einen nicht ihre einzige Funktionsweise und zum anderen ist die Macht selbst in ihrer Unterdrückung und in der Wirkung ihrer Ausschließungsmechanismen noch produktiv, indem sie auch dann noch gesellschaftlich produktive Effekte, Diskurse und Wahrheiten produziert. Selbst der Diskurs oder die Rede von der ‚Unterdrückung durch die Macht' kann für Foucault ein produktives und selbsterhaltendes Funktionsprinzip innerhalb moderner Machtdispositive sein. Das heißt, vermeintlich widerständige Praktiken, die bestimmte Unterdrückungsmechanismen gesellschaftlicher Machtverhältnisse anprangern und angreifen, können dazu führen, bestehende Machtverhältnisse zu stabilisieren und zu reproduzieren.[54]

Die These von der Produktivität der Macht versucht Foucault u.a. in seinem Buch „Überwachen und Strafen" zu entwickeln. In dieser historischen Untersuchung über die Veränderung der Strafpraktiken zwischen dem Ende des 18. Jahrhunderts und der Mitte des 19. Jahrhunderts möchte er zeigen, dass die Macht des Gesetzes und mit ihr die gesetzlichen Strafen vor allem produktiv wirken:

---

gerung der Individuen dienen. An anderer Stelle rechtfertigt Foucault seine in „Wahnsinn und Gesellschaft" vertretene Position damit, dass seine dort vorgenommene Untersuchung des Wahnsinns im klassischen Zeitalter ein „Sonderfall" gewesen sei, da dort „die Macht ... gegen den Wahnsinn überwiegend mit Ausschließung vorgegangen" (DM 105) sei. Innerhalb dieses Analyserahmens genügte daher eine negative Konzeption der Macht. Im Generellen sei eine solche Machtauffassung jedoch unzureichend (vgl. ebd.).

53   Oder an anderer Stelle: „Wenn man die Machtwirkungen durch die Unterdrückung definiert, so verschafft man sich eine rechtlich bestimmte Auffassung von dieser Macht; man setzt die Macht mit einem Gesetz gleich, das Nein sagt; es wäre vor allem die Stärke des Verbotes. Nun glaube ich aber, dass darin eine ganz und gar negative, enge und dürre Auffassung von der Macht vorliegt, die seltsamerweise geteilt wurde. Wenn die Macht immer nur unterdrückend wäre, wenn sie niemals etwas anderes tun würde als Nein zu sagen, glauben sie wirklich, dass es dann dazu käme, dass ihr gehorcht wird? Dass die Macht Bestand hat, dass man sie annimmt, wird ganz einfach dadurch bewirkt, dass sie nicht bloß wie eine Macht lastet, die Nein sagt, sondern dass sie in Wirklichkeit die Dinge durchläuft und hervorbringt, Lust verursacht, Wissen formt und einen Diskurs produziert; man muss sie als ein produktives Netz ansehen, das weit stärker durch den ganzen Gesellschaftskörper hindurchgeht als eine negative Instanz, die die Funktion hat zu unterdrücken." (Schriften III, 197)

54   So vertritt Foucault z.B. in „Der Wille zum Wissen" die These, dass die Vorstellung von einer unterdrückten Sexualität und der daraus folgende Kampf für eine befreite Sexualität im Grunde eine Stärkung und Bestätigung des Sexualitätsdispositivs mit sich bringt (vgl. WZW 186 f.).

„Man könnte annehmen, daß das Gefängnis und überhaupt die Strafmittel nicht dazu bestimmt sind, Straftaten zu unterdrücken, sondern sie zu differenzieren, sie zu ordnen, sie nutzbar zu machen; daß sie weniger diejenigen gefügig machen sollen, die Gesetze überschreiten, sondern daß sie die Überschreitung der Gesetze in einer allgemeinen Taktik der Unterwerfung zweckmäßig organisieren sollen. Die Strafjustiz wäre dann so etwas wie die ‚Verwaltung' der Gesetzwidrigkeiten: sie zieht die Toleranzgrenzen, gibt den einen Verstößen freien Raum, unterdrückt die anderen, schließt einen Teil davon aus, macht einen anderen nutzbar, neutralisiert die einen, zieht aus den andern Gewinn. Die Strafjustiz würde also die Gesetzwidrigkeiten nicht einfach ‚unterdrücken', sondern sie differenzieren und ihre allgemeine ‚Ökonomie' sicherstellen." (ÜS 350 f.; vgl. auch Schriften III 197 f.)

So produziert das Gefängnis z.B. eine neue Form der Gesetzwidrigkeit, die Delinquenz, innerhalb derer „die Verbrecher weniger unterdrückt als vielmehr differenziert, kanalisiert und ‚zweckmäßig' organisiert werden." (Kammler 1986, 142 f.) Denn diese Form der Delinquenz bietet eine Reihe von Vorteilen sowohl ökonomischer als auch politischer Natur (vgl. Lemke 1997, 87 f.): Sei es nun die bessere Kontrollierbarkeit der als delinquent markierten Individuen; die Schaffung eines ‚ökonomischen Feldes' (Prostitution, Drogen-, Waffenhandel), das gleichzeitig durch (delinquente) Spitzel kontrolliert werden kann; die Ablenkung von anderen Gesetzwidrigkeiten; der Einsatz von Delinquenten als Denunzianten und Lockspitzeln bei der Unterwanderung von politischen Parteien und Arbeitervereinigungen; die Produktion eines Reservoirs billiger Arbeitskräfte; die Schaffung eines zunehmenden Bewusstseins von der Notwendigkeit verstärkter politischer und polizeilicher Kontrollen und der Übernahme bürgerlicher Moralvorstellungen durch die Produktion einer ausgeschlossenen, stigmatisierten und als ständig präsent und gefährlich erscheinenden Klasse der Delinquenten (vgl. auch ÜS 356 ff.; MM 49 ff.). In dieser Perspektive erscheint die Delinquenz nicht als etwas, das so weit wie nur eben möglich unterdrückt und beseitigt wird, sondern als ein „absolut positives gesellschaftliches Funktionselement, dessen Rolle in der Gesamtstrategie der Gesellschaft vorgesehen ist." (MM 51) Sie ist ein produktives „Instrument zur Bewältigung und Ausbeutung der Gesetzwidrigkeiten ... eine Ablenkungsanlage für die ungesetzlichen Gewinn- und Macht-Schleichwege der herrschenden Klassen" (ÜS 361), und das Gefängnis wird hier zur Produktionsstätte, zum „Rekrutierungsinstrument für die Armee der Delinquenten." (MM 49)

In seinem Buch „Der Wille zum Wissen" setzt sich Foucault mit der „Repressionshypothese" auseinander, nach der die Sexualität im Abendland von der Macht vorrangig unterdrückt worden sei. Er behauptet zwar auch hier nicht, dass es in diesem Bereich keine Unterdrückung gab bzw. gibt. Doch fragt er sich, ob die Beziehung zwischen Macht und Sexualität nicht verständlicher gemacht werden könnte, „wenn man die Untersagungen, die Verhinderungen, die Verwerfungen und die Verbergungen in eine komplexere und globalere Strategie einordnet, die nicht auf die Verdrängung als Haupt- und Grundziel gerichtet ist." (WZW 8) Der Repressionshypothese stellt er seine These der „Diskursivierung des Sexes" (WZW 21) bzw. der Sexualität[55] gegenüber. So ist Foucault der Auffas-

---

55 Foucault gebraucht die Begriffe Sexualität und Sex in „Der Wille zum Wissen" meistens unspezifisch. Erst am Ende von „Der Wille zum Wissen" unterscheidet er zwischen den beiden Termen (vgl. Visker 1991, 176). Der Bereich der Sexualität ist für Foucault das Konstrukt eines „Macht/Wissen-Komplexes", „Effekt und Instrument" (WZW 181) des Sexualitätsdispositivs. Der Begriff des Sexes

sung, „daß nirgendwo mehr über den ‚Sex' gesprochen und geschrieben wurde ..., daß ihm nirgends ein grundlegendere Rolle bei der Erforschung menschlicher Wahrheiten zugesprochen wurde als in den abendländischen Gesellschaften." (Kammler 1986, 142) Für ihn sind Mechanismen wie Zensur, Verbot usw. „sekundäre Effekte eines primär auf die Formierung des Begehrens ausgerichteten institutionellen und diskursiven Produktionsapparates" (ebd.), der in erster Linie die Funktion hat, den Sex durch „nützliche und öffentliche Diskurse zu regeln" (WZW 37), d.h. ihn in die Bahnen einer geordneten und kontrollierten Produktion zu lenken (vgl. Kammler 1987, 142). Entsprechend wird die Sexualität von der modernen Macht weniger unterdrückt, sondern intensiv produziert.

Bezüglich der Produktivität von Macht ist auch Foucaults Begriff des *Macht-Wissens* (pouvoir-savoir) von zentraler Bedeutung (vgl. ÜS 39 f.). Mit diesem versucht er ein beidseitiges Bedingungsverhältnis zwischen Macht und Wissen zu umschreiben, in welchem Macht immer Wissen produziert und Wissen immer Machtwirkungen mit sich bringt. Ebenso stützt Macht sich immer auf Wissen und umgekehrt (vgl. ebd.; MM 44 f.). Foucault zieht hier eine „Regel der Immanenz" (WZW 119) vor.[56] Damit wendet er sich auch gegen die Vorstellung eines machtfreien Raums des Wissens.[57] Gerade weil es „Wissen ist, verfügt es über Macht, und es sind nicht der gute Wille der Macht oder ihre Neugierde, die sich dem Wissen öffnen." (MM 120) So ist beispielsweise das Wissen von Psychiatern oder Lehrern nicht außerhalb der Macht und wird erst nachträglich von ihr instrumentalisiert. Denn zum einen ist es in seiner Produktion auf Machtsysteme angewiesen, zum anderen hat es in seiner Entstehung eine direkte normierende Funktion: „Es formuliert und definiert Normen, die eine Scheidung in normal und anormal erlauben und in sozialen und institutionellen Praktiken operieren." (Lemke 1997, 96)

---

verweist zunächst einmal auf ein biologische Funktion, ist aber vor allem auch eine komplexe Idee, die sich durch verschiedene Machtstrategien hindurch gebildet hat. So meint der Sex „die Geschlechtlichkeit, aber auch ein rein imaginäres Element, welches durch das Sexualitätsdispositiv in einen ‚künstlichen' Zusammenhang mit dem Biologischen gebracht wird" (Visker 1991, 176). Er „ist das spekulativste, das idealste, das innerlichste Element in einem Sexualitätsdispositiv, das die Macht in ihren Zugriffen auf den Körper, ihre Materialität, ihre Kräfte, ihre Energien, ihre Empfindungen, ihre Lüste organisiert" (WZW 185), eine Konstruktion, die für das Funktionieren des Sexualitätsdispositivs unabdingbar ist.

56 „Kein Wissen bildet sich ohne ein Kommunikations-, Aufzeichnungs-, Akkumulations- und Versetzungssystem, das in sich eine Form von Macht ist und in seiner Existenz und seinem Funktionieren mit den anderen Machtformen verbunden ist. Umgekehrt kommt es zu keiner Ausübung von Macht ohne die Gewinnung, Aneignung, Verteilung oder Zurückhaltung eines Wissens. Auf dieser Stufe hat man nicht die Erkenntnis auf der einen Seite und die Gesellschaft bzw. die Wissenschaft und den Staat auf der anderen, sondern die Grundformen des ‚Macht-Wissens'." (Schriften II 486)

57 „Man muss wohl auch einer Denktradition entsagen, die von der Vorstellung geleitet ist, daß es Wissen nur dort geben kann, wo die Machtverhältnisse suspendiert sind, daß das Wissen sich nur außerhalb der Befehle, Anforderungen, Interessen der Macht entfalten kann ... Eher ist wohl anzunehmen, daß die Macht Wissen hervorbringt (und nicht bloß fördert, anwendet, ausnutzt), daß Macht und Wissen einander unmittelbar einschließen; daß es keine Machtbeziehung gibt, ohne daß sich ein entsprechendes Wissensfeld konstituiert, und kein Wissen, das nicht gleichzeitig Machtbeziehungen voraussetzt und konstituiert. (ÜS 39)

2.1.2 Relationale und strategische Konzeption der Macht

Mit seiner relationalen und strategischen Konzeption der Macht wendet Foucault sich explizit gegen eine juridische Auffassung von Macht, nach der diese so etwas wie ein Besitz ist, der beispielsweise ausschließlich in den Staatsapparaten lokalisiert ist oder sich nur in den Händen einer herrschenden Klasse befindet. Gegen derartige zentralistisch oder hierarchisch gedachte Auffassungen setzt Foucault sein ‚Modell der immerwährenden Schlacht', in dem Machtbeziehungen ein Gebiet mit zahllosen Konfrontationspunkten definieren, „in denen Konflikte, Kämpfe und zumindest vorübergehende Umkehrung der Machtverhältnisse drohen." (ÜS 39) Macht ist von diesem Standpunkt aus eine Beziehung, die nur „in actu" (SM 254) existiert. Sie ist eine Relation und keine Substanz, die angeeignet, veräußert oder getauscht werden könnte (vgl. Lemke 1997, 104): „Die Macht wird nicht besessen, ... sie wirkt auf der ganzen Oberfläche des sozialen Feldes gemäß einem System von Relais, Konnexionen, Transmissionen, Distributionen etc. Die Macht wirkt durch kleinste Elemente: die Familie, die sexuellen Beziehungen, aber auch: Wohnverhältnisse, Nachbarschaft etc. Soweit man auch geht im sozialen Netz, immer findet man die Macht als etwas, das ‚durchläuft', das wirkt, das bewirkt." (MM 114) Damit lässt Foucault in der strikt relational angelegten Analyseperspektive seiner „Mikrophysik der Macht" (vgl. MM) jegliche Vorstellung eines Substantialismus oder Idealismus der Macht fallen (vgl. Charim 2002, 110 ff.) und bestimmt den Begriff der Macht nominalistisch: „Die Macht ist der Name, den man einer komplexen strategischen Situation in einer Gesellschaft gibt." (WZW 114) So verweist Foucaults relationaler Machtbegriff auf ein polymorphes, aus einer Vielzahl von Machtbeziehungen bestehendes System, ein „komplexe[s], dezentrierte[s] Netzwerk einzelner, lokaler, antagonistischer Kraftverhältnisse" (Fink-Eitel 1992, 88). Dabei können Machtbeziehungen ein Geflecht bilden, in denen z.B. staatliche Institutionen eine „konzentrierte Form" (MM 115) darstellen.[58]

Die Existenz derartiger ‚Knotenpunkte' oder „Formen der Institutionalisierung" (SM 258) im ‚Netz der Macht' verweist darauf, dass sich Machtbeziehungen „zu mehr oder weniger kohärenten, einheitlichen und zielgerichteten ‚Strategien' verdichten können" (Kammler 1986, 143), die sich dann wiederum in materiellen, juridischen oder politischen Strukturen manifestieren können. Solche Strategien versteht Foucault jedoch nicht als die Intentionen einzelner Subjekte, sondern diese Strategien sind „gleichzeitig intentional und nicht-subjektiv" (WZW 116). Das heißt, dass sich die Rationalität einzelner Taktiken zu „großen anonymen Strategien" (WZW 116) verketten können, ohne dass es einen Verantwortlichen im Sinne eines individuellen Subjekts oder eines „Generalstabs" (ebd.), der für die Rationalität der Gesamtstrategie verantwortlich wäre, gäbe (vgl. Kammler 1986, 143).

Letztendlich kann aus dem Zusammenspiel einzelner Taktiken und (gesellschaftlicher) Anforderungen und der dabei stattfindenden Vernetzung heterogener Elemente (Diskurse, Institutionen. architektonische Einrichtungen usw.) ein „Dispositiv" entstehen

---

58 In einer ‚mikrophysikalischen' Analyseperspektive gehen derartige Strukturen den Machtbeziehungen jedoch nicht voraus, in dem Sinne, dass diese Strukturen von Machtbeziehungen widergespiegelt oder reproduziert würden. Vielmehr handelt es sich bei diesen Strukturen erst um Effekte von Machtbeziehungen (vgl. Lemke 1997, 104).

(vgl. Schriften III 392 ff.). In diesem zeigt sich der „strategische Imperativ" (ebd. 393) einer spezifischen ‚Gesamtstrategie'. Gleichzeitig geht dem Dispositiv dieses strategische Ziel in einem gewissen Sinne voraus; es ist ‚prävalent'. Kurz gesagt: Das Dispositiv wird aus uneinheitlichen (diskursiven wie nicht-diskursiven) Elementen gebildet, es vernetzt diese und übernimmt dabei gleichzeitig eine „dominante strategische Funktion" (ebd.) für die Anordnung und Ausbildung dieser Elemente. Dies führt dazu, dass das Dispositiv zum einen funktional überdeterminiert ist, „da jeder positive wie negative, gewollte oder ungewollte Effekt mit allen anderen in Resonanz oder in Widerspruch treten wird und nach einer Wiederaufnahme, einer Wiederanpassung heterogener Elemente verlangt, die hier und da entstehen." (Ebd.) Zum anderen verlangt es nach einer „ständigen strategischen Ausfüllung" (ebd.). Denn das Dispositiv bringt Effekte hervor, die im Vorhinein nicht geplant waren. Gleichzeitig müssen diese nicht-intendierten Wirkungen wieder in das Dispositiv integriert und dazu neue Strategien geschaffen werden.

Als Beispiel für den Zusammenhang zwischen einer Gesamtstrategie und heterogenen Entwicklungen, Absichten, Zielsetzungen, Kämpfen und Taktiken kann die „Geburt des Gefängnisses", so der Untertitel von „Überwachen und Strafen", dienen: Im Übergang vom 18. zum 19. Jahrhundert gerät das alte System der Körperstrafe in starke Kritik, deren Protagonisten und deren Intentionen jedoch höchst uneinheitlich und in ihrer Gesamtheit komplex und vielschichtig sind. Vereinfacht dargestellt fordern die einen als humanistische Reformer ein gerechteres und weniger grausames Strafsystem, aber vor allem eine neue „Ökonomie" der Strafgewalt, die den gesamten Gesellschaftskörper moderat und gleichmäßig durchdringen soll (vgl. ÜS 102). Damit wenden sie sich gegen eine monarchische „Übermacht", an der sie „das Gemisch von Schwächen und Maßlosigkeiten, Übertreibungen und Lücken" (ÜS 102) kritisieren. Andere wollen vor allem eine wirksamere Verfolgung und Bestrafung der Täter aufgrund des immer stärkeren Anwachsens einer neuen Form von Kriminalität. Auch hier geht es um eine bessere „Ökonomie" der Strafgewalt. Nur richtet hier sich die Kritik nicht gegen die alte „Übermacht" des Monarchen, sondern gegen die neue „Untermacht", die in Form von zunehmenden Gesetzwidrigkeiten fremdes Eigentum betreffend auftritt. Denn mit den gesellschaftlichen Entwicklungen ändert sich auch die Deliktstruktur und Eigentumsvergehen nehmen gegenüber Gewaltdelikten immer mehr zu. Foucault vertritt in diesem Zusammenhang insgesamt die These, dass die „Strafreform genau dort ihren Ausgang genommen [hat], wo sich der Kampf gegen die Übermacht des Souveräns mit dem Kampf gegen die ‚Untermacht' der erkämpften und erduldeten Gesetzwidrigkeiten trifft." (ÜS 111) Es verbinden sich heterogene und widerstreitende Intentionen mit gesellschaftlichen Entwicklungen zu einer Gesamtstrategie, durch die das Strafsystem verändert und reformiert und im Zuge dessen die Körperstrafe von der Haftstrafe abgelöst wird (vgl. ÜS 93–113; Kammler 1986, 143 ff.; Lemke 1997, 82 ff.).

Gleichzeitig produziert das ‚Dispositiv der Einsperrung' unbeabsichtigte, problematische Effekte und Wirkungen wie vor allem die Schaffung eines delinquenten Milieus, das sich von vorhergehenden ungesetzlichen Individuen und Praktiken deutlich unterscheidet (vgl. Schriften III 393 ff.). Auf diese Herausforderung wird mit neuen Strategien geantwortet und die negativen Auswirkungen der unvorhergesehenen Effekte werden ins Positive gewendet. So findet die neue Form von Delinquenz, wie schon weiter oben ausgeführt, produktive Aufnahme und Verwendung in verschiedenen politischen oder ökonomischen Zusammenhängen (Schaffung eines illegalen, aber höchst profitablen Geschäftsbereichs, billiges Arbeitskräftereservoir, ‚moralische Erziehung' der Bevölkerung durch Stigmatisierung und Ausschluss der Delinquenten usw.).

2.1.3 Technologien der Macht

Verbunden mit der relationalen und strategischen Konzeption von Macht ist Foucaults Bestimmung ihres technologischen Funktionscharakters: Machtbeziehungen unterliegen für Foucault oft einer bestimmten „Ökonomie" (Schriften III 791). Das heißt, sie werden durch spezifische Machttechnologien organisiert und strukturiert, die wiederum in ihrer Ausprägung und Verbreitung mit unterschiedlichen Prozessen und Entwicklungen (gesellschaftlicher, politischer oder ökonomischer Natur) zusammenhängen.[59]

Foucault macht für die Entstehung der modernen Machttechnologien komplexe gesellschaftliche Veränderungen verantwortlich. Vor allem die Ausbreitung des Kapitalismus führt für ihn dazu, dass die Machtmechanismen der Souveränitätsmacht dysfunktional werden. Denn diese arbeiteten zum einen zu diskontinuierlich: Die „Maschen des Netzes waren zu groß, so dass zahllose Dinge, Elemente, Verhaltensweisen und Prozesse der Kontrolle durch die Macht entgingen." (Schriften IV 231). Zum anderen waren sie viel zu aufwendig. Denn sie basierten vor allem auf dem Prinzip der „Abschöpfung" (von Produkten, Arbeiten, Leben usw.) Deshalb wird die Souveränitätsmacht, die in ihrer Existenz an einer feudal-absolutistische Gesellschaftsordnung gebunden ist, im Zuge der gesellschaftlichen Entwicklung immer mehr von neuen Machttechniken überlagert, die lückenloser kontrollieren und ökonomischer funktionieren: „Die ‚Abschöpfung' tendiert dazu, nicht mehr ihre Hauptform zu sein, sondern nur noch ein Element unter anderen Elementen, die an der Anreizung, Verstärkung, Kontrolle, Überwachung, Steigerung und Organisation der unterworfenen Kräfte arbeiten: diese Macht ist dazu bestimmt, Kräfte hervorzubringen, wachsen zu lassen und zu ordnen, anstatt sie zu hemmen, zu beugen oder zu vernichten. Nun verschiebt sich oder stützt sich jedenfalls das Recht über den Tod auf die Erfordernisse einer Macht, die das Leben verwaltet und bewirtschaftet, und ordnet sich diesen Erfordernissen unter." (WZW 163)

Als Haupttechnologien, die in modernen Machtverhältnissen wirken, identifiziert Foucault die „Disziplin" und die „Bio-Macht", wobei er in späteren Arbeiten die Disziplin in das umfassendere Konzept der Bio-Macht einordnen wird. Diese Machttechnologien greifen zwar alte Machttechniken auf, ihre Mechanismen werden jedoch verfeinert, perfektioniert und transformiert und dadurch den neuen Anforderungen angepasst (vgl.

---

59   Das soll nicht bedeuten, dass die Machttechnologien allen (Macht-)Beziehungen in funktionalistischer Weise zugrunde liegen und es sich bei der Analyse der Technologien moderner Macht damit quasi um eine ‚Ontologie' oder „Metaphysik" (Schriften III 790) der Macht handeln würde. Vielmehr denkt Foucault Machtbeziehungen als äußerst komplexes und heterogenes Beziehungsgeflecht, das gerade aufgrund seiner Komplexität und dem Nicht-Funktionieren ‚der Macht', zu immer vielfältigeren und diffizileren Machttechnologien anreizt, die wiederum das Beziehungssystem verändern, darauf hin sich die Machttechniken wieder anpassen und transformieren müssen usw. (vgl. ebd. 788 ff.).

Schriften III 652). Sie sind nicht an bestimmte Institutionen oder Apparate gebunden, sondern durchlaufen immer engmaschiger die gesamte Gesellschaft und können in den unterschiedlichsten Zusammenhängen Anwendung finden.

2.1.3.1 Disziplinarmacht

In seinem Buch „Überwachen und Strafen" umschreibt Foucault mit dem Begriff der „Disziplin" (vgl. ÜS 171 ff.) eine Machttechnik bzw. eine Form der Machtausübung, die für ihn mit den komplexen gesellschaftlichen Transformationsprozessen seit dem 17. Jahrhundert entsteht. Dabei ist die Entwicklung der Disziplin für Foucault vor allem eine Reaktion auf das gleichzeitige Anwachsen der Bevölkerung und des Produktionsapparates im 18. Jahrhundert. Die für die Bewältigung dieser doppelten Problematik notwendigen Veränderungen können sich nur auf der Grundlage neuer Machtprozeduren durchsetzen, die das feudale Prinzip der „Abschöpfung" (ÜS 281) von Gütern und Leistungen durch ein Prinzip der „Wertschöpfung" (ebd.) ersetzen.[60] Es entwickelt sich eine neue „Machtökonomie" (ebd.), die weniger dem Prinzip von Gewalt/Beraubung als dem von Produktion/Profit gehorcht und eine „Verkörperung der Macht" (DM 43) notwendig macht, welche die Individuen an die ökonomische Nutzung bindet und sie bis in ihre Gesten, Einstellungen, Verhaltensweisen und Gewohnheiten bestimmt (vgl. Lemke 1997, 73 f.). Die kapitalistische Produktionsweise „erfordert aber nicht nur die Ausbildung eines produktiven Körpers, sondern die Konstitution der Arbeitskraft ist überhaupt nur innerhalb eines Systems möglich, das die Individuen zugleich unterwirft" (ebd. 74). Der Körper stellt nur dann eine ausnutzbare Kraft dar, „wenn er zugleich produktiver wie unterworfener Körper ist." (ÜS 37) Dieses Unterwerfungssystem operiert über das Prinzip der Beschlagnahme, dem die Funktion zukommt, „die Lebenszeit der Individuen als Arbeitszeit zu konstituieren" (MM 101; vgl. auch ÜS 36 f., 280 f.; DM 42 f.; Lemke 1997, 73 ff.).[61]

Die Neuerung der Disziplin liegt also in der „Erfindung" einer „politischen Anatomie" (ÜS 176), die im Unterschied zu traditionellen Herrschaftsformen wie Sklaverei und Leibeigenschaft die Kräfte des Körpers zum Zwecke ihrer produktiven Nützlichkeit steigert und gleichzeitig zum Zwecke ihrer politischen Unterwerfung schwächt (vgl. Kammler 1986, 150). Zusätzlich werden Nützlichkeit und Unterwerfung in einem produktiven, sich verstärkenden Kreislauf zusammengebunden. Vor allem dieser Zusammenschluss defi-

---

60 Zur Unterscheidung zwischen Souveränitäts- und Disziplinarmacht vgl. auch MP 70 ff.

61 Obwohl (kapitalistische) Ökonomie und Disziplinarmechanismen sehr eng miteinander verknüpft sind, lassen sich laut Foucault die Disziplinen nicht auf die Zwänge einer solchen Ökonomie reduzieren. Sie sind weder direkt von den politischen Strukturen abhängig, noch können sie vom Staatsapparat „konfisziert und absorbiert" (ÜS 276) werden. Auch würden sie mit der Abschaffung einer kapitalistischen Ökonomie nicht verschwinden, da es sich bei ihnen um Technologien handelt, die die „infinitesimale Verteilung der Machtbeziehungen" (ÜS 277) bis in die entlegensten Details und Mikrobeziehungen der Gesellschaft gewährleisten. Gemäß Foucaults relationaler Machtauffassung ist der Staatsapparat mit seinem umfassenden Kontroll- und Überwachungssystem damit lediglich eine relativ „konzentrierte Form" (MM 100) institutionalisierter Macht innerhalb eines komplexen Systems, das auf der Grundlage jener „sowohl unabsehbare[n] wie unscheinbare[n] Maschinerie" (ÜS 286) der Disziplinen funktioniert (vgl. Kammler 1986, 152).

niert die Besonderheit der Disziplin und macht ihre Neuartigkeit als Machttechnologie aus.[62]

Foucault charakterisiert die Disziplin u.a. anhand von vier Hauptmechanismen: Zum ersten sorgt sie für eine Verteilung der Individuen im Raum. Sie ist „eine Analyse des Raums, eine räumliche Individualisierung, bei der man Körper in einen individualisierten Raum stellt, um sie klassifizieren und kombinieren zu können." (Schriften III 653). Zum zweiten kontrolliert sie weniger das „Ergebnis einer Tätigkeit, sondern deren Ablauf." (Ebd.) Darüber hinaus handelt es sich um eine Machttechnik, die auf eine permanente Überwachung des einzelnen Individuums abzielt. Außerdem ist sie in ihrer Funktionsweise auf ständige Aufzeichnungen und Berichte über den Einzelnen angewiesen. Insgesamt definiert Foucault die Disziplin als „die Gesamtheit jener Techniken, mit deren Hilfe Machtsysteme die Vereinzelung des Individuums anstreben und verwirklichen. Sie ist die Macht der Individualisierung, deren Hauptinstrument die Überprüfung [examen] darstellt ... Durch die Überprüfung wird das Individuum zu einem Element der Machtausübung." (Ebd. 654)

Gesellschaftlich gesehen entwickelt sich mit der „fortschreitenden Ausweitung der Disziplinarsysteme im Laufe des 17. und 18. Jahrhunderts, ihrer Vervielfältigung durch den gesamten Gesellschaftskörper hindurch" (ÜS 269) das, was Foucault „Disziplinargesellschaft" nennt. Dabei hat die Disziplinargesellschaft eine doppelte Wirkung: zum einen eine „Homogenisierung des sozialen Raumes" (Ewald 1991, 164) durch eine allgemeine und „beliebig einsetzbare Kontrolle und Registrierung der Individuen" und „der Möglichkeit, eine Institution in die andere zu übersetzen" (Neuenhaus 1993, 60); zum anderen die Individualisierung durch Differenzierung, Qualifizierung und der Festschreibung individueller Differenzen (vgl. ebd.). In diesem Zusammenhang kommt vor allem der für die Disziplinartechniken grundlegenden „Macht der Norm" (ÜS 237) eine Schlüsselrolle zu, da die Norm gleichzeitig individualisierende wie vereinheitlichende Wirkungen mit sich bringt. Die Norm wirkt als „Teilungsprinzip" (MP 90), das nach bestimmte Kriterien (auf-)teilt (z.B. normal/anormal), differenziert, vergleichbar macht und damit individualisiert. Gleichzeitig erscheint sie als „universelle Vorschrift" (MP 90) des Normalen, der sich die Individuen anzupassen haben, und hat dadurch einen stark homogenisierenden Effekt.[63]

---

62 „Der historische Augenblick der Disziplin ist der Augenblick, in dem eine Kunst des menschlichen Körpers das Licht der Welt erblickt, die nicht nur die Vermehrung seiner Fähigkeiten und auch nicht bloß die Vertiefung seiner Unterwerfung im Auge hat, sondern die Schaffung eines Verhältnisses, das in einem einzigen Mechanismus den Körper um so gefügiger macht, je nützlicher er ist, und umgekehrt" (ÜS 176).

63 „Einerseits zwingt die Normalisierungsmacht zur Homogenität, andererseits wirkt sie individualisierend, da sie Abstände mißt, Niveaus bestimmt, Besonderheiten fixiert und die Unterschiede nutzbringend aufeinander abstimmt. Die Macht der Norm hat innerhalb eines Systems der formellen Gleichheit so leichtes Spiel, da sie in die Homogenität, welche die Regel ist, als nützlichen Imperativ und als präzises Meßergebnis die gesamte Abstufung der individuellen Unterschiede einbringen kann." (ÜS 237) Zum Begriff der Norm vergleiche auch Abs. 2.1.3.2.

2.1.3.2 Bio-Macht

In seinem Buch „Der Wille zum Wissen" erweitert Foucault seine Machtanalyse um eine neue Machttechnologie.[64] Wie Lemke (1997, 134) ausführt, fügt er seiner Machtanalyse nicht einfach einen weiteren Aspekt hinzu. Vielmehr ordnet er nun die Disziplinarmechanismen in eine „umfassendere politische Technologie" (ebd.) ein, die nicht nur auf die Disziplinierung und Überwachung des einzelnen Individuums, sondern auf die Regulierung der gesamten Bevölkerung abzielt: der „Bio-Macht" (WZW 167).

Zusammen mit den Disziplinartechniken bilden die neu eingeführten Regulierungstechniken[65] die zwei Entwicklungsstränge der Bio-Macht, die bis zu Beginn des 19. Jahrhunderts noch deutlich voneinander getrennt sind, später aber zwei durch ein Bündel von Zwischenbeziehungen verbundene Pole bilden. Ist die Disziplinierung auf den einzelnen Körper gerichtet, auf dessen Nutzung und Optimierung und dient vor allem der Konstituierung eines Subjekts, befasst sich die Regulierung mit der Bevölkerung und sorgt vor allem für die Konstituierung der Massen (vgl. WZW 166 f., Ott 1998, 47).[66]

An der Schnittstelle zwischen Disziplinar- und Regulierungstechnologien nimmt für Foucault der Sex bzw. die Sexualität eine privilegierte Stellung ein. Denn er bildet das „Scharnier" (WZW 173) zwischen den beiden Machtformen, da seine Effekte sowohl auf der Mikroebene des Körpers als auch auf der Makroebene der Bevölkerung wirken. Er

---

64 „Es gibt zwei große Revolutionen in der Technologie der Macht: die Entdeckung der Disziplin und die Entdeckung der Regulierung, die Perfektionierung einer anatomischen Politik und die Perfektionierung einer Biopolitik." (Schriften IV 236) Zur „Bio-Macht" siehe u.a. auch Foucaults Vorlesungen am Collège de France aus dem Jahre 1976 („In Verteidigung der Gesellschaft"), Seite 276–305.

65 Für Foucault werden Regulierungstechniken z.B. im Rahmen der sozialen Sicherungssysteme, dem Gesundheitswesen, dem Bildungssystem, Stadtplanung usw., also in der „Sozialpolitik im weitesten Sinne" (Ott 1998, 47) eingesetzt. Die Funktion der Regulierungstechniken ist es, „die Risiken und Unwägbarkeiten eines gesellschaftlichen Ganzen" (ebd.) einzugrenzen und ein Gleichgewicht herzustellen, welches das Leben der Einzelnen wie des Ganzen sichern soll. Die Regulierungstechniken bleiben jedoch auf die Disziplinartechnologien angewiesen, weil die „disziplinierten Körper" die Grundlage für die Regulierung des „Bevölkerungskörpers" darstellen (vgl. ebd.). Als ein Beispiel für die Verknüpfung von disziplinarischen und regulatorischen Machttechniken dient Foucault das „Problem der Stadt" (VG 290). In der geplanten Stadt verbinden sich Disziplinarmechanismen zur Kontrolle der Körper (durch die Möglichkeit der kontrollierten Verteilung, Rasterung und Sichtbarmachung der Individuen und Familien im Raum der Stadt), mit regulatorischen Mechanismen, die auf die Gesamtbevölkerung gerichtet sind (Krankenversicherung, Hygieneregeln, Schulpflicht usw.) (vgl. ebd.).

66 Ähnlich Foucaults Analysen zur Disziplinarmacht überlagert die Bio-Macht seit dem 17. Jahrhundert zunehmend die bis dahin vorherrschende Souveränitätsmacht. Diese Überlagerung korrespondiert mit gesellschaftlichen und ökonomischen Veränderungen, die dazu führen, dass das alte Recht der Souveränitätsmacht „sterben zu *machen* oder leben zu *lassen*" (WZW 165), durch eine neue Macht abgelöst wird, die Leben *macht* oder in den Tod *stößt*. Aus der Macht über den Tod wird eine Macht über das Leben, deren Ziel es ist, das Leben zu verwalten, zu sichern, zu entwickeln und zu bewirtschaften. So fördert die Bio-Macht anders als die Souveränitätsmacht weniger eine starre Ordnungsstiftung als eine dynamische Organisierung der Dinge und der Lebewesen (vgl. Seier 2001, 104). Insgesamt bildet die Bio-Macht für Foucault ein unerlässliches Element für die Entstehung des Kapitalismus, „der ohne kontrollierte Einschaltung der Körper in die Produktionsapparate und ohne Anpassung der Bevölkerungsphänomene an die ökonomischen Prozesse nicht möglich gewesen wäre" (WZW 168; vgl. WZW 161 ff.).

repräsentiert auf der einen Seite ein körperliches Verhalten, auf das mit Hilfe von Disziplinierungsmaßnahmen Einfluss genommen werden kann. Auf der anderen Seite ist er aufgrund seiner Zeugungseffekte mit der Problematik der (Bevölkerungs-)Regulierung verbunden. In ihm verknüpft sich also die Disziplinierung des Individuums mit der Regulierung der Bevölkerung (vgl. Lemke 1997, 137).[67]

Das „Sexualitätsdispositiv" (WZW 128) ist damit eine grundlegende Wirkung und gleichzeitig Ankerpunkt der Bio-Macht. In diesem Dispositiv verschränken sich disziplinierende und regulierende Machttechniken und norm(alis)ierende Wissensdiskurse. An dieser Stelle unterscheidet Foucault „vier große strategische Komplexe", die ab dem 18. Jahrhundert „um den Sex spezifische Wissens- und Machtdispositive entfalten" (vgl. WZW 125 ff.): die „Hysterisierung des weiblichen Körpers", die „Pädagogisierung des kindlichen Sexes", die „Sozialisierung des Fortpflanzungsverhaltens" und die „Psychiatrisierung der perversen Lust" (vgl. Abs. 2.2.2). In jeder „biopolitischen Kampagne", die auf die Kontrolle und Regulierung dieser Bereiche zielt, verbindet sich „die Sorge um den Erhalt der Gattung (ihrer Gesundheit und Nachkommenschaft) mit der Erfassung des individuellen Sexualverhaltens." (Brieler 1998, 417; vgl. auch WZW 126 ff., 174)

Für Foucault ist der „historische Effekt" einer solchen, auf das Leben gerichteten Machttechnologie eine „Normalisierungsgesellschaft" (WZW 172); eine Gesellschaft, in der die juridische Form der Macht in Rückgang begriffen ist bzw. das Recht immer stärker in die Dispositive der Regulierung integriert wird (vgl. ebd.; VG 293). Arbeitet die alte juridische Macht vor allem auf der Grundlage eines statischen und binären Rechtscodes, wird dieser mehr oder weniger willkürlich festgelegte Code im Kontext der Bio-Macht verstärkt durch eine relative, aus Erfahrung gewonnene „Logik des Abwägens, Messens und Vergleichens" (Lemke 1997, 138) ersetzt (vgl. ebd.). Dabei bindet die Bio-Macht die Individuen durch die Gleichzeitigkeit ihrer individualisierenden und homogenisierenden Wirkungen effektiver als eine reine Rechtsordnung an eine gemeinsame (flexible) Norm (vgl. Neuenhaus 1993, 62).[68]

---

67 „Einerseits gehört er zu den Disziplinen des Körpers: Dressur, Intensivierung und Verteilung der Kräfte, Abstimmung und Ökonomie der Energien. Andererseits hängt er aufgrund seiner Globalwirkungen mit den Bevölkerungsregulierungen zusammen. Er fügt sich gleichzeitig in beide Register ein: er gibt Anlaß zu unendlich kleinlichen Überwachungen, zu Kontrollen aller Augenblicke, zu äußerst gewissenhaften Raumordnungen, zu endlosen medizinischen oder psychologischen Prüfungen: zu einer ganzen Mikro-Macht über den Körper. Er gibt aber auch Anlaß zu umfassenden Maßnahmen, zu statistischen Schätzungen, zu Eingriffen in ganze Gruppen oder in den gesamten Gesellschaftskörper. Der Sex eröffnet den Zugang sowohl zum Leben des Körpers wie zum Leben der Gattung. Er dient als Matrix der Disziplinen und als Prinzip der Regulierungen ... Allgemein wird also der Sex am Kreuzungspunkt von ‚Körper' und ‚Bevölkerung' zur zentralen Zielscheibe für eine Macht, deren Organisation eher auf der Verwaltung des Lebens als auf der Drohung mit dem Tode beruht." (WZW 173 ff.)

68 Durch die immer minutiöseren Beobachtungen und Untersuchungsmethoden kann die Bio-Macht immer feinere Unterschiede bestimmen, wodurch ihre individualisierenden Effekte deutlich zunehmen. Da ihre Rationalität und Machttechniken die Gesellschaft immer lückenloser durchziehen, ist sie gleichzeitig in der Lage, für immer mehr Bereiche Durchschnittsnormen zu formulieren, was zu einer steigenden Homogenisierung der Bevölkerung führt, indem die Individuen in stetig wachsendem Umfang mit allgemein festgelegten Normen oder Normalitätsidealen konfrontiert werden, denen sie sich anzupassen haben.

In späteren Arbeiten zur *Gouvernementalität* (siehe Kapitel 3) wird Foucault die Normbegriffe von Disziplinierungs- und Regulierungstechniken differenzieren, wobei er letztere dort im Zusammenhang mit den „Sicherheitsdispositiven" (GG I 87) untersucht (vgl. Lemke 1997, 188 ff.). Die Norm der Disziplin erscheint als eher „immobiles Maß" (Brieler 1998, 416). Sie zeichnet sich durch einen präskriptiven Charakter aus:

„Die disziplinarische Normalisierung besteht darin, zunächst ein Modell, ein optimales Modell zu setzen, das in Bezug auf ein bestimmtes Resultat konstruiert ist, und der Vorgang der disziplinarischen Normalisierung besteht darin, zu versuchen, die Leute, die Gesten, die Akte mit diesem Modell übereinstimmen zu lassen, wobei das Normale genau das ist, was in der Lage ist, sich dieser Norm zu fügen und das Anormale ist das, was dazu nicht in der Lage ist ... , es gibt eine anfängliche vorschreibende Eigenschaft der Norm, und mit Bezug auf diese gesetzte Norm werden die Bestimmung und die Kennzeichnung des Normalen und des Anormalen möglich. Wegen dieser ursprünglichen Eigenschaft der Norm im Verhältnis zum Normalen, ... ziehe ich es vor zu sagen, daß es sich bei dem, was in den Disziplinartechniken geschieht, eher um eine Normation [*normation*] handelt als um eine Normalisierung." (GG I 89 f.)

Dagegen besitzt die regulierende Norm im Kontext der Sicherheitsdispositive einen abgeleiteten Charakter. Sie basiert auf einem „deskriptiv Normalen" (Lemke 1997, 190) und wird entsprechend dieses Normalen als „optimales Mittel" (ebd.) festgelegt:

„Bei den Disziplinen ging man von einer Norm aus, und mit Rücksicht auf diesen von der Norm getragenen Richtwert konnte man dann das Normale vom Anormalen unterscheiden. Hier haben wir, im Gegenteil, eine Ortung des Normalen und des Anormalen, eine Ortung der verschiedenen Normalitätskurven, und der Vorgang der Normalisierung besteht darin, diese verschiedenen Normalitätsaufteilungen wechselseitig in Gang zu setzen und auf diese Weise zu bewirken, daß die ungünstigsten auf die günstigsten zurückgeführt werden. Wir haben hier also etwas, das vom Normalen ausgeht und sich bestimmter Aufteilungen bedient ... Es sind diese Aufteilungen, die als Norm dienen ... Das Normale kommt als erstes, und die Norm leitet sich daraus ab, oder die Norm setzt sich ausgehend von dieser Untersuchung der Normalitäten fest und spielt ihre operative Rolle. Hier würde ich also sagen, daß es sich nicht mehr um eine Normation handelt, sondern eher, im engeren Sinn, um eine Normalisierung." (GG I 98)

2.1.4 Widerstand

In Foucaults relationaler und strategischer Machtkonzeption ist der Widerstand konstitutives Element. Er „ist in den Machtbeziehungen die andere Seite, das nicht wegzudenkende Gegenüber." (WZW 117) Dies bedeutet, dass der Widerstand nicht außerhalb der Macht liegt. Vielmehr findet er sich überall im Machtnetz verstreut, spielt die „Rolle von Geg-

---

Der Wissenskorpus und mit ihm das Normalisierungspotential der Bio-Macht entwickelt sich dabei u.a. durch die Humanwissenschaften, die in ihrer Arbeit wiederum auf spezifische Machttechniken zurückgreifen. So dienen eng mit den Machttechnologien der Disziplin verbandelte Institutionen wie Gefängnis, Krankenhaus und Klinik usw. als Beobachtungs- und Dokumentationseinrichtungen, die die Formierung einer Wissenschaft vom Menschen ermöglichen. Diese formuliert im Zusammenspiel mit den Humanwissenschaften „Konzepte individueller Normalität" (Neuenhaus 1993, 62), welche im Gegenzug die Formen der Machtausübung weiter differenzieren (vgl. ebd.).

nern, Zielscheiben, Stützpunkte, Einfallstoren" (ebd.).[69] Damit stellt Foucault sich gegen eine Widerstandskonzeption, die in diesem „den einen Ort der Großen Weigerung" (ebd.) sieht und ersetzt diese durch eine Auffassung vereinzelter Widerstände, „die nur im strategischen Feld der Machtbeziehungen existieren können." (Ebd.) Das soll nicht heißen, dass Foucault Widerstand als bloßes Komplement der Macht ansieht, als reines Produkt und Folgewirkung einer im Prinzip unangreifbaren Macht oder als die passive Seite von Macht, die letztlich unterliegt (vgl. ebd.). Zwar können Widerstandspunkte, wie schon am Beispiel einer ‚befreiten' Sexualität angeführt, durchaus Teil einer strategischen Disposition eines Machtdispositivs sein oder Widerstandsbewegungen können die bekämpften Machtverhältnisse unfreiwillig stärken. Dennoch ist Foucault der Auffassung, dass Widerstände zu einer Umkehr von Machtbeziehungen führen und dadurch sich Machtverhältnisse auflösen bzw. verändern können. Dies hätte natürlich keinen machtfreien (gesellschaftlichen) Raum zur Folge, sondern neue Machtverhältnisse würden sich ausbilden, mit anderen Effekten, anderen Widerstandspunkten usw.[70] Insgesamt denkt Foucault die Widerstandspunkte weniger als fest in den Individuen lokalisiert, als widerständige Praxis, die sich aus den Intentionen und Absichten einzelner Individuen ergeben. Auch hier vertritt er eine relationale und strategische Analyseperspektive, in der der Widerstand bzw. die Widerstandspunkte als immanente Merkmale eines anonymen, überindividuellen Beziehungsgeflechtes erscheinen und in der das Individuum (als möglicher aktiver Träger des Widerstands) keine vorrangige Rolle spielt: „Wie das Netz der Machtbeziehungen ein dichtes Gewebe bildet, das die Apparate und Institutionen durchzieht, ohne an sie gebunden zu sein, so streut sich die Aussaat der Widerstandspunkte quer durch die gesellschaftlichen Schichtungen und die individuellen Einheiten." (WZW 118) Ähnlich wie in seiner archäologischen Diskursanalyse oder in seiner Bestimmung von Machtbeziehungen als „gleichzeitig intentional und nicht-subjektiv" (WZW 116), versucht Foucault auch an dieser Stelle eine Perspektive einzunehmen, die ohne ein konstitutives Subjekt (des Widerstands) auskommen kann.

In einem gewissen Widerspruch zu Foucaults strikt relationaler Vorstellung von Macht und Widerstand, bei der es kein „absolutes Außen" (WZW 116) zur Macht gibt, stehen Aussagen, in denen er etwas zu beschreiben versucht, das in bestimmter Hinsicht jenseits der Machtbeziehungen steht. Foucault spricht in diesem Zusammenhang von „der Plebs" (DM 205). Diese bildet keine soziologische Realität, sondern soll eben dieses Etwas beschrieben, „das in gewisser Weise den Machtbeziehungen entgeht" und mehr „eine zentrifugale Bewegung, eine umgepolte Energie, ein Entwischen" (ebd. 204) darstellt.

---

69   Zum Beispiel bilden sich mit dem Aufkommen der Bio-Macht Widerstandspunkte, die genau wie die Machttechniken der Bio-Macht am Leben des Einzelnen und seines Status als Lebewesen ansetzen: „Was man verlangt und worauf man zielt, das ist das Leben verstanden als Gesamtheit grundlegender Bedürfnisse, konkretes Wesen des Menschen, Entfaltung seiner Anlagen und Fülle des Möglichen." (WZW 172 f.)

70   Dieser Aspekt erscheint bei Foucault zumindest zu diesem Zeitpunkt seiner Arbeit als mehr oder weniger abstrakt und nur theoretisch bestimmt. In seinen empirischen Studien bleibt die Darstellung von realen Möglichkeiten und Praktiken des Widerstands deutlich unterrepräsentiert und das Individuum erscheint vornehmlich als von den Machtverhältnissen unterworfenes, als passiv konstituiertes (vgl. dazu auch Abs. 2.2.3).

Foucault versteht „die Plebs" nicht substantiell, er spricht vielmehr davon, dass es immer etwas „Plebejisches" in den Körpern und Seelen, in den Individuen, im Proletariat und in der Bourgeoisie gibt. Sozusagen ein Potential von Chaos, Aufruhr, Unordnung und Widerstand gegen die Macht, das aber immer eine unterschiedliche Ausdehnung, unterschiedliche Formen, Energien und Unauflösbarkeiten hat. Was aber dieses „Plebejische" genau ausmacht, das „im Verhältnis zu den Machtbeziehungen weniger ein Äußeres als ihre Grenze, ihre Kehrseite, ihre indirekte Folge" bildet und „auf jedes Vorrücken der Macht mit einer Bewegung antwortet, um von ihr sich zu befreien" (DM 205), macht Foucault nicht deutlich (vgl. DM 204 f.; Lemke 1997, 119).

2.2 Das Subjekt der Macht

Im Folgenden soll es darum gehen, wie das Subjekt innerhalb Foucaults Machtanalyse problematisiert wird. Dazu soll in einem ersten Schritt das Verhältnis zwischen Disziplinarmacht und Subjekt, das Foucault vor allem in „Überwachen und Strafen" beschreibt, untersucht werden, um im Anschluss daran auf die mit der Bio-Macht verbundenen Subjektivierungspraktiken, die Foucault besonders in „Der Wille zum Wissen" analysiert, einzugehen. Es sei hier betont, dass es in diesen Büchern nicht um eine (kaum mögliche) erschöpfende Beschreibung der Konstitutionsbedingungen des modernen Subjekts gehen kann. Es handelt sich vielmehr um Analysen, die sich anhand exemplarischer gesellschaftlicher Bereiche mit den Ein- und Auswirkungen spezifischer Machtmechanismen auf das Individuum beschäftigen; Machttechniken, deren besonderes Kennzeichen es ist, dass sie bestimmte Formen von Subjektivität produzieren und diese in ihre Funktionsweise integrieren. Auch sind Foucaults Beschreibungen nicht von seiner spezifischen Beobachterperspektive und seinen (kritischen) Intentionen zu trennen, die nicht nur seine Themen- und Quellenauswahl, sondern auch deren Analyse und die Darstellungsweise stark beeinflussen.

2.2.1 Das Disziplinarsubjekt

In „Überwachen und Strafen" beschreibt Foucault mit der Disziplinarmacht eine Machtform, deren wesentliches Charakteristikum es ist, dass sie auf den Körper des Individuums zielt und über die Unterwerfung des Körpers dieses individualisiert und subjektiviert (vgl. MP 90 ff.). Zwar wurde schon in der Feudalgesellschaft versucht den Körper zu manipulieren, zu formieren und zu dressieren, indem man ihm Zwänge, Verbote und Verpflichtungen auferlegte. Doch lassen sich im 18. Jahrhundert Foucault zufolge entscheidende Veränderungen bezüglich der Größenordnung, des Gegenstands und der Durchführungsweise der Kontrolle des Körpers feststellen (vgl. ÜS 174 ff.). Hinsichtlich der Größenordnung der Kontrolle wird der Körper nicht mehr in der Masse als eine unterschiedslose Einheit behandelt, sondern er wird im „Detail" bearbeitet. Es soll auf ihn ein fein abgestimmter Zwang ausgeübt, eine „infinitesimale Gewalt über den tätigen Körper" (ÜS 175) etabliert werden. Bezüglich des Gegenstands der Kontrolle geht es nicht mehr um die Bedeutungselemente des Verhaltens oder die Körpersprache, „sondern um die Ökonomie und Effizienz der Bewegungen und ihrer inneren Organisation" (ebd.). Schließlich besteht die Durchführungsweise der Kontrolle in einer permanenten Zwangsausübung, welche „über die Vorgänge der Tätigkeit genauer wacht als über das Ergebnis und die Zeit, den Raum, die Bewegungen bis ins kleinste codiert" (ebd.; vgl. auch Bührmann 1995, 29).

Foucault nennt die mit diesen Zielsetzungen verbundenen Methoden die „Disziplinen". Diese sind weniger auf die Unterdrückung des Körpers als auf die Nutzbarmachung seiner Kräfte ausgerichtet. Ihre Rationalität setzt sich zum Ziel, den ganzen Körper bis ins kleinste Detail verfügbar und das individuelle Verhalten vollkommen kontrollierbar und präzise berechenbar zu machen, um eine möglichst optimale Ausnutzung der Körperkräfte zu erreichen. Um dies zu realisieren, wirkt die Disziplin bzw. Disziplinarmacht über vier Haupttechniken, die zu einer idealen Verteilung der Individuen in Raum und Zeit führen sollen: Sie „konstruiert Tableaus; sie schreibt Manöver vor; sie setzt Übungen an; und um das Zusammenspiel der Kräfte zu gewährleisten, ordnet sie ‚Taktiken' an." (ÜS 216)

Die „erste große Operation der Disziplin" (ÜS 190) ist die Konstruktion von lebenden *Tableaus*, „die aus den unübersichtlichen, unnützen und gefährlichen Mengen geordnete Vielheiten machen." (Ebd.) Dies geschieht durch die kontrollierte Verteilung der Individuen im Raum, durch die jedem Individuum sein bestimmter Platz zugeordnet wird wie z.B. im Militär, in der Fabrik, in der Schule. Mit den *Tableaus* wird ein (produktiver und nützlicher) Raum parzellierter, homogener und funktionaler Überwachung und Kontrolle installiert, der die „Basis für eine Mikrophysik der Macht" (ÜS 191) darstellt. Denn nun kann jedes einzelne Individuum genauestens erfasst und klassifiziert und in eine allgemeine Taxonomie eingeordnet werden. Die Technik des *Manövers* bezieht sich im Allgemeinen auf die Kontrolle der Körpertätigkeit. Im Speziellen charakterisiert sie eine Codierung der Körpertätigkeit durch die Zusammenschaltung von Körper und Objekt bzw. die Produktion eines festen Komplexes, z.B. zwischen Körper und Waffe oder Körper und Maschine. Das Ziel dieser Maßnahmen besteht vor allem, neben der möglichst effektiven Nutzung der Körperkräfte, in der „Zwangsbindung an den Produktionsapparat." (ÜS 197) Bezüglich einer möglichst optimalen Ausnutzung der Körpertätigkeit verfolgt die Disziplin die „Herstellung einer vollständig nutzbaren Zeit" (ÜS 193). Sie organisiert eine „positive Ökonomie" (ÜS 198), die versucht, durch immer feinere Unterteilung der Zeit des Individuums dessen Effizienz zu steigern. Dabei konzipiert die Disziplin die Zeit als „evolutive" (ÜS 207) Zeit, der die Idee des Fortschritts oder der Entwicklung zugrunde liegt.[71] Im Zentrum dieser „reihenden Zurichtung der Zeit" (ebd.) findet man die dritte Technik, die *Übung*. Denn die *Übung*, „jene Technik, mit der man den Körpern Aufgaben stellt, die sich durch Wiederholung, Unterschiedlichkeit und Abstufung auszeichnen" (ÜS 207 f.), ermöglicht es, die Fähigkeiten der Individuen in Bezug auf ein (Entwicklungs-)Ziel oder im Vergleich mit anderen Individuen zu unterscheiden. So sind beispielsweise je nach (Dienst-)Alter spezifische Übungen und damit verschiedene Zielsetzungen vorgeschrieben (z.B. in Militär, Schule). Dadurch „gewährleistet sie in der Form der Stetigkeit und des

---

71 Dieser Gedanke kommt z.B. in der Auffassung der individuellen Entwicklung des Menschen, wie es Psychologie und Pädagogik formulieren, zum Ausdruck.

Zwanges sowohl Steigerung wie Beobachtung und Qualifizierung" (ÜS 208). Die „höchste Stufe der Disziplinarpraktik" (ÜS 216) stellt viertens die *Taktik* dar. Sie kann mit Hilfe der drei anderen Techniken und der daraus folgenden möglichst optimalen Verteilung der Körper im Raum, der Codierung ihrer Tätigkeiten und der Formierung ihrer Fähigkeiten Apparate aufbauen, die durch die „kalkulierte Kombination" (ÜS 216) der einzelnen Kräfte der Körper zu einer Gesamtheit ein Höchstmaß an Effektivität aufweisen sollen. Zusammenfassend kann man mit Foucault sagen, dass die Disziplin mit Hilfe ihrer Techniken der Körperkontrolle „vier Typen von Individualität oder vielmehr eine Individualität mit vier Merkmalen produziert: diese Individualität ist zellenförmig (aufgrund der räumlichen Parzellierung); sie ist organisch (dank der Codierung der Tätigkeiten), sie ist evolutiv (aufgrund der Zeithäufung); sie ist kombinatorisch (durch die Zusammensetzung der Kräfte)." (ÜS 216; vgl. auch ÜS 190–216; Bührmann 1995, 30 ff.)

Diese auf den Körper gerichteten Disziplinartechniken sind z.T. Dressurmechanismen, die nicht unbedingt auf ein bewusstes Subjekt angewiesen sind.[72] Sie wirken vielmehr über wiederholtes, mechanisiertes Üben, durch das dem Körper die zu lernenden Fähigkeiten eingeprägt und sie zu automatisierten Verhaltensweisen werden (vgl. Charim 2002, 97 f.): „Schritt für Schritt hat man die Haltungen zurechtgerichtet, bis ein kalkulierter Zwang jeden Körperteil durchzieht und bemeistert, den gesamten Körper zusammenhält und verfügbar macht und sich insgeheim bis in die Automatik der Gewohnheit durchsetzt." (ÜS 173) Gleichzeitig stellt Foucault in „Überwachen und Strafen" einen Zusammenhang zwischen dem dressierten, automatisierten Körper und dem (bewussten) Subjekt her. Dazu führt er den Begriff der „Seele" ein. Unter diesem versteht er so etwas wie ein individuelles Selbstverhältnis, von der Disziplinarmacht geschaffen, zum Zwecke der Unterwerfung des Körpers.[73] Bevor auf das Verhältnis zwischen Körperkontrolle und „Seele" näher eingegangen wird, zunächst noch zu drei weiteren Disziplinartechniken, welche die Schaffung dieser Form von „Seele" erst ermöglichen: die *hierarchische Überwachung*, die *normierende Sanktion* und in Kombination der beiden, die *Prüfung* (vgl. ÜS 220 ff.).

Die *hierarchische Überwachung* (vgl. ÜS 221 ff.) wird zu einem zentralen Werkzeug, durch welches die Individuen an und in einem Disziplinarraum ge- bzw. verbunden werden (vgl. Dreyfus/Rabinow 1987, 187). Eine solche Form von Kontrolle durch Überwachung, in der die Überwachung gleichzeitig die Ordnung und Funktionsfähigkeit des Systems sicherstellt, benötigt spezielle architektonische Muster und sie findet ihr „beinahe ideales Muster" (ÜS 221) im Militärlager. Dieses dient dann auch als Modell für andere

---

72   „Ich suche zu zeigen, wie die Machtverhältnisse in die Tiefe der Körper materiell eindringen können, ohne von der Vorstellung der Subjekte übernommen zu werden. Wenn die Macht den Körper angreift, dann nicht deshalb, weil sie zunächst im Bewußtsein der Leute verinnerlicht worden ist." (DM 108 f.)

73   In „Überwachen und Strafen" scheint Foucault die Ansicht zu vertreten, dass die Disziplinarmacht so etwas wie die Innerlichkeit oder Innenwelt des Individuums erst produzieren würde und dementsprechend das individuelle Selbstverhältnis reiner „Effekt und Instrument" (ÜS 42) einer Machttechnologie ist, durch das die Körper der Individuen unterworfen werden können. In seinen späteren Arbeiten wird er seine Auffassung dahin gehend korrigieren, dass der Mensch grundsätzlich zu einer (reflexiven) Selbstbeziehung in der Lage und das Besondere der modernen Machtmechanismen ist, eben dieses Selbstverhältnis zu besetzen, ihm eine spezifische Form und Ausprägung zu geben (vgl. Kögler 1994, 97; Ricken 1997, 167).

gesellschaftliche Zusammenhängen (Spitäler, Fabriken, Schulen usw.), in denen es teilweise verändert und den spezifischen Anforderungen angepasst wird.

Neben der *hierarchischen Überwachung* setzt die Disziplin die *normierende Sanktion* (vgl. ÜS 229 ff.) ein. Diese wird vor allem als (Disziplinierungs-)Mittel für eine „Mikro-Justiz" (ÜS 230) gebraucht, welche die Bereiche und Verhaltensweisen erfasst, die nicht in das allgemeine Gesetzesnetz fallen und daher nicht von den großen Bestrafungssystemen reglementiert werden können. Es entsteht „eine Mikro-Justiz der Zeit (Verspätungen, Abwesenheiten, Unterbrechungen), der Tätigkeit (Unaufmerksamkeit, Nachlässigkeit, Faulheit), des Körpers (‚falsche' Körperhaltungen und Gesten, Unsauberkeit), der Sexualität (Unanständigkeit, Schamlosigkeit)." (Ebd.) Dabei wird alles sanktioniert und bestraft, was nicht der jeweiligen Norm entspricht. Die Disziplinarstrafen sollen hier also im Wesentlichen korrigierend wirken. Sie sollen helfen, Abweichungen zu reduzieren. Die Bestrafung ist aber nur ein Element „innerhalb eines Systems von Vergütung und Sanktion, von Dressur und Besserung." (Ebd.) Es etabliert sich ein Verteilungsraster mit einem negativen und einem positiven Pol, in dem jedes Verhalten eingeordnet und dementsprechend sanktioniert oder belohnt werden kann. Es kommt zu einer „Mikro-Ökonomie einer pausenlosen Justiz" (ÜS 234), in der nicht nur die Taten, sondern das Individuum selber differenziert wird: seine Natur, seine Anlagen, sein Niveau, sein Wert (vgl. ebd.). Dadurch kann eine objektive Hierarchie geschaffen werden, in der die Individuen eingeordnet werden und welche gleichzeitig diese Verteilung rechtfertigt, legitimiert und effizienter macht (vgl. Dreyfus/Rabinow 1987, 189). Für Foucault wirkt ein solches lückenloses Strafsystem, „das alle Punkte und alle Augenblicke der Disziplinaranstalten erfaßt und kontrolliert ... vergleichend, differenzierend, hierarchisierend, homogenisierend, ausschließend. Es wirkt *normend, normierend, normalisierend*." (ÜS 236).[74]

In der *Prüfung* (vgl. ÜS 238 ff.) verbinden sich die Verfahren der *hierarchischen Überwachung* und der *normierenden Sanktion* (vgl. Dreyfus/Rabinow 1987, 189). Dabei

---

74　Der Norm kommt bezüglich der Funktionsweise der Disziplinarmacht große Bedeutung zu (zum Begriff der Norm vgl. auch Abs. 2.1.3.1). Entsprechend etabliert sich die „Macht der Norm" (ÜS 237) für Foucault mit der Ausbreitung der Disziplin am Ende des klassischen Zeitalters immer mehr und das Normale wird zum „Zwangsprinzip" (ebd.). Zusammen mit der Überwachung wird die Normalisierung so zu einem der großen Machtinstrumente (vgl. ebd.). Die Norm wird aufgestellt, indem zunächst die Handlungen, Verhaltensweisen, Fähigkeiten und Leistungen der Individuen dokumentiert werden (vgl. Bührmann 1995, 32). In Bezug auf diese „Gesamtheit, die sowohl Vergleichsfeld wie auch Differenzierungsraum und zu befolgende Regel ist" (ÜS 236), kann eine Norm oder Gesamtregel aufgestellt werden, die sich entweder als ein Mindestmaß, als ein optimaler Annäherungswert oder als ein Durchschnittswert darstellen kann (vgl. ebd.). Nun können die Individuen im Hinblick auf die jeweilige Norm differenziert, quantifiziert und in eine Hierarchie eingeordnet werden. Damit wirkt die „Macht der Norm" individualisierend, in dem sie einem Individuum bestimmte Fähigkeiten und Eigenschaften zuordnet und ihm durch diese Zuordnung eine spezifische Individualität gibt. Die Individualisierung durch die Norm zielt aber nicht darauf ab, Eigenschaften aufzudecken, die das Individuum von Natur aus besäße (vgl. Seier 2001, 101). Denn diese Eigenschaften sind selber durch die Differenzierungs- und Vergleichsmechanismen der Disziplinarmacht gebildete Konstrukte. Die Norm wirkt nicht nur individualisierend, sondern gleichzeitig homogenisierend, da der „wertende" Vergleich der Norm einen „Zwang zur Einhaltung einer Konformität" (ÜS 236) beinhaltet. Es wird eine Grenze zwischen Normalem und Anormalem gezogen. Die Anormalen werden ausgeschlossen und stigmatisiert, wodurch die Individuen bestrebt sind, sich gemäß der Vorstellung des Normalen zu verhalten.

überlagern sich Mechanismen der Macht und Formen der Objektivierung und Wissens-produktion (über das Individuum) und bringen so ein unterworfenes Subjekt hervor.[75] Die *Prüfung* bzw. die dort wirkenden Disziplinartechnologien erzeugen eine Sichtbarkeit bei den zu prüfenden Individuen, die sie in einer Objektivierungsmaschinerie gefangen halten, in einem „minutiös durchorganisierten Netz unbegrenzter Überprüfung und zwingender Objektivierung" (Bührmann 1995, 33).[76] Die *Prüfung* ist damit gleichzeitig objektivie-rend, indem sie Leistungen vergleicht und sie ordnet, und individualisierend bzw. subjek-tivierend, da sie die Charakterisierung des Menschen innerhalb eines vorgegebenen (Norm-)Systems und seine Einordnung in eine entsprechende Taxonomie ermöglicht und es so zu einem Individuum bzw. Subjekt mit bestimmten Merkmalen und Eigenschaften macht. Die Prüfung fungiert also gleichzeitig als „objektivierende Vergegenständlichung und subjektivierende Unterwerfung." (ÜS 247)

Im Gegensatz zu einer aufsteigenden Individualisierung in Feudalgesellschaften, in denen es das Privileg der Mächtigen war, als Individuum dargestellt zu werden (durch Ruhmeserzählungen, Stammbäume, Porträts, Zeremonien, Denkmäler usw.), verläuft die Individualisierung in einem Disziplinarsystem absteigend. Das heißt, je mehr die Indivi-duen der Disziplinarmacht unterworfen sind, umso stärker werden sie individualisiert, „und zwar weniger durch Zeremonien als durch Überwachungen; weniger durch Erinne-rungsberichte als durch Beobachtungen; nicht durch Genealogien, die auf Ahnen verwei-sen, sondern durch vergleichende Messungen, die sich auf die ‚Norm' beziehen; weniger durch außerordentliche Taten als durch ‚Abstände'." (ÜS 248) So wird das Kind, der Kranke, der Wahnsinnige und der Delinquent mehr individualisiert als der Erwachsene, der Gesunde und der Normale (vgl. ebd.). Die zunehmende Individualisierung bedeutete hier also kein „Mehr an Subjekt" im Sinne von größerer Autonomie oder Emanzipation, sondern im Gegenteil die Zunahme von Unterwerfung (vgl. Meschnig 1993, 64). Subjek-

---

75 „Im Herzen der Disziplinarprozeduren manifestiert sie [die Prüfung; C.D.] die subjektivierende Un-terwerfung und die objektivierende Vergegenständlichung jener, die zu Subjekten unterworfen wer-den." (ÜS 238)

76 Foucault betrachtete das von Jeremy Bentham 1787 entworfene Panoptikon als mehr oder weniger idealtypisches Modell einer „totalen Überprüfung und zwingenden Objektivierung" (vgl. Bührmann 1995, 33 f.). Bei dem Panoptikon handelt es sich zunächst um ein architektonisches Muster, das ur-sprünglich für den Bau von Gefängnissen erdacht worden ist, aber auch in völlig anderen Zusammen-hängen (Schulen, Fabriken usw.) Anwendung finden kann und als panoptisches Prinzip zu einer politi-schen Technologie wird (vgl. ÜS 264). Das architektonische Grundmuster besteht aus Einzelzellen, die ringförmig um einen Turm angeordnet sind. Das Besondere an dieser Konstruktion ist, dass die Gefan-genen immer sichtbar sind, während sie selber weder ihre Wächter noch Mitgefangenen sehen können. Dies führt zu einer völlig neuartigen Form der Machtausübung. Denn durch „die Schaffung eines be-wußten und permanenten Sichtbarkeitszustandes" (ÜS 258) wird die Macht „automatisiert und entin-dividualisiert" (ÜS 259). Sie muss weniger direkt und physisch ausgeübt werden, da derjenige, der sich den Blicken unsichtbarer und teilweise fiktiver oder imaginärer Beobachter ausgesetzt sieht, sich mehr oder weniger so verhalten wird, wie es die unsichtbaren Beobachter von ihm erwarten. So wird die di-rekte Form der Fremdüberwachung zur indirekten Form der Selbstüberwachung. Die Vorteile einer solch höchst ökonomischen und effizienten Form der Machtausübung im Verbund mit ihrem weiten Einsatzspektrums machen aus dem panoptischen Schema für Foucault „so etwas wie ein Ei des Ko-lumbus im Bereich der Politik" (ÜS 265). Der Panoptismus wird deshalb zu einem Prinzip, das die ge-samte Gesellschaft durchzieht (vgl. ÜS 256 ff.).

tivierung durch die Disziplinarmacht ist, wie gesehen, nicht nur individualisierend, sondern gleichzeitig totalisierend. Denn indem möglichst alle Menschen den gleichen Normen und „Teilungspraktiken" (SM 243) unterworfen werden, die den Menschen zum einen in sich selbst, in Bewusstes/Unbewusstes, Körper/Geist usw., und zum anderen die Individuen untereinander in normal/anormal, gesund/krank usw. trennen, werden die Menschen homogenisiert. Sie bekommen einheitliche Körper, einheitliche Fähigkeiten und einheitliche Bedürfnisse (vgl. Ott 1998, 31).

Der Körper bildet zum einen den „Angriffspunkt und das Operationsfeld" (Bührmann 1995, 29) der Disziplinarmacht, gleichzeitig dient er als Vermittlungsinstanz, über den die „Seele" des Individuums gebildet wird. Oder genauer: „Seele" und Körper stehen für Foucault in einem beidseitigen Bedingungsverhältnis. Die Disziplinen wirken auf den Körper ein und zwingen ihn zur Annäherung an eine Norm bzw. ein Ideal, und dieses ‚normative und normalisierende Ideal' (vgl. Butler 2001, 87) bildet in seiner verinnerlichten Form die „Seele" des Individuums, durch die wiederum der Körper geschult und geformt wird (vgl. ebd., 82). Durch die Schaffung einer derartigen „Seele" als den aktuellen „Bezugspunkt einer bestimmten Machttechnologie über den Körper" (ÜS 41) gelingt es den Disziplinartechniken, im Vergleich zu den Mechanismen der Souveränitätsmacht, die Individuen und ihre Körper deutlich wirkungsvoller und effektiver zu unterwerfen. Denn während die Souveränitätsmacht vornehmlich über äußeren Druck wirkt, geht die Disziplinarmacht sehr viel subtiler vor. Sie wendet zwar auch äußeren Druck an, versucht aber gleichzeitig eine ‚innere' Instanz in dem zu unterwerfenden Individuum zu installieren, die auch in Verbindung mit dem panoptischen Prinzip von der Fremdüberwachung zur Selbstüberwachung führen soll: „Eine wirkliche Unterwerfung geht mechanisch aus einer fiktiven Beziehung hervor, so daß man auf Gewaltmittel verzichten kann, um den Verurteilten zum guten Verhalten, den Wahnsinnigen zur Ruhe, den Arbeiter zur Arbeit, den Schüler zum Eifer und den Kranken zur Befolgung der Anordnungen zu zwingen ... Derjenige, welcher der Sichtbarkeit unterworfen ist und dies weiß, übernimmt die Zwangsmittel der Macht und spielt sie gegen sich selber aus; er internalisiert das Machtverhältnis, in welchem er gleichzeitig beide Rollen spielt, er wird zum Prinzip seiner eigenen Unterwerfung." (ÜS 260). Letztendlich soll es zu einer vollkommenen Verinnerlichung der durch die Macht transportierten Normen und Verhaltensregulative in Form eines Gewissens kommen.[77] Der äußere (be-)urteilende Blick wird zu einem inneren (be-)urteilenden Blick.[78]

Das besonders Perfide aber auch besonders Effiziente der Disziplinarmacht ist für Foucault, dass sie das Individuum und seinen Körper nicht nur über die Produktion seiner Innerlichkeit unterwirft, sondern zudem diese Innerlichkeit (auch unter Rekurs auf den Humanismus und durch Unterstützung durch die Humanwissenschaften) als den Ausdruck eines freien und souveränen Subjekts darstellt und dadurch ihre eigenen Unterdrückungsmechanismen verschleiert (vgl. Ricken 1999, 166). Die Ironie besteht hier also darin, dass die Freiheit oder die Befreiung des Individuums gerade in dem liegen soll (in der „Seele",

---

77 „Es ist also nicht ein äußerer Respekt vor dem Gesetz oder die bloße Furcht vor der Bestrafung, ... sondern die Arbeit des Gewissens selbst. Es handelt sich nicht um eine oberflächliche Dressur, sondern um eine tiefe Unterwerfung; einen Wandel der ‚Sittlichkeit' und nicht bloß des Verhaltens." (ÜS 306)

78 Wie schon angesprochen, geht Foucault auf den genauen Prozess der Verinnerlichung von äußeren Normen in „Überwachen und Strafen", zumindest aus psychologischer Sicht, nur sehr begrenzt ein.

dem Gewissen, der Subjektivität, der Persönlichkeit, der Individualität usw.), was die Machttechniken als Instrument für eine Unterwerfung des Körpers installiert haben: „Der Mensch, von dem man uns spricht und zu dessen Befreiung man einlädt, ist bereits in sich das Resultat einer Unterwerfung, die viel tiefer ist als er. Eine ‚Seele' wohnt in ihm und schafft ihm eine Existenz, die selber ein Stück der Herrschaft ist, welche die Macht über den Körper ausübt. Die Seele: Effekt und Instrument einer politischen Anatomie. Die Seele: Gefängnis des Körpers" (ÜS 42).

Diese Form der Unterwerfung des Individuums durch die Disziplinarmacht nennt Foucault im französischen Original „assujetissement", ein Begriff, der im Deutschen meistens mit „subjektivierender Unterwerfung" übersetzt wird. Wie gesehen besteht diese Unterwerfung weniger in einer Subjekt-Macht-Beziehung, in der die Macht von Außen auf ein schon bestehendes Subjekt einwirkt und dieses durch äußeren Zwang unterwirft. Vielmehr wird das Disziplinarsubjekt durch die Disziplinarmacht erst geformt und konstituiert und die Unterwerfung liegt genau in diesem Subjektivierungsprozess. Die Macht erschafft das Disziplinarsubjekt und unterwirft das Individuum, indem sie ihm im Idealfall eine Identität, ein bestimmtes Bewusstsein von sich selbst gibt und es so an eine (normierte) Vorstellung von sich selbst fesselt.

Die Disziplinarmacht kann sich für Foucault nur im Zusammenspiel mit den Humanwissenschaften voll entfalten. Beide formieren sich zusammen zu einem „Macht/Wissen-Komplex" (vgl. ÜS 39 f.), in dem die „Seele" den Verbindungspunkt zwischen Machtmechanismen und Wissensformen bildet.[79] Auf der einen Seite stellt die Disziplinarmacht Techniken bereit, mit deren Hilfe umfangreiches (Beobachtungs-)Material über die Individuen gesammelt und in einer humanwissenschaftlichen Reflexion verarbeitet werden kann.[80] Auf der anderen Seite gewinnen die Humanwissenschaften aus diesem Material ein spezifisches Wissen vom Menschen. Dieser „Wille zum Wissen" richtet sich nicht nur auf den einzelnen Menschen, sondern auch auf ein Kollektiv, so dass immer feinere (Durchschnitts-)Normen konstruiert werden können, mit deren Hilfe die Disziplinartechniken die Individuen immer umfassender kategorisieren, beurteilen, normieren, kontrollieren und letztendlich individualisieren und subjektivieren können. Für Foucault sind die Entwicklung der Humanwissenschaften und die Etablierung der Disziplinarmechanismen entsprechend eng miteinander verknüpft. Dabei lassen sich die Humanwissenschaften jedoch nicht auf die Disziplin reduzieren. Sie sind kein „direkter Reflex des Gefängnisses ..., sondern [entstammen] nur ... einer gemeinsamen historischen Matrix ... und [haben] sich nicht von den Macht/Wissens-Technologien, die das Gefängnis erfaßten gelöst" (Dreyfus/Rabinow 1987, 191; vgl. auch ÜS 393 f.). Es handelt sich bei der Entwicklung von Disziplin und Humanwissenschaften demnach um zwei korrelative Prozesse, die sich gegenseitig stützen und anreizen.

---

79 „Sie [die „Seele"; C.D.] ist das Element, in welchem sich die Wirkungen einer bestimmten Macht und der Gegenstandsbezug eines Wissens miteinander verschränken; sie ist das Zahnradgetriebe, mittels dessen die Machtbeziehungen ein Wissen ermöglichen und das Wissen die Machtwirkungen erneuert und verstärkt." (ÜS 42)

80 „Die Geburt der Wissenschaft vom Menschen hat sich wohl in jenen ruhmlosen Archiven zugetragen, in denen das moderne System der Zwänge gegen die Körper, die Gesten, die Verhaltensweisen erarbeitet worden ist." (ÜS 246)

Insgesamt erscheint das Subjekt in Foucaults Analysen zur Disziplinarmacht als „Effekt/Objekt" (ÜS 394) spezifischer „Macht/Wissen-Komplexe" (ÜS 39); als das Produkt komplexer Transformationen im Feld der Macht; einer Macht, die unter Zuhilfenahme immer subtilerer Überwachungs-, Beobachtungs- und Zurichtungsmethoden und der damit verbundenen Produktion von Wissen ein unterworfenes, norm(alis)iertes und nützliches Disziplinarsubjekt konstituiert.[81]

2.2.2 Das Geständnissubjekt

Auch in Foucaults nach „Überwachen und Strafen" erschienenen Buch „Der Wille zum Wissen" geht es um Machtmechanismen, die vor allem über die Produktion von Subjektivität operieren. Foucault wird hier jedoch einige Verschiebungen vornehmen. Wie gesehen, entfaltet die Disziplinarmacht ihr (zwangs-)subjektivierendes Potential vor allem über Objektivierungsmechanismen, die im Idealfall zu einer Verinnerlichung bestimmter Ansprüche und Normalitätsstandards führen sollen. Der genaue Vorgang der Entstehung dieser Form der Innerlichkeit aus den Machttechniken der überwachenden und normierenden Körperkontrolle, durch die das Subjekt „zum Prinzip seiner eigenen Unterwerfung" (ÜS 260) wird, bleibt jedoch ziemlich unklar (vgl. Kögler 1994, 105; Butler 2001, 23 f.). Denn nur mit der Erklärung, dass (soziale) Normen über den Einsatz bestimmter Disziplinartechniken von dem Individuum über die Konstitution seiner „Seele" verinnerlicht werden, wird der Prozess dieser Verinnerlichung, seine mögliche Funktionsweise und Mechanismen oder auch die Eigenart dieser „Seele" nicht sehr deutlich gemacht.

In „Der Wille zum Wissen" versucht Foucault einen direkteren Zusammenhang zwischen moderner Macht und der Produktion einer subjektiven Innenwelt darzustellen. Das heißt nicht, dass die Körper der Individuen für die in diesem Buch untersuchten Machttechnologien unwichtig werden. Denn auch für diese bildet der Körper wieder Ort und Ausgangspunkt vielfältiger Untersuchungen, jetzt aber nicht mehr im Sinne von Machttechnologien, die den Körper nur von ‚Außen' objektivieren, um die Individuen dann durch Kontrolle an eine gemeinsame Norm zu binden und darüber zu unterwerfen. Zwar

---

81 Christoph Menke (2003, 283 ff.) weist in seinem Vergleich von Foucaults Konzept der disziplinierenden Übung und der Übung im Rahmen einer *Ästhetik der Existenz* aus Foucaults Spätwerk (vgl. Abs. 4.2.1) darauf hin, dass auch die disziplinierende Übung die Handlungsfähigkeit des Individuums vergrößern kann. Zwar ist der Zweck der Übung in der Disziplinargesellschaft und der antiken *Ästhetik der Existenz* deutlich verschieden, da die disziplinierende Übung vor allem dazu dient, das Individuum zu normieren und nutzbar zu machen, während die Übungen innerhalb einer *Ästhetik der Existenz* dem Primat und Selbstzweck der Selbststilisierung folgen. Trotz dieser qualitativen Unterschiede im Freiheitsspielraum innerhalb der jeweiligen Dispositive kann aber auch die disziplinierende Übung durch die mit ihr verbundene mögliche Zunahme von Handlungsmacht im Sinne einer „Aus- und Selbstführung" (ebd., 288), dem Individuum neue Spielräume im Denken und Handeln eröffnen. Außerdem kann sich durch diesen Zuwachs an Fähigkeiten und Kompetenzen subversives Potential entwickeln, das sich gegen die Machtverhältnisse, in denen und durch die es sich entwickelt hat, richten kann (vgl. ebd.; Rieger-Ladich 2004, 208 f.). Dieser interessante und ambivalente Aspekt der (disziplinierenden) Übung, im Prozess der unterwerfenden Subjektivierung dem Individuum immer auch neue (Frei-) Räume zu eröffnen, wird in Foucaults Studien zur Disziplinarmacht kaum behandelt.

spielen für die Machtpraktiken, die Foucault in „Der Wille zum Wissen" beschreibt, auch Objektivierungsmechanismen weiterhin eine große Rolle. Die in diesem Buch untersuchten Machttechnologien zielen aber direkt darauf ab, das Individuum dazu zu bringen, seine (Körper-)Empfindungen und Verhaltensweisen zu beobachten und als Ausdruck (s)einer subjektiven und individuellen Innenwelt zu deuten.

Das Individuum ist dadurch an seiner Subjektivierung sehr viel direkter und in einem gewissen Sinne auch freiwilliger beteiligt, als es bei den Disziplinartechniken der Fall war. Dies auch, weil dem Individuum versprochen wird, dass in seiner Innenwelt der Schlüssel zu seiner persönlichen ‚Wahrheit', zu seiner Selbsterkenntnis verborgen liegt; einer ‚Wahrheit' freilich, die das Konstrukt spezifischer „Macht/Wissen-Komplexe" ist. Denn diese sind nicht nur an der Art und Weise der Hervorbringung der ‚Wahrheit', sondern auch an der Deutung des Hervorgebrachten intensiv beteiligt. So „schneidet" das Macht-Wissen aus einem „undifferenzierten Knäuel" (Visker 1991, 100) von Verhaltensweisen und Genüssen bestimmte Segmente heraus und benennt sie, wobei diese Segmente erst im Moment des Einschnitts entstehen: „Sie gehen ihrer Isolierung nicht voraus, sondern haben in dieser erst ihre Existenzbedingung." (vgl. Ebd., 100 f.) Anders ausgedrückt: Bestimmte, vom Individuum zunächst noch unqualifiziert wahrgenommenen Empfindungen oder Verhaltensweisen werden mit Hilfe spezieller Diskurse isoliert, charakterisiert und bearbeitet und bekommen so erst ihren besonderen Sinn und ihre Wahrheit, die das Individuum anzuerkennen hat. In Foucaults Metaphorik heißt dies dann, dass sie zunächst „ans Licht gezerrt", „isoliert" und „profiliert" werden müssen, um im Anschluss daran „dramatisiert", „intensiviert" und „beseelt" zu werden. Dabei werden sie sowohl „zum Wachsen gebracht" als auch „fixiert" (vgl. WZW 63 f.; Schäfer 137 f.). An dieser Wortwahl wird schon deutlich, dass hier, noch mehr als in „Überwachen und Strafen", die Produktivität und Schöpfungskraft der mit diesen (Subjektivierungs-)Prozessen verbundenen Macht-Wissen-Mechanismen zum Ausdruck kommt. Während die Disziplin unterworfene und geübte Körper (und Subjekte) fabriziert, vermehren, erneuern, erfinden und durchdringen die in „Der Wille zum Wissen" beschriebenen Machtdispositive immer detaillierter die Erfahrungen des Körpers und erzeugen darüber spezifische Formen der Selbstwahrnehmung und Subjektivität (vgl. WZW 129; Ortega 1997, 101).

Die sich hier schon andeutenden Unterschiede in der Darstellungs- und Problematisierungsweise von Subjektivierungsprozessen sind auch darauf zurückzuführen, dass in „Überwachen und Strafen" die Produktion von Subjektivität hauptsächlich mittels einer reinen Konditionierung (des Körpers) über äußeren Zwang und Druck oder, wie am Beispiel des Panoptismus gesehen, über eine Internalisierung des äußeren Zwangs (in Gestalt eines unsichtbaren Beobachters) vonstatten geht. Foucault behandelt mit den Disziplinen damit vor allem Machttechnologien, die zumindest in ihrer Funktionsweise bezüglich des einzelnen Individuums weitgehend repressiv funktionieren, obschon sie im Gesamtzusammenhang und der Gesamtstrategie des Dispositivs, in dem sie Anwendung finden, durchaus auf produktive Wirkungen ausgerichtet sind (z.B. Herstellung normierter und damit nützlicher Körper). Dagegen wird in „Der Wille zum Wissen" die Subjektivierung vor allem als Zusammenspiel von inneren (Körper-)Empfindungen und äußerem Macht-Wissen, aus dem ein subjektives Selbstverhältnis hervorgeht, dargestellt. Dadurch erscheint der Charakter dieses Subjektivierungsprozesses zunächst einmal individueller und in einem gewissen Sinne auch zwangloser als der mit der Disziplinarmacht verbundene, obwohl die Zwangsmechanismen der Disziplin hier nicht gegenstandslos werden. Aber vor allem die in Foucaults Analysen in „Der Wille zum Wissen" besonders hervorgehobene (Macht-)Technik des Geständnisses ist in ihrer Funktionsweise nicht unbedingt auf Zwangszusammenhängen angewiesen, sondern entfaltet ihre Wirkung auch in mehr oder weniger freiwilligen Machtbeziehungen.

Die Subjektivierungsprozesse, die Foucault in „Der Wille zum Wissen" untersucht, sind vor allem mit der Sexualität des Individuums verknüpft. In Bezug zu der schon angedeuteten besonderen Hervorbringungsweise von spezifischen Subjektivitäten bzw. Identitätsmerkmalen werden hier die „vielfältigen Sexualitäten"(WZW 63) aus den Körpern und Lüsten der Menschen „extrahiert" (WZW 64), aber gleichzeitig diesen „einverleibt" (ebd.) oder ‚eingepflanzt'. Beispielsweise haben Medizin, Justiz und Psychiatrie aus einer zunächst nicht näher bestimmten sexuellen Vorliebe ein von der ‚normalen' Sexualität abweichendes homosexuelles Verhalten gemacht (vgl. Ott 1998, 51; WZW 51 ff.). So wird durch Macht-Wissen eine spezifische Repräsentation dieses Lustverhaltens konstruiert und damit auch eine „Einpflanzung" (WZW 64) dieser ‚Perversion' ermöglicht, indem die betroffenen Individuen diese Repräsentation als die wesentliche Eigenschaft ihrer (sexuellen) Identität (an-)erkennen. Zwar ist das eigentliche Ziel der Machtmechanismen die Korrektur des festgestellten, nicht der Norm entsprechenden Verhaltens, durch die neu entstandene Repräsentation werden aber gleichzeitig neue Identitäts- bzw. Subjektpositionen und damit zusammenhängend auch Widerstandpunkte gegen die durch das Macht-Wissen vermittelten Normen bzw. Normalitäten geschaffen. Zusätzlich entstehen auch neue sexuelle Anreize und neue sexuelle „Chancen", die einen Lustgewinn zur Folge haben können (vgl. Ott 1998, 51).[82] Es verbinden sich Lust und Macht „vermöge komplexer und positiver Mechanismen von Aufreizung und Anreizung" (WZW 65). Entsprechend ist für Foucault die Sexualität „keine zugrundeliegende Realität, die nur schwer zu erfassen ist, sondern ein großes Oberflächennetz, auf dem sich die Stimulierung der Körper, die Intensivierung der Lüste, die Anreizung zum Diskurs, die Formierung der Erkenntnisse, die Verstärkung der Kontrollen und der Widerstände in einigen großen Wissens- und Machtstrategien miteinander verketten." (WZW 128). Individuelle sexuelle Erscheinungsformen, Zuschreibungen und Identitäten, aber auch die Weise, in der bestimmte sexuelle Normen und Formen in Kultur und Gesellschaft verankert sind, sind in dieser Perspektive nicht Ausdruck einer universalen Natur der Sexualität und deren Teleologie, sondern vor allem Produkt komplexer Macht-Wissen-Dispositive (vgl. Ott 1998, 50).[83]

---

82   Auch diese gleichzeitige Produktion von Widerstandpunkten und „nicht erwünschten" Sexualitätsformen kann als Indiz für die Produktivität eines Machtdispositivs dienen, welches „sich – selbst wenn es sich örtlich auf Verbotsprozeduren stützt – erheblich vom Gesetz unterscheidet" und „durch ein Netz untereinander verketteter Mechanismen die Wucherung der Lustarten und die Vermehrung disparater Sexualitäten" (WZW 65) zur Folge hat.

83   In diesem Zusammenhang richtet sich Foucault auch gegen die Repressionshypothese (vgl. Abs. 2.1.1), nach der in jedem Menschen ein natürlicher, ursprünglicher Kern von Sexualität existiert, der von der Macht unterdrückt wird, so dass dessen Befreiung und damit verbunden die Befreiung des Menschen durch das Reden über seine Sexualität zu erreichen ist: „Man wird sich wohl der ‚Marcusereien' und ‚Reichianismen' entledigen müssen, da sie uns einreden, daß die Sexualität von allen Dingen der Welt dasjenige sei, das von unserer ‚bürgerlichen', ‚kapitalistischen', ‚heuchlerischen', ‚vikto-

Die historische Formation oder Konstruktion des Diskursbereichs und -gegenstands ‚Sexualität' beginnt für Foucault Anfang des 18. Jahrhunderts.[84] Steht der Diskurs über den Sex bzw. das Sexuelle zu diesem Zeitpunkt noch sehr unter dem Einfluss eines christlich-religiösen Diskurses, in dem sich Fleisch, Sünde und christliche Moral miteinander verbinden, kommt es zum Ende des 18. Jahrhunderts zu einer wahren Diskursexplosion bezüglich des Phänomenbereichs des Sexuellen (vgl. Dreyfus/Rabinow 1987, 200; WZW 28 ff.).[85] Diese Entwicklung führt Foucault auf die sich neu entwickelnde Machtform der

---

rianischen' Gesellschaft am hartnäckigsten ‚unterdrückt' wird. Seit dem Mittelalter gibt es nichts, was mehr studiert, erfragt, zum Geständnis gezwungen, ans Tageslicht und in den Diskurs gezogen und in Lobpreisungen besungen wird ... Und dennoch glauben viele noch immer, subversiv zu sein, wenn sie dem Geständniszwang gehorchen, der uns Menschen des Abendlandes seit Jahrhunderten unterwirft, indem er uns nötigt, alles über unser Begehren zu sagen." (MM 90)

Das Produktionsverhältnis zwischen Macht-Wissen und Sexualität will Foucault deutlich von der „Produktionshypothese" der Psychoanalyse unterschieden wissen. Auch die Psychoanalyse geht, anders als ihre freudomarxistischen Ableger, von einer „produktiven" Beziehung zwischen Macht und Sexualität aus und lehnt damit die Idee von einer unterdrückten Sexualität, die es zu befreien gilt, ab. Denn für die psychoanalytischen Ansätze ist die Verbindung zwischen Macht und Sexualität sehr viel komplexer und ursprünglicher: „Sie wehren sich gegen die Vorstellung vom unterdrückten Begehren, da ja das Gesetz für das Begehren und den es begründenden Mangel konstitutiv ist. Das Machtverhältnis ist immer schon da, wo das Begehren ist: es in einer nachträglich wirkenden Repression zu suchen ist daher ebenso illusionär wie die Suche nach einem Begehren außerhalb der Macht." (WZW 101). Während die Repressionshypothese „zum Versprechen einer ‚Befreiung' (sofern der Zugriff der Macht für das Begehren nur äußerlich ist)" führt, gelangt die Produktionshypothese „(sofern die Macht für das Begehren selber konstitutiv ist) zur affirmativen Behauptung: ihr seid ja immer schon in der Falle." (WZW 103) Damit bilden Repressions- und Produktionshypothese für Foucault aber nur die zwei Seiten einer Medaille, die beide mit einer negativ-juridischen Machtkonzeption verknüpft sind, die „einzig und allein auf die Verkündung des Gesetzes und das Funktionieren des Verbotes ausgerichtet" (WZW 106) ist. Diese Konzeption kann für Foucault aber nicht den strategischen Reichtum, die Positivität und die Produktivität von Macht angemessen beschreiben (vgl. WZW 101–106; Lemke 1997, 128 f., Macherey 1991, 183 f.).

84 Entsprechend ist der Begriff der Sexualität für Foucault eine Erfindung des 18. Jahrhunderts: „Sexualität hatten wir seit dem 18. und Sex seit dem 19. Jahrhundert. Was wir vorher hatten, war vermutlich das Fleisch." (Foucault, zit. nach Dreyfus/Rabinow 1987, 199)

85 Am Ende von „Der Wille zum Wissen" kommt Foucault zu einer wichtigen Unterscheidung zwischen Sex und Sexualität. Ist der Bereich der Sexualität Konstrukt eines „Macht/Wissen-Komplexes", „Effekt und Instrument" (WZW 181) des Sexualitätsdispositivs, verweist der Begriff des Sexes zunächst einmal auf eine biologische Funktion. Gleichzeitig ist der Sex aber „eine komplexe Idee, die sich historisch innerhalb des Sexualitätsdispositivs gebildet hat" (ebd.). So meint der Sex „die Geschlechtlichkeit, aber auch ein rein imaginäres Element, welches durch das Sexualitätsdispositiv in einen ‚künstlichen' Zusammenhang mit dem Biologischen gebracht wird" (Visker, 1991, 176). Beispielsweise ermöglicht der Begriff des Sexes „anatomische Elemente, biologische Funktionen, Verhaltensweisen, Empfindungen und Lüste in einer künstlichen Einheit zusammenzufassen und diese fiktive Einheit als ursächliches Prinzip, als allgegenwärtigen Sinn und allerorts zu entschlüsselndes Geheimnis funktionieren zu lassen" (WZW 184). Darüber hinaus ‚borgt' sich das Sexualitätsdispositiv von den biologischen Wissenschaften den Anschein von Wissenschaftlichkeit, „obwohl es diesen Wissenschaften außer einigen vagen Analogien und etlichen transplantierten Begriffen nichts Reelles entlieh" (ebd.) und gewisse Inhalte der Biologie und Physiologie wurden so zu „Normalitätsprinzipien" (ebd.) der menschlichen Sexualität erhoben. So installiert das Sexualitätsdispositiv eine Theorie vom Sex, in der dieser als das zugrunde liegende Prinzip der Sexualität, als „der Ankerpunkt, der die Manifestationen ‚der Sexualität' trägt" (WZW 181), erscheint, obwohl er (der Sex) letztendlich auch nur eine Idee ist,

Bio-Macht zurück, die gleichzeitig auf die Disziplinierung des Individuums als auch auf die Regulierung der Bevölkerung zielt (vgl. Abs. 2.1.3.2). Für die Bio-Macht spielt das Sexuelle eine herausragende Rolle, da sich im Zugriff darauf die Disziplinierung des Individuums mit der Regulierung der Bevölkerung verbinden lassen: „Einerseits gehört er [der Sex; C.D.] zu den Disziplinen des Körpers: Dressur, Intensivierung und Verteilung der Kräfte, Abstimmung und Ökonomie der Energien. Andererseits hängt er aufgrund seiner Globalwirkungen mit den Bevölkerungsregulierungen zusammen ... Allgemein wird also der Sex am Kreuzungspunkt von ‚Körper‘ und ‚Bevölkerung‘ zur zentralen Zielscheibe für eine Macht, deren Organisation eher auf der Verwaltung des Lebens als auf der Drohung mit dem Tode beruht." (WZW 173 ff.)

Bezüglich der Entstehung des „Sexualitätsdispositivs" differenziert Foucault zwischen vier strategischen Hauptkomplexen, die ab dem 18. Jahrhundert „um den Sex spezifische Wissens- und Machtdispositive entfalten" (WZW 125), wobei sich in jedem dieser Bereiche Disziplinartechniken mit Regulierungsverfahren verbinden: die „Hysterisierung des weiblichen Körpers", die „Pädagogisierung des kindlichen Sexes", die „Sozialisierung des Fortpflanzungsverhaltens" und die „Psychiatrisierung der perversen Lust" (vgl. WZW 126 ff., 174). Die *Hysterisierung des weiblichen Körpers* versteht Foucault als einen dreifachen Prozess. Als erstes wird der weibliche Körper als vollständig von Sexualität durchdrungen analysiert. Dann wird dieser sexualisierte Körper als Ursache vielfältiger Pathologien identifiziert und deshalb zum privilegierten Gegenstand medizinischer Praktiken gemacht. Gleichzeitig bringt man ihn in eine organische Verbindung mit dem Gesellschaftskörper, mit dem Raum der Familie und mit dem Leben der Kinder (vgl. WZW 126). Auf diese Weise verflechten sich hier „die persönliche Identität der Frau als auch die zukünftige Gesundheit der Bevölkerung in ein gemeinsames Band aus Wissen, Macht und Materialität des Körpers" (Dreyfus/Rabinow 1987, 202). Ähnlich geht es bei der *Pädagogisierung der kindlichen Sexualität* darum, einer sowohl individuellen wie auch kollektiven Gefährdung zu begegnen, die von der sexuellen Aktivität, zu der jedes Kind fähig ist, ausgehen soll. Da diese Aktivität sehr schnell „widernatürliche" Züge annehmen und physische, moralische, kollektive und individuelle Gefährdungen mit sich bringen kann, werden vor allem Eltern, Familien, Erzieher, Ärzte und später auch Psychologen dazu aufgefordert, „diesen kostbaren und gefährlichen, bedrohlichen und bedrohten Sexualkeim in ihre stete Obhut [zu] nehmen" (WZW 126). Für Foucault zeigt sich diese Pädagogisierung vor allem in dem fast zweihundert Jahre dauernden „Krieg" (ebd.) gegen die Onanie. Auch bei der *Sozialisierung des Fortpflanzungsverhaltens* wird dem Paar über die Verantwortung für das individuelle Sexualverhalten gesellschaftliche Verantwortung übertra-

---

ein spekulatives Element innerhalb des Sexualitätsdispositivs, welches aber für das Funktionieren dieses Dispositivs eine fundamentale Rolle spielt. Nun macht Foucault in einer Diskussion von 1977 darauf aufmerksam, dass diese Unterscheidung zwischen Sex und Sexualität ihm keineswegs von Anfang an so vorschwebte. Vielmehr tauchte der Sex in früheren Konzeptionen als „ein vorweg Gegebenes, und die Sexualität ... wie eine Art sowohl diskursive als auch institutionelle Formation auf, die kam und sich an das Geschlecht anschloss, es bedeckte und es im äußersten Fall verbarg." (Schriften III 409) Ein solcher Gegensatz von Sex und Sexualität geht für Foucault aber im Grunde „auf eine Setzung der Macht als Gesetz und Verbot zurück: Die Macht hätte ein Sexualitätsdispositiv aufgestellt, um Nein zum Sex zu sagen." (Schriften III 306)

gen. Einfluss auf diesen Bereich nimmt der Staat über die „ökonomische Sozialisierung" (WZW 127), d.h. über soziale oder steuerliche Maßnahmen, welche die Geburtenrate regulieren sollen, über die „politische Sozialisierung" (ebd.), mit Hilfe derer man an das Verantwortungsgefühl der einzelnen Paare gegenüber dem Gesellschaftskörper appellieren will, und über die „medizinische Sozialisierung" (ebd.), in der vor einer sorglosen Sexualität gewarnt wird, da man dieser pathologische Wirkungen sowohl für das Paar als auch für den potentiellen Nachwuchs, für das Individuum als auch für die Art zuschreibt (vgl. ebd.). Schließlich dient in der *Psychiatrisierung der perversen Lust* das Konstrukt eines sexuellen Instinkts „als autonomer, biologischer und psychischer Instinkt" (ebd.) dazu, eine Klassifikation von normal/anormal, natürlich/unnatürlich aufzustellen: Der Trieb kann auf natürliche und gesunde Weise funktionieren, wenn er zur Fortpflanzung dient. Er kann aber auch pervertiert und entstellt werden und für diese Fälle konstruierten die Wissenschaften ein umfangreiches Ordnungsschema, mit dessen Hilfe alle Arten von sexueller Perversion analysiert, beschrieben und diagnostiziert werden können: „....; es wird die Mixoskophilen, die Gynekomasten, die Presbyophilen, die sexoästhetisch Invertierten und die dyspareunistischen Frauen geben." (WZW 59). Und schließlich sucht man nach Korrekturmöglichkeiten für diese Anomalien zum Wohle des Individuums als auch der Gesellschaft. In jeder „biopolitischen Kampagne" (Brieler 1998, 417), die auf die ‚regulierende Kontrolle' (vgl. WZW 166) dieser vier Bereiche zielt, verbindet sich also die Sorge um den „Gattungskörper" (ebd.) mit der Problematisierung des individuellen Sexualverhaltens (vgl. Brieler 1998, 417). Dabei wird jede dieser Kampagnen den Menschen suggerieren, dass es ihre Sexualität ist, die sorgfältig beobachtet und entziffert werden muss. Denn sie ist der Schlüssel zum Körper, der Seele und beider Gesundheit.

Als eine zentrale Technik, mit Hilfe derer die Bio-Macht auf das einzelne Individuum einwirkt und es einem Wahrheitsdiskurs (über seine Sexualität) unterwirft, sieht Foucault das Geständnis. Ihren Ursprung hat diese Technologie Foucault zufolge in den Beichtpraktiken des mittelalterlichen Christentums, das mit dem Laterankonzil von 1215 die Beichte zur obligatorischen Pflicht macht. Ist, wie Meschnig (1993, 81) ausführt, anfänglich die äußere, verbotene Handlung der zentrale Gegenstand der Sündenanalyse, verschiebt sich im Laufe der Zeit die Aufmerksamkeit mehr und mehr auf die Intentionen und inneren Motive. Die Sünde ist nicht mehr in erster Linie an eine äußere Handlung gebunden, sondern es ist vielmehr die Zustimmung der ‚Seele', die sie zu einer Sünde macht. Dadurch wird das Individuum zu einer verstärkten Introspektion gezwungen, um über diese zur Erkenntnis und Kontrolle der geheimsten und innersten Regungen seiner ‚Seele' zu gelangen. Die Beichttechniken lösen sich ziemlich früh von einem rein religiösen Kontext und werden in den verschiedensten gesellschaftlichen Zusammenhängen eingesetzt. So sind für Foucault die Wirkungen des Geständnisses heutzutage breit gestreut: „in der Justiz, in der Medizin, in der Pädagogik, in den Familien – wie in den Liebesbeziehungen, im Alltagsleben wie in den feierlichen Riten gesteht man seine Verbrechen, gesteht man seine Sünden, gesteht man seine Gedanken und Begehren, gesteht man seine Vergangenheit und seine Träume, gesteht man seine Kindheit, gesteht man seine Krankheiten und Leiden; mit größter Genauigkeit bemüht man sich zu sagen, was zu sagen am schwersten ist; man gesteht in der Öffentlichkeit und im Privaten, seinen Eltern, seinen Erziehern, seinem Arzt und denen, die man liebt; man macht sich selbst mit Lust und Schmerz Geständnisse, die vor niemand anders möglich wären, und daraus macht man dann Bücher." (WZW 76)

Der Mensch des Abendlandes wird zu einem „Geständnistier" (WZW 77) und das Geständnis zu einer der wichtigsten Techniken zur Wahrheitsermittlung und Wahrheitsproduktion. Es entsteht eine „Geständnis-Wissenschaft" (WZW 83), die sich durch verschiedene Verfahren und Postulate zum einen den Anschein von Objektivität und Wissenschaftlichkeit gibt und zum anderen mit ihnen die wissenschaftliche Notwendigkeit des Geständnisses begründet: 1. Die „klinische Kodifizierung des »Sprechen-Machens«" (WZW 84), die dazu führt, „die Geständnisprozedur in ein Feld wissenschaftlich akzeptabler Beobachtungen einzugliedern" (ebd.); 2. Das „Postulat einer allgemeinen und diffusen Kausalität" (ebd.), welches auf den Glauben an eine unerschöpfliche und polymorphe Kausalmacht des Sexes zurückzuführen ist, die nahezu für jede physische und psychische Störung zumindest mitverantwortlich ist und daher die „erschöpfende Inquisition" (WZW 85), der man den Sex unterwirft, rechtfertigt; 3. Das „Prinzip einer der Sexualität innewohnenden Latenz" (ebd.), welches die Sexualität als etwas, das sich verbirgt und was deshalb erst durch das Geständnis hervorgezerrt werden muss, begreift; 4. Die „Methode der Interpretation" (ebd.): Die Sexualität und ihr Geständnis werden zu etwas, dass von einem Experten interpretiert werden muss, um ihre Wahrheit zu entschlüsseln; 5. Die „Medizinierung der Wirkungen des Geständnisses" (WZW 85): Der Sex erscheint als „ein Feld hoher pathologischer Anfälligkeit" (ebd.) und das Geständnis als Diagnose- und Therapieform. In der immanenten Verbindung dieser neuen Techniken der Wissensproduktion mit den Machtmechanismen der Bio-Macht entwickelt sich das „Sexualitätsdispositiv", das sich insbesondere um die schon angesprochenen vier Komplexe entfaltet.

Dabei etabliert dieses Dispositiv den Sex als den „Universalschlüssel" (WZW 98) zur Selbsterkenntnis. Er soll dem Menschen seine „Wahrheit", das tiefste Geheimnis seines Selbst offenbaren;[86] eine Wahrheit freilich, die sich nur unter Zuhilfenahme von Expertenwissen entfalten kann. Es braucht eines Fachmanns, der als „Herr der Wahrheit" (WZW 86) das Geständnis hermeneutisch interpretiert. Der Mensch muss sich nun über den Diskurs, den er mit Hilfe von Fachleuten über sich selbst zu halten imstande ist, definieren und nicht mehr wie in früheren Zeiten über seine Bindung an andere (Familie, Gefolgschaft usw.), d.h. über seine Zugehörigkeit zu einer sozialen Gruppe (vgl. WZW 76). Damit wirkt das Geständnis stark individualisierend. Es lässt einen privaten und individuellen Raum entstehen (voll von heimlichen Genüssen, verbotenen Phantasien und gefährlichen Exzessen), den der Mensch zu Zwecken der Selbsterkenntnis und seiner (physischen und psychischen) Gesundheit erforschen muss.[87] Verbunden mit dieser Individuali-

---

86 „Jeder Mensch soll nämlich durch den vom Sexualitätsdispositiv fixierten imaginären Punkt Zugang zu seiner Selbsterkennung haben (weil er zugleich das verborgene Element und das sinnproduzierende Prinzip ist), zur Totalität seines Körpers (weil er ein wirklicher und bedrohter Teil davon ist und überdies sein Ganzes symbolisch darstellt), zu seiner Identität (weil er an die Kraft eines Triebes die Einzigkeit einer Geschichte knüpft)." (WZW 185)

87 Das Phänomen moderner Individualisierung ist in dieser Perspektive vor allem das Resultat von Machttechnologien und deren Praktiken der Selbstbeobachtung und (Selbst-)Interpretation; Praktiken, die auch dazu führen, dass die Menschen sich als autonome Persönlichkeiten mit unverwechselbaren Identitäten begreifen. Dementsprechend ist für Foucault alleine schon die Vorstellung von Subjektivi-

sierung ist gleichzeitig eine Subjektivierung durch Verinnerlichung, da das Individuum tief in sein Inneres horchen, versteckte Gefühle und Empfindungen entdecken muss, um zu seiner Wahrheit über sich selbst zu gelangen. Daraus resultiert schließlich auch die moderne Vorstellung von Subjektivität als einem inneren Raum, den es zu entdecken, pflegen und auszugestalten gilt (vgl. Bröckling 2003, 81 f.).

Insgesamt ist Subjektivierung innerhalb des Sexualitätsdispositivs durch eine Doppeldeutigkeit gekennzeichnet, die im französischen Wort für Subjekt (*sujet*)[88] mitschwingt und sich in der deutschen Übersetzung in dem Begriff „Untertanen/Subjekt" (WZW 78) niederschlägt. Das Individuum nimmt sich einerseits als autonomes, selbstreflexives und selbstständiges Subjekt wahr, auch indem es seine Sexualität als Ausdruck und Möglichkeit seiner Individualität und Freiheit begreift. Andererseits ist es Unterworfenes, da ihm zum einen (nicht nur) durch Zwang und Kontrolle bestimmte Ideale des Normalen aufgeprägt oder nahegelegt werden. Zum anderen ist schon das (freiwillige) Bestreben, sich über seine Sexualität selbst zu definieren, ein Effekt des Sexualitätsdipositivs (vgl. Schäfer 1991, 138 f.).

Dem einzelnen Menschen ist der Unterwerfungscharakter seiner so entstandenen Subjektivität also nicht unbedingt bewusst. Denn indem das Sexualitätsdispositiv es schafft, das imaginäre Element „Sex" zu einem „Begehrens-Wert" (WZW 186) zu machen, wird es möglich, die Individuen dahin gehend zu überzeugen, dass die, die über den Sex und die Wahrheit ihres Sexes reden, ein Stück Freiheit antizipieren, obwohl die Suche nach dem Sex und seiner Wahrheit sie eigentlich an das Sexualitätsdispositiv kettet (vgl. WZW 186 f.; Bührmann 1995, 44). Entsprechend formuliert Foucault, dass „die Verpflichtung zum Geständnis uns mittlerweile ... so tief in Fleisch und Blut übergegangen" ist, dass „sie uns gar nicht mehr als Wirkung einer Macht erscheint, die Zwang auf uns ausübt; im Gegenteil scheint es uns, als ob die Wahrheit im Geheimsten unserer selbst keinen anderen ‚Anspruch' hegte, als den, an den Tag zu treten, daß es, wenn ihr das nicht gelingt, nur daran liegen kann, daß ein Zwang sie fesselt oder die Gewalt einer Macht auf ihr lastet, woraus folgt, daß sie sich letzten Ende nur um den Preis einer Art Befreiung wird äußern können. Das Geständnis befreit, die Macht zwingt zum Schweigen; ..." (WZW 77 f.) So besteht für Foucault die Ironie des Sexualitätsdispositivs gerade darin, dass es den Menschen suggeriert, „daß es darin um unsere ‚Befreiung' geht" (WZW 190), wobei es sie in

---

tät als inneres Selbst, das zu erforschen ist, ein Produkt spezifischer Machttechniken (vgl. Bröckling 2003, 81 f.). Diese moderne abendländische Vorstellung vom Menschen und seiner Subjektivität und Individualität bildet sich für Foucault zum einen mit dem Aufkommen der Humanwissenschaften, ist aber ebenso, wie in Kapitel 1 dargestellt, mit der modernen Subjektphilosophie, in welcher der Mensch als autonomes und transzendentales Subjekt erscheint, verbunden. Fortsetzung in unserer heutigen Zeit findet die humanwissenschaftliche Vorstellung vom Menschen vor allem in den Diskursen von Psychologie, Psychiatrie, Medizin, Soziologie, Pädagogik und auch Kriminologie und Soziologie, jenen Wissenschaften also, die das Expertenwissen, das Vokabular und die Technologien bereitstellen, um dem Subjekt seine ‚Wahrheit' über sich selbst zu offenbaren (vgl. Krasmann 2003, 145).

88 Anders als im Deutschen, in dem der Begriff des Subjekts zumeist mit der Vorstellung eines autonomen und (selbst-)erkennenden Subjekts verbunden ist, bedeutet der französische Begriff *sujet* sowohl „Person" und „Staatsbürger" wie auch „Untertan". Das Adverb *sujet* kann auch „unterwerfen" oder „unterworfen sein" bezeichnen (vgl. Krasmann 2003, 133; Gehring 2004, 88).

Wirklichkeit seiner Rationalität, seinem „Wahrheitsspiel" (Schriften IV 778) unterwirft, sie zu seinen Subjekten macht.[89]

In diesem Sinne konstituiert dieses Dispositiv ein „sexualisiertes Subjekt" (Ott 1998, 50), das Sexualität als Ausdruck und Möglichkeit seiner Freiheit und als seine „innerste Natur" (ebd.) begreift, da es sich mehr oder weniger durch das definiert und definiert wird, was es sexuell tut, denkt oder träumt bzw. sexuell tun, denken oder träumen sollte (vgl. ebd., 50 f.). Gleichzeitig ist die Art und Weise, wie und was es von seiner Sexualität wahrnehmen kann und soll und wie es diese Wahrnehmungen zu interpretieren hat, wesentliche Wirkung des Sexualitätsdispositivs.

Nun ist die „Hermeneutik des Selbst" (TS 25) für Foucault nicht nur für die Konstitution eines „sexualisierten Subjekts" mit einer individuellen sexuellen Identität relevant, auch wenn dieser Zusammenhang in „Der Wille zum Wissen" eindeutig im Vordergrund steht. Vielmehr ist die Sexualität nur ein möglicher Inhalt für Praktiken der Selbstbeobachtung, die auf die Dechiffrierung einer im Individuum verborgenen ‚inneren Wahrheit' zielen. So befasst sich Foucault in seinen späteren Arbeiten zu den antiken Selbsttechniken mit den historischen Ursprüngen der Vorstellung einer objektivierbaren ‚inneren' Wahrheit auf einer deutlich allgemeineren Ebene (vgl. Abs. 4.1). In einer solchen breiter angelegten Perspektive ist es weniger der Inhalt der ‚Wahrheit', als vielmehr die Form der Macht- oder Selbsttechnologien,[90] die ‚Wahrheit' produzieren, die im Vordergrund der Analyse stehen (vgl. Greco 2000, 276 f.). Hier handelt es sich um Technologien, die das Individuum zu einer ständigen Selbstbeobachtung bzw. Selbstenthüllung und zu einer permanenten Interpretation (unter Zuhilfenahme von Expertenwissen) anhalten. Sie bauen auf einer Vorstellung von Subjektivität als tiefes, inneres und geheimnisvolles Selbst auf, das es zu erforschen gilt, produzieren aber gleichzeitig erst diese Vorstellung bzw. Form von Subjektivität.[91] Für Foucault ist eine derartige „»Kolonisierung« des Territoriums des Selbst durch die aufkommenden Humanwissenschaften" (ebd. 276) charakteristisch für die Situation des modernen Menschen.[92] Die Suche nach der Wahrheit des

---

89   Daher kann der Widerstand gegen das Sexualitätsdispositiv für Foucault auch nicht im „Sex-Begehren", dessen Erkenntnis und Befreiung liegen, sondern in dem Versuch, eine andere „Ökonomie der Körper und der Lüste" herzustellen (vgl. WZW 187, 190).

90   Zum Begriff der Selbsttechnologien vgl. Abs. 3.2.

91   Damit ist für Foucault eine derartige Vorstellung von Subjektivität ein historisch kontingentes Produkt spezischer Dispositive. Die Aufgabe einer „Genealogic des Subjekts" (Schriften IV 210) wäre es nun, die Wissensformen und Machtpraktiken, ihre Entstehung und Herkunft (vgl. Kapitel 2) herauszuarbeiten, die eine solche Vorstellung möglich gemacht haben. Dementsprechend wird Foucault, bezogen auf die Thematik, die im Mittelpunkt der drei Bände von „Sexualität und Wahrheit" steht, der Geschichte der „Sexualität", eine Genealogie des „Begehrenssubjekts" (GL 12), das glaubt in seinem Begehren die Wahrheit seines „natürlichen oder gefallenen" (ebd.) Seins zu entdecken, versuchen. War der erste programmatisch angelegte Band „Der Wille zum Wissen" als eine vorausgeschickte „Leuchtbombe" (WZW 8) gedacht, der erste Hypothesen anstellt, die in den Folgebänden dann weitergeführt und begründet werden sollten, wird ihm die Fortsetzung der „Geschichte des Begehrensmenschen" (GL 13) nach eigenen Angaben sehr große Mühen und Schwierigkeiten bereiten (vgl. GL 11) und ihn schließlich bis in die griechische Antike zurückführen (vgl. Kapitel 4).

92   In den sogenannten *governementality studies* ist dieser Gedanke auch im Anschluss an Foucaults Konzept der *Gouvernementalität* (siehe Kapitel 3) weitergeführt und zum einen in einen deutlicheren Bezug zur Gegenwart gestellt und zum anderen noch stärker verallgemeinert worden. Dies auch, indem

Selbst wird aber nur schwerlich zu einem Ende führen. Darauf hat Foucault schon in „Die Ordnung der Dinge" hingewiesen. Denn letztendlich werden die Humanwissenschaften bei ihrem Versuch, in ihrer Positivität die Wahrheit des Menschen zu repräsentieren, immer nur auf ihre eigenen Möglichkeitsbedingungen zurückgeworfen (vgl. Abs. 1.1.1.5). Darüber hinaus sind für Foucault die mit dem Subjekt verbundenen Wahrheiten Produkte geschichtlich/gesellschaftlicher Dispositive und damit selbst zum einen historisch kontingent und zum anderen in ihrer gesamten „Produktion von Machtbeziehungen durchzogen" (WZW 78).

2.2.3 Resümee

Ähnlich zu seiner (archäologischen) Diskursanalyse versucht Foucault auch innerhalb seiner Machtanalytik das Subjekt als Urheber von Macht- und Wissensordnungen auszuklammern. Dies macht es Foucault möglich, die Entstehung derartiger Ordnungen jenseits eines Stiftersubjekts, ob nun transzendental gedacht oder historisch gewendet, zu untersuchen und dabei den Zusammenhang von Wissensproduktion und Machtpraktiken in den Blick zu bekommen. Entsprechend weist seine Genealogie die Vorstellung eines autonomen Subjekts zurück.[93] Diese Subjektvorstellung erscheint vielmehr als Effekt und Produkt spezifischer „Macht/Wissen-Komplexe" (ÜS 39) und darüber hinaus als Instrument dieser Dispositive, da diese die Selbstwahrnehmung als ein ursprünglich freies, autonomes und authentisches Subjekt benutzen, um die Menschen noch stärker an ihre Machtmechanismen und ihre Rationalität zu binden. So ist die moderne Macht für Foucault eine Form von Macht, die weniger über Ausbeutungs- und Herrschaftstechniken, sondern vor allem über Subjektivierungsmechanismen funktioniert. Das heißt, sie wirkt über Machttechnologien, die nicht so sehr auf ein bestehendes Subjekt einwirken und dieses unterdrücken, sondern das Subjekt erst produzieren, indem sie dem Individuum eine bestimmte Vorstellung von sich selbst geben, es ihrem „Wahrheitsregime" unterwerfen:

„Diese Form von Macht wird im unmittelbaren Alltagsleben spürbar, welches das Individuum in Kategorien einteilt, ihm seine Individualität aufprägt, es an seine Identität fesselt, ihm ein Gesetz der Wahrheit auferlegt, das es anerkennen muß und das andere in ihm anerkennen müssen. Es ist eine Machtform, die aus Individuen Subjekte macht. Das Wort *Subjekt* hat ei-

---

hier die Analysen zur modernen Subjektivität auf Bereiche jenseits der Sexualität ausgedehnt worden sind. So zeichnet sich beispielsweise für Nikolas Rose die neue politische Maxime der Menschenführung durch das neoliberale „Gebot des Selbstseins" aus, „ein Gebot, das durch die Verbreitung psychologischen Expertenwissens aufrechterhalten und unterstützt wird" (Greco 2000, 277). In der Rationalität des Neoliberalismus erscheint dann die Freiheit, die sich auf das innere Selbst im Sinne seiner Erfüllung und Verwirklichung beruft, als ein „regulatives Ideal" (ebd. 265), das den Menschen durch die Hegemonie des neoliberalen Diskurses mehr oder weniger aufgezwungen wird (vgl. ebd., 265, 277).

93 „Wenn man sich vom konstituierenden Subjekt frei macht, muss man sich vom Subjekt selbst frei machen, ... Und das ist das, was ich die Genealogie nennen würde, das heißt eine Form von Geschichte, die der Konstitution der Wissensarten, der Diskurse, der Gegenstandsbereiche usw. Rechnung trägt, ohne sich auf ein Subjekt beziehen zu müssen, ob dieses nun dem Feld der Ereignisse gegenüber transzendent ist oder ob es in seiner leeren Identität an der Geschichte entlangläuft." (Schriften III 195)

nen zweifachen Sinn: vermittels Kontrolle und Abhängigkeit jemandem unterworfen sein und durch Bewußtsein und Selbsterkenntnis seiner eigenen Identität verhaftet sein. Beide Bedeutungen unterstellen eine Form von Macht, die einen unterwirft und zu jemandes Subjekt macht." (SM 246 f.)

Foucaults Darstellungsweise von Subjektivierungsprozessen in seiner Arbeitsphase von „Überwachen und Strafen" und „Der Wille zum Wissen" bringt aber auch einige Probleme mit sich. Denn diese hat, auch wenn dies nicht unbedingt Foucaults Intention gewesen ist, bei vielen seiner Kritiker den Eindruck erweckt, dass er Subjektivität völlig auf Macht reduziert, diese „bloßes Manipulationsfeld von Machttechniken" (Honneth, zit. nach Lemke 1997, 112) ist. Für sie scheint das Subjekt bei Foucault völlig von der Macht determiniert zu sein, ohne Möglichkeit zum Widerstand und zur Freiheit, ein bloßes Epiphänomen und reiner Effekt und Instrument der Macht. Auch andere Autoren, die diese Kritik in ihrer Vehemenz nicht teilen, sehen in Foucaults Konzeptionalisierung des Verhältnisses von Subjekt und Macht doch starke Ambivalenzen. So stellt für Lemke (1997, 112 ff.) Foucaults genealogische Perspektive auf Subjektivität (zumindest in dieser Phase seiner Arbeit) lediglich die Kehrseite der von ihm abgelehnten Theorietradition dar, die sich auf ein konstitutives und transzendentales Bewusstseinssubjekt beruft. Betonen die einen die Autonomie, besetze Foucault den Gegenpol, die Heteronomie des Subjekts. Damit wechsele er aber nur die Seite und nicht das Feld einer Perspektive, die er eigentlich verwerfen wollte. Beide Seiten können aber die konkreten Prozesse der Subjektivierung nicht hinreichend untersuchen: „Setzen diese sie als Ausgangspunkt einfach voraus, so sind sie bei Foucault immer schon zu Ende, da sie durch die Machtprozesse (über-)determiniert sind." (Ebd., 117) Damit verbleibe Foucault insgesamt noch in einer dualistischen Position, die durch die Dichotomien von Macht versus Freiheit, Autonomie versus Heteronomie gekennzeichnet sei. Dadurch gelänge es ihm noch nicht, das wechselseitige Konstitutionsverhältnis zwischen diesen Polen genügend darzustellen. Widerstand erscheine in dieser Perspektive nur als Ferment einer Macht, die unangreifbar ist, „weil sie sich gerade als produktive Aufnahme und Re-Integration von Kämpfen definiert" (ebd., 120). Deshalb bleibe der Widerstand in Foucaults Machtanalyse auch weitgehend negativ bestimmt und abstrakt. Er sei mehr Reaktion als Aktion und wirke schlimmstenfalls als Katalysator für eine Verfeinerung der Machtmechanismen, bestenfalls ließe er neue Machtverhältnisse entstehen (vgl. ebd., 118).

Als Gegenargument gegen diese Lesart der foucaultschen Machtanalytik, in welcher der Widerstand der Macht untergeordnet ist, kann man Foucaults nominalistische Bestimmung von Macht anführen. Für Foucault ist Macht keine feststehende Struktur oder Besitz einiger Mächtiger, sondern „der Name, den man einer komplexen strategischen Situation gibt." (WZW 114) Das, was Foucault Macht nennt, ist im Großen ein „Gesamteffekt" (ebd.) vielfältiger sich verkettender, widerstreitender Beziehungen und Prozesse und im Kleinen ein spezifischer „Beziehungsmodus zwischen Individuen und Gruppen (innerhalb und außerhalb institutioneller Zusammenhänge)" (Brieler 1998, 442). Aus seinem ‚Nominalismus' ergibt sich insgesamt, dass Foucault Machtbeziehungen als flexible und umkehrbare Beziehungen begreift und damit der Widerstand grundlegendes Element ist. Macht produziert also Widerstand, ohne diesen als reines Komplement der Macht begreifen zu müssen, wie umgekehrt Widerstand auch Macht erzeugt (vgl. Abs. 2.1.4). Hier ist jedoch anzumerken, dass diese Konzeption des Widerstands eher auf einer abstrakt-theoretischen Ebene anzusiedeln ist. In Foucaults historisch-empirischen Studien, zumindest bis zu „Der Wille zum Wissen", spielen Praktiken des Widerstands kaum eine Rolle. Das Hauptaugenmerk liegt klar auf der Beschreibung konkreter „Macht/Wissen-Komplexe" und ihrer Unterwerfungsmechanismen. Darüber hinaus führt Foucault den Widerstand auf kein konstitutives Subjekt zurück. Denn auch hier vertritt Foucault eine relationale und strategische Analyseperspektive, in welcher der Widerstand als immanentes Merkmal eines überindividuellen Beziehungsgeflechts erscheint und analog zu den Machtbeziehungen die Gesellschaft und die Individuen durchzieht, d.h. ein Widerstandspunkt nicht unbedingt mit der Position eines Individuums zusammenfallen muss. (vgl. Abs. 2.1.4). Damit ist der Widerstand in seinem Auftauchen und Funktionieren nicht auf die Intentionen und Absichten eines (konstitutiven) Subjekts des Widerstands angewiesen. Die Rolle des Subjekts scheint sich auf die eines mehr oder weniger passiven Trägers eines sich außerhalb seines Einflussbereiches bildenden Widerstands zu beschränken. Aufgrund dieser in gewissem Sinne system- oder strukturtheoretischen Analyseperspektive bleibt eine aktiv-verändernde Rolle und damit der mögliche Handlungsspielraum des einzelnen Individuums sowohl auf theoretischer als auch auf empirisch-praktischer Ebene unterbestimmt. In späteren Arbeiten wird Foucault aber wichtige Veränderungen in seinen Begrifflichkeiten vornehmen, mit denen die Problematik der ,Freiheit' oder der ,Widerständigkeit' des Subjekts (theoretisch und praktisch) besser thematisiert werden kann (vgl. Kapitel 3).

Das Übergewicht der foucaultschen Analysen in Richtung Unterwerfung liegt sicherlich auch in der Ausrichtung und der Themenwahl seiner Arbeiten begründet. Denn seinen Untersuchungen liegt immer ein kritischer Impetus zugrunde. Er möchte die Wirkungen von Macht aufzeigen und ihr unterwerfendes Potential problematisieren und nicht die ,Freiheit' der Verhältnisse feiern oder den Ausweg in Vorstellungen (z.B. die eines autonomen Subjekts) suchen, die für ihn obsolet geworden sind. Diese gewollt kritische Perspektive birgt natürlich die Gefahr oder macht es in gewisser Weise sogar notwendig, den Herrschaftseffekt von Machtverhältnissen überzubetonen und die Dimension der ,Freiheit' ein Stück weit auszuklammern.

Darüber hinaus muss man an dieser Stelle anmerken, dass der gegen Foucault gerichtete Vorwurf, bis zu diesem Zeitpunkt seiner Theoriebildung das Subjekt vornehmlich als Unterworfenes zu thematisieren, hauptsächlich auf seine Monographien, also auf die historisch-empirischen Studien, zutrifft. Dagegen betont er in vielen kürzeren Texten und Interviews oft die Möglichkeit von und auch die Notwendigkeit zum Widerstand. Das heißt, selbst wenn das Moment des Widerstands, oder auch das der Überschreitung bzw. Überwindung in Foucaults diskurs- und machtanalytischen Monographien wenig konkrete und positive Ausformulierung findet, ist es trotzdem in diesen Schaffensphasen ständig präsent. So spielt beispielsweise die *Überschreitung* besonders in seinen Schriften zur Literatur, die zum großen Teil in den 1960er Jahren entstanden sind, eine wichtige Rolle.[94]

---

94 In deutscher Übersetzung sind die meisten Aufsätze Foucaults zur Literatur- und Sprachtheorie in „Von der Subversion des Wissens" und in den „Schriften zur Literatur" abgedruckt. In neuer Überset-

Dementsprechend stellen diese Arbeiten einen gewissen Gegenpol zum ‚entmächtigten‘ Subjekt der Diskurs- und Machtanalyse dar. Im Grunde versteht Foucault aber seine gesamte Arbeit, gerade auch seine Monographien, als eine Arbeit der Kritik, die versucht, die Funktions- und Unterwerfungsweisen (moderner) „Macht/Wissen-Komplexe" aufzuzeigen, um überhaupt einen Widerstand (der Subjekte) gegen diese zu ermöglichen.[95]

Um Foucaults Fassung der *Überschreitung* bezüglich seiner Arbeiten zur Literatur zumindest ansatzweise zu verdeutlichen, folgt ein kurzer Exkurs: Zwei zentrale theoretische Bezugspunkte Foucaults aus der Welt der Literatur bzw. Literaturtheorie sind Maurice Blanchot und Georges Bataille. An Bataille interessiert Foucault vor allem der Begriff der *Überschreitung*. Dieser bezeichnet einen Akt der Befreiung, der Grenzüberschreitung, ohne dass diese jedoch in die Figur eines autonomen und souveränen Subjekts mündet, sondern als eine Überschreitung hin zu einem *Außen* im Sinne Blanchots. Ein *Außen*, in dem das Subjekt sich (und seine Sprache) verliert und sich seine Selbstidentität auflöst. Foucault begreift *Überschreitung* hier also vor allem als die Befreiung von der Figur des mit sich selbst identischen Subjekts.[96] Die Figur der Auslöschung des Subjekts, um das Andere oder das *Außen* zur Wirkung zu bringen, weist starke Ähnlichkeiten mit Foucaults Konzeption des Wahnsinns auf, die er ungefähr zur selben Zeit vertreten hat. In dieser wird der ausgeschlossene Wahnsinn als ‚das Andere‘ der Vernunft begriffen, als eine ursprüngliche Erfahrungsdimension, von der der Mensch durch die Herrschaft der Vernunft unwiderruflich entfremdet ist. Später wird Foucault eine derartige Vorstellung einer Ursprungserfahrung fallen lassen. In ähnlicher Weise wird es in seinen späten Arbeiten bezüglich der *Überschreitung* bzw. Transformation von Subjektivität auch nicht mehr um ihre Auslöschung zugunsten der Grenzerfahrung eines reinen *Außen* gehen, sondern vielmehr um die Ausarbeitung neuer Formen von Subjektivität, die ein weniger hohes Maß an

---

zung sind diese Arbeiten in der Gesamtausgabe von Foucaults Schriften wiederveröffentlicht worden, die außerdem noch weitere im Deutschen bisher unveröffentlichte Beiträge enthalten. Ein weiteres wichtiges Werk in diesem Zusammenhang stellt auch seine gleichnamige Arbeit über den französischen Schriftsteller „Raymond Roussel" dar.

95 So merkt Foucault beispielsweise in einer Diskussion aus dem Jahre 1978 an, in der ihm der „anästhesierende Effekt" seiner Analysen vorgeworfen wird, dass er diese ganz im Gegenteil versteht als „Instrument ... für diejenigen, die kämpfen, Widerstand leisten und das, was ist, nicht mehr wollen. Sie muss in Prozessen des Konflikts, der Konfrontation, des Widerstandsversuchs gebraucht werden ... Das Problem ist, wie Sie sehen, das des Subjekts der Handlung – der Handlung, durch die das Wirkliche verändert wird." (Schriften IV 41)

96 An dieser Stelle verknüpft sich Foucaults Faible für Schriftsteller wie Artaud, Roussel oder den beiden oben genannten mit seinem Interesse für strukturalistische Analysen: „Lange Zeit herrschte in mir ein schlecht gelöster Konflikt zwischen der Leidenschaft für Blanchot, Bataille auf der einen und für gewisse positivistische Studien etwa von Dumézil oder Lévi-Strauss auf der anderen Seite. Aber letztendlich haben beide Richtungen ... in gleichem Maße dazu beigetragen, dass ich mich mit dem Verschwinden des Subjekts befasst habe. Ich glaube, die Erfahrung der Erotik bei Bataille und die der Sprache bei Blanchot, verstanden als Erfahrung der Auflösung, des Verschwindens, der Verleugnung des Subjekts ..., haben mir, etwas vereinfacht ausgedrückt, das Thema nahegebracht, das ich in der Reflexion über strukturelle oder ‚funktionale‘ Analysen wie die von Dumézil oder Lévi-Strauss übertragen habe. Mit anderen Worten, ich glaube, die Struktur und schon die bloße Möglichkeit, einen Diskurs über die Struktur zu halten, führen zu einem negativen Diskurs über das Subjekt, also zu einem Diskurs, wie wir ihn bei Bataille und Blanchot finden." (Schriften I 786 f.)

Unterwerfung aufweisen als die zu überwindenden Formen. Dennoch bleiben die Kategorien der Grenzerfahrung und des *Außen*[97] weiterhin wichtige Denkfiguren bei Foucault, während der Begriff der *Überschreitung* durch den der *Transformation* abgelöst wird.

Neben dem Problem des Widerstands und der Freiheit des Menschen stellt sich weiter die Frage, ob Foucault das Produktionsverhältnis zwischen Macht und Subjekt hinreichend beschreibt. In „Überwachen und Strafen" erscheint Subjektivierung als Verinnerlichungsprozess von äußeren Normen mit Hilfe von auf den Körper einwirkende Disziplinierungstechniken. Die „Seele" erscheint als bloße „Verdoppelung" (ÜS 41) von äußeren Machtmechanismen, als „normatives und normalisierendes Ideal" (Butler 2001, 87) und damit als „Werkzeug der Macht, durch welches der Körper herangezogen und geformt wird." (Ebd.) Die Eigenart psychischer Vorgänge bzw. die Gestalt, welche die individuelle Innenwelt annimmt, scheint vollkommen von äußeren Machtprozessen bestimmt zu sein. Dabei erscheinen diese vornehmlich als reine Konditionierungsvorgänge. Über diese Art der Beschreibung hinausgehend, wird in „Überwachen und Strafen" nicht weiter deutlich gemacht, wie Verinnerlichungsprozesse funktionieren und auf welchen Mechanismen sie noch zusätzlich basieren. In „Der Wille zum Wissen" geht Foucault auf den Zusammenhang zwischen der Bildung einer subjektiven Innenwelt und gesellschaftlichen Machtpraktiken sehr viel detaillierter und genauer ein, da er hier mit dem Geständnis eine Machttechnik untersucht, die auf die Erzeugung eines individuellen Selbstverhältnisses der Selbstobjektivierung und Selbstentzifferung abzielt. Aber auch hier bleibt Foucault weitgehend auf einer äußeren Beschreibungsebene. Die Machttechnologie des Geständnisses stellt ein Verfahren der sprachlichen Wahrheitsproduktion dar, das eine rein diskursiv bestimmte Form von Subjektivität produziert. Insgesamt erscheint in „Der Wille zum Wissen" der Subjektivierungsprozess durch das Geständnis in gewisser Weise leer und reduziert, da er zu einseitig auf die sprachliche bzw. symbolische Ebene bezogen bleibt und nicht besonders deutlich wird, welche Form dieses (produzierte) Innenleben annimmt. Auch in diesem Buch kann (oder will) Foucault den Zusammenhang von inneren psychischen Prozessen und äußeren Machtpraktiken nicht wirklich beschreiben.

Judith Butler (2001, 84) schlägt in diesem Zusammenhang vor, Foucault mit psychoanalytischen Erklärungsansätzen zu erweitern, um so den Prozess der ‚subjektivierenden Unterwerfung' besser erklären zu können: „... meines Erachtens läßt sich die Subjektivation und insbesondere der Vorgang, bei dem man zum Prinzip seiner eigenen Unterwerfung wird, ohne die psychoanalytische Erklärung der formativen oder generativen Wirkungen von Restriktion oder Verbot gar nicht verstehen." (Ebd.)[98] Denn die Psychoanalyse stellt bekanntlich ein breites Begriffsinstrumentarium bereit, um die Entstehung einer psychischen Innenwelt durch die Konfrontation des Individuums mit der Gesellschaft darzustellen. Sie ist in ihrer Beschreibung dieses Vorgangs sehr viel feiner und differenzierter

---

97 Deleuze merkt hierzu an: „Die Berufung auf das Außen ist ein konstantes Thema Foucaults ... Denken hängt nicht ab von einer schönen Innerlichkeit, ... sondern geschieht im Einbruch eines Außen, das das Intervall vertieft und das Innere aufsprengt und zersplittert." (Deleuze 1992, 121)

98 Foucaults Terminus des „assujettissement" gibt Butler mit dem englischen Neologismus „subjectivation" wieder, der in der deutschen Fassung wiederum mit „Subjektivation" übersetzt wird (vgl. Butler 2001, 187). In der übrigen deutschsprachigen Foucault-Literatur wird für „assujettissement" meistens der Ausdruck „subjektivierende Unterwerfung" verwendet.

als Foucault, natürlich auch, weil sie anders als Foucault genau die Zielsetzung der Analyse von ‚Psyche' verfolgt.

Warum Foucault aber nicht auf die Psychoanalyse zurückgreifen will, ist in „Der Wille zum Wissen" deutlich ausgeführt. Denn hier verschiebt sich die Perspektive gegenüber „Überwachen und Strafen" deutlich. Hatte die Psyche in „Überwachen und Strafen" noch eine gewisse „Materialität", die sich indirekt aus der Verdopplung durch auf den Körper wirkende Machttechniken ableitete, erscheint die Psyche in „Der Wille zum Wissen" als eine von Macht/Wissen-Technologien produzierte Vorstellung. Sie beruht auf Technologien, die den Menschen zur Selbstbeobachtung anreizen und ihm eine bestimmte Vorstellung von sich selbst als einem Wesen mit einer verborgenen Innenwelt, die es zu entdecken gilt, geben. In dieser Perspektive hat die Psyche des Menschen, anders als für die Psychoanalyse, keine eigenständige, objektive Realität, die durch wissenschaftliche Verfahren mehr oder weniger genau erforscht werden kann. Vielmehr ist sie ein Konstrukt, eine diskursiv erzeugte Realität eben dieser Wissenschaften.[99] Aus genealogischer Sicht ist die freudsche Psychoanalyse nicht Entdecker des Unbewussten und Erfinder einer speziellen Methode, die dem Menschen die Wahrheit über sich selbst offenbaren kann. Vielmehr steht sie in einer langen (Transformations-)Geschichte von Techniken der Selbstanalyse und des Geständnisses. Sie gehört zu Techniken der Wahrheitsproduktion, die bestimmte Wahrnehmungs- und Denkschemata bereitstellen, die das Bild von der ‚Natur'[100] des Menschen in einer bestimmten Epoche prägen, und im modernen westlichen Denken und seiner ‚Psycho-Logik' ist dieses Bild die Psyche des Menschen. Außerdem sind diese humanwissenschaftlichen Diskurse, zu denen auch die Psychoanalyse gehört, für Foucault weniger durch das Streben nach objektiver Erkenntnis als durch ihre unauflösliche Verbindung mit gesellschaftlichen Machtmechanismen gekennzeichnet.[101] So gesehen ist

---

99   Dazu Hutton (1993, 158): „Für Foucault ... ist die Psyche keine objektive Realität, die sich durch unsere Theorien beschreiben ließe, sondern eine subjektive Vorstellung, die von diesen Theorien erzeugt wird. Das Selbst ist ein abstraktes Konstrukt, und dieses Konstrukt wird in einem ständigen Diskurs immer wieder umkonstruiert, einem Diskurs, der sich den Anforderungen des Ordnungsprozesses verdankt. Wenn wir die Genealogie dieses Diskurses nachzeichnen, behauptet Foucault, entdecken wir, daß das Selbst ein Ensemble von Theorien ist, die wir von eben diesem Selbst ausbilden. Theorien des Selbst sind gleichsam eine Währung, durch die die Macht über die Psyche definiert und erweitert wird. Foucault verkehrt daher Freuds These zum Verhältnis von Wissen und Macht in ihr Gegenteil. Während Freud zu zeigen versuchte, daß Wissen uns Macht über uns selbst verleiht, möchte Foucault beweisen, daß Macht unser Wissen von uns selbst formt."

100 Für Foucault gibt es natürlich nicht die menschliche Natur, „es gibt lediglich sprachliche und institutionelle Artefakte, die jede neue Generation hinter sich läßt, wenn sie mit neuen Kategorien ihre Wahrnehmung der *conditio humana* erklärt." (Hutton, 1993, 158)

101 Foucault verwendet in diesem Zusammenhang auch den Begriff der „Psy-Funktion" (vgl. MP 129 ff., 272 ff.) Darunter versteht er nicht nur den psychologischen Diskurs als solchen und die gesellschaftlichen Institutionen und Zusammenhänge (Familie, Schule, Klinik usw.), in denen dieser Diskurs Anwendung findet und als Macht-Wissen vor allem kontrollierende Funktionen innehat, sondern auch das psychologische Individuum selber, das innerhalb derartiger Dispositive moduliert und produziert wird. Dabei hat die „Psy-Funktion" und mit ihr die Psychologisierung des Individuums einen ganz klar unterwerfenden Charakter: Sowohl bezüglich der gesellschaftlichen Position des Individuums, da es mit Hilfe der psychologischen Eigenschaften, die man ihm zuweist, normiert und eingeordnet wird, als auch hinsichtlich seiner individuellen Selbstwahrnehmung, indem das Individuum sich in seiner auf-

auch die Psychoanalyse Element eines bestimmten Dispositivs und eine Machttechnologie, die dem Menschen eine bestimmte Vorstellung von sich selbst vermittelt. Um seine genealogische Analyseperspektive aufrechtzuerhalten, die vor allem an der Geschichte der Wissensformationen interessiert ist, die bestimmte ‚objektive' Menschenbilder oder subjektive ‚Vorstellungen von sich selbst' haben entstehen lassen, muss Foucault zur Psychoanalyse und auch zu anderen psychologischen Erklärungsansätzen, die mit universalen Wesensbestimmungen des Menschen arbeiten, auf Distanz gehen.[102]

Aus der theoretischen und methodologischen Perspektive Foucaults und seinem Anliegen die Kontingenz und Machtverwobenheit dieser Sinn(erzeugungs)systeme zu zeigen ist diese Distanzierung zwar verständlich. Andererseits muss man sich die Frage stellen, ob man ohne Rückgriff auf psychologische Erklärungsmodelle nicht wichtige Mittel verliert, um Subjektivierungsprozesse angemessen beschreiben zu können. Auch in der Psychologie gibt es durchaus pragmatisch orientierte Ansätze, die sich bewusst sind, dass ihr Diskurs historisch-gesellschaftlichen Bedingungen und Voraussetzungen unterliegt und denen es nicht um eine universale Bestimmung der Natur des Menschen geht, sondern um praktische Problemlösung.[103] Dass sie sich dabei Mittel und Vorstellungen bedienen, die historisch entstanden sind und die eines Tages ihre Geltung verlieren werden oder sowieso nur in ihrem Spezialdiskurs als ‚wahr' oder viabel erscheinen, haben sie mit den anderen wissenschaftlichen Diskursen gemeinsam, auch mit Foucaults eigenem. Selbst Foucault würde nicht bestreiten, dass man mit psychologischen Methoden (wie der psychoanalytischen) Analysen durchführen kann, die auch in einem (gesellschafts-)kritischen Sinn durchaus nützlich und wertvoll sein können. Es ist, wie gesagt, eher eine Frage der theoretischen Perspektive und der Fragestellung, der man seine Arbeit unterordnet, die entscheidet, ob man sich dieser Modelle bedienen will oder nicht. Deshalb könnte man durchaus Butlers Auffassung vertreten, dass bestimmte psychologische Ansätze wie die Psychoanalyse und das foucaultsche Werk sich gegenseitig erhellen und bereichern könnten (vgl. Butler 2001, 8), wobei in dieser Verschränkung die Ansprüche der freudschen Orthodoxie auf Universalität problematisiert werden müssten (vgl. auch Teil II, Abs. 4.1).

Vor allem der angesprochenen Problematik bezüglich des Widerstands und der Freiheit, die sich aus seiner bisherigen Machtanalytik ergibt, ist sich Foucault durchaus bewusst. Entsprechend wird er ihre teilweise zu einseitige Ausrichtung auf Prozesse der Un-

---

oktroyierten ‚psychologischen Identität' selbst erkennt. Allgemein bezeichnet Foucault die „Psy-Funktion" als „Kontrollinstanz all der Institutionen und all der Disziplinardispositive" (ebd. 130).

102 Foucaults Distanz zur Psychoanalyse ist auch darauf zurückzuführen, dass diese den intellektuellen Diskurs der 1950er und 60er Jahre in Frankreich zusammen mit dem Marxismus beherrschte und Foucault seine Arbeit auch als Gegenreaktion auf diese Hegemonie sieht: „... wer nicht gerade dabei war, sich bei seinem Psychoanalytiker auszuquatschen, hatte in der Pariser Welt keinen Platz. Darauf erfolgte eine jähe und gesunde Reaktion ... Denn weder Marx noch Freud sind für die Lösung dieser Probleme ... geeignet. Eine der Aufgaben dieses Kampfes, der seit ungefähr fünfzehn Jahren anhält, bestand darin, diese beiden Gestalten zu entsakralisieren. Und als Nächstes, neue Kategorien und neue Instrumente zu erfinden." (Schriften 2, 962 ff.)

103 Als einer der ersten Vordenker dieser Richtung wäre vor allem der Pragmatiker William James (1842–1910) zu nennen: „The truest scientific hypothesis is that which, as we say, ‚works' best." (James 1896, zit. nach Bruder 1993, 120) Zum Zusammenhang zwischen James und einer postmodernen, dezentrierten Subjektivität siehe Bruder 1993, 81–135.

terwerfung, in welcher das Subjekt vornehmlich als Effekt und Objekt thematisiert wird, in späteren Arbeiten versuchen zu korrigieren. Diese Umorientierung wird auch aus einem weiteren Grund nötig. Denn die bisher untersuchten Machtmechanismen, vor allem die der Disziplin, funktionieren vor allem restriktiv. In ihrer Gesamtwirkung sind sie zwar durchaus produktiv, bezüglich des einzelnen Individuums wirken sie aber vornehmlich über äußeren Druck oder wie im Falle des Panoptismus als verinnerlichter äußerer Zwang. Die Ausnahme stellt hier sicherlich die Geständnistechnologie dar, die in vielen Kontexten innerhalb des Sexualitätsdispositivs, in denen die ‚Lust' zum Geständnis vorherrschend ist, nicht auf äußeren Druck angewiesen ist. Dabei ist jedoch zu beachten, dass die ‚Freiwilligkeit' und ‚Lust' der Individuen zum Geständnis auch Effekte des Dispositivs sind. So erscheint auch das Geständnis in „Der Wille zum Wissen" als grundsätzlich manipulativ und konstituiert ein unterworfenes Subjekt, trotz oder gerade wegen seiner positiven und produktiven Mechanismen der Anreizung.

Insgesamt verbleibt Foucault (auch nach eigener Einschätzung) zumindest in Teilen noch innerhalb einer (zu überwindenden) juridischen Machtkonzeption und ihres negativen Codes (des Rechts), in der die Individuen nach festgelegten Normen ausgerichtet und ihnen in mehr oder weniger restriktiver Weise unterworfen werden (vgl. Lemke 1997, 190 f.). In der Weiterführung seiner Machtanalytik wird Foucault Macht bzw. Machtverhältnisse unter einem teilweise anderen Blickwinkel untersuchen und stärker auf Machtwirkungen und -mechanismen fokussieren, die nur mit Hilfe der ‚Freiheit' des Subjekts funktionieren können. Dadurch gelingt es ihm zum einen die unterwerfende Dimension von Macht noch um Wirkungsweisen zu ergänzen, in denen die Handlungsfähigkeit und ‚Freiheit' des Subjekts stärker zum Tragen kommt und es nicht nur als „Effekt/Objekt" von Dispositiven erscheint. Zum anderen machen diese speziellen Funktionsmechanismen moderner Machttechniken für Foucault ihre besondere Effektivität aus. Sie sind an einem deutlich positiveren und produktiveren Schema ausgerichtet als die im Vergleich dazu eher negativ und restriktiv erscheinenden reinen Disziplinartechniken.[104]

Die Notwendigkeit einer Neuorientierung wird auch im folgenden Zitat Foucaults deutlich:

„Wenn man die Genealogie des Subjekts in der abendländischen Kultur untersuchen will, muss man nicht nur die Herrschaftstechniken, sondern auch die Selbsttechniken berücksichti-

---

104 Das heißt nicht, dass die Techniken der Disziplin oder des Rechts nun bedeutungslos werden. Vielmehr werden sie im Verlauf der historisch-gesellschaftlichen Entwicklung modifiziert, sowohl sie selbst als auch ihr Verhältnis zu anderen, teilweise neu entstandenen Machtmechanismen betreffend (vgl. Lemke 1997, 192). In einem Vortrag zur *Gouvernementalität* (vgl. Kapitel 3) wird Foucault dies folgendermaßen ausdrücken: „Daher darf man die Dinge mitnichten als Ersetzung einer Gesellschaft der Souveränität durch eine Gesellschaft der Disziplin und anschließend einer Gesellschaft der Disziplin durch eine, sagen wir, Regierungsgesellschaft verstehen. In Wirklichkeit hat man ein Dreieck: Souveränität – Disziplin – gouvernementale Führung, dessen Hauptzielscheibe die Bevölkerung ist und dessen wesentliche Mechanismen die Sicherheitsdispositive sind." (Schriften 3, 819 f.) So existieren die verschiedenen Formen der Macht nebeneinander und verbinden sich untereinander. Beispielsweise kann das Recht „die Ausübung disziplinärer Macht autorisieren; man kann Strategien europäischer Sicherheitspolitik als neuere Formen der Etablierung souveräner Macht der Kontrolle über ein Territorium ansehen; ..." (Krasmann 2002, 91).

gen. Man muss die Wechselwirkung aufzeigen, die zwischen diesen beiden Arten von Techniken besteht. Ich habe vielleicht die Herrschaftstechniken zu sehr in den Vordergrund gerückt, als ich die Anstalten, die Gefängnisse etc. untersuchte. Es ist richtig, dass das, was wird ‚Disziplin' nennen, etwas ist, das in dieser Art von Institutionen eine wirkliche Bedeutung hat. Aber das ist nur ein Aspekt der Kunst, die Menschen in unseren Gesellschaften zu regieren. Nachdem ich das Feld der Macht im Ausgang von den Herrschaftstechniken untersucht habe, möchte ich in den kommenden Jahren die Machtverhältnisse im Ausgang von den Selbsttechniken studieren." (Schriften IV 210)

Schon der Begriff der „Selbsttechniken", mit seinem direkten Bezug auf die aktive Rolle des Individuums bei seiner Selbstgestaltung, verweist auf einen Akzentwechsel innerhalb der Machtanalyse und auch im Zusammenhang von Macht und Subjektivität. Ebenso wird Foucault durch seine Überlegungen zur *Gouvernementalität* und zum Begriff der *Regierung* in seiner Machtanalytik einige markante Verschiebungen vornehmen, durch die sich das Verhältnis von Subjektivität und Unterwerfung deutlich anders darstellen wird.

3. Gouvernementalität oder: Die Regierung der Individuen

Der Begriff der *Gouvernementalität*,[105] den Foucault vor allem in seinen Vorlesungen von 1978 („Sicherheit, Territorium, Bevölkerung") und 1979 („Die Geburt der Biopolitik") ausarbeitet, bezieht sich auf eine sozialhistorische Entwicklung, in deren Verlauf die „Regierung" von Menschen zum ersten Mal „in der abendländischen Geschichte als eine zentrale Aufgabe des Staates begriffen wird." (Brieler 1998, 491). Zunächst verwendet Foucault den Terminus der *Gouvernementalität* relativ spezifisch zur Bezeichnung einer sich im 18. Jahrhundert entwickelnden komplexen gesellschaftlichen Machtform, die sich auf eine Gesamtheit von Institutionen, Verfahren, Reflexionen, Kalkülen und Taktiken stützt bzw. aus diesen gebildet wird und „die als Hauptzielscheibe die Bevölkerung, als wichtigste Wissensform die politische Ökonomie und als wesentliches technisches Instrument die Sicherheitsdispositive hat." (GG I 162). Später scheint Foucault, wie Michel Sennelart herausstellt, den Begriff der *Gouvernementalität* mit dem der *Regierung* zu vermischen,[106] der „in einem weiten Sinne von Techniken und Verfahrensweisen verstanden [wird; C.D.], die den Zweck haben, das Verhalten der Menschen zu steuern. Regierung der Kinder, Regierung der Seelen oder des Gewissens, Regierung eines Hauses, eines Staates oder von sich selbst." (Schriften IV 154) Das heißt, nun bezieht sich der Terminus der *Gouvernementalität* allgemein auf „die Art und Weise, mit der man das Verhalten der Menschen steuert" und soll als Konzept gleichzeitig als Analyseraster für derartige Machtverhältnisse dienen (vgl. Sennelart 2004, 482 ff.; GG II 261). In diesem Zusammenhang formuliert Foucault an manchen Stellen so, als sei seine gesamte bisherige Machtanalytik eine Analyse von „Formen der »Gouvernementalität«" gewesen (vgl. Schriften IV 259 f.). Derart verwendet Foucault *Gouvernementalität* als einen Oberbegriff oder als eine übergeordnete Kategorie zur Bezeichnung beliebiger Machtverhältnisse, die Felder „strategischer Beziehungen zwischen Individuen und Gruppen" (ebd.) darstellen und deren Untersuchung er mit den Mitteln seiner Machtanalytik betreibt bzw. in den vergangenen 20 Jahren betrie-

---

105 Bei deutschsprachigen Rezipienten wird bzw. wurde oft die Meinung vertreten, dass es sich bei dem Wort *gouvernementalité* (Gouvernementalität) um einen von Foucault geprägten Neologismus handelt, der sich aus den französischen Wörtern „gouverner" (regieren) und „mentalité" (Denkweise) zusammensetzt (vgl. u.a. Lemke 1997, 146; Brieler 1998, 491; Lemke et al. 2000, 8; Pieper/Gutiérrez Rodríguez 2003, 7 f.; Dzierzbicka/Sattler 2004, 120). Michel Sennelart widerspricht dieser Interpretation mit dem Hinweis, dass sich das französische Wort ‚gouvernementalité' von ‚gouvernemental' (‚die Regierung betreffend') ableitet „und je nach Verwendung das Strategiefeld der Machtbeziehungen oder die spezifischen Merkmale der Regierungstätigkeit bezeichnet." (Sennelart 2004, 482) Übersetzungen des Begriffes ‚gouvernementalité' mit ‚Regierungsdenken' oder ‚Regierungsmentalität' wären demnach Fehldeutungen (vgl. ebd.) Einige der oben genannten Foucault-Interpreten haben der Kritik Sennelarts in der Zwischenzeit jedoch zugestimmt (vgl. Dzierzbicka 2006, 102 f.; Lemke 2006, 3). Auch geht der Terminus der *Gouvernementalität* nicht auf Foucault zurück, sondern besitzt eine längere Begriffsgeschichte (vgl. Lemke 2006, 2 f.).

106 Gleichzeitig versucht Foucault die beiden Termini zu differenzieren. Innerhalb dieser Unterscheidung bezeichnet der Begriff der *Gouvernementalität* „ein strategisches Feld beweglicher, veränderbarer und reversibler Machtverhältnisse" (HS 314), in welchem sich bestimmte Weisen oder Praktiken der *Regierung* formieren (vgl. Sennelart 2004, 484).

ben hat.[107] Hier unterschlägt Foucault natürlich die Akzentverschiebungen, welche die zumindest in ihrer Verwendungsweise neuen Begriffe der *Regierung* (gouvernement) oder der *Führung* (conduit) von Individuen für seine Machtanalytik mit sich bringen. Bedeutet Regierung oder Führung der Individuen in seinen vorangegangenen Studien vor allem eine Unterwerfung und Kontrolle der Individuen, so nimmt eine Machtanalytik in Gouvernementalitäts- bzw. Regierungsperspektive die Problematik der Selbstführung bzw. Selbstregierung und die Dimension der ‚Freiheit' mit auf.[108] Mehr noch bedingt die Frage nach der *Gouvernementalität* und damit verbunden nach der „Regierung-seiner-selbst-und-deranderen" (HS 314) für Foucault die Notwendigkeit einer Thematisierung der Selbstbeziehung und der Ethik des Subjekts, dem Hauptgegenstand seines Spätwerks (vgl. ebd.).[109]

Insgesamt verweist die Gouvernementalitäts- oder die Regierungsproblematik, ob nun als allgemeine Perspektive zur Analyse von Macht (vgl. Schriften IV 286 ff.) oder als Beschreibungskategorie spezifischer Machttechniken verstanden, auf Formen von Machtverhältnissen oder Machtausübung, für die ‚Freiheit' eine Grundbedingung ist. So zielt beispielsweise die *Gouvernementalität* oder die *Regierung* als Machttechnik anders als die Disziplin nicht auf die reine Unterwerfung der Individuen, sondern auf deren Führung, „der Mobilisierung und Steuerung ihrer ‚natürlichen' Potentiale" (vgl. Brieler 1998, 491).[110] Sie funktioniert weniger als Zwangstechnik, sondern hat ihre Grundlage in der „freiwilligen Akzeptanz" von Führung seitens der Individuen. Auf der anderen Seite muss die *Regierung* ihrerseits die Selbstführung der Subjekte akzeptieren und unterstützt die Ausbildung von Selbstführung sogar (vgl. ebd., 514 f.). Das heißt nicht, dass Disziplinaroder Regulierungstechniken oder auch juridische Machtmechanismen überflüssig werden.

---

107 In früheren Arbeiten hat Foucault in diesem Kontext den unspezifischeren und sehr allgemeinen Begriff der Macht benutzt. Dazu auch Pasquale Pasquino, ein enger Mitarbeiter Foucaults (vgl. Lemke 1997, 126): „Daher die Frage der *Führung (gouvernement)* – ein Ausdruck, mit dem Foucault Zug um Zug den der *Macht*, der ihm zu vieldeutig erschien, ersetzte" (Pasquino, zit. nach ebd.).

108 Foucault benutzt den Begriff der *Regierung* selber in seinen machtanalytisch ausgerichteten Monographien („Überwachen und Strafen"; „Der Wille zum Wissen") meines Wissens nicht. Sennelart (2004, 479 f.) merkt in diesem Zusammenhang an, dass Foucault diesen Begriff bezüglich der „Problematik der Regierungskunst" (ebd.) zum ersten Mal in seiner Vorlesungsreihe von 1974/75 („Die Anormalen") verwendet (vgl. DA 69 ff.) und ihn hier sowohl auf die Disziplin der Körper als auch auf die pastorale Seelenführung bezieht. In diesen (Untersuchungs-)Kontexten geht es jedoch vor allem um die Fremdführung des Individuums und nicht um Möglichkeiten einer Selbstführung.

109 Foucault selber versteht seine Vorlesungen zur *Gouvernementalität* nicht als ausgearbeitete Konzeption, sondern als „vage Skizze", um einige interessante Hypothesen aufzuwerfen: „Nehmen Sie all dies, diese Überlegungen zur Gouvernementalität ... wohlgemerkt nicht für bare Münze. Das ist keine vollendete Arbeit, ..., es ist eine Arbeit, die gerade eben erst zustande kommt, mit all dem, was dies beinhalten kann, Ungenauigkeiten gewiß, Hypothesen, das heißt, es sind mögliche Fährten für Sie, wenn Sie möchten, für mich vielleicht." (GG I 201) Insgesamt beinhalten Foucaults Vorlesungen zur *Gouvernementalität* sehr komplexe und vielschichtige Untersuchungen, auf die im Rahmen dieser Arbeit nicht näher eingegangen werden kann. Zu einer umfangreichen Darstellung von Foucaults „Analyse der modernen Gouvernementalität" siehe Lemke (1997).

110 Bezogen auf die Geschichte der *Gouvernementalität* wird die Freiheit ab dem 18. Jahrhundert „zu einem unverzichtbaren Bestandteil der Gouvernementalität ... Man kann jetzt nur noch unter der Bedingung gut regieren, daß die Freiheit oder bestimmte Formen der Freiheit wirklich geachtet werden." (GG I 506)

Vielmehr können und werden diese in gouvernementale Dispositive und deren spezifische Rationalität integriert.[111]

Wie schon angedeutet, zeigen sich zwischen Foucaults gouvernementaler Perspektive und seiner bisherigen Machtanalytik markante Unterschiede. Identifizierte Foucault bislang Machttechniken vornehmlich als Herrschaftstechniken, welche das Individuum zum Zweck der Verhaltenskontrolle unterwerfen, betont er mit den Regierungstechniken deutlich stärker die Dimension der ‚Freiheit' und die Flexibilität und Reversibilität von Machtbeziehungen. Entsprechend verschiebt sich auch seine Perspektive auf Subjektivität. In „Überwachen und Strafen" und „Der Wille zum Wissen" thematisierte Foucault das Subjekt vor allem als Produkt und Effekt von Macht und Wissen, als mehr oder weniger passives und unterworfenes Subjekt. Nun bekommt das Subjekt eine deutlich aktivere Rolle: als Subjekt, das sich selbst und andere regiert, gleichzeitig aber auch regiert wird. An dieser Stelle ist anzumerken, dass es in Foucaults Vorlesungen zur *Gouvernementalität* noch nicht so sehr um die Ausarbeitung von Perspektiven geht, in denen Formen von ‚Freiheit' und Selbstregierung des Subjekts eine besonders große Rolle spielen.[112] Hier steht eher die „Geschichte der Gouvernementalität" und ihrer aufgeworfenen Problemstellung der (richtigen) ‚Regierung der anderen' im Fokus der Untersuchungen.[113] Trotzdem

---

111   So hat sich für Foucault „das Problem der Souveränität niemals in derselben Schärfe gestellt ... wie in diesem Moment [als die Regierungskunst zur politischen Wissenschaft zu werden begann; C.D.]; denn es ging ... darum, welche juristische Form, welche institutionelle Form, welche Rechtsgrundlage man der Souveränität, die einen Staat charakterisiert, würde geben können ... Was die Disziplin anbelangt, so ist auch sie keineswegs eliminiert ... auch die Disziplin wurde niemals höher bewertet als von dem Moment an, da man versuchte, die Bevölkerung zu verwalten; ... die Bevölkerung zu verwalten heißt, sie gleichermaßen in der Tiefe zu verwalten, in den Feinheiten und im Detail." (GG I 160 f.)

112   Dagegen untersucht Foucault in einem Vortrag aus dem Jahre 1978 und damit etwa zeitgleich zu seinen Vorlesungen zur *Gouvernementalität*, wie mit den aufkommenden Regierungskünsten sich „eine Kulturform ..., eine moralische und politische Haltung" (WK 12) zu entwickeln beginnt, die er auch als „Haltung der Kritik" (WK 8) bezeichnet. Diese versteht Foucault als eine widerständige Praxis, die sich in einer „Kunst nicht regiert zu werden bzw. die Kunst nicht auf diese Weise und um diesen Preis regiert zu werden" (WK 12) ausdrückt. Foucault begreift die Entstehung und Entwicklung von *Gouvernementalität* und kritischer Haltung als wechselseitig miteinander verbunden. Das heißt, mit der Frage nach der (bestmöglichen) Regierung stellt sich auch die Frage, wie man nicht regieren sollte, was wiederum die Reflexion und Praxis der Regierungskunst beeinflusst usw. Damit ist die ‚Kunst der Kritik' gleichzeitig Widerpart und Funktionselement innerhalb der Entwicklung der Regierungskünste. So bestimmt Foucault mit der kritischen Haltung auch einen Widerstandpunkt des Subjekts gegen die sich entwickelnden Regierungstechniken: „Wenn es sich bei der Regierungsintensivierung darum handelt, in einer sozialen Praxis die Individuen zu unterwerfen – und zwar durch Machtmechanismen, die sich auf Wahrheit berufen, dann würde ich sagen, ist die Kritik die Bewegung, in welcher sich das Subjekt das Recht herausnimmt, die Wahrheit auf ihre Machteffekte hin zu befragen und die Macht auf ihre Wahrheitsdiskurse hin. Dann ist die Kritik die Kunst der freiwilligen Unknechtschaft, der reflektierten Unfügsamkeit. In dem Spiel, das man die Politik der Wahrheit nennen könnte, hätte die Kritik die Funktion der Entunterwerfung." (WK 15). Zu Foucaults „Haltung der Kritik" vgl. auch Abs. 4.3.

113   Entsprechend stellt in Foucaults Vorlesungen zur *Gouvernementalität* das Subjekt nicht unbedingt die Hauptthematik dar. Wenn man überhaupt von einer Hauptthematik sprechen will, so wäre diese, wie bereits erwähnt, am ehesten die einer „Geschichte der »Gouvernementalität«" (so zumindest Foucaults mit deutlichem Vorbehalt und erst im Laufe seiner Vorlesungsreihe gewählter Titel für eben diese, vgl. GG I 162). Es geht hier vor allem um die Geschichte einer spezifischen Form oder besser von Formen von Rationalitäten und Macht, die für Foucault ihren Ursprung u.a. in den Führungstechniken der

werden diese Studien von vielen Kommentatoren als notwendige Verschiebung von Foucaults Analyseperspektive angesehen, die es ihm ermöglichen, in seinen späteren Arbeiten zur Antike die Selbstführung des Subjekts adäquat zu behandeln (vgl. u.a. Lemke 1997, 260; Ortega 1997, 111 f.; Sennelart 2004, 446 f.; HS 314). Hierzu ist jedoch noch eine weitere begriffliche und theoretische Neuorientierung notwendig.

Im Zusammenhang mit der Selbstregierung führt Foucault Anfang der 1980er Jahre den Begriff der „Technologien des Selbst" ein. Darunter versteht er Techniken, mit denen das Individuum auf sich selbst einwirken, eine Beziehung zu sich selbst entwickeln kann. Diese Techniken sind nicht unabhängig von gesellschaftlichen Machtverhältnissen zu sehen, sind aber durch einen gewissen Freiheitsspielraum gekennzeichnet. Daher zeigt sich auch im Verhältnis von Selbstbeziehung und Macht ein Unterschied zu Foucaults vorangegangenen Arbeiten. In diesen hatte es den Anschein, als ob die moderne Macht so etwas wie ein reflexives Selbstverhältnis erst produziert (durch die panoptische Überwachung, durch das Geständnis usw.). Nun geht Foucault davon aus, dass die „Technologien des Selbst" und mit ihnen das „Verhältnis zu sich" in allen Kulturen existieren (vgl. GE 35).[114] Zwar stehen diese, wie schon angesprochen, mit Machttechnologien in einem Verhältnis der Wechselwirkung, aber nicht in einem reinen Determinationsverhältnis. Das heißt, dem in gesellschaftlichen Machtverhältnissen stehenden Individuum bleiben immer auch Freiheitsspielräume, um aktiv und verändernd auf sich selbst einzuwirken.

Diese Freiheit ist also nicht als eine ‚ursprüngliche Freiheit' des Subjekts zu verstehen. Denn das Individuum bewegt sich immer in einem „Möglichkeitsfeld" (SM 255), welches durch bestimmte Machtverhältnisse und historisch entstandene Denkweisen strukturiert ist und es kann sich in seiner Selbstführung nur der Mittel bedienen, die es vorfindet. Aber mit Hilfe dieser Mittel ist es eben auch möglich, etwas Neues entstehen zu lassen. Oder anders formuliert: Foucault fasst zwar mit Hilfe der Selbsttechniken die Mög-

---

(früh-)christlichen Pastoralmacht haben und schließlich in den modernen westlichen Staat und seiner Regierungsweise münden. In Foucaults ‚Geschichte' der *Gouvernementalität* kommt der ‚Frage des Subjekts' jedoch besondere Relevanz zu: Zum einen, weil die *Gouvernementalität* nicht nur auf die Regierung der Bevölkerung, sondern auch auf die Führung des einzelnen Individuums abzielt. Zum anderen, da Foucault die politische Regierung der Menschen historisch aus der pastoralen Regierung der Seelen ableitet (vgl. GG I 331 ff.). Das Pastorat ist aber nicht nur das „Präludium der Gouvernementalität" (GG I 268), sondern gleichzeitig das Präludium einer spezifischen Subjektivierungsform, so dass Foucaults Geschichte der *Gouvernementalität* und des modernen Staates zumindest zum Teil auch eine „Geschichte des Subjekts" (Schriften IV 528) darstellt (vgl. GG I 268 f.; zur Beziehung zwischen Pastoralmacht und Subjektivität vgl. Abs. 4.2.3). Im Kontext meiner Arbeit interessiert jedoch weniger das Problem des Staates, sondern vor allem die „Geschichte der Subjektivität" (Schriften IV 259) und die Verbindung von spezifischen Regierungstechniken, Selbsttechniken und Subjektivierungsformen.

114 Frédéric Gros spricht in seinem Kommentar zu Foucaults Vorlesungen von 1982 von der „Nichthintergehbarkeit der Selbsttechniken" (Gros 2004, 641) die Foucault ab 1980 in den Blick zu nehmen beginnt. Foucault geht in seiner Arbeit jedoch nicht der Frage nach, warum der Mensch die für die Existenz dieser Techniken notwendige Fähigkeit zur Selbstbeziehung überhaupt hat. Andere Autoren wie z.B. G.H. Mead versuchen dieses Vermögen mit Hilfe einer Theorie der Intersubjektivität zu erklären. Da aber Foucaults Interesse weniger allgemeinen Theorien über den Menschen gilt, beschränkt er sich auch im Zusammenhang mit dieser Thematik auf eine historische Untersuchung der Veränderungen der Formen und Modalitäten des „Verhältnisses zu sich" (GL 12).

lichkeit und Fähigkeit des Subjekts zur Selbstkonstitution ins Auge. Dabei ist aber zum einen zu beachten, dass es sich auch bei diesen um historisch generierte und geregelte Praktiken handelt, welche mit kontingenten Wahrnehmungs- und Beurteilungskategorien verbunden sind. Auch haben diese sich nicht unabhängig von Machtverhältnissen entwickelt, sondern werden zu Steuerungszwecken innerhalb spezifischer Machtdispositive benutzt.[115] Zum anderen verlieren die normativen Systeme und Zwangsmechanismen der Disziplinierungs- und Regulierungstechniken und mit ihnen die Prozesse der (unterwerfenden) Fremdkonstitution von Subjektivität nicht ihre Bedeutung. Insgesamt begreift Foucault den Selbstbezug des Individuums als ein Feld, auf dem Wissensdiskurse, Macht- und Selbsttechnologien, Praktiken der Unterwerfung und Praktiken der Freiheit, Prozesse der Fremd- und Selbstkonstitution miteinander verwoben sind und eine historisch-singuläre Subjektform entstehen lassen.[116] Im Folgenden soll auf die schon angedeuteten Veränderungen in Foucaults Machtanalytik noch etwas näher eingegangen werden, um im Anschluss daran die mit dieser Neuorientierung und der zusätzlichen Einführung des Begriffs der Selbsttechnologien verbundenen Verschiebungen bezüglich der Subjektthematik kurz aufzuzeigen.

3.1   Macht, Herrschaft, Regierung

Wie Thomas Lemke in seinem Buch „Eine Kritik der politischen Vernunft" kenntnisreich ausführt, kommt dem Terminus der *Regierung*[117] in der Weiterentwicklung der foucaultschen Machtanalyse eine Schlüsselrolle zu (vgl. Lemke 1997, 306 ff.). Denn dieser ermöglicht es Foucault, zwischen Macht und Herrschaft zu unterscheiden. Hatte Foucault in

---

115 Dazu Foucault: „Wenn man die Genealogie des Subjekts in der westlichen Zivilisation analysieren will, kann man nicht nur Herrschaftstechniken betrachten, sondern muss auch Selbsttechniken einbeziehen. Anders gesagt: Man muss die Wechselwirkung zwischen diesen beiden Technikformen – Herrschaftstechniken und Selbsttechniken – untersuchen. Man muss die Punkte analysieren, an denen die Techniken der Herrschaft über Individuen sich der Prozesse bedienen, in denen das Individuum auf sich selbst einwirkt. Und umgekehrt muss man jene Punkte betrachten, in denen die Selbsttechnologien in Zwangs- oder Herrschaftsstrukturen integriert werden. Der Kontaktpunkt, an dem die Form der Lenkung der Individuen durch andere mit der Weise ihrer Selbstführung verknüpft ist, kann nach meiner Auffassung Regierung genannt werden" (Foucault, zit. nach Lemke 2001, 12).

116 In dieser Perspektive wäre beispielsweise das selbstreflexive Subjekt der Moderne eine historisch kontingente Form, die das „Verhältnis zu sich" angenommen hat, und Resultat spezifischer kultureller Schemata, die dem Individuum eine derartige Selbstinterpretation nahe legen. Selbst der Begriff des Individuums bzw. der mit ihm zusammenhängende Prozess der (modernen) Individualisierung verweist für Foucault nicht auf etwas voraussetzungslos Gegebenes, sondern ist, wie Foucault in seinen Analysen zu Disziplinarmacht ausgeführt hat, Folge von Machtpraktiken, deren Wirkungsweise in einer gleichzeitigen Individualisierung und Totalisierung besteht (vgl. Abs. 2.1.3.1).

117 Im französischen Originaltext wird der Begriff *gouvernement* verwendet, der im Deutschen mit „Regierung", teilweise auch mit „Lenkung" übersetzt wird. Hier ist zu berücksichtigen, „dass der Terminus ‚Regierung' im Deutschen eine geringere semantische Spannweite besitzt als das französische *gouvernement*, das auch die Regierung seiner selbst bezeichnen kann" (Neuenhaus 1993, 67; vgl. auch Lemke 1997, 144).

seinen früheren Arbeiten die Begriffe Macht und Herrschaft weitestgehend synonym verwendet oder zwischen ihnen nur unzureichend differenziert, führt er nun den Begriff der *Regierung* als „intermediären Begriff" (ebd., 308) ein:

> „Man muß zwischen Machtbeziehungen als strategischen Spielen zwischen Freiheiten ... und Herrschaftszuständen unterscheiden, die das sind, was man üblicherweise Macht nennt. Und zwischen beiden, zwischen den Spielen der Macht und den Zuständen der Herrschaft, gibt es die Regierungstechnologien, wobei dieser Ausdruck einen sehr weit gefassten Sinn hat: das ist sowohl die Art, wie man Frau und Kinder leitet, als auch die, wie man eine Institution führt. Die Analyse dieser Techniken ist erforderlich, weil sich mit ihrer Hilfe die Herrschaftszustände errichten und aufrechterhalten. In meiner Machtanalyse gibt es drei Ebenen: strategische Beziehungen, Regierungstechniken und Herrschaftszustände" (FS 26 f.).

Neben diesen Differenzierungen innerhalb Foucaults Begrifflichkeiten gibt es weitere wichtige Veränderungen in seiner Analyseperspektive. Dass Foucault Macht als Relation begreift, ist schon von Beginn an Grundprämisse seiner Machtanalytik. In seinen Arbeiten der 1980er Jahre wird er aber die Bedeutung von Interaktionsbeziehungen zwischen Individuen und Gruppen als Grundvoraussetzung für die Existenz von Machtverhältnissen stärker hervorheben (vgl. WK 38; TS 27): „Es gibt Macht nur als von den ‚einen' auf die ‚anderen' ausgeübte. Macht existiert nur *in actu*, auch wenn sie sich, um sich in ein zerstreutes Möglichkeitsfeld einzuschreiben, auf permanente Strukturen stützt." (SM 255)[118]

Wenn man unter Interaktionsbeziehungen Wechselbeziehungen zwischen Handlungspartnern versteht, wird auch eine weitere Neuinterpretation Foucaults bezüglich der Beschreibung von Machtverhältnissen leicht verständlich. In dieser definiert er Machtverhältnisse als Handlungsweisen, die nicht direkt auf die Individuen einwirken, sondern auf deren Handeln (vgl. ebd., 254).[119] Macht setzt also handelnde Individuen voraus und da-

---

118 Dies stellt zumindest eine deutliche Akzentverschiebung im Vergleich zu Foucaults früheren Arbeiten dar. Zwar beschreibt er auch in „Überwachen und Strafen" und „Der Wille zum Wissen" Macht als eine Relation, die zwischen Individuen und Gruppen wirksam ist. Aber hier versucht Foucault vor allem eine Beobachtungsperspektive zu entwickeln, die ohne ein konstituierendes Subjekt auskommt. Daher beschreibt er Machtverhältnisse vor allem als anonyme Systeme, deren Existenz und Funktionsweise sich nicht auf die Intentionen einzelner Gruppen oder Subjekte reduzieren lassen, sondern die Subjekte (und ihre Intentionen) erst produzieren. Dementsprechend lag die Betonung in diesen Analysen nicht in der Betrachtung von Interaktionsbeziehungen, sondern in der Beschreibung komplexer Dispositive. In Foucaults späten Arbeiten rückt das handelnde Subjekt und damit verbunden die Beziehungen zwischen den Subjekten stärker in den Fokus seiner Untersuchungen. Das heißt aber nicht, dass seine vorangegangenen Arbeiten ihre Gültigkeit verlieren. Denn Foucault beabsichtigt keineswegs, Machtverhältnisse nun auf Interaktionsbeziehungen zwischen Individuen bzw. Gruppen zu reduzieren. Vielmehr gehen ‚anonyme' „Macht/Wissen-Komplexe" den Interaktionsbeziehungen insofern voraus, als dass sie ein „Möglichkeitsfeld" (SM 255) konstituieren, welches bestimmte Interaktionsformen respektive Handlungsoptionen, Verhaltens- und Denkweisen erst möglich macht und andere ausschließt. Wie gesehen denkt Foucault aber die Möglichkeit eines zumindest begrenzten Einflusses auf dieses Möglichkeitsfeld seitens des handelnden Individuums mit und hebt damit die Offenheit und Unabgeschlossenheit von Machtverhältnissen hervor. Man kann die Betonung von Interaktionsbeziehungen in Foucaults Spätwerk also als Wiederaufnahme eines Aspektes sehen, der auch in früheren Arbeiten vorhanden, aber aufgrund der theoretischen Ausrichtung dieser Arbeiten unterrepräsentiert ist.

119 „Tatsächlich ist das, was ein Machtverhältnis definiert, eine Handlungsweise, die nicht direkt und unmittelbar auf die anderen einwirkt, sondern eben auf deren Handeln." (SM 254)

mit betont Foucault gleichzeitig die Bedeutung der ‚Freiheit' als notwendigen Bestandteil von Machtverhältnissen.[120] Denn um handeln zu können, muss das Individuum einen Freiheitsspielraum haben. Gäbe es diese Freiheit nicht, würde das Machtverhältnis zu einem bloßen Zwangsverhältnis gerinnen.[121] Deshalb wird Foucault Machtausübung auch als „Führen der Führungen" (SM 255)[122] bezeichnen. Das Führen bzw. das Regieren von Individuen schließt deren Fähigkeit auf Selbstführung ein und muss diese in ihrer strategischen Ausrichtung berücksichtigen.[123]

Die Bestimmung von Freiheit als unentbehrlicher Bestandteil von Machtbeziehungen leitet zu der oben getroffenen Unterscheidung zwischen den drei Ebenen der Machtanalyse über: den strategischen Beziehungen, den Regierungstechniken und den Herrschaftszuständen. Denn wenn Freiheit die „Existenzbedingung" (ebd., 256) von Machtbeziehungen ist und Machtstrategien sich durch „Führung" auszeichnen, dann muss man von diesen „freien" Machtbeziehungen solche Machtformen unterscheiden, welche Möglichkeiten alternativer Handlungsweisen ausschließen (vgl. Lemke 1997, 307). Dazu differenziert Foucault zwischen strategischen Beziehungen bzw. Machtbeziehungen und Herrschaftszuständen.

Die strategischen Beziehungen bzw. Machtbeziehungen stellen für Foucault die grundlegende Ebene seines Machtbegriffs und gleichzeitig ein elementares Konstituierungsmerkmal von Gesellschaft dar: „Charakteristisch für ein Machtverhältnis ist demnach, daß es eine Weise des Einwirkens auf Handlungen ist. Das heißt, daß die Machtverhältnisse tief im gesellschaftlichen Nexus wurzeln, und nicht über der ‚Gesellschaft' eine zusätzliche Struktur bilden, von deren radikaler Austilgung man träumen könnte. In Gesellschaft leben heißt jedenfalls so leben, daß man gegenseitig auf sein Handeln einwirken kann. Eine Gesellschaft ‚ohne Machtverhältnisse' kann nur eine Abstraktion sein." (SM 257)[124] Das bedeutet nicht, dass es ein grundlegendes Machtprinzip gibt oder dass alle

---

120　Erinnert man sich an Foucaults frühere Monographien, werden dort aktiv handelnde Individuen oder Subjekte kaum beschrieben. In der archäologischen Diskursanalyse wurde ein handelndes Subjekt nicht gebraucht, weil der „autonome Diskurs" sich selbst generiert. Das im Diskurs auftretende Subjekt erscheint lediglich als dessen Effekt. In der ‚Genealogie der Macht' wird das Individuum vornehmlich als ein passives, unterworfenes Subjekt, als Produkt spezifischer „Macht/Wissen-Komplexe" konstituiert.

121　„Wenn man Machtausübung als eine Weise der Einwirkung auf die Handlungen anderer definiert, ... nimmt man ein wichtiges Element mit hinein: das der Freiheit. Macht wird nur auf ‚freie Subjekte' ausgeübt und nur sofern diese ‚frei' sind. Hierunter wollen wir individuelle und kollektive Subjekte verstehen, vor denen ein Feld von Möglichkeiten liegt, in dem mehrere ‚Führungen', mehrere Reaktionen und verschiedene Verhaltensweisen statt haben können. Dort wo die Determinierungen gesättigt sind, existiert kein Machtverhältnis; die Sklaverei ist kein Machtverhältnis ..." (ebd., 255).

122　In einer neueren Übersetzung wird diese Textstelle mit „Führung zu lenken" (Schriften IV 286) übersetzt.

123　Das heißt nicht, dass Regierungstechniken die Ausübung von Gewalt oder das Vorhandensein eines Konsenses ausschließen. Aber für Foucault sind weder die Gewalt noch der Konsens, auch wenn sie Instrumente oder Wirkungen von Machtausübung sein können, die konstitutiven Elemente einer Machtbeziehung (vgl. SM 254 f., Lemke 1997, 304).

124　Da Machtverhältnisse immer auch gesellschaftliche Differenzierungen, Zielerwartungen, verschiedene Formen der Institutionalisierung und Organisation und Grade der Rationalisierung mit sich bringen, ist für Foucault die Form einer Gesellschaft stark von den Formen der Machtbeziehungen, die in ihr wir-

sozialen Beziehungen Machtbeziehungen sind. Aber mit jedem sozialen Verhältnis ist für Foucault die Möglichkeit der Einwirkung auf das Handeln anderer und damit die Möglichkeit einer Machtbeziehung gegeben. Wie schon angesprochen, ist die Freiheit grundlegendes Charakteristikum von Machtbeziehungen. Sie ist aber nicht nur deren „Existenzbedingung", sondern erscheint gleichzeitig als das, was sich der Macht entgegenstellt und widersetzt. Somit ist die Machtbeziehung immer auch eine bewegliche, umkehrbare und instabile Beziehung: „Denn wenn es stimmt, daß es im Kern der Machtverhältnisse und als deren ständige Existenzbedingung das Aufbegehren und die widerspenstigen Freiheiten gibt, dann gibt es kein Machtverhältnis ohne Widerstand, ohne Ausweg oder Flucht, ohne eventuelle Umkehrung." (ebd., 259)

Von den Machtbeziehungen als Beziehung „zwischen Freiheiten" (FS 26) unterscheidet Foucault die Herrschaftsbeziehungen. Diese entstehen, wenn Machtbeziehungen „blockiert und erstarrt sind, statt beweglich zu sein ... Wenn es einem Individuum oder einer gesellschaftlichen Gruppe gelingt, ein Feld von Machtbeziehungen zu blockieren, sie unbeweglich und starr zu machen – mit Mitteln, die sowohl ökonomisch als auch politisch oder militärisch sein können –, um jede Umkehrbarkeit der Bewegung zu verhindern, dann steht man vor dem, was man einen Herrschaftszustand nennen kann." (ebd., 11) Für Foucault stellen Herrschaftszustände also eine Sonderform oder einen Extrempunkt von Machtbeziehungen dar, in denen Freiheitsspielräume oder alternative Handlungsmöglichkeiten stark, wenn nicht völlig eingeschränkt sind. Aber selbst solche Herrschaftszustände sieht Foucault nicht als unzerstörbar an und jede Befreiung von diesen würde ein Feld für neue Machtbeziehungen schaffen.

Den Begriff der *Regierung* verwendet Foucault, zumindest in seinen beiden Vorlesungsreihen von 1978/79, ähnlich wie den der *Gouvernementalität*, mit dem er eng verbunden ist, nicht einheitlich. Die *Gouvernementalität* bezieht sich dort, wie gesehen, zum einen auf die Beschreibung moderner Machtverhältnisse, die immer stärker ‚gouvernementalisiert' werden, zum anderen benutzt Foucault ihn als Grundkategorie für die Analyse und Beschreibung von Machtverhältnissen im Allgemeinen. Entsprechend gebraucht Foucault auch den Regierungsbegriff sowohl zur Charakterisierung eines spezifischen, sich wandelnden Machttypus und den mit diesem verbundenen Machttechniken. Hier unterscheidet er *Regierung* von anderen Machformen wie der Disziplinarmacht oder der Souveränitätsmacht (vgl. GG I 159 ff., 173 ff.).[125] Gleichzeitig verwendet er ihn auch als

---

ken, abhängig. So ist für Foucault in den gegenwärtigen westlichen Gesellschaften der Staat der zentrale Bezugspunkt für alle anderen Typen von Machtverhältnissen. Nicht, weil alle Macht von ihm ausgeht oder von ihm abstammt, sondern weil die Machtverhältnisse im Laufe der Geschichte zunehmend „gouvernementalisiert", „das heißt in der Form oder unter dem Schirm staatlicher Institutionen ausgearbeitet, rationalisiert und zentralisiert worden sind." (Ebd., 259)

125 Während die Souveränitätsmacht durch das Gesetz wirkt und durch repressive Techniken auf den Gehorsam des Rechtssubjekts zielt, die Disziplinarmacht mit Hilfe einer präskriptiven Norm und ihren spezifischen Technologien der systematischen Überwachung und Einübung von Körperpraktiken ein Disziplinarsubjekt konstituiert, arbeitet die *Gouvernementalität* (als historisch-konkrete Machtform) mit einer flexiblen Norm und mit regulativen Machtmechanismen, die, zumindest unter (neo-)liberalen Bedingungen, auf die flexible Selbstführung des Individuums abzielen und die Figur eines eigenverantwortlichen, autonomen Subjekts konstruieren (vgl. Krasmann 2003, 78). Den Normierungstechniken der Disziplin hat Foucault schon in seinen Analysen zur Bio-Macht die regulativen Normalisie-

übergeordneten Begriff, der die verschiedenen Machttechniken in einer gemeinsamen Perspektive zusammenbindet (vgl. Lemke 1997, 193 f.). Bezüglich letzterer Begriffsbestimmung wäre beispielsweise die Machttechnologie der Disziplin eine bestimmte Form der Regierung von Individuen, die man von anderen Regierungsweisen unterscheiden kann. Dabei sind die verschiedenen Regierungsformen bzw. Machttechniken in ihrer Wirkungs- und Funktionsweise innerhalb eines Macht- bzw. Regierungsfelds oft miteinander verknüpft.[126] Demnach würde man unter *Regierung* Formen der Machtausübung verstehen, die aus einer variablen Zusammensetzung von juridischen, disziplinarischen, regulativen und/oder gouvernementalen Elementen bestehen können. Diese haben sowohl das Potential, Herrschaftszustände zu errichten, als auch ein „bewegliches Kräftespiel", in dem Veränderungen möglich sind, zu etablieren (vgl. Neuenhaus 1993, 66).[127] Folglich wäre Herrschaft der Effekt von *Regierung*, welche die Machtbeziehungen so strukturiert, dass sie schließlich die Form von Herrschaftszuständen annehmen. Demgegenüber wären für Foucault solche Regierungsweisen das Optimum für die Gestaltung von Machtbeziehungen, die es ermöglichen, „innerhalb der Machtspiele mit dem geringsten Aufwand an Herrschaft zu spielen" (FS 25; vgl. auch FS 25 ff.; Neuenhaus 1993, 66 ff.; Lemke 1997, 308 f.).[128]

Insgesamt verweist der Begriff der *Regierung*, ob nun als spezifische Machttechnik oder als übergeordnete Kategorie verstanden, auf eine Machtform, die über Subjekte und deren Freiheiten operiert. Dies stellt schon eine deutliche Verschiebung zu früheren Arbei-

---

rungstechniken an die Seite gestellt (vgl. Abs. 2.1.3.2). Die Gouvernementalitätsperspektive ergänzt das Konzept der Bio-Macht noch um die Regierungstechniken, welche, wie bereits erwähnt, die aktive Selbstregierung des Individuums verstärkt in ihre spezifische Funktionsweise integrieren. Allerdings unterscheidet Foucault selber in seinen Vorlesungen zur *Gouvernementalität* nicht trennscharf zwischen Regierungstechniken und den anderen Machttechniken (vgl. Lemke et al. 2000, 18). Auch untersucht Foucault dort, zumindest in Bezug auf die moderne (neo-)liberale *Gouvernementalität* (vgl. GG II), nicht tatsächliche Regierungspraktiken, sondern die verschiedenen Reflexionen über die „bestmögliche Regierungsweise" (GG II 14), die in verschiedenen Diskursen von vor allem Liberalismus und Neoliberalismus entstanden sind. Diese sind für Foucault jedoch eng mit dem realen Regierungshandeln und dessen Rationalität verbunden (vgl. ebd.). Die an Foucault anschließenden *governementality studies* werden an dieser Stelle sehr viel konkreter und aktueller. So thematisieren sie vor allem spezifische, direkt auf die Selbstführung des Subjekts zielende (neoliberale) Machttechniken, und zwar mit deutlich kritischerem Impetus als Foucault in seinen Vorlesungen zum Neoliberalismus (vgl. dazu auch Abs. 3.2). Insgesamt sind in foucaultscher Perspektive die verschiedenen Machttechniken oft miteinander verknüpft, so dass die auf das Selbstverhältnis des Individuums zielenden modernen Machtformen Subjektivierungseffekte erzeugen bzw. Subjektivitätsformen produzieren, die u.a. juridische, disziplinäre, regulatorische und gouvernementale Elemente beinhalten können.

126 So können sich beispielsweise in (schul-)pädagogischen Feldern disziplinarische Mechanismen (z.B. verschiedene Formen der Leistungskontrolle) mit gouvernementalen Techniken (z.B. offene Unterrichtsformen) und juridischen Elementen (z.B. Schulgesetze) verbinden und sich wechselseitig stützen.

127 In dieser Perspektive würden sich im Unterschied zu Foucaults früheren Arbeiten, in denen Disziplinar- oder Geständnistechniken eher als Herrschaftstechniken beschrieben werden, sich diese Machttechniken nun auf einem Kontinuum zwischen Herrschaft und strategischen Beziehungen bewegen.

128 Damit kommt für Foucault der Analyse und Kritik der Regierungstechniken eine wichtige Bedeutung zu, da sie letztlich bestimmen, wie ‚frei' die strategischen Spiele ablaufen, ob sie sich zu Herrschaftszuständen verfestigen oder die Möglichkeit von „Praktiken der Freiheit" bleibt. Macht bzw. *Regierung* ist für Foucault weder gut noch böse – sie ist existent und bedarf der ständigen Kritik (vgl. FS 25 ff.).

ten Foucaults dar, in denen Subjekte vor allem als „Verbindungselemente" (DM 82) im Netz von Macht und Wissen und gleichzeitig als ihr Produkt, Effekt oder Wirkung verstanden wurden. Durch den Regierungsbegriff taucht das Subjekt jetzt „in einer Art Doppelbewegung von Unterwerfung und Subjektwerdung ... als produziertes und zugleich aktives, Macht ausübendes und zur Selbstführung fähiges Subjekt" (Pieper/Gutiérrez Rodriguez 2003, 8) auf oder auch als Störfaktor im Netz von Macht und Wissen.[129] So verschränken sich im Terminus der *Regierung* Fremd- und Selbstführung. Dies leitet zu einer weiteren begrifflichen Neubestimmung über, die Foucault Anfang der 1980er Jahre vornimmt: der Unterscheidung zwischen den Technologien der Macht und den Technologien des Selbst.

3.2 Selbst- und Machttechnologien

In einigen Texten, die Foucault in den 1980er Jahren verfasst, unterscheidet er in Anlehnung an Jürgen Habermas zwischen drei Gruppen von Techniken, die als Raster für die Analyse der „Wahrheitsspiele" (Schriften IV 778) dienen können, mit deren Hilfe die Menschen sich selbst und die Welt zu verstehen versuchen: die „Produktionstechniken", die es erlauben, Dinge herzustellen, zu transformieren oder zu manipulieren, die „Signifikations- oder Kommunikationstechniken", welche die Verwendung von Zeichen, Bedeutungen, Symbolen und die Erzeugung von Sinn ermöglichen, und schließlich die „Machttechniken", die das Verhalten der Individuen bestimmen und es zur Aufzwingung gewisser Zwecke oder Ziele einer Herrschaft unterwerfen (vgl. TS 26, SE 35). Foucault ergänzt dieses Analyseraster aber noch um eine vierte Dimension: die „»Techniken des Selbst«, ... die in allen Kulturen anzutreffenden Verfahren zur Beherrschung oder Erkenntnis seiner selbst, mit denen der Einzelne seine Identität festlegen, aufrechterhalten oder im Blick auf bestimmte Ziele verändern kann oder soll." (Schriften IV 259)

In einem seiner späten Texte bezeichnet Foucault die drei erstgenannten Gruppen von Techniken als „drei Typen von Verhältnissen" (SM 252): „Machtverhältnisse, Kommunikationsbeziehungen und sachliche Fähigkeiten" (ebd.).[130] In diesem Text geht Foucault nicht auf die Selbsttechnologien ein, analog müsste man diese dann als Selbstverhältnisse oder Selbstbeziehungen umschreiben. In einer solchen Begriffsbestimmung wird der Beziehungs- oder Interaktionscharakter und damit die Angewiesenheit dieser Techniktypen auf handelnde Akteure um einiges deutlicher. Jenseits eines „autonomen Diskurses" (vgl. Abs. 1.1.3), in dem allein die Beziehungen zwischen den Aussagen relevant sind, auf die letztlich auch die Kommunikationstechniken basieren würden, aber auch jenseits einer Machtanalytik, in der Machttechniken und Machtbeziehungen vor allem Ausdruck kom-

---

129 „Es gibt eine Technologie der Selbstkonstitution, die symbolische Systeme durchschneidet, während sie sie gebraucht." (SM 289)

130 In einer neueren Übersetzung dieses Textes wird die oben genannte Textstelle mit „drei Arten von Beziehungen": „»Machtbeziehungen«, »Kommunikationsbeziehungen« und »objektive Fähigkeiten«" übersetzt (vgl. Schriften IV 282).

plexer Dispositive sind, beziehen sich diese Techniken nun deutlich stärker auf das zielge-richtete Handeln konkreter Subjekte, die in ihrem Handeln diese Techniken anwenden. Diese vier Arten von Techniken oder „Typen von Verhältnissen" existieren nicht unab-hängig voneinander, sondern es geht um Beziehungen, „die ... immer ineinander ver-schachtelt sind, sich gegenseitig stützen und als Werkzeug benutzen." (SM 252)[131] Ent-sprechend bezeichnet Foucault die Selbsttechniken in einer anderen Formulierung, in der ihre Verbundenheit mit den anderen Techniken und den gesellschaftlichen Verhältnissen, innerhalb derer sie sich entwickeln, deutlicher hervorgehoben wird, auch als Praktiken, die „vom Individuum nicht selbst erfunden werden. Das sind Schemata, die es in seiner Kultur vorfindet, die ihm von seiner Kultur, seiner Gesellschaft, seiner sozialen Gruppe vorge-schlagen, nahegelegt und aufgezwungen werden." (FS 19)

Foucaults Interesse gilt vor allem den Beziehungen zwischen Macht- und Selbsttech-nologien.[132] Denn für ihn zielen moderne Machtmechanismen oft auf das Selbstverhältnis des Individuums und damit auf die Selbsttechnologien. Derartige Machttechniken versu-chen die Individuen zu lenken, indem sie die Art und Weise bestimmen, wie die Individu-en sich selbst erkennen und wahrnehmen und auf sich selbst einwirken, d.h., indem sie das Individuum zum Subjekt machen. Sie müssen dabei, wie gesehen, nicht notwendigerweise über Unterdrückung und Zwang operieren, sondern können z.B. auch Mechanismen der Anreizung und/oder Selbstführung benutzen. So geht es beispielsweise in Bezug auf die Regierungstechnologien eher um die „(Selbst)Produktion" von Subjektivität, d.h. um „die Erfindung und Förderung von Selbsttechnologien, die an Regierungsziele gekoppelt wer-den können" (Lemke et al. 2000, 29) und gleichzeitig die ‚Freiheit' der Subjekte in ihre Rationalität und Funktionsweise integrieren, als um eine reine Fremdkonstituierung von Subjektivität. Trotzdem ist das Moment der Fremdkonstituierung auch in gouvernementa-len Führungstechniken immer mit eingeschlossen.[133] Andererseits ist das Individuum sei-

---

131 An dieser Stelle unterscheiden sich Foucault und Habermas deutlich voneinander. Habermas begreift Machtverhältnisse und Kommunikationsbeziehungen, zumindest in seinem angestrebten Idealfall der „herrschaftsfreien Kommunikation", als getrennt voneinander. Dagegen hält Foucault eine solche Trennung für illusorisch: „Die Vorstellung, daß es einen Zustand der Kommunikation geben kann, worin die Wahrheitsspiele ohne Hindernisse, Beschränkungen und Zwangseffekte zirkulieren können, scheint mir zur Ordnung der Utopie zu gehören ... ich glaube, daß es keine Gesellschaft ohne Machtbe-ziehungen geben kann, sofern man darunter Strategien begreift, mit denen die Individuen das Verhal-ten der anderen zu lenken und zu bestimmen versuchen. Das Problem ist also nicht, sie in der Utopie einer vollkommen transparenten Kommunikation aufzulösen zu versuchen, sondern sich die Rechtsre-geln, die Führungstechniken und auch die Moral zu geben, das Ethos, die Praxis des Selbst, die es ge-statten, innerhalb der Machtspiele mit dem geringsten Aufwand an Herrschaft zu spielen." (FS 25)

132 Thomas Lemke (2001, 17) merkt in diesem Zusammenhang kritisch an, dass der selbst gestellte An-spruch Foucaults auf eine empirische Unterfütterung des Bedingungsverhältnisses zwischen Selbst- und Machttechnologien zum großen Teil nicht eingelöst wird. Foucaults Schwerpunkt liegt in seinen folgenden Arbeiten auf der Rekonstruktion historischer Subjektivierungsweisen, „wobei ihr politisch-ökonomischer ‚Kontext' nur am Rande Eingang in die Analyse findet." (Ebd.)

133 Als Beispiel für Regierungstechnologien, in denen Fremd- und Selbstführung bzw. Selbst- und Fremd-konstituierung des Subjekts miteinander verbunden sind, können die modernen Verfahren der Selbst-exploration dienen. Schon die Motivation sich selbst zu erkunden, ist nichts Selbstverständliches, son-dern Resultat und Ausdruck bestimmter kultureller Vorstellungen, die dem Individuum eine solche Weise des Selbstbezugs nahelegen (vgl. Bröckling 2003, 81 f.). So muss sich das Individuum zunächst

nerseits in der Lage, über seinen Selbstbezug die Machtverhältnisse zu beeinflussen. Nicht nur, da dieser durch einen gewissen Freiheitsspielraum gekennzeichnet ist, sondern auch, weil das Selbstverhältnis der bevorzugte Angriffspunkt moderner Macht ist. Deshalb muss der Widerstand gegen diese Macht genau dort ansetzen, indem das Individuum die Formen der Subjektivierung, die ihm nahegelegt werden, ablehnt.[134] So formuliert Foucault an einer Stelle, dass es „doch eine dringende, grundlegende und politisch unabdingbare Aufgabe wäre, eine Ethik des Selbst zu begründen, wenn es denn wahr ist, daß es keinen anderen, ersten und letzten Punkt des Widerstands gegen die Macht gibt als die Beziehung seiner selbst zu sich." (HS 313)[135]

Insgesamt zeigt sich in der Verbindung zwischen Macht- und Selbsttechnologien der Doppelcharakter von Subjektivierungsprozessen, die sowohl Elemente der Heteronomie als auch Momente der Autonomie enthalten.[136] Für Foucault liegt eine Möglichkeit einer widerständigen Kritik moderner Machtverhältnisse in einer „Genealogie des modernen Subjekts" (Schriften IV 209) und damit in einer Historisierung dessen, was dem modernen

---

einmal als ein Wesen mit einem inneren psychischen Raum, den es zu erforschen und zu pflegen gilt, interpretieren bzw. problematisieren, bevor Techniken der Selbsterkundung überhaupt relevant werden können. Darüber hinaus sind diese Techniken mit einer bestimmten Form von Expertenwissen und daraus resultierenden Normen und Handlungsanweisungen verknüpft, die entscheiden, wie das Herausgefundene zu interpretieren ist und wie das Individuum sich zu verhalten hat. Dieses ist aber nicht nur passives Objekt einer therapeutisch-wissenschaftlichen Betrachtung und Behandlung (diese Ebene kann sogar ganz wegfallen, wenn sich das Individuum Anleitung z.B. in Form von Ratgeberliteratur holt), sondern ist gleichzeitig aktiv und in einem gewissen Sinne auch freiwillig an seiner Selbsterforschung beteiligt, da es um sein ‚inneres Wachstum' geht. Daher sind diese Formen moderner Subjektivierungsweisen Formen der Verhaltenssteuerung, die weniger auf äußere Kontrolle, sondern mehr auf aktiver Selbststeuerung basieren.

134 Dazu Foucault: „Das Hauptziel besteht heute zweifellos nicht darin, herauszufinden, sondern abzulehnen, was wir sind. Wir müssen uns vorstellen und konstruieren, was wir sein könnten, wenn wir uns dem doppelten politischen Zwang entziehen wollen, der in der gleichzeitigen Individualisierung und Totalisierung der modernen Machtstrukturen liegt ... Wir müssen nach neuen Formen von Subjektivität suchen und die Art von Individualität zurückweisen, die man uns seit Jahrhunderten aufzwingt." (Schriften IV 280)

135 Gleichzeitig spricht Foucault von einer gewissen „Unmöglichkeit" (HS 313) eine solche „Ethik des Selbst" (ebd.) heutzutage begründen zu können. Des Weiteren betont er, auf das obige Zitat angesprochen, dass der Selbstbezug nicht „der einzig mögliche Widerstandpunkt gegen die politische Macht, verstanden als Herrschaftszustand" (Schriften IV 901), ist. Genauso wenig meint Foucault, dass heutzutage alle Formen des Widerstands als Kämpfe gegen Formen der Subjektivierung zu begreifen sind, sondern z.B. Kämpfe gegen soziale Kontrolle oder Ungleichheit weiterhin relevant sind, auch wenn die Kämpfe gegen Subjektivierung für ihn zunehmend wichtiger werden (vgl. ebd. 276). Da er jedoch in seiner Gouvernementalitäts- bzw. Regierungsperspektive Machtverhältnisse als zirkuläre Beziehungsverhältnisse zwischen (denkenden, handelnden und sich zu sich selbst verhaltenden) Individuen versteht, als Beziehungen, die durch die Koexistenz und den gleichzeitigen Widerstreit von Selbst- und Fremdführung gekennzeichnet sind, impliziert jedes Machtverhältnis und der dazugehörige Widerstand auch die Dimension des Selbstbezugs (vgl. Schriften IV 901; HS 314). So ist diese Ebene auch in Kämpfen, die sich nicht direkt gegen bestimmte Formen der Subjektivierung richten, mehr oder weniger vorhanden.

136 In Foucaults Worten: „Ich denke hingegen, daß das Subjekt sich über Praktiken der Unterwerfung konstituiert bzw. – auf autonomere Art und Weise – über Praktiken der Befreiung und der Freiheit." (ÄE 137 f.)

Menschen in seinem Selbstbild als selbstverständlich erscheint.[137] Hat Foucault im Rahmen seiner „Geschichte des Denkens" (ebd., 778) bisher die historische Entstehung bestimmter Modi der Objektivierung des Subjekts untersucht, wird er in seinem Spätwerk eine „Genealogie des Subjekts" (ebd. 210) von den Selbsttechniken ausgehend in Angriff nehmen.[138]

Foucault wird sich in seinem Spätwerk vornehmlich mit der Problematik der Selbsttechniken und (Selbst-)Regierung und den damit verbundenen Subjektivierungsweisen in Antike und frühem Christentum beschäftigen. Zwar setzt er sich schon in seinen Vorlesungen zur Gouvernementalität mit der „Regierungspraxis" (GG II 14) bis zum Neoliberalismus des 20. Jahrhunderts auseinander.[139] Vor allem bezüglich seiner Studien zum Neoliberalismus untersucht Foucault aber weniger tatsächliche Regierungspraktiken, so wie sie sich in einer bestimmten historischen Situation ereignet haben, sondern verschiedene theoretische Reflexionen über die „bestmögliche Regierungsweise" (ebd.), welche sich im Umkreis realer Regierungspraxis entfaltet haben und mit dieser wechselseitig verbunden sind (vgl. ebd.). Auch aus diesem Grund beschäftigen sich seine Analysen über den Neoliberalismus bezüglich der Subjektthematik nicht so sehr mit der Darstellung konkreter moderner Subjektivierungsprozesse, sondern mehr mit dem Aufkommen spezifischer (neoliberaler) Ideen wie z.B. die des ‚homo oeconomicus' als „Unternehmer seiner selbst" (ebd. 314) oder die des (angeborenen bzw. genetischen und erworbenen) Humankapitals (vgl. ebd. 314 ff., 349, 367 ff.). Diese Ideen einer „gouvernementalen Vernunft" (ebd. 402) haben sich in der Rationalität und dem „Regierungshandeln" (ebd. 340) in westlichen Gesellschaften jedoch wirkungsmächtig entwickelt und prägen so das Subjektbild und die Subjektivierungsweisen der westlichen Moderne wesentlich mit.

Darüber hinaus hat Foucault zum Zeitpunkt dieser Vorlesungen noch nicht sein Analyseinstrument der „Technologien des Selbst" zur Verfügung, mit denen er später die Besonderheit von (gouvernementalen) Regierungspraktiken verdeutlichen wird, die für ihn stark über diese Technologien bzw. die Selbstbeziehung des Individuums wirken. Im Anschluss an Foucaults Arbeiten über die *Gouvernementalität* hat sich aber ein breites Forschungsfeld in Sozial-, Politikwissenschaften, Pädagogik usw. entwickelt, in dem sich u.a. mit den Aus- und Einwirkungen konkreter gouvernementaler, oder spezieller, neoliberaler Regierungs- bzw. Machtpraktiken auf moderne Subjektivierungsformen beschäftigt wird. Hier handelt es sich um Formen, die mit dem (neoliberalen) Leitbild eines ‚autonomen'

---

137 „Ich habe mir vorgenommen, ... den Menschen zu zeigen, daß sie weit freier sind, als sie meinen; daß sie Dinge als wahr und evident akzeptieren, die zu einem bestimmten Zeitpunkt in der Geschichte hervorgebracht worden sind und daß man diese sogenannte Evidenz kritisieren und zerstören kann" (WMS 16).

138 „Die Geschichte der ... ‚Techniken des Selbst' ist also gleichfalls eine Geschichte der Subjektivität, allerdings nicht mehr auf dem Weg über die Teilung zwischen Irren und Nichtirren, Kranken und Nichtkranken, Kriminellen und Nichtkriminellen, nicht mehr auf dem Weg über die Konstruktion von Feldern wissenschaftlicher Objektivität, die dem lebenden, sprechenden, arbeitenden Subjekt einen Platz einräumt, sondern über die in unserer Kultur erfolgte Herstellung und Veränderung der ‚Beziehungen zu sich selbst' samt ihrem technischen Apparat und ihren Auswirkungen auf das Wissen." (Schriften IV 260)

139 Dies sind Foucaults einzige Arbeiten zur neuesten Geschichte in seiner gesamten Lehrzeit am Collège de France (vgl. Sennelart 2004, 477).

und selbstverantwortlichen Subjekts verbunden und in deren Konstituierung Selbst- und Machttechniken bzw. Selbst- und Fremdführung eng miteinander verknüpft sind. Insgesamt thematisieren die sogenannten *governementality studies* deutlich stärker als Foucault aktuelle Subjektivierungsprozesse, auch mit der Absicht, dessen Arbeiten zur *Gouvernementalität* gegenwartsdiagnostisch besser nutzbar zu machen und ihr gesellschaftskritisches Potential stärker herauszuarbeiten (vgl. Lemke 2006, 6).[140]

---

140 Für den deutschsprachigen Raum siehe u.a. die Sammelbände von Bröckling et al. (2000) und Pieper/ Gutiérrez Rodríguez (2003); zur Gouvernementalitätsperspektive in der Pädagogik vgl. Abs. 4.3.1.

4. Die „Geschichte des Subjekts"

In seinen letzten Arbeiten wird der Bereich der Selbsttechniken bzw. der Selbstkonstitution des Subjekts das bevorzugte Untersuchungsgebiet Foucaults sein. Hat er nach eigenem Bekunden die Bedeutung der „Technologien von Macht und Herrschaft" in seiner bisherigen Arbeit zu stark betont, so interessiert er sich „mehr und mehr ... für die Interaktionen zwischen einem selbst und anderen und für die Technologien individueller Beherrschung, für die Geschichte der Formen, in denen das Individuum auf sich selbst einwirkt, für die Technologien des Selbst." (TS 27) Dementsprechend untersucht Foucault in seinem Spätwerk die Konstituierung von Subjektivität vor allem von den Selbsttechniken ausgehend.

Diese Fokussierung seiner Analyseperspektive führt dazu, dass der Zusammenhang bzw. die möglichen Wechselwirkungen zwischen Selbsttechniken, Machtmechanismen und Wissensformen in seinen letzten Arbeiten nur eine untergeordnete Rolle spielen werden. Dadurch kommt es auch zu einer deutlichen theoretischen Verschiebung in Foucaults Projekt einer „Geschichte der Sexualität" (GL 10). In „Der Wille zum Wissen" hat er die Entstehung des (Selbst-)Erkenntnisbereichs ‚Sexualität' in seiner Abhängigkeit von Machttechniken und Wissensdiskursen analysiert. In den Folgebänden ist dagegen die Genealogie der mit dieser Selbsterkenntnis verbundenen Selbsttechniken das bestimmende Thema seiner Untersuchungen. Es handelt sich hier um eine Transformationsgeschichte des ‚Verhältnisses zu sich selbst', die zur Ausbildung eines Selbstbeziehungsmodus geführt hat, innerhalb dessen „das moderne Individuum die Erfahrung seiner selber als Subjekt einer ‚Sexualität' machen konnte" (GL 12). Dabei bleibt die Dimension der Macht eher unterrepräsentiert.[141]

Die Entscheidung, in seinem Spätwerk die „Formen der Selbstbeziehung besser für sich selbst zu analysieren" (Schriften IV 714), begründet Foucault vor allem damit, dass für seine Zielsetzung die zu starke Beachtung des Zusammenhangs zwischen gesellschaftlichen Machtmechanismen, Wissensformen und Selbsttechniken eher kontraproduktiv gewesen wäre. Denn das hätte dazu führen können, „Analyseformen zu reproduzieren, die auf die Organisation eines Erkenntnisbereichs oder auf die Entwicklung von Kontroll- und Erzwingungstechniken ausgerichtet" (Schriften IV 714) sind. Dies würde letztendlich bedeuten, bezüglich der Geschichte der Selbsttechniken als Teil einer „Geschichte der Subjektivität" (ebd., 260) eine ähnliche Arbeit zu leisten, die Foucault schon bezüglich der Geschichte des Wahnsinns, der Delinquenz oder der Wissenschaften vom Leben, der Arbeit und der Sprache durchgeführt hat (vgl. ebd. 714). Dennoch nehmen die gerade angesprochenen Analyseformen, die untersuchen, wie „das Subjekt als Subjekt Objekt einer Erkenntnis" (Schriften IV 778) wird, in einer „Geschichte der Subjektivität" einen durchaus wichtigen und berechtigten Platz ein. Eine entsprechend herausgehobene Rolle spielen derartige Objektivierungsprozesse in Foucaults vorangegangenen Arbeiten. Auch wären

---

141 Diese Problematik ist von verschiedenen Autoren angesprochen und kritisiert worden (vgl. z.B. Detel 1998, 8, 77 f.; Lemke 2001, 17; Rieger-Ladich 2002, 418 f.). Eine Gefahr, die sich aus der dominanten Rolle des Selbstbezugs und des Subjekts in Foucaults Spätwerk ergeben kann, lässt sich anhand einiger früher Rezeptionslinien ablesen, die teilweise dazu tendieren, Foucaults Analysen zur antiken *Ästhetik der Existenz* als Restituierung des autonomen und freien Subjekts zu lesen, oder sie als eine Abkehr von der Machtproblematik zu verstehen (vgl. z.B. Fink-Eitel 1989, 97 ff.; Visker 1991, 104 ff.).

natürlich Analysen denkbar und sinnvoll, die einen stärkeren Zusammenhang zwischen Selbsttechniken und „Macht/Wissen-Komplexen" (Foucault) herstellen, wie er dies auch in „Der Wille zum Wissen" getan hat. In der Analyseperspektive seines Spätwerks bleiben diese Beziehungsverhältnisse aber mehr oder weniger ausgeblendet, um die spezifischen Formen der untersuchten Selbsttechniken und ihre Modifikationen besser isolieren und untersuchen zu können.

Die methodische und theoretische Entscheidung, sich auf den Bereich der Selbsttechniken zu konzentrieren, geht mit einer markanten Veränderung des Untersuchungszeitraums einher. Bewegen sich Foucaults bisherige historische Arbeiten größtenteils zwischen dem 16. und 20. Jahrhundert, geht er in seinen letzten Arbeiten entgegen seines ursprünglichen Plans bis in die griechische Antike zurück. Dies vor allem, um sich „Phasen zuzuwenden, in denen die Wirkung der Wissensformen und die Komplexität der normativen Systeme" (Schriften IV 714) nicht so groß sind. Denn dadurch ist die Freilegung der dort vorzufindenden Selbstbeziehungmodi noch verhältnismäßig einfacher, da ihre Verquickung mit gesellschaftlichen Macht/Wissen-Dispositiven noch nicht zu kompliziert ist. Oder anders ausgedrückt: Weil die Komplexität der Beziehungen zwischen dem, was Foucault die „drei Achsen der Erfahrung" nennt (Wissen, Macht und Selbstbezug), in der Antike weniger groß ist als in späteren Zeiten, fällt es leichter, die Achse des Selbstbezugs gesondert zu betrachten.

Foucaults Beschäftigung mit antiken Selbstverhältnissen geschieht natürlich nicht nur aus einem rein historischen Interesse. Vielmehr sind die antiken Selbsttechniken für ihn auf eine doppelte Weise interessant. Zum einen sieht Foucault den Ursprung der modernen Selbsttechniken, durch die der Mensch dazu gebracht wird, sich selbst zu beobachten und zu entschlüsseln und sich als „Begehrensmensch" (GL 13) anzuerkennen, in den frühchristlichen Führungstechniken, die wiederum ihre Vorläufer, wenn auch in deutlich abgewandelter Form, in den antiken Selbsttechniken haben.[142] Zum anderen möchte Foucault mit der Beschäftigung mit historischen Formen von Selbstverhältnissen, die für ihn nicht die bekannten Formen der Unterwerfung (unter eine ,innere' Wahrheit) aufweisen, neue Denkmöglichkeiten für die Gegenwart erschließen: „Zu den Kulturerfindungen der Menschheit gehört eine Schatzsammlung von Mitteln und Techniken, von Ideen und Verfahren usw., die genaugenommen nicht mehr angewandt werden können, die aber zumindest eine gewisse Sichtweise ausbilden oder helfen sie auszubilden. Sie kann als Werkzeug dienen um zu untersuchen, was heute passiert – und um es zu verändern." (SAM 79)[143] Denn während der moderne Subjektivierungsmodus für Foucault mit dem „nie endenden Versuch, sich selbst zu erkennen" (Gros 2004, 638), verbunden und das Subjekt einem Wahrheitsgesetz unterworfen ist, handelt es sich bei den antiken Subjektivierungsformen um Formen, die den Zugang zur Wahrheit an eine ethische Arbeit (Askese, Läuterung usw.), an eine Konversion (Selbstzuwendung), die „das Subjekt in seinem Sein er-

---

142 So ist beispielsweise das allgemeine Thema der Mäßigung oder der Sittenstrenge schon in der Antike zu finden und wird laut Foucault vom Christentum übernommen, jedoch auf der Grundlage einer völlig anderen Moral.

143 Foucault plädiert also keineswegs für eine Übernahme antiker Subjektivierungsformen oder Selbsttechniken als Gegenmodell für die heutige Zeit (vgl. dazu Abs. 4.2.4).

schüttert", geknüpft haben (vgl. ebd., 636). An die Stelle des Subjekts rechten Handelns in der Antike tritt das moderne Subjekt der wahren Erkenntnis (vgl. ebd., 638).

Foucaults „Genealogie des modernen Subjekts als einer historischen und kulturellen Realität" (SE 34 f.) kommt damit genau wie seinen vorangegangenen historischen Arbeiten immer auch eine kritische Funktion zu (vgl. Abs. 4.3). Denn indem er die moderne Subjektivitätsform als etwas historisch Gewordenes erscheinen lässt, zeigt er gleichzeitig deren Veränderbarkeit auf. So stellt das moderne Erkenntnissubjekt für Foucault keine universelle Form dar, sondern „nur eine der gegebenen Möglichkeiten der Organisation des Bewußtseins seiner selbst" (RM 144).[144]

Die wichtigsten Arbeiten, die Foucault zur Antike veröffentlicht hat, sind seine beiden Fortsetzungsbände von „Sexualität und Wahrheit": „Der Gebrauch der Lüste" und „Die Sorge um sich". Im ersten Band „Der Wille zum Wissen" zeigt Foucault, dass die christlichen Führungstechniken auf der Produktion von Wahrheit (z.B. in der Beichte) basieren. Der sich dabei entwickelnde „Geständniszwang" wirkt für ihn bis in die modernen Subjektivitätsformen, die auf der Konzeption einer ‚wahren' oder authentischen[145] Subjektivität aufbauen. In den Folgebänden versucht er nun, die Ursprünge eines solchen Menschen, „für den die Entzifferung des Selbst und der Wille zur Selbst-Begründung den Kern seiner Identität bilden" (Brieler 1998, 541), zu enträtseln. Die „Geburt des modernen Menschen und seines Selbstbewußtseins" (Eribon 1993, 466) sieht Foucault, wie schon gesagt, in den antiken Selbsttechniken. Diese zielen aber noch nicht auf die Ergründung einer ‚inneren Wahrheit' oder eines ‚wahren Selbst', sondern auf die aktive Selbstgestaltung und Bemeisterung der eigenen Existenz. Sie berufen sich noch nicht auf ein Subjekt als transzendentale Größe, sondern begreifen „den Menschen als einen Stoff subjektiver Möglichkeiten" (vgl. Brieler 1998, 541).

In seinen beiden letzten Büchern sind die bevorzugten Untersuchungsgebiete gemäß der gewählten Thematik einer „Geschichte der Sexualität" (GL 10) die Erfahrungsbereiche, die man heute unter dem Begriff der Sexualität zusammenfassen würde. Der Bereich der Sexualität ist für Foucault deshalb so wichtig, da seiner Meinung nach die „Sexualität ... zum Seismograph unserer Subjektivität geworden ist" (ebd. 212), das moderne Subjekt vor allem ein „Begehrensmensch" (GL 13) ist, der glaubt, in seinem Begehren und in seiner sexuellen Identität sich selbst zu erkennen. Deshalb muss eine ‚Geschichte des modernen Subjekts' immer auch eine Analyse der Praktiken sein, „durch die die Individuen dazu verhalten worden sind, auf sich selber zu achten, sich als Begehrenssubjekte zu entziffern,

---

144 Selbst das Subjekt ist in dieser Perspektive nur eine mögliche Form der Erfahrung und es wären durchaus Erfahrungen denkbar, die jenseits der des Subjekts liegen (vgl. Lemke 1997, 266 f.): „Kann man sagen, daß das Subjekt die einzige mögliche Existenzform ist? Kann es nicht auch Erfahrungen geben, in deren Verlauf das Subjekt nicht mehr gegeben wäre in seinen konstitutiven Funktionen, in dem, was es an Identischem-mit-sich hat? Gäbe es nicht also Erfahrungen, in denen das Subjekt sich auflösen, das Verhältnis zu sich zerbrechen, seine Identität verlieren könnte?" (ME 38)

145 Zur Problematik der Authentizität: „Das Thema der Authentizität verweist explizit oder nicht auf eine Seinsweise des durch seine Übereinstimmung mit sich selbst bestimmten Subjekts. Nun muss meines Erachtens jedoch die Selbstbeziehung entsprechend der Formenvielfalt beschrieben werden können, von denen die ‚Authentizität' nur eine der möglichen Modalitäten ist; man muss begreifen, dass die Selbstbeziehung wie eine Praxis strukturiert ist, die ihre Modelle, ihre Konformitäten, ihre Varianten, aber auch ihre Schöpfungen hat." (Schriften IV 758)

anzuerkennen und einzugestehen und damit zwischen sich und sich selber ein gewisses Verhältnis einzuleiten, das sie im Begehren die Wahrheit ihres – natürlichen oder gefallenen – Seins entdecken läßt ... Um zu verstehen, wie das moderne Individuum die Erfahrung seiner selber als Subjekt einer ‚Sexualität' machen konnte, war es unumgänglich, zuvor die Art und Weise herauszuschälen, in der der abendländische Mensch sich jahrhundertelang als Begehrenssubjekt zu erkennen hatte." (GL 11 f.) So beschreibt die „Geschichte des Begehrensmenschen" (GL 13) die Veränderung okzidentaler Selbstverhältnisse bezüglich der Sexualität von der heidnischen Antike bis ins christliche Europa. Dabei liegt der Unterschied nicht etwa zwischen einer liberalen antiken und einer repressiven christlichen Praxis, sondern vielmehr in der Form der Askese. In der Antike steht diese im Zusammenhang mit einer „Ästhetik der Existenz" (Schriften IV 471), während der Selbstverzicht im Christentum mit der Entzifferung der eigenen Wahrheit verbunden ist (vgl. Gros 2004, 636).

Foucault unterscheidet in seiner „Genealogie des Begehrensmenschen" (GL 20) zwischen drei Epochen. In „Der Gebrauch der Lüste" beschäftigt er sich mit der klassischen griechischen Antike und stützt sich dabei überwiegend auf Texte von Xenophon, Platon und Aristoteles. In „Die Sorge um sich" thematisiert er die griechisch-römische Spätantike und behandelt Autoren wie Artemidor, Plutarch, Seneca und Galen. Die dritte Epoche des frühen Christentums hat Foucault in dem angekündigten und zum großen Teil fertiggestellten, aber aufgrund der Verfügung Foucaults, keine posthumen Veröffentlichungen vorzunehmen, bisher unveröffentlichten „Les aveux de la chair" (Die Geständnisse des Fleisches) dargestellt (vgl. Horn 2001, 140).[146]

Abgesehen von den Fortsetzungsbänden von „Sexualität und Wahrheit" hat sich Foucault vor allem in seinen Vorlesungen der 1980er Jahre am Collège de France mit der Antike und dem Christentum beschäftigt.[147] Von diesen Vorlesungen sind aber nur die aus dem Jahr 1982 unter dem Titel „Hermeneutik des Subjekts" bisher vollständig veröffentlicht.[148] In diesen untersucht Foucault verschiedene Selbstpraktiken, die mit der ‚Sorge um sich selbst' verbunden und im Denken von Antike und Spätantike von großer Bedeutung sind. Vergleicht man die Selbstpraktiken der beiden Epochen oder auch zwischen den ver-

---

146 Darüber hinaus erwähnt Foucault in einem Interview von 1983 einen Entwurf über ein Buch über die Sexualmoral im 16. Jahrhundert (vgl. Schriften IV 464).

147 In den Vorlesungen von 1980 mit dem Titel „Die Regierung der Lebenden" befasst Foucault sich mit den (früh-)christlichen Geständnispraktiken. Im Jahr 1981 („Subjektivität und Wahrheit") sind die antiken Selbsttechniken, die sich auf die *aphrodísia* beziehen, also dem Gegenstandsbereich, der für Foucault mit dem modernen Begriff ‚Sexualität' nur unzureichend zu übersetzen ist, das Thema. 1983 beschäftigt er sich mit der *parrhesia*, d.h. den antiken Weisen des Wahrsprechens, deren Untersuchung er 1984 vor allem in Bezug auf den antiken Kynismus (Diogenes, Antisthenes) fortführt. Hierbei handelt es sich um Denkformen, die gleichzeitig Lebensweisen sind. Denn die Kyniker zeichnen sich dadurch aus, dass sie durch ihre gelebte Existenz ihre Umwelt und deren Ordnung (der Wahrheit) provokativ herausfordern und untergraben (vgl. auch die Zusammenfassungen der Vorlesungen von 1980 und 1981 in Schriften IV 154 ff., 258 ff. und Gros 2004, 618 ff., 645 f.; Defert 2001, 92 ff.). Auch schon in den Vorlesungen zur *Gouvernementalität* aus dem Jahre 1978 setzt Foucault sich mit der Entstehung der Pastoralmacht im frühen Christentum als Vorläufer moderner gouvernementaler Führungstechniken auseinander.

148 Ursprünglich hatte Foucault vor, die Thematik aus den Vorlesungen von 1982 zu einem eigenen Buch zu verarbeiten (vgl. Schriften IV 464, Gros 2004, 626 ff.).

schiedenen Schulen einer Epoche, weisen sie zwar große Ähnlichkeiten auf. Die mit ihnen verknüpften Selbstbeziehungsmodi und vor allem auch das spezifische Verhältnis von ‚Subjekt(ivität) und Wahrheit' können sich jedoch deutlich unterscheiden.

Im Vergleich zu den Bänden von „Sexualität und Wahrheit" sind die angesprochenen Vorlesungen sehr viel allgemeiner gehalten und thematisieren antike Subjektivierungsprozesse ohne besondere Bezugnahme auf die Sexualität. Deshalb zeigt sich der Unterschied zwischen Moderne und Antike in den Vorlesungen auch anders als in „Sexualität und Wahrheit", nämlich in der Art und Weise, wie das Subjekt Zugang zur Wahrheit hat. Ist dieser in der Antike an eine ethische Arbeit gebunden, durch die das Subjekt sein eigenes Sein verwandelt und die sich in der *epimeleia heautou* (Sorge um sich selbst) ausdrückt, geht das moderne Denken davon aus, dass das Subjekt ‚apriori' wahrheitsfähig ist. Damit kehrt sich das Subordinationsverhältnis zwischen Selbstsorge und Selbsterkenntnis um (vgl. Gros 2004, 637 f.).[149] Das Subjekt der Moderne sorgt sich um sich selbst, indem es versucht, sich selbst, seine ursprüngliche Natur und Wahrheit zu erkennen, während die antike Selbstsorge dazu führen soll, aus sich selbst ein wahrhaftes Subjekt rechten Handelns und Denkens zu machen. Die ethische Frage nach der richtigen Lebensweise in der Antike wird in der Moderne zur (objektiv-wissenschaftlichen) Frage nach der menschlichen Natur.

Im Folgenden soll auf Foucaults „Geschichte des Subjekts" (Schriften IV 528) anhand der Vorlesung „Hermeneutik des Subjekts" und den Fortsetzungsbänden von „Sexualität und Wahrheit" noch etwas näher eingegangen werden. Der Band zum Christentum ist, wie bereits erwähnt, unveröffentlicht. Aber in den Bänden 2 und 3 von „Sexualität und Wahrheit" und in seinen Vorlesungen zur „Hermeneutik des Subjekts" finden sich zahlreiche Vergleiche der antiken Selbstführung mit der christlichen Selbstführung. Außerdem beschäftigt Foucault sich in seinen Analysen zur *Gouvernementalität* ausführlich mit einer spezifischen christlichen Machtform, die unmittelbar mit dem Selbstbezug des Individuums verknüpft ist, der Pastoralmacht. Auch in einigen Aufsätzen und erläuternden Kommentaren geht Foucault auf die christlichen Selbsttechniken ein, so dass sich insgesamt die wichtigsten Argumentationslinien bezüglich dieser Thematik durchaus nachvollziehen lassen.

An dieser Stelle ist zu beachten, dass Foucault seine „Geschichte des Subjekts" als eine hypothetische Arbeit „mit ganz vielen Fragezeichen und Leerstellen" (HS 28) versteht. Auch schreibt er wie in seinen vorangegangenen Arbeiten weniger aus der Perspektive eines realgeschichtlich orientierten Historikers, der eine möglichst vollständige Darstellung einer bestimmten historischen Thematik oder Epoche liefern möchte, sondern aus der Perspektive eines ‚Historikers der Denksysteme'[150] oder eines Genealogen, der die Frage stellt, wie sich ein aktuelles Wissen oder „Wahrheitsspiel"[151] (Schriften IV 778) im

---

149 „In der Rangordnung der beiden antiken Maximen ‚Achte auf dich selbst' und ‚Erkenne dich selbst' hat es eine Umkehrung gegeben. In der griechisch-römischen Kultur erschien die Selbsterkenntnis als Folge der Sorge um sich selbst. In der Moderne dagegen verkörpert die Selbsterkenntnis das fundamentale Prinzip." (TS 32)

150 Bezeichnenderweise hatte Foucault am Collége de France den Lehrstuhl für die ‚Geschichte der Denksysteme' inne (vgl. Schriften I 52).

151 Zum Begriff des „Wahrheitsspiels" vgl. auch Teil II, Kapitel 2.

Laufe der Zeit ausgebildet hat, und der damit seine (historischen) Analysen vor allem von gegenwärtigen Problemstellungen aus betreibt (vgl. ebd. 824, 831).

Das heißt auch, dass die Subjekt(ivierungs)formen, die Foucaults Genealogie beschreibt, keine ‚Realtypen' darstellen und deren Transformationsgeschichte keine Realgeschichte ist, sondern vielmehr einen fragmentarischen, diskontinuierlichen und hypothetischen Status hat. Sie stellt eher eine Herausarbeitung von im weitesten Sinne des Wortes idealtypischen Subjekt- bzw. Selbstverhältnissen dar, die Foucault aus seinen Interpretationen klassischer antiker Texte gewinnt – wobei diese ‚Idealtypen' nicht als Ausdruck einer einheitlichen Subjektstruktur oder Subjektform zu verstehen sind, die sozusagen den ‚Sozialcharakter' oder den Persönlichkeitstypus einer bestimmten Zeit und Kultur wiedergeben. Denn Foucaults Anspruch ist es nicht, die Geschichte und die Essenz dessen, was man den westlichen ‚Idealtypus' im engen Wortsinne nennen könnte, herauszuarbeiten. Vielmehr sind die Subjektivierungsweisen und Subjektformen, die Foucaults Genealogie beschreibt, in gewisser Weise imaginierte ‚Idealtypen' oder konstruierte Formen, die erst innerhalb des „Wahrheitsspiels" des Michel Foucault entstehen. Das soll nicht heißen, dass sie reine Fiktionen sind. Denn Foucault greift auf reale historische Quellen zurück und versucht aus diesen die Herausbildung und Entwicklung bestimmter Denk- und Wahrnehmungsformen abzuleiten. Zum einen beschränkt sich die Quellenauswahl aber vornehmlich auf die Werke klassischer antiker Philosophen und ihrer Reflexionen über ein angemessenes Verhalten und Leben und repräsentiert nicht die tatsächliche Lebens- und Denkweise einer (antiken) Durchschnittsbevölkerung, deren genaue Rekonstruktion auch kaum möglich wäre.[152] Zum anderen setzt er diese Quellen zu einem Bild zusammen, das sich nicht nur einem ‚neutralen' Forscherblick verdankt, sondern auch gewollte (Darstellungs-)Effekte hervorrufen soll. Denn Foucaults Forschungsperspektive besitzt, wie schon angesprochen, einen deutlich kritischen Impetus. In dieser geht es nicht nur um die historische Herleitung eines spezifischen (modernen) Selbstbeziehungsmodus, der durch ein beständiges Streben nach Selbstobjektivierung und Selbsterkenntnis gekennzeichnet ist. Foucaults Transformationsgeschichte der Selbsttechniken erscheint gleichzeitig als Entwicklung von (relativ) autonomen zu eher heteronomen Formen von Selbstverhältnissen. Er versucht hier also (wieder einmal) die Unterwerfungsdimension und Machtverwobenheit moderner Subjektivierungsweisen klar zu konturieren und gleichzeitig die universalistisch auftretende Form des modernen (Selbst-)Erkenntnissubjekts (historisch) zu dekonstruieren. Dieser kritische Anspruch beeinflusst natürlich seine Quellenauswahl, deren Interpretation und die Darstellung der unterschiedlichen Formen von Subjektivierung. Das soll heißen, Foucaults „Geschichte der Subjektivität" (Schriften IV 260) ist eng mit seinen Intentionen und seiner spezifischen Deutungsperspektive verknüpft.

Ob man seiner Genealogie einen für das Verständnis westlicher Subjektivität(en) privilegierten Status zubilligen möchte, hängt wesentlich von der Beobachterperspektive ab.

---

152 Dennoch ist Foucault der Auffassung, dass diese theoretischen Reflexionen antiker Autoren in einem wechselseitigen Verhältnis mit realen (Subjektivierungs-)Praktiken zumindest einer kleinen, elitären Schicht standen und sie, genauso wie die Umarbeitung dieser Selbstpraktiken in (früh-)christlichen Kontexten, ein „historisches Faktum" (Schriften IV 825) darstellen. Auf diesen Weg bekommen die untersuchten (antiken) Denk- und Handlungsweisen für Foucault eine große Bedeutung für eine ‚Geschichte des modernen Subjekts'.

Es sind auch völlig andere Zugänge und Schwerpunktsetzungen denkbar, machbar und natürlich auch schon durchgeführt worden.[153] Dass es sich bei dem Themenkomplex Subjektivität um einen insgesamt außerordentlich komplizierten und uneinheitlichen Phänomen- und Problembereich handelt, der sich einer naiven und simplizistischen Vereinnahmung und jeder erschöpfenden Darstellung widersetzt, erklärt sich schon aus der Vielzahl von Foucaults eigenen, oft disparaten Arbeiten zu dieser Thematik. So ist es aus verschiedensten Gründen (Beobachterabhängigkeit der Analyse, Vielschichtigkeit der Thematik, Heterogenität von Subjektformen usw.) kaum möglich, die *eine* (idealtypische) Form von Subjektivität, die eine Kultur prägt, herauszuschälen. Es ist aber schon möglich, bestimmte Aspekte in (wenn man so will) idealtypischer Weise anzuordnen, um eine bestimmte Problematik zu verdeutlichen.

Damit stellt Foucaults „Genealogie des Subjekts" (Schriften IV 210) nur eine von einer Vielzahl möglicher Beobachterperspektiven bezüglich der Subjektthematik dar. Selbst bezüglich einer historisch orientierten Analyseperspektive ist Foucaults Arbeit nur eine Möglichkeit, die ‚Geschichte' des modernen Subjekts zu schreiben, die durch andere historisch angelegte Arbeiten kritisiert oder ergänzt werden könnte (z.B. durch Elias' Theorie von der historischen ‚Genese' des modernen Subjekts; vgl. Teil II).[154] Gleichzeitig erschließt Foucault durch seine Arbeit neue Beobachtungsräume für anschließende Forschungen, die wiederum neue Beobachterperspektiven, teilweise auch in kritischer Absetzung zu Foucaults ursprünglichen Analysen, eröffnen.[155] Schon anhand dieser kurzen Darlegung mag man die relative Unmöglichkeit erahnen, eine abschließende und erschöpfende Theorie des Subjekts aufstellen zu können. Vielmehr kann jede theoretische Position und Formulierung nur begrenzt Geltung für sich beanspruchen, sie nur den Status eines

---

153 Foucaults Anspruch ist es sicherlich, mit seiner Transformationsgeschichte spezifischer Selbsttechniken einen wichtigen Beitrag zur Erforschung der historischen Entwicklung bestimmter Formen der westlichen Selbstwahrnehmung zu leisten. In einer beispielsweise weniger historisch, eher präsentistisch ausgerichteten Perspektive könnten auch völlig andere Akzente in der Beschreibung moderner Subjektivität gesetzt werden.

154 Als weitere wichtige und bekannte Autoren, die sich aus unterschiedlichen Perspektiven auch mit der historischen Entwicklung moderner Subjektivität beschäftigen, sind z.B. Georg Simmel, Max Weber, Theodor W. Adorno, Charles Taylor oder auch Zygmunt Bauman zu nennen.

155 So fühlt sich beispielsweise Reckwitz (2006) in seiner Theorie vom „hybriden Subjekt" zwar in besonderem Maße von Foucaults Projekt einer „Geschichte des modernen Subjekts" inspiriert (vgl. ebd. 27). Er entwickelt aber eine eigenständige Perspektive auf die „Transformationsgeschichte moderner Subjektivität" (ebd. 13), indem er u.a. die Hybridität moderner Subjektformen und -kulturen herausarbeitet – Kulturen, in denen sich traditionelle Sinnmuster und „Spuren historisch vergangener Subjektformen" (ebd. 15) mit (post-)modernen neu entstandenen und entstehenden Elementen verbinden und die verschiedensten „Mischungsverhältnisse" (ebd.) erzeugen. Auch legt er in seiner Arbeit besonderes Augenmerk auf den Einfluss „ästhetischer Bewegungen" (ebd. 17) für die Entstehung moderner Subjektivitätsmuster und der Figur eines „ästhetischen Subjekts" (ebd. 15). Damit ergänzt er Foucaults, eher auf die unterwerfenden Dimension moderner Subjektivierungsprozesse abzielende Analysen um Subjektivierungspraktiken, „denen (noch) nicht die Form institutioneller ‚Dispositive' zukommt" (ebd. 27) und die deshalb durch ein größeres subversives Potential charakterisiert sein können (vgl. ebd., 640 ff.). In einer theoretisch und inhaltlich anderen Schwerpunktsetzung als Reckwitz kommt Wolfgang Detel (1998) in gleichzeitigem Rückgriff und kritischer Auseinandersetzung mit Foucaults Spätwerk und den dazugehörigen klassischen Quellen zu einer deutlich differierenden Interpretation antiker Selbstpraktiken als Foucault.

„Wahrheitsspiels" haben, das Ausdruck einer bestimmten Beobachterperspektive ist, die auf andere Beobachter verweist, andere ausschließt, manche einschließt, andere möglich macht usw.

4.1 Die Geschichte der Selbstsorge oder: Vom Selbst zum Subjekt

In seinen Vorlesungen am Collège de France von 1982, mit dem Titel „Hermeneutik des Subjekts", befasst sich Foucault vor allem mit drei geschichtlichen Phasen (klassische Antike, Spätantike, frühes Christentum). Dabei nimmt die Auseinandersetzung mit der römischen Spätantike, besonders mit dem Stoizismus, aber auch dem Kynismus und Epikureismus unter Bezug auf Autoren wie Seneca, Marc Aurel, Plutarch, Epiktet oder Demetrius, den größten Raum ein. Die griechische Klassik analysiert er überwiegend anhand Platons Alkibiades. Auch zieht Foucault immer wieder Vergleichslinien zwischen Antike und frühem Christentum mit Hilfe von Autoren wie z.B. Cassian oder Gregor von Nyssa.[156]

Diese Gewichtung ist nicht rein zufällig. Die Grundfrage, die Foucault in seiner Vorlesungsreihe beschäftigt, ist „die Problematik von Subjektivität und Wahrheit" (HS 16), die er ausgehend vom Begriff der Selbstsorge untersuchen möchte. Nun existieren für Foucault in der abendländischen Geschichte zwei große Modelle, die das Verhältnis von Selbstsorge und Selbsterkenntnis sehr unterschiedlich auslegen: das platonische Erinnerungsmodell und das christliche Exegesemodell. Diese beiden dominanten Schemata haben jedoch ein drittes Modell überdeckt. Dieses hellenistische Modell, das sich im 2. und 3. Jahrhundert entwickelt, ist für Foucault überaus interessant und wichtig, da sich innerhalb dieses Modells eine Moral bildet, die vom Christentum übernommen wird, wenn auch in deutlich veränderter Form. Gleichzeitig stellen sich in diesem Modell sowohl das Verhältnis von Selbstsorge und Selbsterkenntnis als auch die jeweiligen Formen und Funktionen von Selbstsorge und Selbsterkenntnis deutlich anders dar als im christlichen und auch im platonischen Modell (vgl. HS 319 ff., 561 ff.). Entsprechend ausführlich behandelt Foucault die hellenistisch-römische Epoche und ihren spezifischen Modus von Selbstsorge und Selbsterkenntnis. Weil sich innerhalb der Geschichte der Selbstsorge die (Selbst-)Erkenntnisformen wandeln, verändert sich für Foucault auch das Subjekt bzw. die Form von Subjektivität, die sich „durch die dem einen oder anderen Selbstsorgetyp eigene Reflexionsform konstituiert." (HS 563)

Im Zusammenhang mit diesen drei unterschiedlichen Modellen unterscheidet Foucault in der Geschichte des Abendlands drei große Formen der Reflexivität: *Gedächtnis,*

---

156 Foucault spricht in seiner ersten Vorlesung davon, im Laufe der Vorlesungsreihe drei wichtige Momente innerhalb der Geschichte der Selbstsorge herausarbeiten zu wollen: das sokratisch-platonische Moment, die Selbstkultur in den ersten beiden nachchristlichen Jahrhunderten und der Übergang von der heidnischen philosophischen Askese hin zur christlichen Askese zwischen dem 4. und 5. Jahrhundert (vgl. HS 52 f.). Entgegen diesem ursprünglichen Plan wird das dritte Moment jedoch nur wenig problematisiert und eigentlich nur dann thematisiert, wenn Foucault Vergleiche zwischen Antike und frühem Christentum anstellt.

Meditation und *Methode* (vgl. HS 560 f.). Die Reflexivitätsform des *Gedächtnisses*, die vor allem mit dem Platonismus, innerhalb des Christentums aber auch mit der Gnosis, verbunden ist, koppelt den Zugang zur Wahrheit an den Vorgang des Wiedererkennens. In diesem spiegelt sich die Seele im göttlichen Element und erkennt dabei sich selbst, ihre eigene Wesenswahrheit als göttliches Element wieder. Diese Form der Selbsterkenntnis ist, zumindest im Platonismus, nur im Modus der Selbstsorge möglich. Man muss sich um sich selbst sorgen, zahlreiche Praktiken, Übungen und Verfahren auf sich selber anwenden und sein eigenes Sein verwandeln, um überhaupt zur Selbsterkenntnis fähig zu werden. Die Selbsterkenntnis als Wiedererkennen hat für Foucault jedoch nichts mit der Erkenntnis einer objektiven Wirklichkeit der Seele zu tun. Sie führt nicht zur Wahrheit eines zu erkennenden Gegenstandes, sondern zu einer Wahrheit, die die Seele bereits kennt (vgl. HS 98 ff., 554 f.).

Die Reflexivitätsform der *Meditation* wird für Foucault vor allem im Stoizismus entwickelt. Diese vollzieht sich nicht im Modus der Wiedererinnerung, sondern in dem der Prüfung (vgl. HS 560). In der Fähigkeit des Menschen zu erkennen, indem er seine Vernunft gebraucht, ähnelt er zwar dem Göttlichen. Es geht aber nicht darum, wie im Platonismus im Blick auf sich selbst seine Seele in ihrem Wesen als göttliches Element wiederzuerkennen, sondern sein Denken und Handeln mit den Mitteln der Ratio zu überprüfen und zu kontrollieren, um sich selbst als „ethisches Wahrheitssubjekt" (ebd.) zu konstituieren (vgl. HS 555 ff.). Auch wird im Vergleich zum platonischen Modell, in dem das Ziel der Selbstsorge immer die Selbsterkenntnis sein muss, der Selbstsorge ein sehr viel eigenständigerer Status zuerkannt (vgl. HS 320). Gemeinsam ist den beiden Reflexivitätsformen des *Gedächtnisses* und der *Meditation*, dass sie eine Verwandlung des Subjekts anstreben, eine notwendige Veränderung, die unerlässlich ist, um dem Subjekt den Zugang zur Wahrheit zu ermöglichen.

In ihrer Aufnahme stoischer Selbstpraktiken kann man auch die christlichen Reflexivitätsformen (mit Ausnahme der Gnosis) zunächst dem Meditationstyp zuordnen. Denn auch hier geht es um die Selbstprüfung der Gedanken und Handlungen des Subjekts. Die Ziele von stoischen und christlichen Übungsformen sind für Foucault jedoch völlig andere. Dient die stoische Übung dazu, sich selbst als „Zweck seines eigenen Daseins zu setzen" (HS 405), sich dabei als Subjekt rechten Denkens und Handelns zu konstituieren und mit Fähigkeiten auszustatten, die man vorher nicht hatte, ist das Ziel der christlichen Selbstsorge der Selbstverzicht und die Selbstaufgabe (vgl. HS 321). Auch nimmt der Akt der Selbsterkenntnis in der Spätantike wie auch in der klassischen Antike nie die Form der Selbstobjektivierung und Selbstentzifferung an, so wie dies später im Christentum der Fall sein wird (vgl. HS 346).[157] Man ist noch weit entfernt von einer „Objektivierung des Selbst in der wahren Rede" (HS 406). Vielmehr geht es auch hier darum, sich als Subjekt zu konstituieren: zum Subjekt der wahren Rede, der *parrhesia*.

Nun kommt es für Foucault im abendländischen Denken zwischen dem 16. und 17. Jahrhundert zu einer immer stärkeren Verschiebung von der Reflexivitätsform der *Medita-*

---

157 Foucault beschreibt den Unterschied zwischen antiker und christlicher Selbsterkenntnis auch mit den Begriffen von „ontologischer" versus „psychologischer" Selbsterkenntnis (vgl. Schriften IV 492 f.).

tion hin zu der der *Methode*.[158] Er spricht in diesem Zusammenhang vom „cartesianischen Moment" (HS 31). Mit diesem Ausdruck möchte er nicht suggerieren, dass es sich bei dieser Transformation um einen plötzlichen Bruch handelt. Aber Descartes Philosophie ist für Foucault ein wichtiger Moment in der Geschichte des Denkens und gleichzeitig Paradebeispiel für eine Denkweise, die den Zugang zur Wahrheit nicht mehr an die Askese und eine daraus resultierende geistige oder spirituelle Verwandlung des Subjekts bindet, sondern das Subjekt, so wie es ist, für wahrheitsfähig hält.[159]

Begonnen hat diese Verschiebung von der Askese zur Evidenz oder von der *Meditation* zur *Methode* für Foucault schon lange vor Descartes. Eine wichtige Ursache für diese Veränderung sieht Foucault zum einen in der christlichen Theologie, die, indem sie sich als rationale Reflexion bzw. als rational strukturierte Erkenntnisart gibt und gleichzeitig einen Glauben mit universalem Auftrag begründet, „den Grundstein für ein allgemein erkennendes Subjekt" legt (vgl. HS 47, 242). Zum anderen ist aber schon im „Paradox des Platonismus" die Entwicklung der westlichen Rationalität angelegt. Zwar bindet der Platonismus den Zugang zur Wahrheit an die Askese und die Transformation des Subjekts. Gleichzeitig ist das Ziel der Askese und die Fundamentalbedingung für wahre Erkenntnis die Selbsterkenntnis des Subjekts. Dadurch bildet der Platonismus auch den Nährboden für ein Denken, welches die Figur eines reinen Erkenntnissubjekts ohne Notwendigkeit zur Askese entwickeln wird (vgl. HS 107 ff.).

Foucault unterscheidet bezüglich dieser unterschiedlichen Zugänge zur Wahrheit auch zwischen den Begriffen der *Philosophie* und der *Geistigkeit*. Dabei versteht er unter der „»Philosophie« jene Form des Denkens, die danach fragt, was dem Subjekt den Zugang zur Wahrheit ermöglicht, jene Form des Denkens also, die Bedingungen und Grenzen des Zugangs des Subjekts zur Wahrheit zu bestimmen versucht." (HS 32) Die *Geistigkeit* dagegen bezeichnet die Praxis, Suche und Erfahrung, „durch die das Subjekt an sich selbst die notwendigen Veränderungen vollzieht, um Zugang zur Wahrheit zu erlangen." (Ebd.) Für Foucault ist in der gesamten Antike und im Grunde in der abendländischen Kultur bis zum 16. Jahrhundert das Thema der *Philosophie* mit dem der *Geistigkeit* auf

---

158 Foucault definiert die *Methode* als „eine Form der Reflexivität, die festzulegen erlaubt, welche Gewißheit aller möglichen Wahrheit als Kriterium dienen kann, und die ausgehend von diesem Fixpunkt von Wahrheit zu Wahrheit geht, bis hin zur Organisation und Systematisierung einer objektiven Erkenntnis." (HS 561)

159 „In der europäischen Kultur und dies bis zum 16. Jahrhundert bleibt die Frage: ‚Welche Arbeit muss ich an mir selbst vollziehen, damit ich fähig und würdig bin, Zugang zur Wahrheit zu erlangen?' ..., die Wahrheit hat stets ihren Preis; es gibt keinen Zugang zur Wahrheit ohne Askese. Bis zum 16. Jahrhundert sind Askese und Zugang zur Wahrheit in der abendländischen Kultur stets mehr oder weniger dunkel miteinander verbunden gewesen. Ich denke, dass Descartes damit gebrochen hat, indem er sagte: ‚Um Zugang zur Wahrheit zu erlangen, genügt es, dass ich ein beliebiges Subjekt bin, das sehen kann, was evident ist.' Die Evidenz ersetzt die Askese am Verbindungspunkt zwischen der Beziehung zu sich und der Beziehung zu anderen, der Beziehung zur Welt. Die Beziehung zu sich braucht nicht länger eine asketische zu sein, um in einer Beziehung zur Wahrheit zu stehen. Es genügt, dass die Selbstbeziehung mir die evidente Wahrheit dessen offenbart, was ich sehe, um diese Wahrheit endgültig zu erfassen. So kann ich unmoralisch sein und die Wahrheit erkennen. Ich glaube, dass das eine Vorstellung ist, die mehr oder weniger explizit von sämtlichen früheren Kulturen zurückgewiesen wurde ... Nach Descartes erblickt ein nicht zur Askese gezwungenes Subjekt der Erkenntnis das Licht der Welt." (Schriften IV 497)

das Engste verbunden, auch wenn ein ständiger Konflikt zwischen *Geistigkeit* und Theologie herrschte.[160] Dieser wird schließlich zu einer Trennung von *Philosophie* und *Geistigkeit* führen und das Moment der *Geistigkeit* wird immer mehr an Bedeutung verlieren (vgl. HS 34 ff., 46 ff.). Für Foucault ist die Frage nach der *Geistigkeit* aus dem abendländischen Denken jedoch nie völlig verschwunden, sondern beispielsweise in der Philosophie des 19. Jahrhunderts und ihren Autoren wie Hegel, Schelling, Schopenhauer, Nietzsche oder im 20. Jahrhundert vor allem bei Denkern wie Heidegger und Lacan immer noch vorhanden (vgl. HS 48 ff., 51 f., 240).

Nun ändert sich für Foucault im Verlauf dieser Geschichte des Denkens nicht nur der Zugang zur Wahrheit, sondern mit ihm auch der Begriff bzw. die Form der Wahrheit selbst (vgl. HS 243). Im Platonismus ist der Begriff der Wahrheit im zirkulären Verhältnis von Selbsterkenntnis, Zugang zum Sein und zur Wahrheit, Veränderung des Seins bzw. der Seele durch Wiedererinnerung seiner göttlichen Natur eingebettet (vgl. ebd.). In der hellenistisch-römischen Antike wird im Verhältnis von Subjekt und Wahrheit letztere ihren Status vor allem aus ihrer Rolle für die Selbstsorge beziehen. Hier ist die Wahrheit vor allem ein notwendiges Element, ein Werkzeug, um sich als ethisches Subjekt zu konstituieren, als ein Subjekt richtigen Denkens und Handelns.[161] Das Subjekt muss sich dementsprechend nur mit dem Wissen und den Wahrheiten beschäftigen und ausstatten, die es für seine Selbstkonstitution benötigt. Die Wahrheit wird niemals die Funktion und die Form eines universalen Gesetzes annehmen, wie es später im Christentum der Fall sein wird.

Im Christentum wird die Beziehung des Subjekts zur Wahrheit auf eine doppelte Weise von Bedeutung sein. Zum einen ergibt sich die Wahrheit in einer universellen Form aus den Dogmen der Heiligen Schrift und der Offenbarung. Der Zugang zu dieser Wahrheit ist für das Subjekt aber nicht ohne weiteres möglich, sondern verlangt über die Selbsterkenntnis die Reinigung des Subjekts. Selbsterkenntnis und damit Reinigung erlangt das Subjekt aber nur, indem es eine Selbstobjektivierung und Selbstexegese betreibt, d.h., indem es versucht, sein Innerstes, dessen Geheimnisse, Täuschungen und Verführungen zu entschlüsseln. Damit muss das christliche Subjekt nicht nur die universale Wahrheit der Heiligen Schrift anerkennen, sondern darüber hinaus über sich selbst die Wahrheit sprechen. Es muss sich selbst als Objekt eines wahren Diskurses setzen, der wiederum auf der Grundlage der Wahrheit der Heiligen Schrift gehalten werden muss. Hier handelt es sich im Verhältnis von Subjekt und Wahrheit also um einen komplexen Zirkelschluss zwischen Selbsterkenntnis, Wahrheit der Schrift und Selbstexegese (vgl. HS 318 f.).[162]

In dieser Verschiebung hin zur Notwendigkeit und Möglichkeit der Objektivierung des Subjekts sieht man schon die Anfänge des „cartesianischen Typ[s]" (HS 243) der

---

160 Ausnahmen stellen für Foucault die Gnosis, die dem Erkenntnisakt sehr große Bedeutung beimisst, und Aristoteles dar, für den das Problem der *Geistigkeit* nur wenig relevant ist (vgl. HS 34 f.).

161 „Wenn nach dem Verhältnis von Subjekt/Welterkenntnis gefragt wird, stoßen wir ... auf die Notwendigkeit, das Wissen von der Welt derart abzuwandeln, daß es für das Subjekt, in der Erfahrung des Subjekts, für das Wohl des Subjekts eine bestimmte geistige Form und einen bestimmten geistigen Wert annimmt." (HS 390).

162 „Ein Christ benötigt das Licht des Glaubens, wenn er erforschen will, wer er ist. Und umgekehrt kann man sich nicht vorstellen, dass er Zugang zur Wahrheit haben könnte, ohne dass seine Seele geläutert wäre." (Schriften IV 211)

Wahrheit bzw. der Erkenntnis. Bei diesem wird die Frage des Zugangs zur Wahrheit aber keine Rolle mehr spielen, sondern dieser Zugang wird gleichbedeutend sein mit „Erkenntnis der Objekte" (HS 243). Das soll nicht heißen, dass die spezifisch abendländischen Formen von Subjektivität, Objektivität und Wahrheit erst vom Christentum vorbereitet und mit Descartes vollendet wurden. Vielmehr sind sie für Foucault schon im antiken Denken angelegt. Nur wird laut Foucault bei den allermeisten der unterschiedlichen Denkströmungen und philosophischen Schulen der Antike dem „geistigen" Element im Verhältnis von Subjekt und Wahrheit fundamentale Bedeutung zugemessen (vgl. HS 34 f.). Hier handelt es sich um ein Element, das zwar auch schon bei Aristoteles vernachlässigt und im Zuge der christlichen Scholastik zu überwinden versucht wurde, das aber vor allem seit Descartes und Kant nur noch eine untergeordnete Rolle im abendländischen Denken spielt. Ist in der Antike die *epimeleia heautou* (Sorge um sich) und mit ihr die Transformation des Subjekts noch notwendige Voraussetzung um zum *gnothi seauton* (‚Erkenne dich selbst‘) zu gelangen, wird der „cartesianische Moment" im abendländischen Denken diese Verbindung auflösen.

Am Ende seiner Vorlesungsreihe von 1982 spricht Foucault von einer gegenläufigen Bewegung, durch welche die dem Abendland eigenen Formen von Objektivität und Subjektivität entstanden sind. Die abendländische Form der Objektivität bildet sich für Foucault, in Anspielung auf Husserl und Heidegger, als im klassischen griechischen Denken „die Welt zum Korrelat einer *techne* geworden ist." (HS 592) Das heißt, die Welt wird nicht mehr gedacht, sondern gemessen, erkannt und beherrscht. Die Form der Objektivität wird durch die *techne*-Beherrschung der Welt vermittelt (vgl. ebd.; Gros 2004, 639). Die dem abendländischen Denken eigene Form der Subjektivität entsteht durch einen gegenläufigen Prozess. Ist der *bios* (das Leben, die Lebensweise) im klassischen griechischen Denken Korrelat einer *techne*, wird er in der hellenistisch-römischen Philosophie und, wenn auch deutlich abgewandelt, im Christentum zum Ort einer Prüfung und Erprobung.[163] Der *bios*, d.h. die Art und Weise, wie sich die Welt dem Subjekt im Laufe seines Lebens gibt, wird zum Ort, an dem sich das Subjekt erfahren, prüfen und erproben und darüber sich selbst erkennen und auch verändern kann (vgl. HS 592 f.).[164] Hier wird für

---

163 Für die griechische Selbstkultur sind der „Mensch, sein *bios*, sein Leben, seine Existenz ... so geartet, daß die Menschen nicht ohne den Bezug auf ein gewisses rationales und präskriptives System wie die *techne* leben können." (HS 544) Dabei ist diese *techne* eine *techne tou biou* (Lebenskunst, Existenztechnik). Sie soll es den Menschen ermöglichen, ein gutes und vernünftiges Leben zu führen, auch um die anderen führen zu können. Voraussetzung, um diese *techne* erlangen bzw. entwickeln zu können, ist die „Sorge um sich selbst". In der hellenistisch-römischen Epoche kommt es zu einer Art Verwindung oder Inversion von Lebenstechnik und Selbstsorge. Das Leben wird nun als selbstbildende Prüfung begriffen, was wiederum eine ständige Selbstsorge erfordert. Damit wird die „Sorge um sich" zum grundlegenden Bezugsrahmen für die Existenztechnik. Jede Lebenstechnik hat sich in dieses Primat der ständigen Selbstsorge und Selbstprüfung einzufügen. Die bestmögliche Beziehung zu sich selbst, die Selbstvervollkommnung ist nun das Ziel der *techne tou biou* und die Belohnung für ein Leben, das als Prüfung gelebt wird (vgl. HS 544 ff.).

164 Man könnte hinzufügen, dass sich im Christentum bzw. in der christlichen Theologie beide Formen von Objektivität und Subjektivität immer stärker verschränken werden. Die Theologie wird sich immer mehr als eine rationale und objektive Erkenntnisart darstellen, eine *techne*, mit Hilfe derer das Subjekt als vernünftiges Subjekt sich und die Welt erkennen kann. Voraussetzung für die Selbsterkenntnis des Subjekts ist aber eine Selbstobjektivierung und eine ständige Selbstprüfung. So beginnt sich mit dem

Foucault dann auch die „Herausforderung" (HS 593) für die westliche Philosophie liegen, indem durch diese gegenläufige Bewegung im abendländischen Denken zwangsläufig die Frage aufgeworfen werden wird, inwiefern es möglich ist, „daß die Welt, die sich auf der Grundlage der technischen Beherrschung als Erkenntnisobjekt gibt, zugleich der Ort ist, an dem sich das ‚Selbst' als ethisches Subjekt der Wahrheit manifestiert und bewährt" (HS 593 f.). Für Foucault wird Hegel den Höhepunkt der mit dieser Frage verbundenen Denkanstrengung darstellen, da er in seiner „Phänomenologie des Geistes" versuchen wird, „ein Denken der Welt und der Wirklichkeit zu artikulieren, das die Form der Objektivität für die Erkenntnis ... und die Matrix der praktischen Subjektivität ... ist." (Gros 2004, 639)

Im Folgenden sollen die wichtigsten Unterschiede zwischen den verschiedenen Subjektivierungsmodi in Antike und Christentum, die Foucault in seinen Vorlesungen „Hermeneutik des Subjekts" vor dem Hintergrund einer Geschichte der Selbstsorge und der Selbsttechniken herausarbeitet, noch etwas näher dargestellt werden. Doch zunächst noch zu einigen Veränderungen bezüglich der Form der „Sorge um sich selbst" und ihrem Verhältnis zur Selbsterkenntnis. Ein wesentlicher Unterschied im Vergleich der Formen der Selbstsorge zwischen Platons Alkibiades und der Spätantike betrifft den Status der Selbstsorge. Bei Platon ist die Selbstsorge neben ihrer Bedeutung für die Sorge um die anderen[165] vor allem eine notwendige Bedingung, um zur Selbsterkenntnis zu gelangen. Die Selbsterkenntnis ist das ultimative Ziel aller Bemühungen und die Selbstsorge unverzichtbares Werkzeug, um dieses zu erreichen. Das Verhältnis zwischen Selbstsorge und Sorge um die anderen wird sich jedoch in der Spätantike mehr und mehr auflösen. Die Selbstsorge wird zum Selbstzweck, d.h. vorrangiges Ziel der Selbstsorge wird es, sich als Selbst zu konstituieren (vgl. HS 222 ff.).[166] Ebenso wird sich die Verbindung zwischen Selbstsorge und Selbsterkenntnis deutlich abschwächen, obschon das Gebot der Selbsterkenntnis immer noch eine wichtige Rolle spielen wird (vgl. 112 ff.). Aber die Selbsttechniken und Übungsformen der Spätantike werden sich nicht mehr um die Selbsterkenntnis als ihre „zentrale Achse" (HS 510) gruppieren. Dies ist auch darauf zurückzuführen, dass die Selbsterkenntnis, wie gesehen, eine andere Form als die der platonischen Wiedererinnerung des göttlichen Elements annehmen wird.

Christentum ein Subjektivierungsmodus zu bilden, der mit der Vorstellung einer objektivierbaren Innenwelt verbunden ist.

165 In Platons Alkibiades ist ein wesentlicher Zweck der Selbstsorge, die Fähigkeit zu erlangen, sich selbst führen zu können, was wiederum die Voraussetzung dafür darstellt, sich adäquat um die Polis kümmern, d.h. auch, die anderen führen zu können.

166 Frédéric Gros weist im Rekurs auf Carlos Lévy darauf hin, dass Foucault in der Entwicklung seiner These von der hellenistisch-römischen Kultur als ‚goldenem Zeitalter' der Selbstkonstituierung, welches dem Ideal eines freien und souveränen Selbstverhältnisses verpflichtet ist, wichtige geistige Strömungen wie den Skeptizismus oder den Kynismus nur unzureichend berücksichtigt. Zwar sind auch diese philosophischen Schulen durch eine umfangreiche Askesepraxis gekennzeichnet, die u.a. zur Selbstbeherrschung führen soll. Ziel ist hier aber weniger die Konstituierung eines Selbst, sondern vielmehr dessen Auflösung. Es handelt sich damit eher um Praktiken der „Ent-Subjektivierung" (Schriften IV 54). Diese Ausklammerung ist auch vor dem Hintergrund interessant, dass Foucault sich selber als skeptischen Denker bezeichnet, dem es u.a. um die Dekonstruktion und Historisierung universaler Subjektvorstellungen und in dieser Zurückweisung des ‚Substanzsubjekts' letztlich um eine Politik und Praxis der „Ent-Subjektivierung" geht (vgl. Gros 2004, 634 f., Schriften IV 873).

Gerade diese zweifache Verschiebung im Bereich der Selbsterkenntnis ist für Foucault ein ausschlaggebender Grund dafür, dass die antiken Selbsttechniken vom Christentum vor allem in dessen Abgrenzung gegenüber der Gnosis und deren neuplatonischem Charakter aufgenommen werden können. Denn mit dieser Verschiebung wird in der stoisch-kynischen Asketik die Bedeutung von Übungsformen zunehmen, die keinen unmittelbaren Bezug zur Erkenntnis (des Göttlichen) haben wie z.B. Erprobungs- oder Enthaltsamkeitsübungen. Was die verbleibenden Erkenntnisübungen angeht, werden sie nicht mehr so sehr die Erkenntnis des göttlichen Elements in den Vordergrund rücken, sondern sich stärker auf das eigene Selbst konzentrieren. Es geht in diesen Übungen nun vor allem um das Erkennen von eigenen Fehlern und Schwächen, die es zu besiegen und auszumerzen gilt, um einen Zustand möglichst großer Freiheit im Sinne der *autarkeia* (Selbstgenügsamkeit) und *ataraxia* (Gelassenheit) zu erreichen (vgl. HS 509 ff., 301 ff., 235 f.). Es lassen sich in der Spätantike also deutliche Strukturveränderungen bezüglich der Selbstsorge feststellen und es bilden sich bestimmte Übungselemente stärker heraus, die später in der christlichen Asketik, wenn auch in veränderter Form, von großer Bedeutung sein werden. Darüber hinaus kommt es im Rahmen der „Autofinalisierung" der Selbstsorge zu starken Verallgemeinerungsbewegungen. Ist sie bei Platon vor allem eine Notwendigkeit für den jungen, adeligen Erwachsenen, wird sie in der Spätantike zu einer Aufforderung an alle, auch wenn diese nur von wenigen ‚Auserwählten' tatsächlich umgesetzt werden kann. Die Selbstsorge wird zu einer allgemeinen und zeitlich unbegrenzten Verpflichtung, die sich über die gesamte Lebensspanne erstreckt (vgl. HS 117 ff.).

Die Konversion, die Umkehr zu sich, wird damit zu einem immer zentraleren Problem in der Spätantike. Nun wäre es nahe liegend, in dieser Entwicklung hin zu einer stärkeren „Umkehr zu sich selbst" und in den entsprechenden Veränderungen in den Asketeformen den Ursprung von Praktiken der Selbstentzifferung zu sehen, wie man sie schon bald im Christentum wird finden können, oder auch erste Formen von dem, „was später die Geisteswissenschaften, die Psychologie, die Bewußtseinsanalyse, die Analyse der *psyche* usw. genannt werden kann" (HS 315). Für Foucault existieren jedoch entscheidende Unterschiede zwischen den (spät-)antiken und den christlichen bzw. modernen Selbsttechniken und den damit verbundenen Selbstsorge- und Subjektivierungsmodi. Neben den schon angedeuteten Unterschieden bezüglich der Selbsterkenntnisübungen, die im Christentum die Form der Selbstentschlüsselung annehmen werden, liegen die wichtigsten Unterschiede im Vergleich zur Spätantike (und auch zur Antike) für Foucault in der Verpflichtung des Christen, die Wahrheit über sich selbst auszusprechen (Beichtpflicht), in der Unterwerfung des christlichen Subjekts unter ein allgemeines (Wahrheits-)Gesetz und vor allem in der Aufforderung zum Selbstverzicht.

Zunächst zum Problem der Selbstbetrachtung: Bei den Griechen und Römern ist die Selbstbetrachtung Teil einer *askesis*, die dazu dient, sich mit einer *paraskeue*[167] (einer Vorbereitung, einer Ausrüstung) auszustatten, mit Hilfe derer man allen Ereignissen des Lebens entgegentreten kann. Die Wendung des Blicks auf sich selbst hat nicht die Funktion, sich selbst als Objekt einer Erkenntnis, als Selbstentzifferungs- oder Entschlüsse-

---

167 „Die *paraskeue* ist die Struktur, die die ständige Transformation der fest im Subjekt verankerten wahren Reden in ethisch vertretbare Verhaltensgrundsätze gewährleistet." (HS 401)

lungsgegenstand zu setzen, wie man es später im Christentum finden wird. Vielmehr geht es um das Erkennen und Überwinden seiner Schwächen vor dem Hintergrund eines *lógos*, der in ein *ethos*, also in eine grundlegende Verhaltensregel, transformiert werden soll (vgl. HS 393 ff., 407 f.). So hat die Selbstbeobachtung in der Spätantike vor allem die Funktion der Selbstprüfung. Dabei überprüft man sich nicht, um die Wahrheit über sich selbst zu entdecken, sondern um „zu sehen, mit welchen wahren Prinzipien man ausgestattet ist, bis zu welchem Grade man darüber verfügen kann, sobald es notwendig ist" (Foucault, zit. nach Gros 2004, 644). Außerdem soll durch die Umlenkung des Blicks auf sich selbst die Fähigkeit ausgebildet werden, sich auf sein eigenes Handeln und seine Ziele zu konzentrieren. Das heißt, durch die Konzentration auf sich selbst übt das Subjekt, möglichen Zerstreuungen und Widerständen, die es von seinem Ziel abhalten könnten, zu widerstehen. Dabei ist das Ziel, das es zu erreichen gilt, das Selbst bzw. die Herstellung eines erfüllten, unabhängigen und selbstgenügsamen Verhältnisses zu sich selbst. Auch hier wird das Selbst nicht zum Erkenntnisgegenstand gemacht, sondern es geht darum, „ein ständig waches Bewußtsein auf die Spannung zu richten, durch die man seinem Ziel näher kommt." (HS 280; vgl. auch HS 274 ff.)

Im Vergleich zur griechischen Antike wird die Selbstbeobachtung in der hellenistisch-römischen Epoche deutlich an Permanenz zunehmen. Es kommt zu einer ständigen „Beunruhigung durch Verdacht." (HS 513) Das Christentum wird dieses stoische Modell der „Verdächtigung seiner selbst" (ebd.) übernehmen. Nur geht es dann nicht mehr darum, mit Hilfe der Selbstbeobachtung eigene Fehler und Mängel aufzudecken, mit dem Ziel ein möglichst vollkommenes Selbst zu konstituieren. Sondern nun soll versucht werden, die verborgenen Spuren der Sünde und seine ‚innere Wahrheit' zu entziffern, letztendlich mit dem Ziel dem Selbst zu entsagen (vgl. HS 513, 311 f.).[168] Das Christentum koppelt also Selbstverzicht und Selbsterkenntnis aneinander.[169] Hinsichtlich dieser Verbindung wird noch ein anderes, neues Moment wichtig werden: das Geständnis, d.h. die Verpflichtung des Subjekts, über sich selbst einen wahren Diskurs zu halten. Dieses Prinzip, jemand anderem (dem Seelenleiter) über sich selbst die Wahrheit sagen zu müssen, um zur Wahrheit über sich selbst gelangen zu können, existierte weder in der griechischen Antike noch in der hellenistisch-römischen Spätantike. Dort ist es die Aufgabe des Lehrers seinem Schüler wahre Reden an die Hand zu geben und die Aufgabe des Schülers, sich durch ständige Einübung in den *lógos* als Subjekt des „Wahr-Sprechens" (HS 449) zu konstituieren, ei-

---

168 Zwar gibt es auch in der antiken Askese viele Elemente des Verzichts, die sich später auch im Christentum finden werden. Insgesamt soll aber nicht auf das Selbst oder Teile seines Selbst verzichtet werden, sondern es geht im Gegenteil darum, etwas zu erwerben, sich mit Fähigkeiten auszustatten, die man vorher nicht hatte und die einem helfen sollen, alle aufkommenden Schwierigkeiten meistern zu können, um ein erfülltes Selbstverhältnis ausbilden zu können (vgl. HS 393).

169 „Zunächst gibt es die Pflicht, den Geist von allen Illusionen, Versuchungen und Verführungen zu befreien, die in ihm auftreten könnten, sowie die Pflicht, die Wirklichkeit dessen zu entdecken, was in uns geschieht. Anschließend muss man sich von jeder Bindung an das eigene Selbst lösen, und zwar nicht, weil das Selbst eine Illusion ist, sondern weil es allzu wirklich ist. Je mehr wir die Wahrheit über uns selbst entdecken, umso mehr sollen wir auf uns selbst verzichten; und je mehr wir auf uns verzichten wollen, umso mehr müssen wir die Wirklichkeit in uns selbst zutage fördern. Das – diese Spirale der Formulierung der Wahrheit und des Verzichts auf die Wirklichkeit – steht im Zentrum der Selbsttechniken, die vom Christentum praktiziert werden." (Schriften IV 212)

nem Subjekt, in dem sich wahre Aussage (*lógos*) und richtiges Handeln (*ethos*) verbinden und übereinstimmen (vgl. HS 406 ff., 443 ff., 498 f.).

Genauso wenig ist die antike Askese und das „Wahr-Sprechen" im Gegensatz zum Christentum für Foucault an ein universales Gesetz gebunden. Zwar zeichnet sich die Moral, gerade der Stoa durch umfassende Strengeregeln, Werteensembles und Vorschriften aus, die vom Christentum z.T. übernommen, dabei jedoch verändert werden. Aber die Anerkennung und die Unterwerfung unter diese Regeln geschieht in der Antike auf freiwilliger Basis. Sie ist das Ergebnis einer freien Wahl. Keine „politische Struktur, noch die Gesetzesform, noch das religiöse Gebot können einem Griechen oder einem Römer ... je sagen, was man sein Leben lang zu tun hat." (HS 544)[170] So gibt es eine Vielzahl von unterschiedlichen philosophischen Schulen, Freundeskreisen oder religiösen Gruppe, denen man sich anschließen kann, die die verschiedensten Formen der Selbstsorge betreiben mit dementsprechend unterschiedlichen Vorschriften und Regelstrukturen. Die antike Askese zielt im Unterschied zur christlichen Askese nicht auf eine „*regulae vitae*" (Lebensregel), auf ein Regelwerk, welches das ganze Leben umfasst und regulieren soll, sondern auf eine „*techne tou biou*" (Lebenskunst) im Sinne einer „Ästhetik der Existenz" (Schriften IV 471). Eine solche Ausrichtung seines Lebens schließt aus, dass man sich einem universalen Regelsystem unterwirft (vgl. HS 515 f.; Schriften IV 470 f.).[171] Auch erging der Aufruf zur Selbstsorge zwar an alle, letztendlich folgten ihm aber nur wenige (vgl. HS 149 ff.).

Insgesamt gründet die antike Askese für Foucault „nie auf einer Gesetzesinstanz, noch entfaltet sie ihre Techniken unter Bezugnahme auf so etwas." (HS 389) Sie ist vielmehr eine Wahrheitspraxis, eine Weise, „das Subjekt an die Wahrheit zu binden." (Ebd.) Sie ist eine Übung, durch die sich das Subjekt als Subjekt rechten Denkens, Sprechens und Handelns konstituieren kann. Dementsprechend definiert Foucault die antike *askesis* als die Gesamtheit von Verfahren, die „aus dem Wahr-Sprechen eine Seinsweise des Subjekts" (HS 401) macht. Dagegen ist die christliche Askese eine Praxis, die durch eine universalisierte Struktur auf der Grundlage der Wahrheit der Heiligen Schrift, der Offenbarung und des Glaubensverhältnisses charakterisiert ist (vgl. ebd.). Sie verkörpert eine Moral, an deren Gesetze sich ausnahmslos jeder zu halten hat und innerhalb deren Grenzen sich das „Wahr-Sprechen" des Subjekts vollziehen muss. So ist für Foucault die christliche Askese weniger eine Askese, in der sich das Subjekt über das „Wahr-Sprechen" als

---

170 Gerade diese Leerstelle wird für Foucault durch die *techne tou biou* (Lebenskunst) ausgefüllt (vgl. HS 544).

171 „Sein Leben zum Gegenstand einer *techne*, sein Leben also zu einem Werk zu machen – zu einem schönen und guten Werk ... – hat notwendigerweise zur Voraussetzung, daß der, der die *techne* anwendet, frei ist und frei wählen kann. Wäre eine *techne* ein Regelwerk, dem man sich von A bis Z und ununterbrochen zu unterwerfen hätte, wenn es nicht diese Freiheit des Subjekts gäbe, das sich der *techne* nach Maßgabe der Zielsetzung, des Wunsches und des Willens, ein schönes Werk zu gestalten, bedienen kann, ließe sich das Leben nicht vervollkommnen. Ich glaube, das ist ein ganz wichtiger Aspekt, den es richtig zu erfassen gilt, denn er macht eine der Trennungslinien zwischen jenen philosophischen Übungen und der christlichen Übung aus ... Das philosophische Leben, das Leben, wie es die Philosophen vorschreiben und definieren und das man dank einer *techne* erlangt, unterliegt keiner *regula* (Regel), sondern einer *forma* (Form). Es ist ein Lebensstil, es ist eine Form, die man seinem Leben zu geben hat." (HS 515 f.)

Subjekt konstituiert, das „Wahr-Sprechen" zur Seinsweise des Subjekts wird, sondern eine „Askese, in der im Namen des von einem Anderen ausgesprochenen wahren Wortes Selbstverzicht geleistet wird" (ebd.).

4.2   Die „Genealogie des Begehrensmenschen"

Während Foucault in seinen Vorlesungen zur „Hermeneutik des Subjekts" die Transformationen bezüglich der Selbsttechniken unter einem allgemeinen Blickwinkel betrachtet, geht es in seinen letzen beiden Monographien um den speziellen Gegenstandsbereich der Sexualität. Denn Foucaults Ansicht nach ist die „Sexualität ... zum Seismograph unserer Subjektivität geworden" (Schriften IV 212). Außerdem lassen sich die Entwicklung und die Veränderungen in den Subjektivierungsweisen von der antiken Lebenskunst im Sinne einer *Ästhetik der Existenz* hin zu einer christlichen „Hermeneutik des Selbst und der Selbstentschlüsselung als Begehrenssubjekt" (ebd., 828) exemplarisch anhand dieser Thematik darstellen. So ist für Foucault die „Geschichte der Sexualität" (Schriften IV 779) nicht der einzig mögliche, aber ein wichtiger Ausgangspunkt für eine „Geschichte der »Subjektivität«" (ebd.; vgl. ebd. 661).

4.2.1   Die klassisch-griechische Ästhetik der Existenz:
Ethik der Selbstbeherrschung

Im ersten Fortsetzungsband von „Sexualität und Wahrheit", mit dem Titel „Der Gebrauch der Lüste", untersucht Foucault anhand klassischer philosophischer Texte, inwiefern im Denken der griechischen Antike „das sexuelle Verhalten ... als Bereich moralischer Einschätzung und moralischer Optionen reflektiert worden ist." (GL 44)

Für Foucault existiert im klassischen Griechenland kein begriffliches Äquivalent für den Terminus ‚Sexualität' (vgl. GL 49 ff.). Der Begriff ‚*ta aphrodísia*', der den Gegenstandsbereich der sexuellen Handlungen umschreibt, definiert einen völlig anderen „Kausalitätstyp" (GL 49) als den, der unter das moderne Begriffsfeld ‚Sexualität' fällt. Dabei umschließt der Ausdruck ‚*ta aphrodísia*' drei Begriffsmomente: Akt, Begehren und Lust (vgl. GL 54 ff.; Schmid 1987, 29). Nun liegt die Quelle der moralischen Besorgnis hinsichtlich der „sexuellen Lebensführung" (GL 58) im klassischen Griechenland für Foucault nicht im Akt, im Begehren oder der Lust selber. Es ist vielmehr die Beunruhigung über die Dynamik, die diese drei Elemente „kreisförmig vereint (das Begehren, das zum Akt führt, der Akt, der mit Lust verbunden ist, und die Lust, die das Begehren weckt)" (GL 58), die den Nährboden für eine ethische Reflexion in der griechischen Antike bildet.[172]

---

172 Dagegen wird laut Foucault das Christentum ebenso wie die Moderne das Augenmerk auf das Begehren legen, während der Akt und die Lust nur eine untergeordnete Rolle spielen werden. Wird es im Christentum darum gehen, das Begehren zu unterdrücken, wird in der Moderne versucht, das Begehren

Diese Dynamik wird hinsichtlich zweier Variablen analysiert (vgl. GL 59 ff.): den quantitativen Intensitätsgrad (Zahl und Häufigkeit der sexuellen Aktivität) und der Frage nach der Polarität (passiver/aktiver Akteur). Die moralische Problematisierung der *aphrodísia* betrifft also zum einen die Sorge, ob die Tendenz zum Übermaß, welche der Natur der *aphrodísia* zu eigen ist, beherrscht werden kann (vgl. GL 67), und zum anderen die Frage nach der Rolle des Mannes, ob er aktives Subjekt oder passives Objekt der sexuellen Aktivität ist. Bei den Griechen sind demnach der Exzess und die Passivität „für einen Mann die beiden Hauptformen der Immoralität in der Praktik der *aphrodísia*." (GL 64) Es geht hier demnach nicht um eine moralische Verurteilung des sexuellen Aktes als solchen. Weder der Akt noch die Lust werden als schlecht betrachtet, sondern als natürlich und notwendig (vgl. ebd.). Dennoch geben sie Anlass zur moralischen Beunruhigung, da Begehren und Lust von Natur aus zur Maßlosigkeit neigen und entsprechend die Autonomie des freien Mannes gefährden, ihn zum Sklaven seiner Begierden werden lassen: „Diese Lebhaftigkeit verleitet, die Hierarchie umzustoßen, diese Gelüste und ihre Befriedigung an erste Stelle zu setzen, ihnen absolute Macht über die Seele zu geben." (GL 67) Dementsprechend wird es in der griechischen Ethik und ihrer Frage nach dem rechten Gebrauch (*chrêsis*) der Lüste weniger um das Erlaubte oder Verbotene gehen, sondern um die Ausbildung einer vernünftigen und kontrollierten Verhaltensweise (vgl. GL 71 ff.).

Um den Erfahrungsbereich der *aphrodísia*, verstanden als Feld der moralischen Reflexion, zu strukturieren, benutzt Foucault vier eng miteinander verknüpfte begriffliche Kategorien. Er unterscheidet dabei zwischen der *ethischen Substanz*, dem *Subjektivierungsmodus* bzw. der *Unterwerfungsweise*,[173] der *ethischen Arbeit* und der *Teleologie* (vgl. GL 37 ff.; Schriften IV 475 ff.). Gleichzeitig ermöglicht ihm diese Differenzierung einige grundlegende Unterschiede zwischen antiker und christlicher Moral und den damit verbundenen Subjektivierungsweisen zu verdeutlichen.

Die *ethische Substanz* (vgl. GL 37 f.) bezeichnet den Teil oder Bereich des Selbst oder des Verhaltens, auf den die ethisch-moralische Reflexion, Beurteilung und Arbeit abzielt.[174] Bezüglich Foucaults „Geschichte der Sexualität" (GL 10) sind es die Erfahrung der *aphrodísia* in der Antike, die des „Fleisches", des Begehrens oder der Lüsternheit im Christentum oder später die der Sexualität, die zum Thema der moralischen Beunruhigung werden (vgl. Schriften IV 476, 483). Eine grundlegende Differenz zwischen den (moralischen) Erfahrungsbereichen der *aphrodísia* und des „Fleisches" liegt für Foucault in der Beurteilung der sexuellen Aktivität. Besteht für das antike Denken das Problem in ihrer virulenten Exzessivität, beruht in „der christlichen Doktrin vom Fleisch ... die exzessive Kraft der Lust auf dem Fall und dem Fehl, der seither die menschliche Natur kennzeich-

---

zu befreien (vgl. Schriften IV 483). Beide Praxisformen sind damit zwangsläufig mit einer „Hermeneutik des Begehrens" (Schriften IV 661) verbunden, die in der Antike nicht zu finden ist.

173 Der französische Terminus ‚mode d' assujettissement' wird im Deutschen teilweise mit *Subjektivierungsmodus* (vgl. Schriften IV 477, 681), in älteren Übersetzungen jedoch auch mit *Unterwerfungsweise*, (vgl. GL 38) wiedergegeben.

174 Dabei kann es sich um ganz unterschiedliche Bereiche handeln. So liegt für Foucault beispielsweise in der Moderne das Hauptaugenmerk auf dem Bereich der Gefühle. Dagegen wäre von einem kantianischen Standpunkt die Absicht und im Christentum eher das Begehren die Hauptfelder der moralischen Reflexion (vgl. Schriften IV 475).

net." (GL 68) In der christlichen Moral ist die Erfahrung des „Fleisches" definiert „durch einen Bereich von Begierden, die sich in den geheimen Kammern des Herzens verbergen" (GL 121) und nach einer immer genaueren Kodifizierung und stärkeren Dechiffrierung verlangt (vgl. GL 122). Entsprechend lassen sich auch im *Subjektivierungsmodus* zwischen Antike und Christentum deutliche Transformationen feststellen.

Allgemein bezieht sich die Kategorie des *Subjektivierungsmodus* auf die Art und Weise, mit der das Individuum sein „Verhältnis zur moralischen Regel einrichtet und sich für verpflichtet hält, sie ins Werk zu setzen" (GL 38). Hier ist auch die „Frage nach der Ordnung" (Brieler 1997, 547), an der sich das Individuum moralisch orientiert, von Bedeutung (vgl. ebd.): Beruht der Aufruf zur moralischen Sorge z.B. auf einem göttlichen Gesetz, das in einem Text offenbart wird, einem Naturrecht, einer kosmologischen Ordnung, einer universellen Vernunft oder einem ästhetischen Existenzprinzip? (vgl. Schriften IV 477, 761) Auch hier zeigen sich für Foucault deutliche Unterschiede zwischen griechischer Antike und Christentum. Den in dem, was die Griechen die *„chrêsis aphrodisíon*, den Gebrauch der Lüste" (GL 71), nennen, geht es anders als im Christentum nicht darum, sich einem universalen und festen Regelsystem zu unterwerfen, sondern um eine individuelle Praxis, die unter Beachtung einiger allgemeiner Grundsätze (der *polis*, der Religion oder der Natur) „die Handlung in ihrem Augenblick, in ihrem Kontext und im Hinblick auf ihre Ziele leitet." (GL 82) In der antiken Ethik konstituiert sich das Individuum als ethisches Subjekt demnach weniger durch den Bezug auf ein allgemeines moralisches Gesetz, sondern „durch eine Haltung und eine Suche, die seine Handlung individualisieren und modulieren und ihr sogar einen einzigartigen Glanz geben können, indem sie ihr eine rationale und reflektierte Struktur verleihen." (GL 83)

Foucault unterscheidet an dieser Stelle zwischen einer „zur Ethik orientierten" (GL 42) Moral in der Antike und einer „zum Code orientierten" (ebd.) Moral im Christentum.[175] Ist eine ,zum Code orientierte' Moral durch ein festes Regelsystem gekennzeichnet und das Verhalten der „Moralsubjekte" entsprechend streng an diesem ausgerichtet, zeichnet sich eine ,zur Ethik orientierte' Moral durch eine weitgehende Abwesenheit eines festen und strengen Moralkodexes aus. Innerhalb einer solchen Moral konstituiert sich das Moralsubjekt weniger über die Unterwerfung unter ein allgemeines Regelwerk, sondern das Individuum muss sich vor allem über sein ethisches Selbstverhältnis als Moralsubjekt konstituieren (vgl. GL 40 ff.). Der Aufruf zur Mäßigung und Selbstbeherrschung erfolgt in Form von Vorschlägen und es ist den Bürgern in einem gewissen Rahmen freigestellt, ob und wie sie diesen Empfehlungen Folge leisten. Die Befolgung dieser Empfehlungen wird nicht so sehr über Sanktionsmechanismen sichergestellt, sondern bildet ein zentrales Element innerhalb einer Subjektivierungsform, die der „Stilisierung" (GL 315) der individuellen Existenz dient (vgl. Lemke 1997, 277). Foucault spricht in diesem Zusammenhang von den „Künste[n] der Existenz" (GL 18): „Darunter sind gewußte und gewollte Praktiken zu verstehen, mit denen sich die Menschen nicht nur die Regeln ihres Verhaltens festlegen, sondern sich selber zu transformieren, sich in ihrem besonderen Sein zu modifizie-

---

175 Foucault möchte die christliche Moral jedoch nicht auf dieses Modell reduzieren. Vielmehr existieren für ihn im Christentum durchaus auch ,zur Ethik orientierte' Moralen oder Mischformen (vgl. GL 41 f.).

ren und aus ihrem Leben ein Werk zu machen suchen, das gewisse ästhetische Werte trägt und gewissen Stilkriterien entspricht." (Ebd.) Zwar wird auch die Notwendigkeit, das Gesetz und die Bräuche zu achten, oft genug betont, aber das Wichtige liegt „weniger im Inhalt des Gesetzes und seinen Anwendungsbedingungen als in der Haltung, die dafür sorgt, daß man sie achtet. Der Akzent wird auf das Verhältnis zu sich gelegt, welches es ermöglicht, daß man sich nicht von den Begierden fortreißen läßt, daß man ihnen gegenüber Herrschaft und Überlegenheit wahrt, daß man seine Sinne in einem Zustand von Ruhe hält, daß man frei bleibt von jeder inneren Versklavung durch die Leidenschaften und daß man zu einer Seinsweise gelangt, die durch den vollen Genuß seiner Selbst oder die vollkommene Souveränität seiner über sich definiert werden kann." (GL 43) Dementsprechend ist für Foucault die Moral der griechischen Antike „auf ein Problem persönlicher Wahl und einer Ästhetik der Existenz hin ausgerichtet." (Schriften IV 471)

Das dritte Element, die *ethische Arbeit* (vgl. GL 38 f.), bezeichnet die unterschiedlichen Mittel, deren man sich bedient, um zum „moralischen Subjekt seiner Lebensführung" (ebd.) zu werden. Für die antike Moral ist an dieser Stelle der Begriff der *enkráteia* von großer Bedeutung (vgl. GL 84 ff.). Er bezeichnet eine aktive und kämpferische Form der Selbstbeherrschung. Beherrschen und Bemeistern und nicht Dechiffrierung, Verbalisierung, Selbstbeschuldigung und Selbstentsagung wie im Christentum prägen in der Antike die Haltung, die das ethische Subjekt im Verhältnis zu seinen Lüsten annehmen und ausprägen soll (vgl. ebd.). Innerhalb der *ethischen Arbeit* können die verschiedensten Selbsttechniken eingesetzt werden, wobei die gleichen Techniken durchaus innerhalb verschiedener Moralen Anwendung finden können (vgl. Schriften IV 482). Dies entspricht Foucaults These, dass das Christentum eine Reihe von Strengevorschriften und Asketetechniken aus der Antike übernommen hat, jedoch auf der Grundlage einer völlig anderen Moral (vgl. ebd., 485 f.).

Beim vierten und letzten Element handelt es sich schließlich um das Ziel oder die *Teleologie* (vgl. GL 39) des moralischen Handelns (vgl. GL 39): „Welche Art Sein erstreben wir, wenn wir uns moralisch verhalten? Sollen wir rein werden oder unsterblich, oder frei, oder Herren unserer selbst usw.?" (SM 277). In der griechischen Antike ist ein Ziel die *sophrosýne* (vgl. GL 104 ff.). Dieser Begriff soll einen Zustand der Selbstbeherrschung und damit der aktiven Freiheit gegenüber seinen Lüsten und Begierden bezeichnen, welcher durch einen angemessenen Gebrauch der Vernunft (*lógos*) geprägt (vgl. GL 113 ff.) und am Anspruch einer „Ästhetik der Existenz" (GL 122) orientiert ist.[176] Hingegen wird das *telos* im Christentum ein völlig anderes sein, da es dort weniger um eine aktive Selbstbeherrschung und um die Selbstkonstituierung des Subjekts im Rahmen einer *Ästhetik der Existenz* geht, als vielmehr um Selbstentsagung mit dem Zielpunkt eines keuschen Lebens, welches sein Vorbild in der Jungfräulichkeit findet (vgl. GL 122).[177] Insgesamt

---

176 Dabei nimmt der Gebrauch des *lógos* und das „Verhältnis zum Wahren nie die Form einer Dechiffrierung seiner durch sich und einer Hermeneutik des Begehrens" (GL 117) an wie im Christentum.

177 Es geht für Foucault im Christentum jedoch nicht darum, den Körper und das „Fleisch" als grundsätzlich böse und schlecht anzusehen, da man sonst der „radikale[n] Askese" (Schriften III 711) verfiele. Vielmehr muss man die notwendige Funktion der Sexualität, die Fortpflanzung, berücksichtigen. Dementsprechend hat das Christentum „eine gemäßigte Moral zwischen Askese und ziviler Gesell-

könnte man sagen, dass im Vergleich von griechischer Antike und Christentum „die Moralreflexion der Antike über die Lüste nicht auf eine Kodifizierung der Akte und nicht auf eine Hermeneutik des Subjekts abzielt, sondern auf eine Stilisierung der Haltung und eine Ästhetik der Existenz." (GL 122) Sie ermöglicht es dem freien, männlichen Bürger sich jenseits eines universalen Regelkodexes in „Freiheit zu stilisieren" (GL 127), um seiner „Existenz die schönste und vollendetste Form [zu] geben ..., die nur möglich ist." (GL 315) Sie führt zu einer *Ästhetik der Existenz*, zu einer Lebensweise, in der die Regel der Selbstbeherrschung sowohl ästhetischen wie auch ethischen Kriterien unterliegt (vgl. Lemke 1997, 283). Gleichzeitig ist diese angestrebte „Seinsweise" (GL 121) kein bloßer Selbstzweck. Vielmehr ist das individuelle Ziel der Selbstbeherrschung immer auch auf das Leben in der Gemeinschaft bezogen.

Hier liegt für Lemke die „politische Bedeutung" (Lemke 1997, 283) der *Ästhetik der Existenz*, indem die „Schönheit" (GL 118) der griechischen Lebenskunst Selbst- und Sozialbindung auf eine harmonische Art und Weise verbindet. Denn das (männliche, freie) Subjekt erfüllt und sichert mit Hilfe des Prinzips der Selbstbeherrschung seine Verpflichtung und seinen Status als Bürger der *polis* (vgl. Lemke 1997, 283 f.). Die Errichtung einer ‚Selbstherrschaft über sich' ist zugleich die Voraussetzung für die Herrschaft über andere: „In Platons *Alkibiades* ist das sehr klar: Ihr müsst Sorge für euch tragen, weil ihr das Gemeinwesen regieren sollt" (Schriften IV 471). Das Besondere an den griechischen Existenzkünsten ist damit, dass sie „den Rastern von privat-öffentlich oder ethisch-ästhetisch" (Lemke 1997, 283) entgehen. In dieser Verbindung zwischen Individuum und Gesellschaft braucht es für Foucault noch keiner Problematisierung des Selbst als Subjekt (vgl. Schriften IV 872; Lemke 1997, 283 f.). Das heißt, es existiert in der klassischen Antike noch keine „Erfahrung des Subjekts" (Schriften IV 872), die vergleichbar wäre mit dem, was man heute unter dem Begriff ‚Subjekt' versteht. Diese wird in der Antike durch die ‚Erfahrung des Individuums' ersetzt, das versucht, Selbstherrschaft über sich zu erlangen.[178]

Auch Brieler weist darauf hin, dass die griechische Ethik (in Foucaults Darstellung) nicht privatistisch zu verstehen, sondern immer auf die *polis* ausgerichtet ist. An diesem Punkt liegt die „Bruchlinie" (Brieler 1998, 553) zu den Selbsttechniken der hellenistisch-

---

schaft begründet" (ebd. 712) – eine Moral, „die in Ehe, Monogamie, Sexualität der Fortpflanzung und der Einschränkung und Herabsetzung der Lust ihren Ausdruck fand." (Ebd.)

178 „Ich glaube nicht, dass man eine Erfahrung des Subjekts dort nachträglich aufstellen sollte, wo sie keine Formulierung gefunden hat ... Und da kein griechischer Denker jemals eine Definition des Subjekts gefunden, niemals danach gesucht hat, werde ich ganz einfach behaupten, dass es kein Subjekt gibt. Das heißt nicht, die Griechen hätten sich nicht bemüht, die Bedingungen zu bestimmen, innerhalb derer eine Erfahrung gegeben sei, welche aber nicht die des Subjekts, sondern die des Individuums ist, insofern es sich als Herr seiner selber zu konstituieren versucht. Die klassische Antike kannte keine Problematisierung der Selbstkonstitution als Subjekt; seit dem Christentum hingegen wurde die Moral von einer Theorie des Subjekts mit Beschlag belegt." (Schriften IV 872)
Plumpe beschreibt die Beziehung zwischen Individuum und (sozialer) Welt und dem daraus resultierenden Fehlen einer Subjekterfahrung in der griechischen Antike folgendermaßen: „Das Entscheidende liegt darin, dass das Ethos der Polis den Konnex zwischen dem Ich und den anderen, Selbst und Soziabilität gleichsam naturwüchsig stiftet. Es besteht keine Bedarf für Reflexionstheorien, die das Ich ‚als Ich' problematisieren ..." (Plumpe 1986, zit. nach Lemke 1997, 284)

römischen Spätantike, bei denen die „Sorge um sich", das ‚Sich-um-sich-selbst-Kümmern', im Zentrum der *ethischen Arbeit* steht und zu ihrem Ziel wird. Aus der „intersubjektiven" Form der „Existenzstilisierung" im klassischen Griechenland wird eine „intrasubjektive" Form (vgl. Brieler 1998, 552 f.).[179] Foucault spricht in diesem Zusammenhang davon, dass die *techne tou biou* (Lebenstechnik, Lebenskunst, Lebensweise) der griechischen Antike in der griechisch-römischen Spätantike durch eine *techne* des Selbst abgelöst wird (vgl. Schriften IV 470 f.).

4.2.2 Die hellenistisch-römische Ethik: Die „Kultur seiner selber"

Im zweiten Fortsetzungsband von „Sexualität und Wahrheit", betitelt mit „Die Sorge um sich", beschäftigt Foucault sich mit der ethischen Problematisierung des sexuellen Verhaltens in der Spätantike und dabei auch mit den Unterschieden, die sich im Vergleich zur altgriechischen Epoche ergeben.

Eine Vergleichslinie verläuft entlang der „drei großen Selbsttechniken" (SS 304), die sich im griechischen Denken entwickelt haben; neben der Beziehung zum *lógos* und zur Wahrheit sind dies die drei „Haupttypen der Stilisierung des sexuellen Verhaltens" (GL 50): Diätetik für den Körper, Ökonomik für die Ehe, Erotik hinsichtlich der Knaben (vgl. GL 50, 123). Hat Foucault diese drei Objektbereiche für die Antike schon ausführlich in „Der Gebrauch der Lüste" dargestellt (vgl. GL 125–310), beschreibt er in „Die Sorge um sich" nun deren Veränderungen (vgl. SS 133–297).[180]

Mit den Transformationen auf empirischer Ebene sind deutliche Verschiebungen in der gesamten Struktur der spätantiken Moral verbunden, die Foucault anhand des vierpoligen Schemas, das er schon in „Der Gebrauch der Lüste" benutzt hat, verdeutlicht. Während es für Foucault im Bereich der *ethischen Substanz*, also der *aphrodísia* selber, keine grundlegenden Veränderungen gibt, kommt es in den drei anderen Bereichen zu mehr oder weniger starken Transformationen (vgl. Schriften IV 481 f.). Bezüglich des *Subjektivierungsmodus* lassen sich vor allem bei den Stoikern universalistische Tendenzen feststellen. Zwar ist die spätantike Ethik immer noch an den Prinzipien einer Lebenskunst orientiert, in der sich ethische und ästhetische Kriterien verbinden. Doch orientiert sich diese Lebenskunst immer stärker an allgemeinen Grundsätzen der Natur oder der Vernunft, die gleichermaßen für alle gelten sollen, und der *Subjektivierungsmodus* richtet sich am Modell eines universalen Vernunftwesens aus (vgl. SS 93; Schriften IV 481). Auch im Be-

---

179 „Ein griechischer Bürger des 5. oder des 4. Jahrhunderts hätte angenommen, seine *techne* des Lebens bestünde darin, sich mit dem Gemeinwesen und seinen Gefährten zu beschäftigen. Doch für Seneca zum Beispiel ist das wesentliche Problem, sich mit sich zu beschäftigen." (Schriften IV 471)

180 „Hinsichtlich der Diätetik und der Problematisierung der Gesundheit hat sich die Veränderung in einer gesteigerten Unruhe, einer umfassenderen und detaillierteren Definition der Beziehungen zwischen Sexualakt und Körper, einer geschärften Aufmerksamkeit auf die Ambivalenz seiner Wirkungen und auf seine störenden Folgen ausgedrückt ... Hinsichtlich der Frau und der Problematisierung der Ehe hängt die Veränderung vor allem mit der Aufwertung des Ehebandes und der zugrundeliegenden dualen Beziehung zusammen; ... Hinsichtlich der Knaben schließlich gilt die Notwendigkeit der Enthaltung immer weniger als eine Weise, Formen der Liebe die höchsten geistigen Werte zu geben, und immer mehr als das Zeichen eines ihr eigentümlichen Ungenügens." (SS 304 f.)

reich der *ethischen Arbeit* stellen sich Veränderungen ein. So wird in den Übungen zur Selbstbeherrschung das Element der Selbsterkenntnis im Sinne einer ständigen Selbstüberprüfung und -erprobung und damit die Frage der Wahrheit, „der Wahrheit dessen, was man ist, dessen, was man tut, und dessen, was man zu tun vermag", an Bedeutung gewinnen (vgl. SS 93). Hinsichtlich der *Teleologie* kommt es ebenfalls zu einer deutlichen Verschiebung. Zwar ist auch in der Spätantike die Selbstbeherrschung Ziel der ethischen Arbeit. Während aber in der Antike die Selbstbeherrschung direkt an die Machtausübung über andere gekoppelt ist, nimmt diese nicht-reziproke Dimension der Beziehung zu den anderen in der Spätantike deutlich ab: „Wenn man Herr seiner selbst sein soll, so nicht mehr allein, um Herr über die anderen zu sein, ..., sondern weil man ein vernünftiges Wesen ist." (Schriften IV 482) Die Selbstbeherrschung wird damit mehr und mehr zum Selbstzweck, insofern sie immer weniger dazu dient, die Fähigkeit zu erlangen andere zu regieren, sondern zu einer Aufgabe für alle wird, zu der jeder Mensch aufgrund seiner Eigenschaft als Vernunftwesen unabhängig von seinem gesellschaftlichen Stand verpflichtet ist.[181]

Dies ist der Boden, auf dem sich „ein Art Goldenes Zeitalter in der Kultur seiner selber" (SS 62) entwickeln kann. Das Prinzip der „Sorge um sich" hat sich von seinem ursprünglichen Rahmen gelöst und ist zu einer die gesamte Gesellschaft durchziehenden Praxis geworden. Hier ist jedoch anzumerken, dass – ähnlich wie die antike Ethik nur für eine kleine männliche Herrschaftsschicht relevant ist – auch die spätantike Selbstsorge trotz des Aufrufs an alle längst nicht von allen praktiziert wird, obschon sie laut Foucault nicht mehr nur auf das aristokratische Milieu beschränkt bleibt, sondern auch die unteren Schichten erfasst. Im Allgemeinen ist es nach Meinung Foucaults jedoch schwierig zu bestimmen, in welchem Maße die Selbstsorge in der spätantiken Bevölkerung insgesamt verbreitet ist (vgl. SS 62; HS 149 ff.; Schriften IV 862).[182]

Ein weiterer zentraler Unterschied zwischen Antike und Spätantike liegt darin, dass die Einstellung gegenüber den Lüsten deutlich misstrauischer wird. Verbunden mit dieser kritischen Perspektive ist die zunehmende Vorstellung einer Schwäche und Anfälligkeit des Individuums gegenüber den Gefährdungen durch die sexuelle Aktivität, die seinen besonderen Schutz verlangt (vgl. SS 93, 305). Diese Entwicklung schlägt sich jedoch nicht in einer Verschärfung des moralischen Codes nieder, sondern in einer Verstärkung des Selbstbezugs, d.h. in einer vor allem quantitativen Intensivierung der Bemühungen, sich als ethisches Subjekt zu konstituieren, was in dem Ideal einer ständigen Selbstüberprüfung und Selbsterprobung kumuliert (vgl. SS 55 ff., 86 ff.).[183]

---

181   Man beherrscht sich, „um den Anforderungen des Verhältnisses zu sich zu genügen, um nicht zu verletzen, was man natürlich und wesentlich ist, um sich selbst als Vernunftwesen zu ehren." (SS 239)

182   Als Auslöser für die Entwicklung der „Kultur seiner selber" gibt Foucault zwei gesellschaftliche Veränderungen an: den Wandel im Status der Ehe und Transformationen in den Strukturen politischer Machtausübung (vgl. SS 97–129). Er sieht diese gesellschaftlichen Modifikationen aber nicht als Determinanten, aus denen die Selbstkultur notwendigerweise resultieren muss. Vielmehr ist diese „eine originelle Antwort" (SS 97) auf die veränderte gesellschaftliche Situation.

183   „Sein ganzes Leben lang leben zu lernen – das war ein Aphorismus, den Seneca zitiert und der dazu auffordert, die Existenz in eine Art permanente Übung zu verwandeln; und so, wie es gut ist, früh zu beginnen, ist es auch wichtig, nie nachzulassen." (SS 67)

Insgesamt ist man zwar „noch weit entfernt von einer Erfahrung der sexuellen Lüste, in der diese mit dem Bösen verbündet sind, in der das Verhalten sich der allgemeinen Form des Gesetzes wird unterwerfen müssen und in der die Entzifferung des Begehrens eine unerläßliche Bedingung dafür sein wird, zu einer geläuterten Existenz zu gelangen. Und doch kann man bereits sehen, wie die Frage des Bösen beginnt, das Thema der Kunst und der *téchne* abzulenken, wie die Frage der Wahrheit und das Prinzip der Selbsterkenntnis sich in den Praktiken der Askese entwickeln." (SS 93 f.) Damit befindet man sich am Übergang zu(r) christlichen Moral(en). Dabei liegen die Unterschiede zwischen Antike und Christentum, wie im Folgenden zu sehen sein wird, weniger in den Strengevorschriften. Vielmehr werden diese vom Christentum auf der Grundlage einer „tiefgehend umgebildeten Ethik" (SS 307) übernommen, innerhalb derer sich das Individuum auf eine deutlich andere Weise als Moralsubjekt konstituieren wird (vgl. ebd.).[184]

4.2.3   Moral und Ethik im Christentum: Die „Hermeneutik des Begehrens"

Das Christentum ersetzt für Foucault nicht „eine recht tolerante griechisch-römische Lebensweise durch eine strenge Lebensweise, die durch eine ganze Reihe von Entsagungen, Untersagungen und Verboten charakterisiert wird." (Schriften IV 766) Ganz im Gegenteil entlehnt das Christentum der Antike und Spätantike grundlegende „Praktiken der Strenge" (ebd.), allerdings auf der Grundlage einer völlig anderen Moral.

Wie schon in Absatz 4.2.1 kurz dargestellt, sind für Foucault in allen vier Bereichen der Moral deutliche Transformationen feststellbar. Die *ethische Substanz* wird nicht mehr die *aphrodísia* sein, sondern das ‚Fleisch', das Begehren, die Lüsternheit usw. Sie hat nun deutlich negativere Konnotationen. Eine Ursache dieser Verschiebung ist eine markante Veränderung im Verhältnis von Akt, Lust und Begehren. Sind in der *aphrodísia* diese drei Elemente in einer inneren Dynamik zu einer festen Einheit verbunden und wird das Hauptaugenmerk in ihrer Problematisierung besonders auf den Akt (seine Quantität und Polarität) gelegt, trennt das Christentum diese Verbindung (zumindest partiell) und rückt das Begehren, seine Bekämpfung und Unterdrückung in den Fokus der moralischen Besorgnis (vgl. GL 57 ff.; Schriften IV 483, 764). Der *Subjektivierungsmodus* bzw. die *Unterwerfungsweise* wird sich an einem universalen göttlichen Gesetz orientieren, das sich in der Heiligen Schrift und der pastoralen Autorität offenbart. Bezüglich der *ethischen Arbeit* werden Praktiken der Selbstentzifferung bzw. der reinigenden Hermeneutik zwecks Ausrottung des Begehrens die entscheidende Rolle spielen. Der Bereich der *Teleologie* wird durch Elemente wie Reinheit, Keuschheit, Unsterblichkeit usw. bestimmt werden.

---

184 „So zeichnen sich denn in der Verfeinerung der Lebenskünste und der Selbstsorge einige Vorschriften ab, die jenen nahe scheinen, welche die späteren Moralen formulieren. Doch von dieser Analogie darf man sich nicht täuschen lassen. Diese Moralen werden andere Modalitäten des Selbstbezugs definieren: eine Charakterisierung der ethischen Substanz, ausgehend von der Endlichkeit, dem Sündenfall und dem Übel; eine Unterwerfungsweise in der Form des Gehorsams gegen ein allgemeines Gesetz, welches gleichzeitig Wille eines persönlichen Gottes ist; einen Typ von Arbeit an sich selbst, zu dem Seelenentzifferung und reinigende Hermeneutik des Begehrens gehören; eine Weise ethischer Vervollkommnung, die nach Selbstentsagung strebt." (SS 306 f.)

Zielpunkt ist nicht mehr die Konstitution seiner selbst als maßvolles Subjekt im Rahmen einer Ästhetik der (diesseitigen) Existenz, sondern die Hermeneutik seiner selbst als Begehrenssubjekt, die auf Reinheit und Unsterblichkeit in einem jenseitigen Leben ausgerichtet ist. (vgl. Schriften IV 483, 764; GL 121 f.; SS 306).

Insgesamt ändert sich die Subjektivierungsweise des christlichen Moralsubjekts grundlegend. An die Stelle einer Selbststilisierung, die sich durch eine relative Freiwilligkeit und Auswählbarkeit auszeichnet, tritt nun eine Form der Subjektivierung, die durch die Notwendigkeit einer permanenten Selbsterforschung und Selbstobjektivierung gekennzeichnet ist. Hier handelt es sich jedoch um eine Aufgabe, „die nur unendlich sein kann" (Schriften IV 211) und gleichzeitig auf die Unterwerfung unter eine höhere Autorität (der universalen Glaubenswahrheit, der pastoralen Autorität usw.) angewiesen ist. Damit beginnt sich eine Vorstellung zu entwickeln, in der das Selbst als ein objektivierbarer Gegenstand betrachtet wird, das Selbst eine ‚innere Wahrheit' enthält, die es mit Hilfe der pastoralen Kompetenz zu entziffern gilt. Die damit verbundene Verpflichtung des Subjekts, über sich selbst Wahres zu sagen, stellt für Foucault ein entscheidendes Moment in der Geschichte der abendländischen Subjektivität dar (vgl. HS 443).

Gleichzeitig ist die Selbstobjektivierung für Foucault im Christentum auf eine paradoxe Weise[185] mit dem Ziel der Selbstentsagung gekoppelt: „Je mehr wir die Wahrheit über uns selbst entdecken, umso mehr sollen wir auf uns selbst verzichten; und je mehr wir auf uns verzichten wollen, umso mehr müssen wir die Wirklichkeit in uns selbst zutage fördern. Das – diese Spirale der Formulierung der Wahrheit und des Verzichts auf die Wirklichkeit – steht im Zentrum der Selbsttechniken, die vom Christentum praktiziert werden." (Schriften IV 212) Das christliche Selbst ist etwas, das bekämpft und besiegt werden muss, da unter seiner Oberfläche in seinen Tiefen ständige Gefahren für das Seelenheil liegen. Um diesen zu begegnen und sie zu kontrollieren, müssen das Selbst, seine Gedanken und Gefühle einer ständigen Dechiffrierung und Überwachung unterzogen werden mit dem Ziel „am Ende alles Unreine und zur Unreinheit Verführende auszulöschen" (Schriften IV 367). ‚Selbstkonstituierung versus Selbstentsagung' wäre damit eine Möglichkeit, wenn man den Unterschied zwischen antiken und christlichen Subjektivierungsmodi auf eine prägnante Formel bringen möchte.

Foucault erfasst die Veränderungen zwischen antiken und christlichen Subjektivierungsweisen auch mit seinem Konzept der „Pastoralmacht".[186] Eine Macht „religiösen

---

185 Foucault spricht in diesem Zusammenhang von dem „Paradox der Sorge um sich" im Christentum (vgl. Schriften IV 880).

186 Zu einer ausführlichen Herleitung zur Entstehung und Entwicklung der Pastoralmacht vgl. u.a. GG I 173–368, Schriften IV 165–198. Dabei versteht Foucault seine Konzeption der Pastoralmacht ähnlich wie die der *Gouvernementalität* nicht als ausgearbeiteten, theoretischen Entwurf, sondern als „sehr vage Skizze", die einige wichtige Entwicklungen in der Geschichte des Abendlandes und des abendländischen Subjekts grob und hypothetisch beleuchten soll (vgl. GG I 201). Auch existieren für Foucault neben dem Pastorat und in Opposition dazu vor allem im Mittelalter zahlreiche Gegenbewegungen (vgl. ebd., 282 ff.). Die wichtigsten sind für Foucault mit den grundlegenden Themen der Askese, der Gemeinschaften, der Mystik, der Heiligen Schrift und der Eschatologie verbunden (vgl. ebd., 296 ff.). Trotzdem stellt das Pastorat für Foucault einen „der entscheidenden Momente in der Geschichte der Macht in den abendländischen Gesellschaften" (ebd., 269) wie auch in der Geschichte des abendländischen Subjekts dar (vgl. ebd., 268 f.). Foucault setzt sich schon in den Vorlesungen von 1974/75 („Die

Ursprungs, ..., die beansprucht, die Menschen während ihres gesamten Lebens und in jeder Lebenssituation zu führen und zu leiten, eine Macht, die die Existenz der Menschen in allen Details und in ihrer gesamten Entwicklung von der Geburt bis zum Tod in Beschlag nehmen will, und zwar um sie zu einer bestimmten Weise des Verhaltens, zu ihrem Seelenheil zu zwingen." (Schriften III 691)[187] Für Foucault beginnt sich die Pastoralmacht ab dem 2.–3. Jahrhundert zu entwickeln. Sie wird sich später von ihrem rein religiösen Kontext lösen und, in transformierter Form, für Foucault eine der wichtigsten modernen Machtformen darstellen (vgl. Schriften IV 278 f.; GG I 218 ff.).

Foucault macht einige wichtige Unterschiede zwischen der ‚alten' Form der Pastoralmacht und dem antiken Denken aus. Die Pastoral ist eine Machtform, die auf das Seelenheil und ein Leben nach dem Tod ausgerichtet ist (vgl. Schriften IV 277). Daher kommt dem Hirten gegenüber seiner Herde wie auch hinsichtlich des Einzelnen eine besondere Verantwortlichkeit zu (*Omnes et singulatim*). Der Hirte ist für jedes einzelne ihm anvertraute Individuum verantwortlich, „für all seine Handlungen, für jedes Wohl oder Übel, das von ihm ausgehen könnte, für alles, was ihm zustößt." (ebd., 177)[188] Er muss, wenn notwendig, bereit sein, sich für das Heil seiner Herde wie auch für jeden Einzelnen zu opfern. (vgl. ebd., 177 f., 277; GG I 191 f.) Das moralische Band zwischen Hirte und den Mitgliedern seiner Herde ist dementsprechend stark und komplex. Es betrifft „nicht nur das Leben der Individuen ..., sondern auch ihre Handlungen, und zwar bis in die allerkleinsten Details." (Schriften IV 178) Dagegen basiert die Lehrer-Schüler-Beziehung in der Antike grundsätzlich auf beiderseitiger Freiwilligkeit und ist zeitlich begrenzt.

Eine weitere Differenz liegt im „Problem des Gehorsams oder der Fügsamkeit" (ebd.). In der Antike gehorcht der freie Mann, weil es das Gesetz oder das Allgemeinwohl verlangen oder ein Lehrer, Arzt, Vertrauter usw. ihn mit guten Gründen überzeugt. Dagegen wird die Beziehung des Menschen zu seinem ‚Hirten' „eine Beziehung der persönlichen Unterordnung. Sein Wille wird nicht deshalb ausgeführt, weil er dem Gesetz entspricht, sondern hauptsächlich deshalb, weil es sein *Wille* ist." (Ebd.) Es handelt sich hier um eine reine Unterwerfungsbeziehung eines Individuums unter ein anderes Individuum jenseits eines Gesetzes, eines Ordnungsprinzips oder eines ausdrücklichen Befehls usw. (vgl. GG I 255).[189] Man gehorcht dem Hirten, „weil es dieser Jemand ist." (Ebd., 256) Der Gehorsam als menschliche Eigenschaft wird zur Tugend. Er ist nicht mehr Mittel um ein bestimmtes Ziel zu erreichen (Gesundheit, Tugend, Wahrheit usw.), sondern Selbstzweck: „Man gehorcht, um gehorsam sein zu können, um zu einem Zustand des Gehorsams zu gelangen." (GG I 258) Man soll seinen eigenen Willen vollständig aufgeben, um völlige

---

Anormalen") im Zusammenhang mit den christlichen Buß- und Beichtpraktiken mit der Entwicklung der christlichen Pastoral(theologie) auseinander (vgl. DA 226 ff.). Hier siedelt er ihre Entstehung aber noch im 16. Jahrhundert an (vgl. DA 230 ff.; Sennelart 2004, 480).

187 An anderer Stelle definiert Foucault die Pastoralmacht als eine Machtform, „deren Rolle darin besteht, ständig über das Leben von allen und jedem Einzelnen zu wachen, ihnen zu helfen und ihr Los zu verbessern." (Schriften IV 177)

188 Damit ist die Pastoralmacht eine stark individualisierende Macht.

189 Foucault wird diese Auffassung in späteren Arbeiten modifizieren bzw. erweitern und, wie gesehen, die christliche Moral in Unterscheidung zur antiken Ethik als codeorientierte Moral charakterisieren, innerhalb derer sich das Moralsubjekt unter ein universales, göttliches Gesetz zu unterwerfen hat.

Demut zu erreichen. Exemplarisch zeigt sich diese Transformation im Begriff der *apatheia*. Bezeichnet dieser in der Antike die Herrschaft des Individuums über sich und seine Leidenschaften, steht er im griechischen Christentum für den Zustand des Gehorsams, für die Abwesenheit des eigenen Willens und des Egoismus (vgl. Schriften IV 178 f.; GG I 258 f.).[190]

Eine andere Differenz bezieht sich auf die Form und den Zweck der Individualisierung. Liegt das Charakteristische in der antiken Individualisierung vor allem in einer Form der Selbstbeziehung, die sich durch eine relative Freiheit auszeichnet, verbindet sich der Prozess der Individualisierung innerhalb der Pastoralmacht mit der Möglichkeit und Notwendigkeit zur Führung des Individuums: Das Individuum wird individualisiert, um es zusammen mit der Herde besser leiten zu können. Um die Eigenart und den Zustand jedes Individuum genau zu kennen, bedient sich die Pastoralmacht zweier wesentlicher Techniken, die in anderer Form auch schon in der Antike angewandt wurden: der Gewissensprüfung und der Leitung des Gewissens (vgl. Schriften IV 179 f.; GG I 264 ff.). Im Unterschied zur Antike besteht der Zweck von Gewissensleitung und -prüfung jedoch nicht darin, das Individuum in der Konstituierung eines autonomen Selbst zu unterstützen. Vielmehr nehmen sie die Form von Beicht- und Bußpraktiken an, die dazu dienen, dass das Individuum sich seinem Seelenlenker vollständig offenbaren kann und muss und es so seiner ständigen Kontrolle unterzogen und das Abhängigkeitsverhältnis auf diese Weise noch gestärkt wird (vgl. Schriften IV 156 ff., 179 f.). Aus Techniken zur Erlangung von (Selbst-)Herrschaft werden nun „Instrumente der Abhängigkeit" (GG I 266).[191] Dementsprechend sind diese Instrumente in ihrer Anwendung innerhalb der Pastoralmacht mit grundlegenden Neuerungen verbunden. Es wird eine „Struktur, eine Technik zugleich der Macht, der Untersuchung, der Erforschung des Selbst und der anderen" geschaffen, „mit deren Hilfe eine bestimmte Wahrheit – eine geheime Wahrheit, eine Wahrheit der Innerlichkeit, eine Wahrheit der verborgenen Seele – das Element darstellt, durch das die Macht des Pastors, durch das der Gehorsam ausgeübt wird, durch das die integrale Gehorsamsbeziehung sichergestellt ist" (GG I 267). Damit hat die pastorale Individualisierung[192] durch

---

190 „Das *pathos*, das man durch die Gehorsamspraktiken beschwört, ist infolgedessen nicht die Leidenschaft, es ist vielmehr der Wille, ein Wille, der auf sich selbst ausgerichtet ist, und die Abwesenheit von Leidenschaft, die *apatheia*, ist der Wille, der sich selbst entsagt hat und der niemals aufhört, sich selbst zu entsagen." (GG I 260)

191 Dabei betrachtet Foucault die Aufnahme antiker Selbsttechniken in die christliche Pastoral und ihre Transformierung in Techniken der Selbsterforschung und Selbstobjektivierung nicht als eine kontinuierliche und eindeutige Entwicklung, sondern als „einen hochkomplexen Prozeß mit Brüchen, Konflikten, sich über längere Zeit erstreckenden und sich plötzlich überstürzenden Entwicklungen und so weiter." (HS 444)

192 Insgesamt wird die pastorale Form der Individualisierung für Foucault durch drei Hauptelemente charakterisiert: analytische Identifikation, Unterwerfung, Subjektivierung durch die Erzeugung einer inneren Wahrheit. Das heißt, es bildet sich eine Subjektivitätsform heraus, indem die Verdienste und Verfehlungen des Subjekts „auf analytische Weise identifiziert werden" (GG I 269), das Subjekt permanenten „Gehorsams-Geflechten" unterworfen ist, wobei hier der Ausschluss des Ichs und des Egoismus zentral ist und zum dritten das Individuum durch die Gewinnung einer inneren, verborgenen Wahrheit, zu der es angehalten wird, subjektiviert wird (vgl. GG I 267 ff.).

Verinnerlichung bzw. Erzeugung einer inneren Wahrheit, die gegenüber jemand anderem ausgesprochen werden muss, eine eindeutig unterwerfende Funktion.[193]

Zusammen mit dem völligen Gehorsam bilden die Praktiken der ständigen Prüfung und des erschöpfenden Bekenntnisses die eng miteinander verbundenen Grundelemente eines spezifischen Subjektivierungsmodus, der „nicht zum Ziel hat, eine souveräne Selbstbeherrschung zu begründen; was man im Gegenteil erwartet, ist Demut und Erniedrigung, eine Selbstablösung und die Herstellung einer Beziehung zu sich selbst, die auf die Zerstörung der Form des Selbst abzielt." (Schriften IV 159) Es handelt sich um einen Subjektivierungsmodus, dessen grundlegendes Element darin besteht, über die Herstellung einer Beziehung des Menschen zu seiner ‚inneren Wahrheit' und der Verbalisierung dieser Wahrheit diesen zu individualisieren und damit zu subjektivieren – eine Form der Subjektivierung jedoch, die gleichzeitig dazu führen soll, sich selbst zu entsagen.

Ab dem 18. Jahrhundert findet dann eine grundlegende Transformation und Umarbeitung der Pastoralmacht statt (vgl. Schriften IV 278 f.; Schriften III 693 f.; GG I 218 ff.). So wird aus der „Sorge um das Heil der Menschen im Jenseits ... die Sorge um ihr Heil im Diesseits." (Schriften IV 278)[194] Religiöse Zielsetzungen werden durch ‚irdische' ersetzt (vgl. ebd.). Außerdem verschiebt sich die „Pastoral der Seelen" hin zur „Regierung der Menschen und der Bevölkerung" (GG I 331). Mit der Ablösung der Pastoralmacht von einem rein religiösen Kontext vervielfältigt sich ihre Funktionsweise und wirkt dabei in unzählige gesellschaftliche Bereiche, staatliche oder auch nichtstaatliche, hinein.[195] Es entwickelt sich eine „»Taktik« der Individualisierung" (Schriften IV 279), die für alle Bereiche, in der diese neue Machtform der „Pastoralgouvernementalität" (Gros 2004, 664) Anwendung findet, kennzeichnend ist: ob nun in der Familie, den „großen Disziplinarmaschinen" (Schriften III 694) wie Kasernen, Schulen, Fabriken, Gefängnissen usw. oder in humanwissenschaftlichen Dispositiven wie Medizin, Psychiatrie, Pädagogik usw. Jeder dieser Bereiche beinhaltet Individualisierungsmatrizen, die in verschiedenen Weisen darauf ausgerichtet sind, das Individuum einzuteilen und zu beurteilen, zu überwachen und zu kontrollieren, um es damit gleichzeitig als eine spezifische Form von Individualität bzw. Subjektivität zu konstruieren, die das Individuum anzuerkennen hat. Dementsprechend ist das Individuum „zu einem wesentlichen Einsatz für die Macht geworden."

---

193 In dieser Unterwerfung durch Individualisierung liegt für Foucault eine Besonderheit und Neuheit der Pastoralmacht im Vergleich zur feudalen Macht der griechischen Stadtstaaten oder der griechisch-römischen Monarchien: „In den griechischen Städten und im Römischen Reich hatte es die Macht nicht nötig die Individuen allesamt zu kennen und in Bezug auf jedes von ihnen eine Art von kleinem Wahrheitskern zu konstituieren, den das Geständnis ans Licht zu bringen hatte und den das aufmerksame Hören des Priesters erfassen und beurteilen musste ... Diese Mächte zielten auf das gesamte Gemeinwesen oder auf Gruppen, auf Territorien, auf Kategorien von Individuen. Man lebte in Gruppen- oder Statusgesellschaften, noch nicht in einer individualisierten Gesellschaft." (Schriften III 692)

194 Dabei mutiert die Sorge um das ‚Seelenheil' nun zur Sorge um Gesundheit, Sicherheit, Wohlergehen im Sinne eines adäquaten Lebensstandards usw. (vgl. Schriften IV 278).

195 Foucault hebt bezüglich der „Ausbreitung der Pastoraltechniken im laizistischen Rahmen des Staatsapparates" (Schriften III 693) vor allem die Entwicklung der Staatsräson ab dem 16. und 17. Jahrhundert und der Polizei ab dem 18. Jahrhundert hervor (vgl. GG I 369–519). Insgesamt verbreiten sich für Foucault die individualisierenden Effekte einer derartigen Machtform aber über unzählige Mechanismen und Taktiken in der gesamten Gesellschaft.

(Schriften III 694) Es ist Angriffspunkt und grundlegender Bestandteil innerhalb der Funktionsmechanismen und der Wirkungsweise moderner ‚pastoraler' Machttechniken, indem diese das Individuum zum einen einer Sichtbarkeit unterwerfen, die es einschätzbar, kontrollierbar und regierbar macht, und zum anderen Formen von Subjektivität produzieren, durch deren Anerkennung sich das Individuum selber kontrolliert, lenkt und regiert.

Aufgrund der „Vermehrung der Zielsetzungen und Träger der Pastoralmacht" (Schriften IV 279) entwickelt sich aber nicht nur ein analytischer und individualisierender Pol, der sich auf den einzelnen Menschen richtet, sondern auch ein quantitativer und totalisierender, der sich auf die gesamte Bevölkerung konzentriert und der die Individuen u.a. an gemeinsame, durch quantitative Verfahren gewonnene (Durchschnitts-)Normen bindet (vgl. ebd.). Diese Gleichzeitigkeit von Individualisierung und Totalisierung ist für Foucault dann auch ein grundlegendes Charakteristikum moderner Machtverhältnisse (vgl. Abs. 2.1.3.1, 2.1.3.2).

Ein weiterer Unterschied zwischen ‚moderner' und ‚alter' Pastoralmacht liegt sicherlich auch im Status des Selbst bzw. im *telos* der *ethischen Arbeit*.[196] Zwar sind sowohl moderner wie (früh-)christlicher Subjektivierungsmodus stark mit der Vorstellung eines individuellen inneren Selbst und mit Techniken der Selbstobjektivierung und Selbstentzifferung verbunden. Diese sind jedoch im Christentum mit dem Ziel der Selbstentsagung gekoppelt, während in der Moderne eher das Gegenteil zutrifft.[197] Hier wird aus der Notwendigkeit der Selbstentsagung der Aufruf zur Selbstbefreiung durch Selbstentdeckung. Exemplarisch zeigt sich dieser Unterschied für Foucault am Beispiel der Sexualität. Geht es im Christentum darum, dem Begehren zu entsagen und eine ständige „Hermeneutik des

---

196 Im Grunde kann man aufgrund der Aufspreizung pastoraler Techniken in die unterschiedlichsten gesellschaftlichen Bereiche, abgesehen von der allgemeinen Zielsetzung der Individualisierung, nicht von ‚dem' *telos* sprechen. Wenn hier verallgemeinernd vom *telos* die Rede ist, sind daher vor allem die Bereiche im Umkreis humanwissenschaftlicher Diskurse wie z.B. Psychologie und Pädagogik gemeint, die ähnlich wie die christlichen Pastoraltechniken auf eine ‚Seelenführung' ausgerichtet sind.

197 Trotzdem ist das ‚christliche Selbst' für Foucault ein entscheidender Schritt auf dem Weg zu modernen Formen des Selbst: „In dem, was man den zeitgenössischen Selbstkult nennen könnte, geht es darum sein wahres Ich zu entdecken, indem man es von dem trennt, was es verdunkeln oder entfremden könnte, indem man seine Wahrheit dank eines psychologischen Wissens oder einer psychoanalytischen Arbeit entziffert. So verzichte ich nicht nur auf die Gleichsetzung der antiken Kultur des Selbst mit dem, was man den zeitgenössischen Selbstkult nennen könnte, sondern denke gar, dass sie diametral entgegengesetzt sind. Was geschehen ist, ist eben eine Verkehrung der klassischen Selbstkultur. Zu dieser ist es im Christentum gekommen, als die Idee eines Selbst, dem es zu entsagen galt ... , an die Stelle der Idee eines Selbst getreten war, das wie ein Kunstwerk aufzubauen und zu erschaffen sei." (Schriften IV 767) Foucault trennt an dieser Stelle also nicht nur zwischen Antike und Christentum, sondern auch ganz klar zwischen der antiken Selbstkultur und bestimmten Formen des modernen Narzissmus, in denen es um die (selbstverliebte) Suche nach einem authentischen Selbst oder um eine grundsätzlich selbstsüchtige Lebensweise geht. Zwar ist die antike Selbstsorge auch durch eine beständige Aufmerksamkeit sich selbst gegenüber gekennzeichnet. Diese ist aber zum einen nicht durch den Versuch einer Selbstentdeckung charakterisiert. Zum anderen soll sie zu einem Zustand der Selbstbeherrschung führen und ist daher im Unterschied zu vielen der modernen narzisstischen Strömungen mit einer ethischen Zielsetzung verbunden, die sich immer auch auf das gemeinschaftliche Leben bezieht: Der antike, freie Mann muss sich selbst beherrschen, um seine Rolle in der *polis* adäquat ausfüllen zu können (vgl. Abs. 4.2.1).

Verdachts" ihm gegenüber zu entfalten, ist die Moderne von der Vorstellung einer unterdrückten Sexualität, die es zu befreien gilt, geprägt – eine Befreiung jedoch, die man nur durch die Entzifferung seines Begehrens erlangen kann.[198]

Auch bezüglich der Thematik der Gehorsamsbeziehungen lassen sich Veränderungen feststellen. Innerhalb der ‚alten' Pastoralmacht nehmen sie, zumindest in der theoretischen Reflexion und in ihrer Reinform, die Form des absoluten Gehorsams gegenüber dem anderen (Meister, Pastor) oder gegenüber dem göttlichen Gesetz an. Im Vergleich dazu wird sich das Verhältnis zwischen Individuum, Machttechniken und Subjektivierungsprozessen in modernen Gesellschaften signifikant wandeln. Gerade im Hinblick auf die besprochenen gouvernementalen Machttechniken, die stark auf die Selbstführung des Individuums ausgerichtet sind, erscheinen reine Gehorsamsbeziehungen als dysfunktional. Trotzdem werden in vielen gesellschaftlichen Bereichen wie den verschiedenen Disziplinierungs- und Normalisierungssystemen Gehorsamsbeziehungen weiterhin eine wichtige Rolle spielen und sich bezüglich ihrer Formenvielfalt multiplizieren (Beziehung zum Staat, zur Polizei, zum Arzt, Psychiater, Lehrer usw.).[199] Insgesamt denkt Foucault die verschiedenen Machttechniken als eng miteinander verwoben, d.h. auch in gouvernementalen Dispositiven können z.B. disziplinarische Machttechniken Anwendung finden und spezifische Formen von Gehorsamsbeziehungen produzieren (vgl. Abs. 3.1).

Gleichzeitig werden für Foucault die Gehorsamsbeziehungen im Bereich der Moral und der Ethik in der heutigen Zeit immer brüchiger. Gerade diese Entwicklung macht für ihn den Rückblick auf die antike Ethik interessant: „Von der Antike zum Christentum geht man von einer Moral, die im Wesentlichen Suche nach einer persönlichen Ethik war, zu einer Moral als Gehorsam gegenüber einem System von Regeln über. Und für die Antike interessiere ich mich, weil aus einer ganzen Reihe von Gründen die Idee einer Moral als Gehorsam gegenüber einem Kodex von Regeln jetzt dabei ist zu verschwinden, bereits verschwunden ist. Und diesem Fehlen einer Moral entspricht eine Suche, muss eine Suche entsprechen, nämlich die nach einer Ästhetik der Existenz." (Schriften IV 905)

4.2.4 Reaktualisierung einer Ästhetik der Existenz?

Um eine angebliche oder tatsächliche ethische, ästhetische oder subjekttheoretische Wende im Spätwerk Foucaults gab es in den letzten 20 Jahren eine umfangreiche Diskussion. Bezieht man sich nur auf einige Stichwörter in der deutschen Debatte, wird Foucault u.a.

---

198 Dass für Foucault ein derartiger ‚Befreiungsakt' das Individuum im Grunde an das Sexualitätsdispositiv bindet, indem es eine Form der Individualität bzw. Subjektivität akzeptiert, die durch das Sexualitätsdispositiv erst konstruiert wird, ist an anderer Stelle erläutert worden (vgl. Abs. 2.2.2).

199 Insgesamt ähneln die Gehorsamsbeziehungen innerhalb dieser Dispositive, zumindest in Foucaults Beschreibungen, sehr viel mehr der christlichen Form (Unterwerfungsbeziehung eines Individuums unter ein anderes Individuum – als Meister-Schüler-Beziehung – oder unter ein universales Gesetz) als der temporären und freiwilligen Lehrer-Schüler-Beziehung in der Antike oder der Art der Verpflichtung des freien Bürgers gegenüber der *polis* und dem Gesetz. Denn Letztere gehören für Foucault nicht zur „Ordnung des Gehorsams" (GG I 253).

als Verfechter eines mehr oder weniger problematischen Individualismus bzw. Subjektivismus angesehen und sein Spätwerk z.B. als Umschlag „in eine Form von extremen Subjektivismus ...", der die Vergesellschaftungsproblematik ausblendet" (Privitera 1990, 120) gedeutet. Es wird ein „radikaler Bruch" (Fink-Eitel 1998, 98) attestiert und seine letzten Arbeiten als „Rückkehr" zum „autonome[n], ursprünglich freie[n] Subjekt" (vgl. ebd., 98 ff.) gelesen. Andere stellen seine letzten Arbeiten in den Kontext einer „Neubegründung der Ethik" als Lebenskunst (vgl. Schmid 2000) oder lassen es in eine „Ontologie der Freundschaft" (vgl. Ortega 1997, 221 ff.) münden. An dieser breit gefächerten Rezeptionslinie lässt sich schon ablesen, dass (nicht nur) Foucaults Spätwerk einen großen Interpretationsspielraum bereithält. Hier sollen die einzelnen Argumentationslinien dieser Debatte(n) nicht rekonstruiert werden.[200] Folgen soll nur eine kurze Einschätzung zur Problemstellung einer möglichen Reaktualisierung einer *Ästhetik der Existenz* anhand Foucaults eigenen Aussagen zu dieser Thematik.

Zunächst ist festzustellen, dass Foucault selbst sich eher zurückhaltend und sporadisch über eine mögliche aktuelle Dimension einer *Ästhetik der Existenz* geäußert hat und dabei eine Übernahme des griechischen Modells grundsätzlich ausschließt. Alles andere würde Foucaults historischer Perspektive auch völlig widersprechen, nach der jede Epoche, jede Gesellschaft ihre spezifischen Denk- und Erfahrungsweisen und damit auch Problemstellungen hat und dementsprechend ihre Lösungen nicht als Vorbild für völlig andere Gesellschaften dienen können.[201] Außerdem hat Foucault deutliche Vorbehalte gegen die Antike, sie scheint ihm ein „gründlicher Irrtum" (Schriften IV 861) gewesen zu sein. Denn sie beruhte für ihn auf sozialen Asymmetrien und dem Prinzip der Nicht-Reziprozität (beispielsweise in Bezug auf die Ethik der *aphrodísia*).[202] Sie war eine Gesellschaft, in der sich das ethische Problem einer *Ästhetik der Existenz*, wenn überhaupt (da diese Lebensform auf einer freiwilligen Wahl beruhte), nur für die privilegierte Schicht der freien Bürger stellte. Dagegen hatten Frauen, Kinder und Sklaven keinen moralischen Stellenwert, sondern den Status von Objekten oder bestenfalls von Partnern, „die es zu formen, zu erziehen und zu überwachen gilt" (ebd., 677). Sie waren strengen Zwängen unterworfen und entsprechend war eine *Ästhetik der Existenz* als Freiheitspraxis für ihr Leben irrelevant.[203] Zwar fand in der griechisch-römischen Antike eine Abkopplung der Moral von der gesellschaftlichen Stellung statt, d.h. der Aufruf zur Selbstsorge ging

---

200 Zu einem kurzen und prägnanten Überblick über die Rezeption und Diskussion der Spätschriften Foucaults siehe Saar (2003b), vgl. auch Lemke (1997, 295 f.).

201 „Ich suche keine Lösung durch Auswechslung; man findet nicht die Lösung eines Problems in der Lösung eines anderen Problems, das in einer anderen Epoche von anderen Leuten gestellt wurde." (Schriften IV 751)

202 Die Nicht-Reziprozität in der antiken Problematisierung der *aphrodísia* führte z.B. dazu, dass in (reziproken) Freundschaftsbeziehungen sexuelle Beziehungen vermieden werden sollten (vgl. Schriften IV 467 f.).

203 Bezüglich der Sexualmoral der Griechen formuliert Foucault: „Die Moral der Griechen war die Moral einer ihrem Wesen nach virilen Gesellschaft, in der die Frauen ‚unterdrückt' wurden, ... Die griechische Moral der Lust ist an die Existenz einer virilen Gesellschaft gebunden, an die Vorstellung einer Asymmetrie, an die Ausschließung des anderen, an die Besessenheit von der Penetration, an diese Drohungen, seiner Energie beraubt zu werden ... Das alles ist nicht sehr anziehend." (Schriften IV 751 ff.; vgl. auch Ebd., 677)

nun an alle, an Freie ebenso wie an Sklaven. Diese Entwicklung war jedoch gleichzeitig mit einer Universalisierung der Moral verbunden, was für Foucault „der Widerspruchspunkt der antiken Moral zu sein scheint." (Ebd., 861) Diese Tendenz zur Universalisierung wird sich später in der christlichen Moral noch viel stärker ausprägen. Gerade eine solche codeorientierte Moralstruktur ist für Foucault in der heutigen Zeit jedoch keine Alternative mehr[204] und ein Grund für ihn, sich mit der antiken *Ästhetik der Existenz* zu beschäftigen, in der die Orientierung an allgemeinen Grundsätzen deutlich schwächer ausgeprägt ist.

Das heißt, neben seinem genealogischen Hauptinteresse einer „Geschichte des Begehrensmenschen" (GL 13) verfolgt Foucault mit seinen Arbeiten über die Antike durchaus auch eine ethische Zielsetzung.[205] Denn durch die Beschreibung unterschiedlicher Moralmodelle zeigt er zum einen, dass das im westlichen Denken so lange favorisierte Modell einer universalen Moral nur eine kontingente Möglichkeit darstellt. Es hat in der „Geschichte der Moral" andere Formen gegeben, die der (ethischen) Existenz des Menschen eine durchaus starke Struktur geben können (vgl. Schriften IV 471). Zum anderen eröffnet er durch die Beschreibung anderer Formen von Moral einen Denkraum, um neue Möglichkeiten jenseits einer universalen Moral zu finden, ohne sich die antike Moral als Vorbild nehmen zu müssen. Die Beschäftigung mit der antiken Moral kann nur helfen, neue Sichtweisen auszubilden. Sie kann mögliche Anregung auf dem Weg zu eigenständigen Lösungen sein. Dementsprechend ist seine Beschäftigung mit der Antike für Foucault immer auch eine Möglichkeit, sich von seinem eigenen Denken zu entfernen. Es ist eine Weise der ethischen Selbstgestaltung, ein Versuch „zu erkunden, was in seinem eigenen Denken durch die Ausübung eines ihm fremden Wissens verändert werden kann." (Schriften IV 664)

Diese Denkanstrengung, diese Suche nach einer neuen Haltung zu moralischen Fragestellungen ist für Foucault heutzutage ein dringendes Problem, „da die meisten von uns nicht glauben, dass eine Moral auf der Religion gegründet sein könnte, und wir kein Rechtssystem wollen, dass in unser moralisches, persönliches und intimes Leben eingreift. Die jüngsten Befreiungsbewegungen leiden darunter, kein Prinzip zu finden, auf dem sich die Ausarbeitung einer neuen Moral begründen ließe. Sie haben Bedürfnisse nach einer Moral, aber sie schaffen es nicht, eine andere Moral zu finden als diejenige, die sich auf einer angeblichen wissenschaftlichen Erkenntnis dessen gründet, was das Ich, das Begehren, das Unbewusste usw. ist." (Schriften IV 750) Hier liegt für Foucault das Interessante an der antiken Ethik. Denn sie ist nicht auf einen festen Moralcode aufgebaut, sondern stellt eine individuelle Lebensethik dar, die „auf ein Problem persönlicher Wahl und einer Ästhetik der Existenz hin ausgerichtet" (ebd., 471) ist. Diese Vorstellung des „*biou* als

---

204 „Die Suche nach einer Form von Moral, die für alle annehmbar wäre – in dem Sinne, dass alle sich dem zu unterwerfen hätten –, erscheint mir als eine Katastrophe." (Schriften IV 872)

205 Daneben beinhaltet Foucaults Spätwerk noch eine Reihe weiterer Intentionen. Beispielsweise dekonstruiert er durch die Historisierung des „Begehrensmenschen" die Vorstellung eines Substanz-Subjekts. Diese Kritik durchzieht im Grunde sein ganzes Werk und ist in seinen letzten Monographien eher implizit, in seinen Kommentaren auch explizit vorhanden. Seine Subjektkritik in Form einer „Genealogie des modernen Subjekts" (Schriften IV 209) kann man wiederum in den Zusammenhang mit der Entwicklung eines bestimmten genealogischen Kritikmodells stellen.

Material eines ästhetischen Kunstwerks" (ebd.), das frei gewählt und geschaffen werden kann, und die Idee einer Moral, die nicht an ein autoritäres, rechtliches oder Disziplinarsystem und an die Grundlagen religiöser, wissenschaftlicher oder ideologischer Wahrheit gebunden ist, fasziniert Foucault und er stellt in diesem Zusammenhang die Frage, ob eine solche Perspektive auch für die heutigen Menschen nicht wieder eine größere Relevanz haben müsste (vgl. ebd., 473).

Laut Foucault liegt ein weiterer entscheidender Grund für die Notwendigkeit, Ethiken ausarbeiten zu müssen, die sich vor allem auf den persönlichen Selbstbezug und auf die Ausarbeitung individueller Subjektivitätsformen stützen, in der Funktionsweise moderner Machtmechanismen. Denn diese wirken für ihn oft über den Selbstbezug des Subjekts, so dass ein vorrangiger, wenn auch nicht der einzige Widerstandspunkt gegen die modernen Machtverhältnisse im Bezug auf sich bzw. im ethischen Verhältnis zu sich selbst besteht (vgl. Schriften IV 280, 901).

Nun ist Foucaults Beschäftigung mit der antiken Ethik und der Idee einer *Ästhetik der Existenz* von verschiedener Seite aus kritisiert worden.[206] So befürchtet beispielsweise Pierre Hadot, „daß Foucault, indem er seine Interpretation zu ausschließlich um die Selbstkultur, um die Sorge um sich, um die Konversion hin zu sich zentriert, und allgemeiner, indem er sein ethisches Modell als eine Ästhetik der Existenz definiert, eine allzu rein ästhetische Selbstkultur vorschlägt, ... eine neue Form des Dandytums in der Variante ‚fin de siècle, 20. Jahrhundert'." (Hadot 1991, 226)[207]

Bei Foucault selber sind jedoch kaum konkretere und weitergehende Anhaltspunkte zu finden, wie ein alternatives Ethikmodell bzw. eine angemessene ethische Subjektform aussehen könnte. Dies würde auch zum einen seinem eigenen Habitus des „spezifischen Intellektuellen" (vgl. Schriften III 205 ff.) und zum anderen der eigentlichen Problemstellung, individuelle ethische Haltungen und Antworten zu finden, deutlich widersprechen:

---

206 Lemke (1997, 295 f.) gibt einen kurzen Überblick über einzelne Kritiklinien bezüglich des Spätwerks Foucaults.

207 Hinzu kommt eine inhaltliche Kritik Hadots, einem ausgewiesenen Kenner der Antike, von dessen Werk auch Foucault sich für seine Arbeit inspirieren ließ (vgl. GL 14). Demnach habe Foucault zu einseitig die autonome und individuelle Selbstkonstituierung betont und dadurch ein weiteres Moment der antiken Subjektivierungsweise vernachlässigt, welches darauf abzielt, „sich von seiner Individualität zu befreien, um sich zur Universalität zu erheben ... einer ... Bewegung, bei der man sich auf eine höhere psychische Stufe erhebt, auf der man einen anderen Typus von Veräußerlichung wiederfindet, eine andere Beziehung nach außen, eine neue Art des In-der-Welt-seins, die darin besteht, seiner selbst als Teil der Natur bewußt zu werden, als kleiner Teil der universellen Vernunft." (Hadot 1991, 225 f.) Hier ist anzumerken, dass dieser Vorwurf so nur auf die beiden letzten Bände von „Sexualität und Wahrheit" zutrifft. Dagegen geht Foucault in seinen Vorlesungen von 1982 am Collège de France ausführlich auf diese („geistige") Dimension der antiken Selbsttechniken ein (vgl. z.B. HS 340 ff.). Auch Detel (1998) verfolgt eine, wenn auch deutlich umfangreichere, historisch orientierte Kritik bezüglich Foucaults Arbeiten zur klassischen Antike. In dieser legt er dar, dass Foucaults Interpretation der historischen Quellen stellenweise unzureichend oder fehlerhaft und entsprechend problematisch einige seiner Schlussfolgerungen sind. Wie Schneider feststellt, besteht jedoch an dieser Stelle „eine gewisse Gefahr ..., Foucaults ‚Geschichte der Sexualität' mit einer Kulturgeschichte sittlicher Verhaltensweisen zu verwechseln oder sie als Beitrag zur Geschichte der antiken Philosophie zu lesen" (Schneider 2004, 186), wobei Foucault selber seine Arbeit gerade nicht derartig verstanden wissen will (vgl. Schriften IV 824).

„Ich führe mich niemals als Prophet auf. Meine Bücher sagen den Leuten nicht, was sie tun sollen ... Die Leute müssen ihre eigene Ethik ausarbeiten und dabei die historische Analyse, die soziologische Analyse oder jede andere Analyse, die wir ihnen liefern können, zum Ausgangspunkt machen." (Schriften IV 655 f.). Dementsprechend sind die „ethischen Implikationen" (Gros 2004, 646) in seinen Arbeiten eher implizit als explizit enthalten. Sie sind mehr „Werkzeuge" (Schriften IV 53) zum kritischen Denken und zur Schaffung einer individuellen widerständigen Praxis als konkrete Handlungsanweisung.[208] Auch findet man das, was man das *ethos* des Michel Foucault nennen könnte, weniger in seinen Monographien ausformuliert, sondern mehr in einigen seiner zahlreichen Aufsätze, Vorträge und Interviews. In diesen verbindet sich die ethische Haltung mit einer „Haltung der Kritik" (WK 8).

In diesem Zusammenhang gewinnen auch Foucaults späte Arbeiten zur antiken *parrhesia* besondere Relevanz,[209] vor allem der *parrhesia* in ihrer kynischen Form als einer Weise des furchtlosen Aussprechens der Wahrheit in Konfrontation mit der Macht. Für den *parrhesiasten* wird das „Wahr-Sprechen" (HS 449) zu einer Lebensweise bzw. einer ethischen Lebensführung, die das eigene Sein verändert. Die Wahrheit wird in gewisser Weise zu einem ästhetischen Prinzip der Selbststilisierung. Gleichzeitig handelt es sich bei der geäußerten Wahrheit weniger um eine Wahrheit, die eine universale und objektive Form annimmt, sondern um eine Wahrheit, die sich in der gesamten Seinsweise desjenigen ausdrückt, der sie ausspricht, und die dadurch erst ihre Glaubwürdigkeit erhält.

Für Foucault hat das „Wahr-Sprechen" oder das „Wahr-sagen" (Schriften IV 540, 836) eine durchaus aktuelle ethische Dimension, auch wenn es andere Formen annimmt als in der Antike: „Ich ziehe daraus ... die Schlussfolgerung, dass man ... eine anspruchsvolle, vorsichtige ‚experimentelle' Haltung haben muss; man muss jeden Augenblick, Schritt für Schritt, das, was man denkt, und das, was man sagt, mit dem konfrontieren, was man tut und was man ist ... Den Schlüssel zur persönlichen politischen Haltung eines Philosophen wird man nicht seinen Ideen abgewinnen können, so als ließe er sich daraus ableiten, sondern seiner Philosophie als Leben, das heißt seinem philosophischen Leben, seinem *ethos*." (Schriften IV 717; vgl. auch ebd., 836) Im Folgenden soll Foucaults kritische Ethik kurz dargestellt werden.

4.3   „Was ist Kritik?" oder: „Ethik als Praxis der Freiheit"

In einem späten Essay aus dem Jahre 1984 mit dem Titel „Was ist Aufklärung" (vgl. Schriften IV 687–707) beschreibt Foucault in Auseinandersetzung mit Kants gleichnamiger Schrift die Entstehung einer bestimmten Form des kritischen philosophischen Den-

---

208 „Was ich geschrieben habe, sind keine Rezepte, weder für mich noch für sonst jemand. Es sind bestenfalls Werkzeuge – und Träume." (Schriften IV 53)

209 Vgl. WA; DW; HS 288 ff., 446 ff. Außerdem beschäftigt Foucault sich in seinen Vorlesungen am Collège de France im Jahre 1983 mit der *parrhesia*. Diese sind im Deutschen zum größten Teil, d.h. bis auf die Übersetzungen in WA, noch unveröffentlicht.

kens. Dieses Denken lässt sich für Foucault zwar keineswegs nur auf Kant zurückführen, hat sich aber mit Kant als wichtigen Bezugspunkt im Zuge der Aufklärung und im Konnex mit dem Aufkommen der Regierungskünste (als deren Widerpart und gleichzeitigem Funktionselement) entwickelt (vgl. ebd. 847 f.; WK 11 ff.; auch Kapitel 3). In seiner „Genealogie der Kritik" (Lemke 1997, 347) unterscheidet Foucault zwei Traditionslinien.[210] Eine dominierende Strömung,[211] die er als „Analytik der Wahrheit" (Schriften IV 847) bezeichnet, fragt nach den Bedingungen wahrer Erkenntnis, den Grenzen und dem richtigen Gebrauch der kritischen Vernunft. Daneben existiert noch eine andere Tradition „von Hegel bis zur Frankfurter Schule mit Nietzsche und Max Weber als Zwischenstationen" (ebd., 848), die durch eine bestimmte Art des „philosophischen Fragens" charakterisiert ist, welche „zugleich die Beziehung zur Gegenwart, die geschichtliche Seinsweise und die Konstitution seiner selbst als autonomes Subjekt problematisiert" (ebd., 699). In dieser geht es nicht um eine „Analytik der Wahrheit", sondern um eine „Ontologie der Gegenwart" (ebd., 848) oder eine kritische und historische „Ontologie unserer selbst" (ebd., 702).

Foucault stellt seine eigene Arbeit eindeutig in die Traditionslinie einer „Ontologie der Gegenwart" (vgl. ebd., 848). Er versteht dies jedoch nicht in dem Sinne, dieses Denken und seine Grundprämissen zu reproduzieren, sondern als „permanente Reaktivierung einer Haltung, das heißt eines philosophischen *ethos*, das man als permanente Kritik unseres geschichtlichen Seins charakterisieren könnte." (Ebd., 699) Was er für seine „Geschichte der *Wahrheit*" (ebd., 67) übernehmen und weiterführen möchte, ist also die Art und Weise der Fragestellung dieser Form von (historischer) Kritik, die sich gleichzeitig als ein philosophisches *ethos*, als eine Haltung der Kritik darstellt. Entsprechend bezieht sich die Frageperspektive nicht auf die Bestimmung der Grenzen einer universalen Vernunft, sondern auf die historischen Bedingungen und Grenzen einer spezifischen Vernunft. Das heißt, es wird danach gefragt, aufgrund welcher historischer Bedingungen sich bestimmte Rationalitäts- und Subjektivitätsformen herausgebildet haben und nicht, ob diese Formen mit allgemeinen und universalen Regeln der Vernunft zu vereinbaren sind.

Um dieses *ethos* bzw. diese Ethik der Kritik kurz zu charakterisieren, könnte man die vier Kategorien (*ethische Substanz*, *Subjektivierungsmodus*, *ethische Arbeit*, *Teleologie*), welche Foucault zur Differenzierung verschiedener Formen von Moralen und Ethiken benutzt hat (vgl. Abs. 4.2.1), auf seine Arbeit selber anwenden.[212] Die *ethische Substanz*, also das Material, auf das sich Foucaults *ethische Arbeit* bezieht, ist allgemein gesagt das Denken und die Wahrheit bzw. die Geschichte des Verhältnisses zwischen Denken und Wahrheit. Im Speziellen geht es Foucault um die ‚Wahrheit' des Subjekts und hier vor allem um die (historischen) Weisen, durch die das Individuum objektiviert und subjekti-

---

210 An den (virtuellen) Ausgangspunkt beider Traditionslinien setzt Foucault die Philosophie Kants (vgl. auch Schriften IV 847, 530 ff.).

211 „Sie findet sich bei gewissen Philosophen des 18. Jahrhunderts, bei Dilthey, Habermas usw." (WK 30) Für eine kurze Gegenüberstellung der Habermasschen und foucaultschen Auffassung von ‚Aufklärung' siehe Dreyfus/Rabinow 1990.

212 In anderer Form haben auch Rajchman (1991, 213 f.) und Schäfer (1995, 60 ff.) dieses vierpolige Kategoriensystem auf Foucaults eigene Arbeit bezogen.

viert wird bzw. sich selber objektiviert und subjektiviert und im Zuge dessen einer bestimmten Wahrheit (über sich selbst) unterworfen wird (vgl. Schriften IV 546 ff., 778 ff.).

Das zweite Element, den *Subjektivierungsmodus*, könnte man in zweifacher Hinsicht bestimmen. Dies wäre zum einen die Art und Weise, wie sich das Moralsubjekt (Foucault) zu den Regeln der untersuchten Wahrheitsdiskurse stellt, welche man als eine distanziert kritische Haltung beschreiben könnte. Das heißt, Foucault, als Subjekt seiner Ethik, sieht sich als Beobachter zweiter Ordnung, der die Perspektive des Archäologen und Genealogen einnimmt und die ‚Wahrheit' der Diskurse als historische und kontingente „Wahrheitsspiele" betrachtet – als ein System von (veränderbaren) Regeln, welche bestimmte Objektbereiche konstituieren und in diesen die Grenzen für richtig und falsch festlegen. Zum anderen kann sich die Kategorie des *Subjektivierungsmodus* bzw. der *Unterwerfungsweise* auch auf die Form des Verhältnisses beziehen, die das Moralsubjekt zu den Regeln seiner eigenen Ethik, in diesem Fall zum *ethos* einer „Ontologie der Gegenwart", unterhält. Hier stellt sich die Frage nach dem Geltungsanspruch, den das Moralsubjekt (Foucault) seinem *ethos* zubilligt. Bezüglich dieser Fragestellung weiß Foucault als genealogische Beobachter um seine eigene Perspektivität und das „System der eigenen Ungerechtigkeit", lehnt dieses aber nicht ab, sondern wendet es ins Positive für sein eigenes „strategisches und polemisches Spiel" (Schriften II 671), als Kampfmittel für Kritik, Aufklärung und Veränderung (vgl. ebd., 182 f.). Foucault beschreibt die damit verbundene Haltung auch als „Grenzhaltung" (Schriften IV 702) oder als „experimentelle Haltung" (ebd., 703), die versuchen muss, sich an den Grenzen des Diskurses aufzuhalten, um ihn, wenn möglich, zu überschreiten.^{213} Entsprechend ist der *Subjektivierungsmodus* als (kritischer) Beobachter nicht mit einem normativen und universalen Anspruch verbunden. Dies betrifft den Geltungsanspruch der Untersuchungsergebnisse und ebenso den Status der historisch-kritischen Haltung. Denn auch die Figur des kritischen Subjekts bzw. die Haltung der Kritik ist Produkt einer historisch-gesellschaftlichen Entwicklung, deren Genealogie man schreiben könnte,^{214} und nicht Ausdruck eines, wenn man so will, „eigentlichen Seins" (Heidegger). Insgesamt kann die kritische (Beobachter-)Perspektive einer „Ontologie der Gegenwart" also nur den Status einer Hypothese besitzen bzw. als Einsatz im „Wahrheitsspiel" (Schriften IV 778) des Michel Foucault dienen und nicht durch Präskriptivität gekennzeichnet sein (vgl. Schäfer 1995, 62 ff.).

Die kritische „Ontologie der Gegenwart" oder „unserer selbst" bezeichnet dann auch die Form der *ethischen Arbeit*, die methodologisch auf die Archäologie und die Genealogie zurückgreift. Ihre Aufgabe ist es, die Entstehung der untersuchten Wahrheitsdiskurse zu analysieren, sie in ihren Herkunfts- und Existenzbedingungen zu befragen und dabei ihre Abhängigkeit von Macht/Wissen-Dispositiven zu untersuchen. Es soll eine kritische Analyse sein, die „nicht mehr in der Suche nach formalen Strukturen von universalem Wert praktiziert wird, sondern als historische Untersuchung, welche die Ereignisse durchläuft, die uns dazu veranlasst haben, uns als Subjekte dessen, was wir tun, denken und sagen, zu konstituieren und zu erkennen." (Schriften IV 702) Alles in allem versteht Fou-

---

213 „Ich bin ein Experimentator in dem Sinne, dass ich schreibe, um mich selbst zu verändern und nicht mehr dasselbe zu denken wie zuvor." (Schriften IV 529)

214 Dies hat Foucault ansatzweise auch getan (vgl. vor allem WK).

cault die „kritische Ontologie unserer selbst ... nicht als eine Theorie, eine Lehre und noch nicht einmal als ein durchgängiges, in Akkumulation begriffenes Wissenskorpus ..; man muss sie als eine Haltung, als ein *ethos*, als ein philosophisches Leben begreifen, bei dem die Kritik dessen, was wir sind, zugleich historische Analyse der uns gesetzten Grenzen und Probe auf ihre mögliche Überschreitung ist." (Ebd., 706 f.)

Im letzten Satz des vorangegangenen Zitates drückt sich schon die *Teleologie* dieser Form von *ethischer Arbeit* aus. Zunächst einmal liegt ihr vordergründiges Ziel in der Aufdeckung der historischen und kulturellen Kontingenz der untersuchten „Wahrheitsspiele". Hinter dieser Historisierung steht jedoch eine übergeordnete Zielsetzung mit einer eindeutig kritischen Funktion. Denn letztlich geht es, zunächst in negativer Weise, um die Problematisierung und Zurückweisung vermeintlicher Universalien durch das Aufzeigen ihres kontingenten Charakters. Bezogen auf die Subjektproblematik wird eine Praxis der „Ent-Subjektivierung" (Schriften IV 54) angestrebt, die durch die Ablehnung der über Macht/Wissen-Dispositive transportierten ,wahren' Subjektivitäts- und Identitätsformen erreicht werden soll. Gleichzeitig soll diese Arbeit der Negation einen (positiven und produktiven) Möglichkeitsraum für ein neues Denken, für neue Formen von Subjektivität und Individualität und damit für eine Praxis der Selbstüberschreitung und Selbstschöpfung eröffnen.[215] Insgesamt verdichtet sich das *ethos* oder die Ethik des Michel Foucault in einer kritischen, subversiven und widerständigen Haltung, die durch den Versuch gekennzeichnet ist, „anders zu denken, zu handeln und zu sein" (Schriften IV 136).

Foucault verfolgt mit seiner Arbeit natürlich nicht nur ein privates Interesse des ,Anders-Denkens' und der Selbstveränderung, obschon dies nach eigenen Angaben starke Motivation für seine Arbeit ist.[216] Aber gleichzeitig bindet er seine Arbeit immer an ein politisches bzw. öffentliches (Veränderungs-)Interesse: „Ein Universitätsmensch und ein Intellektueller zugleich zu sein heißt zu versuchen, eine Art Wissen und Analyse, die an der Universität gelehrt und akzeptiert werden, auf eine Weise funktionieren zu lassen, dass nicht nur das Denken der anderen, sondern auch das eigene Denken verändert werden. Diese Arbeit an der Veränderung des eigenen Denkens und dem der anderen scheint mir die Daseinsberechtigung der Intellektuellen zu sein." (Schriften IV 832). Jedoch ist es

---

215 „Das philosophische Problem, das sich uns ganz unvermeidlich aufdrängt, ist die Frage nach unserer Zeit und danach, was wir im Augenblick sind. Das Hauptziel besteht heute zweifellos nicht darin, herauszufinden, sondern abzulehnen, was wir sind. Wir müssen uns vorstellen und konstruieren, was wir sein könnten, wenn wir uns dem doppelten politischen Zwang entziehen wollen, der in der gleichzeitigen Individualisierung und Totalisierung der modernen Machtstrukturen liegt" (Schriften IV 280).

216 „Was kann die Ethik eines Intellektuellen sein – ... –, wenn nicht dies: sich permanent fähig zu machen, sich von sich selbst loszulösen" (Schriften IV 832; vgl. auch GL 15 f.; Schriften IV 52 ff., 136, 654 f., 715, 823 f.). Foucault spricht gleichzeitig aber auch davon, wie schwer es ist, dies in die Tat umzusetzen: „Das ist die Ironie dieser Anstrengungen, seine Sehweise zu verändern, den Horizont dessen zu modifizieren, was man kennt, und zu versuchen, ein wenig vom Weg abzuweichen. Haben sie wirklich dazu geführt, anders zu denken? Mag sein, dass sie es gestattet haben, das, was man bereits dachte, anders zu denken, und das, was man getan hat, unter einem anderen Blickwinkel und in einem deutlicheren Licht wahrzunehmen. Man glaubte sich zu entfernen und findet sich doch auf der Vertikalen seiner selbst. Die Reise macht die Dinge jünger und das Verhältnis zu sich selbst älter." (Schriften IV 666 f.; vgl. auch GL 19) Außerdem ist nach Meinung Foucaults diese Selbstveränderung im Denken und durch das Denken ein langsamer Prozess und an eine permanente Arbeit, man könnte auch sagen, an eine ständige Askese gebunden (vgl. ebd., 832 f.).

nach Meinung Foucaults nicht Aufgabe des Intellektuellen, „den politischen Willen anderer zu formen, sondern durch die auf seinen eigenen Gebieten durchgeführten Analysen die Selbstverständlichkeiten und Postulate neu zu befragen, die Gewohnheiten und die Handlungs- und Denkweisen zu erschüttern, die übernommenen Vertrautheiten zu zerstreuen, wieder die Auseinandersetzung mit den Regeln und Institutionen zu suchen und ausgehend von dieser Reproblematisierung ... an der Ausbildung eines politischen Willens ... teilzuhaben." (Ebd., 834) Oder in kurzer und prägnanter Form: „Etwas in den Köpfen der Menschen zu verändern – das ist die Aufgabe des Intellektuellen." (Ebd., 960; vgl. auch ebd., 544 f.)

In diesem Zusammenhang unterscheidet Foucault auch zwischen der Figur des „spezifischen Intellektuellen" im Gegensatz zu der des „universalen Intellektuellen". Spricht der „universale Intellektuelle" im Namen eines allgemeinen Gesetzes oder Prinzips, an das sich jeder zu halten hat, weiß der „spezifische Intellektuelle", dass er von einer singulären und autobiografischen Beobachterposition aus spricht. Dabei versucht er die Gegenwart und seine persönlichen Überzeugungen in ihrer Singularität und Kontingenz zu denken und sie nicht in „den Prozeß einer mit einem kohärenten und eindeutigen Sinn ausgestatteten Universalgeschichte einzuschließen" (Macherey 1990, 193). Er operiert zwar lokal, von seiner spezifischen Perspektive und seinem speziellen (Forschungs-)Gebiet ausgehend, kann aber durch seine kritische Arbeit durchaus auch auf einer allgemeineren gesellschaftlichen Ebene im „Kampf um die Wahrheit" Wirkung erzielen (vgl. Schriften III 145 ff., 204 ff.; Macherey 1991, 192 f.). Insgesamt ist der „spezifische Intellektuelle" deutlich mehr einem kritischen *ethos* der Transformation verpflichtet als dem Standpunkt einer normativen Kritik auf der Grundlage allgemeingültiger Gesetzmäßigkeiten: „Ich kann mir nicht helfen, aber ich stelle mir eine Kritik vor, die nicht zu urteilen versucht, sondern ... die ein Licht entzündet, dem Gras beim Wachsen zusieht, dem Wind lauscht und den Schaum im Fluge ergreift, um ihn zu zerstreuen. Sie vermehrte nicht Urteile, sondern Zeichen des Daseins; sie riefe sie und weckte sie aus ihrem Schlaf. Und falls sie solche Zeichen gelegentlich erfände – umso besser. Die auf Urteilssprüche fixierte Kritik langweilt mich. Ich wünsche mir eine vor Fantasie sprühende Kritik. Sie wäre nicht souverän und kleidete sich nicht in roten Roben. Sie trüge den Blitz zukünftiger Gewitterstürme." (Schriften IV 132)

4.4   Foucault in der deutschen Pädagogik

Nun würde sich das foucaultsche ‚Ethos der Kritik' auf den ersten Blick hervorragend mit dem Ideal einer kritischen und aufklärerischen Erziehung und Bildung vertragen. Allerdings hat sich bisher ein großer Teil der deutschen Erziehungswissenschaften mit den Gedanken Foucaults nur wenig bis gar nicht auseinandergesetzt oder steht ihnen eher distanziert und skeptisch gegenüber.[217] Dies hat u.a. zur Folge, dass sich laut Thompson selbst

---

217 Gleichzeitig sind gerade in den letzten Jahren zahlreiche Beiträge im erziehungswissenschaftlichen Umfeld entstanden, in denen sich produktiv mit dem Denken Foucaults auseinandergesetzt wird. Vgl.

die ‚kritische Erziehungswissenschaft' auf ein sehr emphatisches und idealistisches Verständnis von Mündigkeit und Emanzipation beruft (vgl. Thompson 2004; Weber/Maurer 2006, 13 ff.).[218] Innerhalb dieser idealisierten Vorstellung bleibt die Machtverwobenheit des emanzipatorischen Diskurses der Pädagogik und des damit zusammenhängenden Menschenbildes jedoch weitgehend ausgeblendet und das Potential einer kritischen Selbstreflexion entsprechend eingeschränkt.

Einen sehr guten Überblick über die „Foucault-Rezeption in der deutschsprachigen Erziehungswissenschaft" gibt Nicole Balzer (2004). Sie rekonstruiert dabei verschiedene Entwicklungslinien, die sich vor allem um die vermeintlichen Oppositionalitäten Macht versus Freiheit, Autonomie versus Heteronomie bzw. Selbst- versus Fremdbestimmung gebildet haben. Eine wichtige Rezeptionslinie innerhalb der deutschsprachigen Erziehungswissenschaft bildet sich laut Balzer vor allem in der Auseinandersetzung mit der foucaultschen Subjektkritik. Hier wird von der einen Seite das pädagogische Ideal eines autonomen Subjekts angegriffen und dieses in foucaultscher Manier dezentriert; von der anderen Seite wird dieses Ideal gegen die Herausforderungen des ‚Neostrukturalimus' verbissen verteidigt.[219] Wie Balzer richtig anmerkt, bleiben beide Lesarten aber noch zum größten Teil den oben angesprochenen Dichotomien verhaftet. Betonen die einen, in Berufung auf Foucault, zu einseitig die Heteronomie des Subjekts, wollen die anderen, in Zurückweisung der foucaultschen ‚Dezentrierung des Subjekts', eine Subjektvorstellung verteidigen, die mehr als fragwürdig geworden ist. Andere Autoren wiederum lassen zwar mit Foucault die Idee eines authentischen Substanz-Subjekts zugunsten der Vorstellung des Subjekts als Form und der sich damit eröffnenden Möglichkeiten der Selbstformung fallen. In ihrem Rekurs auf Foucaults Spätwerk heben sie aber zu stark die Eigenmächtigkeit des Subjekts heraus und vernachlässigen die Frage nach der Verbindung der Selbstformung im Sinne einer Lebenskunst mit gesellschaftlichen Machtmechanismen (vgl. Balzer 2004, 21 ff.).

Im Gegensatz zu diesen in gewisser Weise zu kurz greifenden Rezeptionen plädiert Balzer dafür, dieses „Denken in Oppositionen" zu überwinden, um Foucault für eine „Selbstkritik der Pädagogik [zu] radikalisieren" (ebd., 16).[220] Diese These kann man durchaus zustimmen, wenn man unter dieser Selbstkritik eine Form der Selbstaufklärung versteht, welche die Illusion von machtfreien pädagogischen Räumen und das pädagogische Ideal eines autonomen und freien Subjekts dekonstruiert, ohne damit aber jegliche Möglichkeit einer emanzipatorischen und kritischen Erziehung und Bildung zu verab-

---

dazu u.a. die Sammelbände von Pongratz et al. 2004, Ricken/Rieger-Ladich 2004 und Weber/Maurer 2006.

218 Zu zwei, vor allem auch von Foucaults Denken inspirierten Auseinandersetzungen mit den pädagogischen Leitbegriffen der ‚Mündigkeit' bzw. ‚Emanzipation' siehe Rieger-Ladich 2002 bzw. Thompson 2004.

219 So führt z.B. für Mertens (1997, 84 ff.) der ‚Neostrukturalismus' (welchem er auch Foucault zuordnet) zu einer „Verunmöglichung" und „Blockade" pädagogischer Theorie und Praxis. Hier wird dann die poststrukturalistische Subjektkritik vor allem als Gefahr für das pädagogische „Leitziel ... der Mündigkeit als Selbstbestimmung" (ebd., 89) und nicht als Reflexionsanstoß für die pädagogische Theoriebildung gelesen.

220 Eine nicht-oppositionale Lesart findet Balzer beispielsweise bei Masschelein verwirklicht (vgl. Balzer 2004, 29 ff.).

schieden. Nun könnte man an dieser Stelle hinzufügen, dass Foucault an seiner oppositionalen Rezeptionsgeschichte nicht ganz unschuldig ist. Vielmehr können seine Überbetonung des Zwangscharakters der Machtmechanismen und Wissenssysteme in seinen Arbeiten bis in die frühen siebziger Jahre auf der einen und die einseitige Hervorhebung der Freiheitsspielräume des (antiken) Subjekts in seinem Spätwerk auf der anderen Seite derartige (reduzierende) Lesarten sogar provozieren.

In einer weiteren, für Balzer ebenfalls oppositional argumentierenden Rezeptionslinie wird vor allem der Zusammenhang zwischen Pädagogik und Disziplinarmacht problematisiert.[221] Hier erscheint dann die Pädagogik, beispielsweise in der Diskussion um die ‚Schwarze Pädagogik', vor allem als eine Disziplinierungstechnik innerhalb gesellschaftlicher Dispositive, die auf die Unterwerfung des Individuums abzielen (vgl. ebd., 16 ff.).[222] Auch hier stellen sich ähnliche wie die schon diskutierten Probleme: Pädagogische Praxis wird entweder unter zu einseitigem Rekurs auf Foucaults Studien zur Disziplinarmacht als reine ‚Disziplinierungsmaschine' dargestellt, oder es wird Foucault-kritisch und in Verteidigung des humanistischen Bildungsanspruchs diese reduzierende Lesart gegen ihn selbst gewendet. Beide Sichtweisen beschränken die Instrumente und auch die Perspektiven der foucaultschen Machtanalytik jedoch wesentlich (vgl. ebd., 20 f.).

Jenseits der Debatten um die disziplinierende und unterwerfende Dimension der Pädagogik ist eine andere Fragestellung vielleicht ebenso interessant. Gerade reformorientierte pädagogische Ansätze nehmen in der Regel für sich in Anspruch, sich von traditionellen pädagogischen Disziplinartechniken so weit wie möglich abgesetzt zu haben mit dem Ziel, einen möglichst machtfreien pädagogischen Raum zu schaffen, indem nicht der Zwang, sondern die Freiwilligkeit, nicht die Fremdführung, sondern die Selbstführung des Individuums vorherrscht. An dieser Stelle können einige von Foucaults Gedanken zur *Gouvernementalität* hilfreich sein, um das pädagogische Selbstverständnis dieser Ansätze kritisch zu reflektieren. Denn in einer gouvernementalen Perspektive erscheinen reformorientierte pädagogische Strategien und Methoden (z.B. Portfolio, Lerntagebuch, Wochenplan usw.) zwar als von den klassischen Disziplinartechniken deutlich verschieden, aber nichtsdestotrotz als spezifische Machttechniken, deren (selbst-)regulierendes, objektivierendes, subjektivierendes und individualisierendes Potential immer auch mit normierenden Effekten verbunden ist, welche indes oft als freiwillige Selbstregulierung und

---

221 Zwar macht die Strukturierung, wie sie Balzer vornimmt, durchaus Sinn. Diese Unterteilung sollte aber nicht als zu starr und einheitlich verstanden werden, was wahrscheinlich auch gar nicht die Intention Balzers ist. Denn Problemstellungen der einen Rezeptionslinie werfen immer auch Fragen für die andere auf. Das heißt, bei den Autoren, die sich mit dem Problem von Macht und Freiheit beschäftigen, spielt immer auch die Frage nach dem Status des Subjekts eine Rolle. Umgekehrt müssen sich die Autoren, denen es um die Autonomie oder Heteronomie des Subjekts geht, mit dem Problem der Macht auseinandersetzen.

222 Vor allem die Lesart von Foucaults Machtanalyse als antihumanwissenschaftliche Kritik hat auch auf pädagogischer Seite starke Widerstände und Gegenreaktionen hervorgerufen. Besonders in der Anfangsphase dieses Rezeptionskorridors ist Foucault ein mehr oder weniger starker Antihumanismus, Irrationalismus usw. vorgeworfen worden, der das aufklärerische Bildungsideal diskreditiere und den Versuch einer emanzipatorischen Erziehung und Bildung ad absurdum führe. Diese anfänglich eher negative Foucault-Wahrnehmung im deutschsprachigen Raum ist auch auf die zur damaligen Zeit sehr einflussreiche Foucault-Kritik von Habermas zurückzuführen (vgl. Habermas 1988).

Selbstschöpfung verschleiert sind.[223] Daher ist die kritische Reflexion gouvernementaler Führungstechniken für die Pädagogik auch um einiges schwieriger als die reiner Disziplinierungstechniken. Die Machtwirkungen ersterer sind sehr viel subtiler als ein rein äußerer Zwang, weil sie über die ‚Freiheit' des Subjekts wirken und damit das pädagogische Ideal einer Selbstführung des Individuums in ihre spezifische Funktionsweise integrieren. Umso notwendiger ist diese kritische Selbstreflexion – nicht, um nun jegliche pädagogische Praxis als Unterwerfungsmechanismus spezifischer Dispositive zu diskreditieren, denn dies würde das in den gouvernementalen Führungstechniken immer mit angelegte emanzipative und auch widerständige Potential ignorieren, sondern um den Blick für Machtwirkungen zu sensibilisieren und die Illusion eines machtfreien pädagogischen Raumes zu dekonstruieren

Nun gibt es eine Reihe von Autoren, die sich mit der (Aus-)Wirkung gouvernementaler Machtstrategien in pädagogischen Räumen beschäftigen (vgl. u.a. Pongratz 2004; Lehmann-Rommel 2004; Liesner 2004; Kessl 2005; Weber/Maurer 2006; Wrana 2006). So nimmt beispielsweise Pongratz (2004) in Anlehnung an Foucaults Machtanalyse eine dezidiert kritische Position zu bestimmten (historischen) Entwicklungen in der Pädagogik ein. In dieser kritischen Perspektive erscheint der Einsatz gouvernementaler Strategien in der Pädagogik oder der Gesellschaft überhaupt im Grunde als eine Fortschreibung gesellschaftlicher Zwangssysteme mit anderen Mitteln. Wenn man Pongratz ein theoriestrategisches Bestreben unterstellt, bestimmte Problemstellungen und blinde Flecken innerhalb der pädagogischen Diskussion möglichst scharf und kritisch zu skizzieren, ist eine solche Zuspitzung zwar durchaus legitim. Was in einem derartigen Blickwinkel jedoch weitestgehend ausgeblendet bleiben muss, ist der Freiheitsspielraum, der laut Foucault jedem Machtverhältnis immanent ist. Da sich Pongratz stark auf Foucaults Machtanalyse beruft, kann man dies durchaus als Fehlstelle interpretieren.

In einer umfassenderen foucaultschen Perspektive würde sich das Vermögen zur Selbstregulierung nicht in der Herstellung einer reinen Zwangssubjektivität erschöpfen, da sich die Funktionsweise gouvernementaler Führungs- und Subjektivierungstechniken nicht einfach nur auf die Verinnerlichung von Fremdzwängen zurückführen lässt. Vielmehr sind sie darauf ausgerichtet, die individuelle Handlungsfähigkeit und auch Eigenmächtigkeit

---

223 Gerade Methoden wie Portfolio, Lerntagebuch usw. erhöhen die ‚Sichtbarkeit' des Individuums, machen es besser objektivierbar, weil es sich stärker ‚persönlich' einbringen und eine möglichst individuelle Leistung erbringen soll, als in traditionellen didaktischen Methoden. Gleichzeitig beinhaltet diese Form von (reflexivem) Lernen Prozesse der Subjektivierung, die auch zu einer besseren Selbsteinschätzung bzw. -objektivierung (im Kontext spezifischer Normen) und einer ausgeprägteren Selbstregulierung in Form größerer Selbstständigkeit führen sollen. In diesem Zusammenhang erschließt z.B. Wrana (2006) in seiner diskursanalytisch orientierten Studie subjektivierende und objektivierende Effekte didaktischer Methoden wie die des Lernjournals. Dabei erörtert er auch, inwieweit es aus pädagogischer Sicht wünschenswert sein kann, derartige Arbeiten des Subjekts an sich selbst und seinem Lernen zur Leistungsbewertung heranzuziehen (vgl. Wrana 2006, 77 ff.).
Eine andere Frage ist, inwiefern sich in offenen didaktischen Arrangements nicht auch traditionelle Lernmuster reproduzieren können. So machte beispielsweise Christina Huf (2006) in ihrer ethnographischen Feldstudie an der Bielefelder Laborschule die Beobachtung, dass in der von ihr begleiteten Lerngruppe, die mit dem Wochenplan arbeitete, Maximen wie Pflichterfüllung und Schnelligkeit für das Lernen der Kinder handlungsleitend waren (vgl. ebd., insbes. 229 ff.).

des Individuums zu vergrößern. Zwar sind dies Eigenschaften, die von (post)modernen gesellschaftlichen Dispositiven durchaus erwünscht und angestrebt werden und in Gestalt des Idealbildes eines eigenverantwortlichen und autonomen Individuums oder in Form eines „unternehmerischen Selbst" (vgl. Bröckling 2002) immer auch eine Weise der Anpassung an gesellschaftliche Normalitäts- und Rationalitätsstandards sind. Aber die Zunahme subjektiver Fähigkeiten wie Reflexionsvermögen, Kommunikationsfähigkeit usw. kann auch als Werkzeug zum Widerstand gegen eben diese Machtverhältnisse und die über sie transportierten Subjektivitätsformen dienen und als Möglichkeit genutzt werden, eine Form des Selbstbezugs herzustellen, der sich nicht alleine auf gesellschaftliche Normen und Erwartungshaltungen reduzieren lässt. Das heißt, gouvernementale Führungstechniken eröffnen immer auch ein Möglichkeitsfeld zu „Praktiken der Freiheit" (Schriften IV 877), ohne diese Freiheit gänzlich als Zwangseffekt und Symptom des Neoliberalismus identifizieren zu müssen. Worauf Pongratz aber zu Recht aufmerksam macht, ist die zumeist fehlende selbstkritische Auseinandersetzung innerhalb reformpädagogischer Ansätze mit der eigenen Position und Rolle in einem gesellschaftlichen Dispositiv. Vielmehr ist bei ihnen die wenig reflektierte Selbststilisierung als „Freiheitspädagogik" (ebd., 253) vorherrschend.

Bei Lehmann-Rommel (2004, 279 f.) und Liesner (2004, 295 ff.) wird die Verwobenheit von Macht und Freiheit, Selbst- und Fremdführung zwar deutlich angesprochen. Ihnen geht es aber in erster Linie um eine Problematisierung bestimmter Transformationen in bestimmten pädagogischen Feldern (Schulentwicklung, Entrepreneurship Education), die in der Regel mit so positiven Konnotationen wie Partizipation, Eigenverantwortung, Selbstreflexion, Selbstständigkeit, Zivilgesellschaft usw. belegt sind. Das damit verbundene, allzu unkritische Selbstverständnis wollen sie aus gouvernementalitätstheoretischer Perspektive, d.h. aus der Rückbindung der entsprechenden Entwicklungen an bestimmte, durchaus problematische (neoliberale) Rationalitätsstandards, dekonstruieren. Dass die untersuchten Problembereiche dadurch in einem eher negativen Licht erscheinen und mögliche positive Effekte unterbelichtet bleiben, ist sicherlich auch dem Rekurs auf Foucaults grundsätzlich kritisch ausgerichteter Analyseperspektive geschuldet und soll deshalb kein großer Kritikpunkt sein. Nur ist auch hier, zumindest für den ‚unbedarften' Leser, eine Gefahr gegeben, die Liesner selber bezüglich mancher *governementality studies* anmerkt: nämlich „diese Form des Regierens ihrerseits totalisierend zu lesen und neoliberale Subjektivität auf ein hermetisches falsches Bewusstsein zu reduzieren, was in der Sackgasse zu münden droht, dass Kritik zwischen Ohnmacht und Allmacht befangen bleibt." (Liesner 2004, 295)

Ein weiterer wichtiger Punkt, auf den die foucaultsche Machtanalyse aufmerksam macht, ist die Reziprozität von Machtbeziehungen. Für die Pädagogik ist diese Wechselseitigkeit aus mindestens zwei Gründen interessant. Zum einen verbindet Foucault sie mit dem Diktum, Machtbeziehungen möglichst flexibel und umkehrbar zu halten. Daraus würde sich für die erziehungswissenschaftliche Reflexion die Notwendigkeit ergeben, pädagogische Verhältnisse kritisch auf ihre Machteffekte hin zu untersuchen. Zum anderen stellt sich an dieser Stelle auch die Frage nach Rolle und Selbstbild des Pädagogen, der eben nicht nur derjenige ist, der Macht ausübt, sondern auch jemand, auf den Macht ausgeübt wird. Dabei kann es sich sowohl um strukturelle Macht handeln, als auch um

Machtwirkungen, die beispielsweise im Lehrer-Schüler-Verhältnis auf der Beziehungs-
ebene anzusiedeln sind. Diese Problematik spielt in der pädagogischen Diskussion um
Foucault bisher keine große Rolle.

Nun scheinen in manchen pädagogischen Feldern Transformationen vor sich zu gehen, die auch auf struktureller Ebene eine stärkere Wechselseitigkeit von Machtverhältnissen in Bildungsprozessen herbeiführen sollen, selbst wenn diese Veränderungsprozesse
nicht unbedingt einem pädagogischen Kalkül geschuldet sein müssen. Diese, dem ersten
Anschein nach positiv und unproblematisch erscheinenden Entwicklungen können in einer
foucaultschen Perspektive durchaus kritisch hinterfragt werden. Dazu ein kurzes, zugege-
benermaßen stark vereinfachendes und schematisierendes Beispiel aus dem Bereich der
Hochschulentwicklung: Dort soll im Rahmen von Prozessen der Evaluation[224] und Quali-
tätssteigerung die Lehre von Professoren und Dozenten durch ihre Studenten beurteilt
werden. Zunächst könnte man dies als eine Verringerung von Machtgefällen oder als eine
Verstärkung der Wechselseitigkeit von Machtbeziehungen lesen[225] und als einen Versuch,
den Studierenden stärkeren Einfluss auf ihre Bildungsprozesse zu geben. Kritisch betrachtet könnte man dagegen zur Auffassung gelangen, dass hier die Studenten von einem spezifischen Kontrollsystem instrumentalisiert und in diesem eine Doppelrolle (als Kontrollierte und Kontrolleure) einnehmen sollen. Im Grunde, so könnte man behaupten, handele
es sich hier um eine Weiterentwicklung des klassischen Panoptismus (vgl. Abs. 2.2.1). Im
klassischen Panoptismus gibt es den Beobachteten und den (unsichtbaren) Beobachter,
wobei der Beobachtete einer ständigen Sichtbarkeit unterworfen ist, so dass er zum
Selbstbeobachter wird, zum Kontrolleur seines Verhaltens. Die Veränderung liegt hier
darin, dass der Beobachtete nun systemimmanent als Fremdbeobachter installiert wird,
eine Rolle, die er zumindest im systemstrukturellen Sinne vorher nicht innehatte. Damit
bekommt er die (wenn auch nur virtuelle) Macht, seinen Kontrolleur zu kontrollieren.
Dies führt dazu, dass der ehemals alleinige Kontrolleur (der Lehrende) jetzt einer Situation
der ständigen, bewertenden Fremdbeobachtung ausgesetzt ist. Gleichzeitig wird aber auch
der einzelne Studierende durch die Umstellung auf ein modularisiertes Studiensystem, in
dem die Prüfungsleistungen in den einzelnen Modulen in die Gesamtnote einfließen,
durch die Einführung der Anwesenheitspflicht in Seminaren, Studienkontenmodelle usw.
einer sowohl in qualitativer wie auch in quantitativer Hinsicht verstärkten (Leistungs-)
Kontrolle ausgesetzt und der Lehrende vermehrt in die Rolle eines permanenten Kontrol-
leurs gedrängt. Insgesamt kommt es durch diese Veränderungen zu einer zunehmenden
Verdichtung des Kontrollnetzes, innerhalb dessen alle Teilnehmer und Akteure des Sys-

---

224 Zu einer kritischen Diskussion der „Rationalität von Evaluation" aus einer foucaultschen Perspektive
     siehe Höhne 2006.
225 Die im Folgenden behandelte Wechselseitigkeit bezieht sich vor allem auf die institutionelle bzw.
     strukturelle Dimension von Machtbeziehungen, d.h. auf die Wirkungen und Funktionsweisen von
     Machtbeziehungen, die sich aus den unterschiedlichen Subjektpositionen in einem (hierarchischen)
     System ableiten. Wenn man wie Foucault Machtbeziehungen als zwischenmenschliche Beziehungen
     bestimmt, setzen sich die Besonderheiten und auch das Maß an Reziprozität spezifischer Machtbezie-
     hungen neben den aus dem Systemkontext resultierenden Eigenschaften noch aus einer Reihe weiterer
     wichtiger Komponenten wie affektiven Elementen, Kompetenzgefällen usw. zusammen. Diese sollen
     an dieser Stelle aber nicht weiter interessieren.

tems objektiviert und subjektiviert werden. Dabei wird jeder in verstärktem Maße sowohl zum Selbstbeobachter, der sein eigenes (Leistungs-)Verhalten kontrolliert, als auch zum Fremdbeobachter, der seinen eigenen Fremdbeobachter kontrolliert und beurteilt.

In einem gewissen Sinne könnte man hier von einem „demokratisierten Panopticon" (vgl. Bröckling 2003, 85 f.) sprechen, indem sich jeder beobachten und beurteilen lassen muss, gleichzeitig aber auch das Recht (und die Pflicht) hat, andere zu beobachten und zu beurteilen. Ein Nebeneffekt dieser ‚Demokratisierung' könnte die Selbststabilisierung eines derartigen wechselseitigen (Kontroll-)Systems sein. Denn wem als Teilnehmer eines Systems durch die Umgestaltung seiner Akteursrolle eine Vergrößerung an Handlungsmacht suggeriert wird, dem fällt es vielleicht leichter, das System und seine Rollen als Kontrollierter und als Kontrolleur zu akzeptieren – selbst wenn dieses ‚Mehr' an Handlungsmacht, welches dem einzelnen studentischen Akteur durch seinen neuen Status als Kontrolleur zufällt, zumindest im strukturellen Sinne äußerst begrenzt sein dürfte.

Teil II: Foucault und Elias im Vergleich

Ähnlich wie Michel Foucault beschäftigt sich auch Norbert Elias mit dem Entstehungsprozess moderner Subjektivität.[226] Für Elias ist die moderne Selbstwahrnehmung vor allem durch die Figur des „homo clausus" (Elias 1994, 266) geprägt. Mit diesem Begriff will Elias das Selbstbild des modernen Menschen auf den Punkt bringen, das für ihn vor allem durch die Vorstellung von sich als einem Wesen mit einen inneren, von allen anderen isolierten Selbst bestimmt ist. Hier finden sich schon deutliche Parallelen zu Foucaults Beschreibung moderner Subjektivität, die auch auf das Engste mit der Vorstellung eines ‚inneren Selbst' verknüpft ist. Ebenfalls ist beiden Autoren der historisch-kulturalistische Blick auf Subjektivität gemeinsam. Entsprechend ist für beide die (Selbst-)Wahrnehmung des modernen Menschen nicht als Ausdruck eines universalen Menschenbildes zu verstehen, sondern als (kontingentes) Produkt spezifischer historischer und gesellschaftlicher Prozesse und Denkweisen. Trotz dieser Gemeinsamkeiten lassen sich nicht nur in der (historischen) Herleitung der spezifischen Selbsterfahrung des modernen Menschen, sondern auch vor dem Hintergrund beobachtertheoretischer Kategorien deutliche Unterschiede in ihren jeweiligen Perspektiven auf Subjektivität feststellen. Diese Differenzen hängen auch, wie zu zeigen sein wird, mit ihren unterschiedlichen erkenntnistheoretischen Positionen zusammen. Gerade aufgrund ihrer differierenden Zugänge zum Problembereich Subjektivität ist ein Vergleich interessant und sinnvoll, da an diesen Kontrapunkten wichtige Anschlussmöglichkeiten liegen, mit Hilfe derer sich die Ansätze beider Autoren wechselseitig weiterdenken lassen. Im Folgenden wird zunächst eine kurze Zusammenfassung der eliasschen Herleitung des „homo clausus" gegeben, um im Anschluss daran die wichtigsten Unterschiede in den theoretischen Prämissen und den (Subjekt-)Konzeptionen beider Autoren darzustellen.

---

226 Elias und Foucault sind sich nie persönlich begegnet. Foucault hatte zwar seine Teilnahme an einer Tagung zur „Theorie der Zivilisation" zugesagt, starb aber an dem Tag, an dem diese begann (vgl. Sprenger 2004, 94). Foucault stieß erst in den 1980er Jahren auf die Arbeit von Norbert Elias und übersetzte Ende 1983 zusammen mit Martin Ziegler Elias' Buch „Über die Einsamkeit der Sterbenden in unseren Tagen" (vgl. Defert 2001, 102; Smith 2001, 18).

1. Die Genese des „homo clausus"

Elias erklärt die „Selbsterfahrung" (Elias 1997a, 65) des modernen Menschen als „homo clausus" mit Hilfe seiner Theorie über den Zivilisationsprozess. Im Folgenden sollen zunächst die für die „homo clausus"-Thematik relevanten Punkte dieser Theorie behandelt werden, die Elias vor allem in seinem frühen, zweibändigen Werk „Über den Prozeß der Zivilisation" dargelegt hat. In diesem entwickelt er ein Modell des Zivilisationsprozesses, innerhalb dessen sich langfristige Prozesse der gesellschaftlichen Entwicklung (Soziogenese) mit langfristigen Wandlungsprozessen menschlicher Persönlichkeitsstrukturen (Psychogenese) verschränken und wechselseitig bedingen.

Eine der wesentlichsten Thesen von Elias' Zivilisationstheorie ist die im Laufe der gesellschaftlichen Entwicklung zunehmende Verwandlung von Fremdzwängen in Selbstzwänge. Braucht es in einfacheren Gesellschaften oft den direkten äußeren Zwang zur Affektkontrolle, wird dieser Zwang in modernen Gesellschaften zunehmend verinnerlicht und zum Selbstzwang. Den Grund für diese Veränderung sieht Elias in der zunehmenden sozioökonomischen Differenzierung der Gesellschaft. Während in „primitiveren" Gesellschaften Verhaltensstandards vor allem durch ‚face-to-face' Kontrollen, also durch direkten Kontakt und Fremdzwang, durchgesetzt werden, verlangt die sich verstärkende gesellschaftliche Differenzierung, durch welche die Interdependenzgeflechte und damit die Abhängigkeitsbeziehungen zwischen den Menschen an Komplexität und Größe zunehmen, dass diese lernen, sich selbst zu regulieren und ihre Affekte zu kontrollieren. Das heißt nicht, dass es in einfacheren Gesellschaften keinen Selbstzwang gibt. Dieser kann dort sogar sehr viel stärker sein als in modernen Gesellschaften. Was sich ändert, ist vielmehr die Verschiebung der Balance zwischen Selbst- und Fremdzwang, durch welche die Selbstkontrollmuster sehr viel gleichmäßiger und wohltemperierter werden. Dementsprechend merkt Elias in einer späten Selbstkommentierung an:

„Was sich im Zuge eines Zivilisationsprozesses ändert, das sind vor allem die Muster der Selbstregulierung und die Art ihres Einbaus ... Das Modell eines Zivilisationsprozesses wird heute nicht selten vulgarisiert. Man versteht zum Beispiel als Kernstück dieses Prozesses zuweilen allein eine kontinuierliche Zunahme und Verstärkung von Selbstzwängen ... Schübe in dieser Richtung gibt es. Aber ein solches Verständnis der Zivilisationstheorie legt den Gedanken nahe, dass in einfachen Gesellschaften Selbstzwänge gleichmäßig schwach sind oder fehlen, dass Affekt- und Triebentladungen durch alle Lebensbezirke hin gleichmäßig stark sind. Was in Wirklichkeit den sozialen Habitus von Menschen einfacherer Gesellschaften kennzeichnet, das ist der ungleichmäßige, oft diskontinuierliche Charakter der Selbstzwänge. Sie können in bestimmten Lebenslagen ein Ausmaß und eine Härte haben, die Ausmaß und Strenge der gesellschaftlich geforderten Selbstkontrolle von Menschen entwickelterer Gesellschaften weit übersteigen. Und sie lassen zugleich in anderen Lebenssituationen den Weg frei zu Trieb- und Affektentladungen, die an Stärke und Spontaneität ebenfalls alle in entwickelteren Gesellschaften als erträglich empfundenen Verhaltensmustern bei weitem übertreffen. Diejenige Eigentümlichkeit der Selbstkontrollmuster von Menschen einfacherer Gesellschaften, die bei einem Vergleich mit denen von Menschen hoch entwickelter Industriegesellschaften besonders ins Auge fällt, ist die weit größere Ungleichmäßigkeit der ersteren." (Elias 1992, XXXIVf)[227]

Elias entwickelt seine Grundthese, indem er u.a. Manierenbüchern aus verschiedenen Epochen analysiert.[228] Dabei zeigt er, dass sich das Verhalten bezüglich des Essens, Trinkens, Schlafens und anderer natürlicher Bedürfnisse wie des Schnäuzens und Spuckens, aber auch das aggressive Verhalten im Laufe der Geschichte grundlegend geändert hat. In jedem dieser Bereiche ist eine zunehmende Verhaltensregulierung festzustellen. Es wird immer stärker differenziert und kontrolliert, was als gutes Benehmen und was als „unzivilisiert" zu verstehen ist. Sind die Verhaltensvorschriften zunächst nur für die Oberschicht relevant, erstrecken sie sich nach und nach auf die Gesamtheit der Bevölkerung. Diese Veränderungen in den Verhaltensstandards stehen für einen grundsätzlichen Umbau in der Affektregulierung: von der spontanen Affektäußerung hin zu einer stärkeren Zurückhaltung spontaner Affekte und Impulse, die unter anderem auch aus der steigenden Notwendigkeit, in längerfristigen Zeitperspektiven zu denken, resultiert:

„... die ganze Richtung der Verhaltensänderung, der ‚Trend' der Zivilisationsbewegung ist überall der gleiche. Immer drängt die Veränderung zu einer mehr oder weniger automatischen Selbstüberwachung, zur Unterordnung kurzfristiger Regungen unter das Gebot einer gewohnheitsmäßigen Langsicht, zur Ausbildung einer differenzierteren und festeren ‚Über-ich'-Apparatur. Und gleich ist auch – im Großen gesehen – die Art, wie diese Notwendigkeit, augenblickliche Affekte fernerliegenden Zwecken unterzuordnen sich ausbreitet: Überall werden zunächst kleinere Spitzenschichten, dann immer breitere Schichten der abendländischen Gesellschaft von ihr erfasst." (Elias 1997b, 349)

Wie schon erwähnt, führt Elias diesen Verhaltenswandel vor allem auf gesellschaftliche Differenzierungsprozesse zurück. In deren Folge kommt es in verschiedenen gesellschaftlichen Bereichen zu starken Monopolisierungstendenzen. Die anfänglichen „Privatmonopole" Einzelner vergesellschaften sich mit der Zeit und werden zu staatlichen oder öffentlichen Monopolen (vgl. Elias 1997b, 157). Durch den Prozess der Monopolbildung steigt der Komplexitätsgrad der Interdependenzgeflechte und damit auch die gegenseitigen, funktionellen Abhängigkeiten der Menschen untereinander. Gesellschaftliche Hierarchien werden durchlässiger und Menschen aus den unterschiedlichen sozialen Schichten treten in direkten Kontakt zueinander. Dies macht die Entwicklung eines mehr oder weniger gemeinsamen Verhaltensstandards notwendig, der sich durch das Zurückhalten von spon-

---

227 Nun muss man an dieser Stelle anmerken, dass der Leser des frühen Hauptwerks von Elias, dem zweibändigen „Über den Prozeß der Zivilisation", durchaus den Eindruck bekommen kann, dass das entscheidende Kriterium für einen Zivilisationsprozess bezüglich der Selbstzwang-Fremdzwang Problematik die ständige Zunahme von Selbstzwängen ist. An dieser Vorstellung eines einfachen Mehr oder Weniger von Selbst- bzw. Fremdzwängen haben sich dann auch viele Kritiker Elias'gestoßen. Zu seiner Verteidigung sollte aber hinzugefügt werden, dass er auch schon in diesen Büchern, wenn auch nur sehr sporadisch, davon spricht, dass ein wesentlicher Unterschied zwischen den verschiedenen Stufen im Zivilisationsprozess in dem verschiedenen „Typus von Selbstbeherrschung oder Selbstzwang" (Elias 1997b, 338) zu suchen und damit nicht nur ein größeres Maß an Selbstzwängen kennzeichnend für den Zivilisationsprozess ist (vgl. ebd., 338 f.).

228 Elias' historische Untersuchung umfasst dabei den Zeitraum vom 13. bis zum 18. Jahrhundert.

tanen Affekten und einer ständigen Verhaltensregulierung auszeichnet. Auch die Herausbildung des staatlichen Gewaltmonopols unterstützt diese Entwicklung und den zunehmenden gesellschaftlichen Zwang zur Selbstkontrolle. Die Angst vor der Gewalt anderer Menschen wird abgelöst durch die Angst, seine eigenen Affekte nicht beherrschen zu können. Außerdem führt die steigende gesellschaftliche Differenzierung zu längeren Handlungs- und Wirkungsketten, die eine ständige Rück- und Voraussicht seitens der Individuen erfordern (vgl. ebd., 342).[229]

Aufgrund dieser gesellschaftlich bedingten Notwendigkeit, in längeren Zeitperspektiven zu denken, kommt es laut Elias zu einer zunehmenden „Psychologisierung" und „Rationalisierung" (vgl. ebd. 383 ff.). Mit dem Begriff der „Psychologisierung" bezeichnet Elias die sich verstärkende Verhaltensweise des Individuums, sowohl sich selbst als auch die anderen zu beobachten und sein bzw. deren Verhalten einzuordnen, zu beurteilen und zu berechnen. Diese Zunahme der Fremd- und Selbstbeobachtung führt zu einer stärkeren Nuancierung und Ausdifferenzierung der Verhaltenspalette, gleichzeitig aber auch zu einer Verringerung der Extreme im Verhalten, da der Verhaltensstandard, den es zu erfüllen gilt, darauf angelegt ist, gerade solche Extreme zu dämpfen (vgl. Wouters 1999, 23). Auch die zunehmende „Rationalisierung" trägt dazu bei, dass spontane Gefühle, Wünsche, Ängste und Affekte kontrolliert und von rationalen und längerfristigen Beweggründen und Überlegungen verdrängt werden.

Elias begreift die Affektregulierung und Selbstkontrolle aber nicht alleine als einen rationalen und bewussten Vorgang, sondern vor allem auch als „automatisch funktionierende Gewohnheiten" (Elias 1997b, 342). Die Selbstregulierung kann demnach sowohl bewusst als auch unbewusst verlaufen. Zur Erklärung dieses Prozesses verknüpft Elias Freuds Konzept der Verinnerlichung von äußeren Zwängen und der daraus folgenden Ausbildung eines ‚Über-Ichs' mit behavioristischen Vorstellungen. Demnach wird der gesellschaftliche Verhaltensstandard schon in früher Kindheit durch zum Teil bewusste, zum Teil aber auch völlig automatische Konditionierung im Kind reproduziert (vgl. Elias 1997a 353 f.). Der anfängliche Fremdzwang wandelt sich zum Selbstzwang. Er wird mehr und mehr zu einem inneren Automatismus, zu einem „Abdruck der Gesellschaft im Innern" (ebd., 265), zum ‚Über-Ich':

> „diese Zurückhaltung, diese Regelung seines Verhaltens und seines Triebhaushalts wird ihm von klein auf so zur Gewohnheit gemacht, dass sich in ihm, gleichsam als eine Relaisstation der gesellschaftlichen Standarde, eine automatische Selbstüberwachung der Triebe im Sinne der jeweiligen gesellschaftsüblichen Schemata und Modelle, eine ‚Vernunft', ein differenzierteres und stabileres ‚Über-Ich' herausbildet, und dass ein Teil der zurückgehaltenen Triebregungen und Neigungen ihm überhaupt nicht mehr unmittelbar zum Bewusstsein kommt." (Elias 1997b, 340)

Für Breuer liegt an dieser Stelle ein wichtiger Unterschied zu Freud. Während Elias die Bildung des ‚Über-Ichs' vor allem über Konditionierungsvorgänge erklärt, versucht Freud

---

229 Gleichzeitig unterstützt die Entwicklung eines selbstbeherrschten und rationalen Verhaltens den Prozess einer weiteren gesellschaftlichen Differenzierung. Auch hier zeigt sich, dass sich für Elias Psychogenese und Soziogenese in einem gegenseitigen Wechselverhältnis befinden.

eine triebtheoretische Begründung zu liefern (vgl. Breuer 1995, 31). So legt Freud die Entstehung des ‚Über-Ichs' in die ödipale Phase, innerhalb derer die libidinösen Gefühlsbindungen des Kindes an seine Eltern umgearbeitet und aus diesem Prozess das ‚Über-Ich' als „Erbe des Ödipuskomplexes" (Freud 1994, 517) hervorgeht. Darüber hinaus nimmt Freud, zumindest in Teilen seiner Arbeit,[230] eine Dreiteilung der ‚Über-Ich'-Funktionen in Selbstbeobachtung, Gewissen und ‚Ich-Ideal' vor (vgl. ebd., 504). Elias verwendet in seinen Arbeiten die Idealfunktion des ‚Über-Ichs' nicht.[231] So kann Elias die von Freud angedachte positive Beziehung des ‚Über-Ichs' zum ‚Ich' über das ‚Ich-Ideal' nicht thematisieren. Dies führt dazu, dass bei Elias das ‚Über-Ich' vor allem als strafende Instanz, „als rein negatives, durch Angst vor Unlust und Strafe gekennzeichnetes Verhältnis zwischen Ich und Über-Ich" (Blomert 1989, 24) erscheint (vgl. ebd.). Dementsprechend betont Elias besonders die Zunahme von Peinlichkeits- und Schamgefühlen im Laufe des Zivilisationsprozesses, die für ihn eine direkte Folge der stärkeren Ausdifferenzierung der ‚Über-Ich'-Funktion bzw. der Verinnerlichung von äußeren Zwängen ist. Gerade neuere Zeitdiagnosen, die mit psychoanalytischen Denkfiguren arbeiten, beziehen sich aber vor allem auf das Konzept des ‚Ich-Ideals' zur Beschreibung der modernen, narzisstischen Persönlichkeit (vgl. Ehrenberg 2004, 147). Diesen folgend könnte man in Anlehnung an die Terminologie Foucaults davon ausgehen, dass moderne Selbsttechnologien weniger über den Zwang und die „Anzüchtung" eines Gewissens, sondern mehr über den Versuch einer Annäherung an ein ‚Ich-Ideal' funktionieren. Daher wären die das Subjekt begleitenden möglichen negativen Gefühle nicht mehr so sehr die der Schuld, sondern der Minderwertigkeit bzw. Unzulänglichkeit (vgl. ebd.).[232]

Ein weiterer wichtiger Unterschied zwischen Elias und Freud ist, dass Elias Freuds zweites topisches Modell, in welchem dieser die Psyche in die Instanzen ‚Es', ‚Ich' und ‚Über-Ich' gliedert, historisiert. Im Gegensatz zur klassischen Psychoanalyse glaubt Elias, dass ein solches Strukturmodell der Psyche keineswegs als eine anthropologische Konstante anzusehen, sondern die menschliche Psyche im Laufe des Zivilisationsprozesses großen Wandlungen unterworfen ist. Zwar existiert laut Elias für diese psychischen Instanzen genau wie beim Selbstzwang kein „Nullpunkt" (1997b, 389), ab dem es dann z.B. das ‚Über-Ich' gibt, aber die „Modellierung des ganzen Seelenhaushalts" (ebd.) und die Beziehungen zwischen ‚Es'-, ‚Ich'- und ‚Über-Ich'-Funktionen wandeln sich für Elias deutlich während des Zivilisationsprozesses. So differenzieren sich im Zuge der Psychogenese zunehmend die „Triebfunktionen", für die Elias synonym den Begriff des ‚Es' verwendet und die „Triebüberwachungsfunktionen" ‚Ich' und ‚Über-Ich' (vgl. 1997b,

---

230 Freud verwendet den Begriff des ‚Ich-Ideals' nicht einheitlich. Teilweise benutzt er ihn synonym für ‚Über-Ich', teilweise bezeichnet er mit ihm aber auch eine gesonderte Instanz bzw. eine Teilfunktion des ‚Über-Ichs' (vgl. Laplanche/Pontalis 1973, 203).

231 Diese Einschätzung bezieht sich vor allem auf Elias zweibändiges Werk „Über den Prozess der Zivilisation". In einem Text, den er einige Zeit nach diesen Büchern verfasst hat, gebraucht er den Begriff des ‚Ich-Ideals' zur Beschreibung der von der Gesellschaft transportierten Idealvorstellung des individualisierten Menschen von sich selbst als einzigartiger Persönlichkeit mit besonderen Qualitäten und Fertigkeiten (vgl. Elias 1994, 192 ff.).

232 Das muss nicht unbedingt heißen, dass mit der Verlagerung vom ‚Über-Ich' zum ‚Ich-Ideal' Scham- oder Peinlichkeitsgefühle abnehmen. Denn gerade Gefühle der Unzulänglichkeit und Minderwertigkeit können von diesen begleitet werden.

411). Dabei wird „*das Bewusstsein weniger triebdurchlässig und die Triebe weniger bewusstseinsdurchlässig.*" (Ebd., 401) Das heißt, Triebimpulse werden immer stärker zurückgehalten und immer stärker in das Unbewusste verlagert. Die Trennung zwischen bewussten und unbewussten psychischen Funktionen nimmt zu. Gleichzeitig kritisiert Elias an der damaligen Psychoanalyse die zu starke Betonung der unbewussten Dimension in ihrer Bedeutung für das menschliche Verhalten. Die Psychoanalyse neige dazu, „bei der Betrachtung des Menschen etwas ‚Unbewußtes', ein als geschichtslos gedachtes ‚Es' aus dem gesamten Seelengefüge als das Wichtigste herauszugreifen ... Hier, ..., erscheint es meist noch immer so, als hätte die Steuerung des Menschen durch unbewußte Triebimpulse zunächst einmal eine Gestalt und eine Struktur für sich, unabhängig von dem Beziehungsschicksal des einzelnen Menschen, unabhängig auch von Gestalt und Struktur der übrigen Steuerungsfunktionen des Seelenhaushaltes, und eine größere Bedeutung als diese für das menschliche Dasein." (Ebd., 400) In diesem Zusammenhang ist für Elias der Trieb auch nicht etwas rein Ursprüngliches und Naturgegebenes, sondern immer schon sozial, da die Triebimpulse „bei jedem Menschen durch seine Beziehungen zu Anderen vom ersten Tag seines Lebens gelenkt werden." (Ebd.) Damit betont Elias auch deutlich stärker als Freud die Bedeutung von zwischenmenschlichen Beziehungen (in historisch veränderbaren kulturellen Kontexten) für die Ausprägung der psychischen Funktionen von ‚Es', ‚Ich' und ‚Über-Ich' (vgl. Blomert 1989, 13 ff.; 18; 23 f.; 63; 70 ff.).

Insgesamt führen die Verinnerlichung von Fremdzwängen, die zunehmende „Rationalisierung" und „Psychologisierung" für Elias zu deutlichen Individualisierungsschüben[233] und durch das steigende Maß an Selbstbeobachtung und Selbstdistanzierung zu der Eigenwahrnehmung des Menschen als „homo clausus". So ist es laut Elias vor allem die Spannung zwischen den „angezüchteten" Selbstzwängen und den zurückzuhaltenden spontanen Trieb- und Handlungsimpulsen, die mit Scham- und Peinlichkeitsgefühlen belegt und in Bereiche verlagert werden, die den Blicken der Öffentlichkeit und teilweise auch dem Bewusstsein des Menschen entzogen sind, die zu der Selbstwahrnehmung des Menschen führt, „er sei ‚innen' etwas, das ganz für sich allein, ohne Beziehung zu anderen Menschen existiere und erst ‚nachträglich' zu anderen ‚draußen' in Beziehung trete." (Elias 1994, 49, 168) Hinzu kommen die mit der zunehmenden Selbstregulierung auf das

---

233 Es gibt, so Elias, „keinen Nullpunkt der Individualisierung" (Elias 1994, 90). Aber für ihn sind Menschen in einfachen Gesellschaften weniger „individualisiert" als Menschen moderner Gesellschaften. Sie haben zwar auch ein Selbstbewusstsein. „Aber sie leben und handeln noch unmittelbar im Umgang und Zusammenhang mit anderen. Sie haben noch keinen Zugang zu einer Erfahrungsform und einer Vorstellungswelt, die es Menschen möglich macht, sich ihrer selbst zugleich auch als etwas außerhalb und unabhängig von der eigenen Gruppe ... bewusst zu werden." (Ebd., 141) Die „Wir-Identität" dieser Menschen ist sehr viel ausgeprägter als ihre „Ich-Identität", wobei sich die „Wir-Ich-Balance" im Laufe des Zivilisationsprozesses deutlich zugunsten der „Ich-Identität" verschiebt und die Wir-Beziehungen zunehmend an „Impermanenz" (ebd., 272, 301) gewinnen (vgl. ebd., 210 ff., 262 ff.). Das heißt, aus der Wir-Ich-Balance wird tendenziell eine Ich-Wir-Balance. Gleichzeitig betont Elias aber auch die Unverzichtbarkeit von Wir-Bezügen (vgl. Treibel 1996, 429). Es gibt kein „wirloses Ich", wobei Anteile der Wir-Identität heute vor allem auf nationale und ethnische Zugehörigkeit und auf die Familie projiziert würden (vgl. Treibel 1990, 193). Dabei besteht das anzustrebende Ziel hinsichtlich der höchsten Integrationsebene der Bezugseinheit der Wir-Identität, der gesamten Menschheit, für Elias in einer ausgewogeneren Wir-Ich-Balance (vgl. Elias 1994, 269).

Engste verbundenen Prozesse der „Rationalisierung" und „Psychologisierung". Die „Psychologisierung" bringt, wie oben schon angesprochen, eine zusätzliche Differenzierung sowohl in der Selbst- als auch in der Fremdwahrnehmung mit sich. So wird der Mensch im Verlauf des Zivilisationsprozesses „nicht nur tatsächlich verschiedener ... der einzelne Mensch wird sich dieser Verschiedenheit zugleich auch stärker bewusst. Und von einer bestimmten Stufe der gesellschaftlichen Entwicklung ab legt man zugleich auch solchen Verschiedenheiten eines Menschen von anderen einen besonderen Wert bei." (Ebd., 191) Diese gewollte Differenzierung, dieses gesellschaftliche Ideal, sich von allen anderen zu unterscheiden, trägt damit zu einer stärkeren Individualisierung und zu der Selbstwahrnehmung als „homo clausus" bei. Darüber hinaus führt die steigende Rationalisierung dazu, dass der Mensch sich stärker von der Umwelt distanziert. Er erfährt sich als ein Wesen, dass kraft seiner „Ratio" oder seines Verstandes in der Lage ist, die Welt zu erkennen. Die Distanzierung von den Objekten seiner Erkenntnis wird aber „nicht als solche, nicht als ein Akt der Distanzierung ..., sondern als eine tatsächlich vorhandene Distanz, als ein ewiger Zustand der räumlichen Trennung ... als ein tatsächlich existierender Käfig ..., der das ,Selbst', das ,Ich' oder jenachdem auch die ,Vernunft' und ,Existenz', von der Welt ,außerhalb' des Individuums ab und ausschließt" (Elias 1997a, 63 f.), empfunden. Elias erklärt diesen Zusammenhang unter anderem folgendermaßen: Durch die stärker werdende Rationalisierung nimmt die Komplexität der Natur- und auch Selbstbeobachtung zu. Der Mensch findet sich in der Doppelrolle des Beobachters und des Beobachteten wieder und in diesem Akt der Selbstdistanzierung bildet sich die Vorstellung eines von der Welt Losgelösten und gleichzeitig in ihr unauflöslich Verstrickten heraus (vgl. Elias 1994, 148). Diese Trennung zwischen Subjekt und Objekt der Erkenntnis verdichtet sich zur Vorstellung, dass der Mensch als Beobachter und Denker völlig von der Welt getrennt ist, dass er in sich eine Wesenheit, einen Verstand oder eine Vernunft hat, durch die er erkennen kann, die aber durch den Körper von der Welt „draußen" vollkommen getrennt ist (vgl. ebd., 148 ff.). Exemplarisch zeigt sich für Elias ein derartiges Bild eines „homo clausus" im „homo philosophicus" der klassischen Erkenntnistheorie, aber auch in den Menschenbildern der Gesellschafts- und Geisteswissenschaften, sei es der „homo oeconomicus", „homo psychologicus", „homo historicus" oder der „homo sociologicus" (vgl. Elias 1997a, 53). In all diesen Wissenschaften taucht der Mensch laut Elias vornehmlich als vereinzeltes und unabhängiges Wesen auf.

Nun ist für Elias die Selbst- und auch Fremdwahrnehmung anderer Menschen als „homo clausus" bzw. „homini clausi" nichts Selbstverständliches, „kein Symptom eines ewigen menschlichen Zustandes" (ebd., 52), sondern Ausdruck einer bestimmten Entwicklungsstufe des menschlichen Selbstbewusstseins – ein „Kunstprodukt" (ebd., 68), das für eine bestimmte Phase im Zivilisationsprozess charakteristisch ist. Zudem, so Elias, ist dieses Menschenbild äußerst problematisch, da es den Blick auf wichtige Einsichten versperrt. Deshalb bräuchte es „einer neuen kopernikanischen Wende" (Elias 1994, 86), „eines weiteren Schubes der Selbstdistanzierung" (Elias 1970, 132), um das „egozentrische Bild des gesellschaftlichen Universums" (Elias 1997a, 69) durch ein realitätsadäquateres und den „homo clausus" durch den „homines aperti" (Elias 1970, 135) zu ersetzen. Das Bild des Menschen als „geschlossener Persönlichkeit" sollte durch das Menschenbild einer „offenen Persönlichkeit" abgelöst werden, „die im Verhältnis zu andern Menschen einen höheren oder geringeren Grad von relativer Autonomie, aber niemals absolute und totale Autonomie besitzt, die in der Tat von Grund auf Zeit ihres Lebens auf andere Menschen ausgerichtet und angewiesen, von anderen Menschen abhängig ist." (Elias 1997a, 70) Dieses Prinzip der „grundlegende[n] Gesellschaftlichkeit des Menschen" (Elias 1999, 29) ist Grundprämisse des Ansatzes von Elias. Der Mensch existiert grundsätzlich nur als soziales Wesen. Er wird von klein auf sozialisiert und geformt und kommt nur in *Figurationen* (vgl. Elias, 1970 139 ff.), d.h. in Beziehungs- oder Interdependenzgeflechten, die „Macht über das Verhalten und Denken" (ebd., 100) der Individuen ausüben, vor. Zweite Grundprämisse des eliasschen Menschenbildes ist die „natürliche Wandelbarkeit des Menschen" (ebd., 110). Der Mensch ist in ständiger Entwicklung begriffen: Sowohl was die individuelle Entwicklung von der Kindheit bis zum Erwachsenenalter betrifft als auch die langfristigen Entwicklungen von allgemeineren Persönlichkeitsstrukturen, wie dies Elias in seinen Analysen zur Psychogenese ausgeführt hat.

Elias begründet seine Grundprämissen mit der biologischen Konstitution des Menschen:

> „Die menschliche Verhaltenssteuerung ist von Natur, also auf Grund der ererbten Konstitution des menschlichen Organismus, so eingerichtet, dass sie in geringerem Maße von eingeborenen Antrieben und in höherem Maße von durch individuelle Erfahrung, durch Lernen geprägten Antrieben bestimmt wird als die irgendeines anderen Lebewesens. Dabei verhält es sich nicht nur so, dass Menschen dank ihrer biologischen Konstitution ihr Verhalten in höherem Maße als andere Lebewesen zu steuern lernen *können*, ihr Verhalten *muß* durch Lernen geprägt werden. Ein menschliches Junges kann nicht nur, sondern muß das Schema seines Verhaltens weitgehend durch Lernen entwickeln, um überleben zu können." (Elias 1970, 116)

So sind Menschen aufgrund ihrer Natur „in besonderer Art und Weise wandelbar" (ebd., 114) und gleichzeitig aufgrund der damit verbundenen Notwendigkeit, von anderen Menschen zu lernen, fundamental auf Menschen ausgerichtet und angewiesen. Sie sind „von Natur aus für ein Leben in Gesellschaft von Menschen gemacht" (Elias 1999, 28). Es sind die Beziehungen zu anderen Menschen, die den Menschen zu dem machen, was er ist.

Dementsprechend ist die Heranbildung des Menschen, seines Denkens und seiner Verhaltensweisen grundsätzlich abhängig von den Figurationen, den Verflechtungszusammenhängen, in denen er aufwächst und lebt, und den Formen des Wissens und der Verhaltensnormen, die in diesen zirkulieren. Das soll aber nicht heißen, dass die Figurationen, in die der Mensch eingebunden ist, ihn und sein Handeln vollständig determinieren: „Das Miteinanderleben der Menschen, das Geflecht ihrer Absichten und Pläne, die Bindungen der Menschen durcheinander, sie bilden, weit entfernt die Individualität des Einzelnen zu vernichten, vielmehr das Medium, in dem sie sich entfaltet. Sie setzen dem Individuum Grenzen, aber sie geben ihm zugleich einen mehr oder weniger großen Spielraum. Das gesellschaftliche Gewebe der Menschen bildet das Substrat, aus dem heraus, in das hinein der Einzelne ständig seine individuellen Zwecke spinnt und webt." (Elias 1997b, 486 f.)

Auch denkt Elias Figurationen nicht als feststehende Strukturen oder Systeme, sondern als „Interaktionsgeflechte" (Baumgart/Eichener 1991, 111), die sich ständig verändern, aber dennoch gewisse, wenn auch zeitlich begrenzte, Regelmäßigkeiten aufweisen (vgl. ebd.). Figurationen können sehr kurzfristig sein, aber auch ein längerfristigeres Interdependenzgeflecht bilden. Sie existieren nicht unabhängig von den Individuen, sondern werden erst durch diese und ihre Handlungen gebildet. Dementsprechend begreift Elias sie als „dynamische Abfolge der Handlungen interdependenter Menschen, die eine zeitlich unendliche Sequenz bilden." (Ebd., 121) Dennoch können Figurationen eine starke Eigendynamik entwickeln, so dass sie einen überindividuellen Charakter annehmen, sie nicht mehr auf die Intentionen und Handlungen einzelner Individuen zurückgeführt werden können. Das heißt, jede Figuration wird zwar aus einer Vielzahl individueller, geplanter Handlungen erzeugt, in ihrer Gesamtheit kann sie jedoch völlig ungeplant und ungewollt sein:

> „Pläne und Handlungen, emotionale und rationale Regungen der einzelnen Menschen greifen beständig freundlich oder feindlich ineinander. *Diese fundamentale Verflechtung der einzelnen, menschlichen Pläne und Handlungen kann Wandlungen und Gestaltungen herbeiführen, die kein einzelner Mensch geplant oder geschaffen hat. Aus ihr, aus der Interdependenz der Menschen, ergibt sich eine Ordnung von ganz spezifischer Art, eine Ordnung, die zwingender und stärker ist, als Wille und Vernunft der einzelnen Menschen, die sie bilden.* Es ist diese Verflechtungsordnung, die den Gang des geschichtlichen Wandels bestimmt; sie ist es, die dem Prozeß der Zivilisation zugrunde liegt." (Elias 1997b, 324 f.)[234]

Dementsprechend bilden sich in langfristigen Verflechtungsprozessen spezifische, wandelbare Ordnungen und mit ihnen die Wahrnehmungs- und Handlungsspielräume heraus, die für heutige Figurationen maßgebend sind und in deren Rahmen sich die Menschen bewegen bzw. denken und handeln können. Zusammenfassend könnte man sagen, dass Figurationen von Menschen erzeugt, gleichzeitig die Menschen aber auch von Figurationen produziert bzw. konstituiert werden.

Mit seiner Prozess- und Figurationstheorie stellt sich Elias gegen individualistische Gesellschaftstheorien und ebenso gegen systemtheoretische oder strukturalistische Ansätze. Im Unterschied zur individualistischen Vorstellung, für welche die Gesellschaft aus einer Menge von vereinzelten und autonomen Individuen, einer Menge von „homini clausi", besteht, existiert für Elias der Mensch nur im Plural, nur innerhalb figurationaler Verflechtungen. Aber auch die Gegenpositionen zu individualistischen Theorien, die die Gesellschaft von einem anonymen System oder einer festen Struktur her denken, sind für Elias keine fruchtbare Alternative. Denn in ihrem System oder ihrer Struktur, welche der Gesellschaft zugrunde liegen sollen, spielt der Mensch als Individuum fast keine Rolle. Für Elias sind aber das, was in diesen Theorien als System oder Struktur bezeichnet wird, eigentlich Figurationen – Figurationen, die von interdependenten Menschen gebildet werden, die durch ihre Handlungen, Intentionen und ihre Selbststeuerung diese ermöglichen, aufrechterhalten und verändern. Da Figurationen, wie schon gesagt, eine starke Eigendynamik entwickeln können, sie „eine relative Autonomie gegenüber den Plänen und Absichten" (Elias 1970, 100) der handelnden Akteure besitzen können, ist die Gefahr gege-

---

234 Wobei Elias auch den Zivilisationsprozess nicht als zielgerichtet versteht: „Der Zivilisationsprozeß ist ein gerichteter, nicht ein zielgerichteter Prozeß: Er geht in eine bestimmte Richtung ohne Ziel. Er ist blind und ungeplant ..." (Elias 1999, 66)

ben, dass sie bzw. die Systematik oder Struktur, die sie ausbilden, leicht mit universalen Gesetzmäßigkeiten, einem ihnen innewohnenden *telos* oder einem allgemeinen Prinzip verwechselt werden (vgl. Elias 1994, 104 ff.).

2. Soziologischer Realismus versus historischer Nominalismus

Im folgenden Vergleich zwischen Elias und Foucault wird es zunächst um die epistemologischen Positionen beider Autoren gehen. Denn aus den zu zeigenden Differenzen ergeben sich eine Reihe weiterer Unterschiede hinsichtlich der theoretischen Prämissen und der Ausrichtung des jeweiligen Gesamtwerks, welche wiederum die Divergenzen in den Subjektkonzeptionen zu erklären helfen.

2.1 Epistemische Modelle

Gemeinsam ist beiden Denkern die Ablehnung klassischer subjektphilosophischer und erkenntnistheoretischer Auffassungen, die im Einzelsubjekt das zugrunde liegende Prinzip und den Urheber von Wissen und Erkenntnis sehen. Elias polemisiert oft in seinem Werk gegen ein derartiges „homo clausus" Bild und ersetzt dieses durch ein sehr stark prozessorientiertes, auf die historische und kollektive Entwicklung ausgerichtetes Entstehungsmodell von Wissen: „Erkenntnis der Menschen ist eine gesellschaftliche Angelegenheit, und das Wissen der Menschen wächst im Zuge der Menschheitsentwicklung." (Elias 1999, 79) Das heißt, an die Stelle des Erkenntnissubjekts der klassischen Erkenntnistheorie, die danach fragt, wie der einzelne Mensch zu einer gültigen Erkenntnis gelangt, tritt bei Elias der „Generationenstrom der vielen Menschen" (Elias 1992, XL). Gleichzeitig stellt er sich auch gegen die, der kantschen Tradition erwachsenden, agnostischen Auffassung, dass der Mensch die Welt, ‚so wie sie ist', niemals erkennen kann. Einem solchen Antirealismus stellt Elias seinen „soziologischen Realismus" (Elias/Dunning 1983, 116) entgegen.[235]

---

235 Als Gegenposition zum soziologischen Realismus sieht Elias den soziologischen Nominalismus, der für ihn vor allem durch die Soziologie Max Webers repräsentiert wird. Besonders kritisiert er an Weber dessen idealtypische Vorstellung, nach der die gesellschaftlichen Strukturen, die der Soziologe beschreibt, „Kunstprodukte" des Soziologen seien, die sich auf etwas beziehen, das eigentlich strukturlos und ohne Ordnung ist (vgl. Elias 1970, 126). Dementsprechend stellt Elias den Weberschen „Idealtypen" die „Realtypen" gegenüber, d.h. Typen, die sich auf „eine tatsächlich vorhandene Verwandtschaft der gesellschaftlichen Strukturen selbst" (Elias 1997b, 468) beziehen. Den Begriff Nominalismus verwendet Elias allgemein für theoretische Positionen (beispielsweise für den kritischen Rationalismus von Popper oder den linguistischen Strukturalismus Chomskys), deren Gemeinsamkeit es ist, „dass sie die Strukturiertheit des menschlichen Subjekts oder einer seiner Manifestationen als selbstverständlich voraussetzen und die der ‚Objekte' des Denkens bezweifeln oder leugnen." (Elias 1985a, 104) Elias führt ein solches Denken auf die Selbsterfahrung des Menschen als „homo clausus" zurück – eine Erfahrung, die für ihn Produkt des Zivilisationsprozesses, aber als Grundlage einer wissenschaftlichen Theorie nicht besonders tragfähig ist und durch eine bessere ersetzt werden sollte. Ebenfalls lehnt Elias den „soziologischen Relativismus" (Elias 1970, 55), den er durch die Wissenssoziologie von Karl Mannheim vertreten sieht, ab. Mannheims Zurückführung allen Denkens und Wissens auf seine Seinsbezogenheit ist für Elias trotz der von Mannheim eingeführten „Rettungsseile" des „Relationismus oder Perspektivismus" oder der ‚freischwebenden' Intelligenz zu relativistisch und verstellt den Blick darauf, dass es durchaus gesichertes und wirklichkeitskongruentes Wissen gibt (vgl. Elias 1990, 138 ff.). So sieht Elias sich selber eher in der Tradition des Positivismus eines Comte, mit dem ihm der

Auch für Foucault ist die Entstehung des Wissens eingebettet in einen historischen Prozess. Anders als Elias ist er jedoch nicht der Auffassung, dass die ‚Geschichte des Wissens' als eine Annäherung an die objektiven Strukturen der Welt zu verstehen ist. Genauso wenig ist er der Meinung, dass Wissen und Erkenntnis bloße Fiktionen ohne Bezug zu einer realen Welt sind. Vielmehr lässt Foucault das Gegensatzpaar Realismus-Antirealismus insgesamt fallen und ersetzt dieses durch eine Position, die er in einigen späten Arbeiten in Anlehnung an Paul Veyne als „historischen Nominalismus"[236] bezeichnet hat (vgl. Schriften III 1020; Schriften IV 43, 377, 709; Lemke 1997, 332 ff.; Rajchman 1985, 50 ff.).[237]

Grundprämisse dieser Position ist, dass Wissen und Wahrheit innerhalb der Regeln komplexer und veränderbarer Systeme,[238] die durch diskursive und nicht-diskursive (soziale) Praktiken gebildet werden, entstehen. Auch die Objekte der Erkenntnis bzw. des Wissens werden erst in diesen „Wahrheitsspiele[n]" (Schriften IV 778) konstituiert. Sie gehen dem Diskurs nicht als objektive Entitäten oder Strukturen voraus, welche die Wissenschaften nur noch zu lesen und zu repräsentieren hätten, wie es eine realistische Erkenntnisauffassung suggeriert. Der historische Nominalismus vertritt damit, wie schon angesprochen, keine antirealistische oder idealistische Position, welche die Existenz der Welt in Frage stellen oder Wissen als reines Fantasieprodukt des Diskurses ohne Bezug zur Welt verstehen würde. Dementsprechend geht Foucault davon aus, dass die Art und Weise, wie Menschen die Welt „problematisieren", immer abhängig ist von den kontingenten Regeln eines Interpretationssystems. Dabei bilden sich die entsprechenden Interpretationsmuster in einem zirkulären Interaktionsverhältnis mit der realen Welt:

„Denn wenn ich sage, dass ich die ‚Problematisierung' von Wahnsinn, Verbrechen oder Sexualität studiere, so ist das keine Art und Weise, die Realität solcher Erscheinungen zu leugnen. Im Gegenteil, ich habe versucht zu zeigen, daß gerade etwas wirklich in der Welt Vorhandenes in einem gegebenen Augenblick das Ziel sozialer Regulierung war. Ich stelle folgende Frage: Wie und warum wurden unterschiedliche Dinge in der Welt zum Beispiel unter dem Begriff

---

Fortschrittsgedanke hinsichtlich der Entwicklung des menschlichen Wissens und daraus folgend die Überzeugung, dass man nichtideologisches, realitätsadäquates Wissen gewinnen könne, verbindet (vgl. Elias 1970, 32 ff.; Haselbach 1996, 334 ff.; Fröhlich 1991, 101 f.).

236 Foucault verwendet in diesem Zusammenhang den Begriff Nominalismus anders als Elias (vgl. vorangegangene Fußnote), da dieser bei Foucault gerade nicht zur Bezeichnung einer antirealistischen Position gebraucht wird.

237 In einem seiner letzten Interviews bezeichnet er sich auch als skeptischen Denker, grenzt sich dabei gleichzeitig von einer bestimmten, man könnte vielleicht sagen kantschen Tradition des skeptischen Denkens, ab: „Das Einzige, das ich am skeptischen Programm nicht akzeptieren werde, ist der von den Skeptikern unternommene Versuch, in einem gegebenen Bereich zu einer bestimmten Anzahl von Ergebnissen zu gelangen – der Skeptizismus ist nämlich niemals ein vollständiger Skeptizismus gewesen! Er hat versucht, Probleme in gegebenen Feldern auszuräumen und dann innerhalb anderer Felder effektiv für gültig erachtete Begriffe zu verwerten; zweitens scheint es mir, dass das Ideal für die Skeptiker darin bestünde, Optimisten zu sein, die relativ wenig, das aber sicher und unwiderlegbar wissen, wohingegen ich von der Philosophie einen Gebrauch machen möchte, der es gestattet, die Wissensbereiche zu begrenzen." (Schriften IV 873)

238 Nicht ohne Grund wurde der am Collège de France neu zu besetzende Lehrstuhl für die Geschichte des philosophischen Denkens (der Hegel-Experte Jean Hyppolite war Foucaults Vorgänger) mit Foucaults Berufung in den Lehrstuhl für die Geschichte der Denksysteme umgewidmet (vgl. Schriften I 52).

,Geisteskrankheit' zusammengefasst, gekennzeichnet, analysiert und behandelt? Welches sind die für eine gegebene ,Problematisierung' relevanten Elemente? Und selbst wenn ich nicht sagen würde, daß das, was als ,Schizophrenie' bezeichnet wird, etwas Realem in der Welt entspricht, hat dies nichts mit Idealismus zu tun. Denn ich denke, daß es eine Beziehung zwischen der problematisierten Sache und dem Prozeß der Problematisierung gibt. Die Problematisierung ist eine ,Antwort' auf eine konkrete Situation, die durchaus real ist." (DW 179)

So gibt der „historische Nominalismus" die Suche nach dem ,wahren' Wesen der Dinge zugunsten einer Analyse der historischen Entstehungs- bzw. Existenzbedingungen der Objekte des Wissens auf. Dazu weist Foucault, wie gesehen, sowohl die realistische Auffassung, dass Wissen und Erkenntnis als Repräsentation oder Angleichung an eine objektive Realität betrachtet werden müssen, als auch die antirealistische, dass Wissen etwas ist, dass mit der Welt in keinerlei Zusammenhang steht, zurück. Diese dualistischen Perspektiven des repräsentationalistischen und des idealistischen Denkens werden ersetzt durch eine relationalistische bzw. holistische Perspektive, in der Wissen und Wahrheit innerhalb komplexer „Wahrheitsspiele" mit der Welt entstehen.[239]

Eine zentrale Fragestellung in Foucaults Analysen von „Wahrheitsspielen" ist die zirkuläre Verbindung zwischen Subjekt und Objekt der Erkenntnis.[240] Dabei beschäftigt sich Foucault jedoch immer mit „Wahrheitsspielen" (über den Wahnsinn, die Delinquenz oder die Sexualität), in denen das Subjekt selber zum Objekt einer Erkenntnis wird (vgl. Schriften IV 778).[241] In diesem Zusammenhang ist anzumerken, dass Foucault in seinen frühen und mittleren Büchern vor allem Prozesse der Objektivierung, welche die Subjektivierungsweisen der Individuen bestimmen, d.h. diese als Subjekte konstituieren, untersucht. Erst in seinen späteren Arbeiten setzt er sich stärker mit der Wechselseitigkeit des Verknüpfungsverhältnisses von Subjektivierungs- und Objektivierungspraktiken auseinander.

---

239 Die Kritik an einem dualistischen Denken durchzieht Foucaults gesamtes Werk. So kritisiert er beispielsweise in „Die Ordnung der Dinge" die empirisch-transzendentale Doppelstruktur von Humanwissenschaften und moderner Subjektphilosophie. Wie er in diesem Buch gezeigt hat, führt diese für die Subjektphilosophie zu unauflöslichen Aporien und im Falle der Humanwissenschaften zu einem erkenntnistheoretischen Realismus oder Repräsentationalismus, den sie aber nicht einlösen können. Epistemologisch bewegen sich für Foucault die Humanwissenschaften und die moderne Subjektphilosophie aber auf unterschiedlichen Ebenen. Versucht die Philosophie die Umwälzungen, die durch den Zusammenbruch der klassischen Episteme der Repräsentation und dem gleichzeitigen Aufkommen neuer empirischer Felder (Leben, Arbeit, Sprache) ausgelöst wurden, produktiv aufzunehmen und zu verarbeiten, verbleiben die Humanwissenschaften im erkenntnistheoretischen Raum des klassischen Repräsentationsdenkens. Damit ahmen sie, wenn man sie philosophisch wendet, im Grunde die klassische Erkenntnistheorie nach und ignorieren die dramatischen Veränderungen, die sich im Feld des modernen Denkens ereignet haben (vgl. OD 435 f.).

240 „Könnte man eine Wissenschaft nicht letztlich als eine Erfahrung analysieren und auffassen, das heißt als ein Verhältnis, das so beschaffen ist, dass das Subjekt im Zuge dieser Erfahrung verändert wird? Darin wäre es die wissenschaftliche Praxis, die das ideale Subjekt der Wissenschaft und zugleich das Objekt der Erkenntnis konstituiert. Und ließe sich die geschichtliche Wurzel einer Wissenschaft nicht in dieser reziproken Genese des Subjekts und des Objekts finden?" (Schriften IV 68)

241 Beispielsweise bildete sich im Diskurs der Sexualität sowohl das Erkenntnisobjekt Sexualität heraus als auch das Subjekt, das sich in seiner Sexualität erkennt bzw. konstituiert. Dieses transformierte Subjekt fungiert gleichzeitig aber auch als erkennendes Subjekt und wirkt in seiner veränderten Wahrnehmungsweise seinerseits neukonstruierend auf das Erkenntnisobjekt Sexualität ein.

Diese eröffnen ein „Erfahrungsfeld", auf dem „das Subjekt und das Objekt sich im Verhältnis zueinander und abhängig voneinander ‚aus- und umbilden' ..., auf dem beide, Subjekt und Objekt, nur unter bestimmten gleichzeitigen Bedingungen konstituiert werden, die aber nicht aufhören, sich im Verhältnis zueinander zu modifizieren und damit dieses Erfahrungsfeld selbst zu modifizieren." (Schriften IV 780) Auf diese Weise vermeidet Foucault nicht nur den Rekurs auf ein konstitutives Subjekt der Erkenntnis, sondern auch die Vorstellung einer objektiven Wirklichkeit, deren reale Objekte (das Universale und Objektive des Wahnsinns, der Delinquenz oder der Sexualität) zu bestimmen wären. Sowohl Subjekt wie Objekt (der Erkenntnis) existieren für Foucault nicht als feste Substanz oder Struktur, sondern nur als wandelbare Form.

2.1.1 Repräsentationalismus versus Antirepräsentationalismus

Man könnte die Differenz zwischen Foucault und Elias auch durch die von Richard Rorty aufgestellte Unterscheidung zwischen Repräsentationalismus und Antirepräsentationalismus charakterisieren.[242] Mit dem Begriff Repräsentationalismus bezeichnet Rorty unter Rückgriff auf die Arbeit von Donald Davidson den Teil der modernen Philosophie, für dessen Denken ein Dualismus von Schema und Inhalt grundlegend ist. Hinter diesem Dualismus steht der Gedanke, dass ein bestimmter Inhalt (die Welt, die Natur, die Realität) durch ein Schema (die Sprache, der Geist, das Bewusstsein; durch den ‚linguistic turn' in der Philosophie hat vor allem die Sprache die Stelle des Schemas eingenommen) repräsentiert wird. In einer realistischen Vorstellung ist dieses Schema genügend transparent, um den Inhalt in richtiger und wahrer Weise zu repräsentieren, während der Skeptiker dies bezweifelt. Gemeinsam ist dem Realisten und dem Antirealisten jedoch die Auffassung, dass das Schema in irgendeiner Art von Korrespondenzbeziehung zum Inhalt stehen muss, sei es, indem es ihn abbildet, mit ihm übereinstimmt oder ihn erst strukturiert oder ordnet (vgl. Rorty 2005, 95 ff.; Davidson 2005, 15 ff.). Nun ist für Philosophen wie Davidson, Rorty und vor allem auch dem späten Wittgenstein die mit diesem Dualismus zusammenhängende traditionelle Auffassung von Sprache aus verschiedenen Gründen problematisch. Deshalb versuchen sie das dualistische Bild von Sprache als Schema oder Medium, dass zwischen Subjekt und Welt vermittelt, durch einen ‚Sprachspielholismus' zu ersetzen, in dem die Trennung zwischen Schema und Inhalt aufgegeben wird. Denn ein „Sprachspiel" existiert nur innerhalb einer „Lebensform" (Wittgenstein), in der Sprache und Welt, Sprechen und Handeln unauflöslich ineinander verstrickt sind, d.h. Sprache eingewoben ist in die soziale Lebenspraxis. Sprache stellt in dieser Perspektive kein Medium dar, um die Welt zu erkennen, sondern ein Werkzeug, um sich in ihr zurechtzufinden.[243] Wird der Dualismus von Schema und Inhalt fallen gelassen, ist es nicht mehr mög-

---

242 Zu Rortys Diskussion des Repräsentationalismus und Antirepräsentationalismus vgl. Sandbothe 2001, 84 ff.

243 Auch Elias betont den Werkzeugcharakter der Sprache. Sie ist für ihn nicht nur Erkenntnismittel, sondern vor allem auch Kommunikations- und Orientierungsmittel. Ebenfalls sind für ihn die unzähligen Sprachen, die es gab, gibt und geben wird, in ihren Genesen und spezifischen Eigenarten nicht von den Gesellschaften und deren Lebenspraxen zu trennen, innerhalb derer sie sich entwickelt haben bzw.

lich, Sprache als zweistellige Darstellungsrelation bzw. als Korrespondenzverhältnis zwischen einem Wort und einer außersprachlichen Entität zu begreifen. In einer holistischen Perspektive sind es vielmehr die Relationen innerhalb des „Sprachspiels", die für Bedeutung und Sinn von Sätzen und Wörtern entscheidend sind und die in einem gewissen Sinne auch die Objekte der Sprache erst konstituieren.

Nicht von ungefähr weckt Foucaults Begriff des „Wahrheitsspiels" deutliche Assoziationen zu Wittgensteins Ausdruck des „Sprachspiels". So definiert Foucault den Begriff „Wahrheitsspiel" folgendermaßen: „Wenn ich von ‚Spiel' spreche, dann spreche ich von einer Gesamtheit von Regeln zur Herstellung der Wahrheit. Dies bedeutet nicht Spiel im Sinne von Nachahmung oder Schauspiel; es besteht in einer Gesamtheit von Verfahren, die zu einem bestimmten Resultat führen, das nach Maßgabe seiner Prinzipien und Verfahrensregeln als gültig oder ungültig, als erfolgreich oder erfolglos betrachtet werden kann." (Schriften IV 897; vgl. auch ebd., 662, 777 ff.) Ähnlichkeiten zu Wittgensteins Denken sind hier nicht zu übersehen. Auch bei Wittgenstein bestimmen das (veränderbare) Sprachspiel als Ganzes und die ihm immanenten Gebrauchsregeln, Foucault würde das die diskursive Praxis nennen, die Anwendung und damit den Sinn und die Bedeutung eines Wortes. Eine Korrespondenz- oder Namenstheorie der Bedeutung lehnt Wittgenstein, zumindest in seinem Spätwerk, ab: „Wenn wir jedoch irgendetwas, das das Leben des Zeichens ausmacht, benennen sollten, so würden wir sagen müssen, daß es sein *Gebrauch* ist ... Der Fehler zu dem wir neigen , könnte folgendermaßen ausgedrückt werden: Wir suchen nach dem Gebrauch eines Zeichens, aber wir suchen nach ihm, als ob er ein Gegenstand wäre, der mit dem Zeichen in Koexistenz ist. (Einer der Gründe für diesen Fehler ist wiederum, daß wir nach einem ‚Ding' suchen, ‚das dem Substantiv entspricht'.) ... Das Zeichen (der Satz) erhält seine Bedeutung von dem System der Sprache, zu dem es gehört ... Als ein Teil des Sprachsystems, so kann man sagen, hat der Satz Leben." (Wittgenstein 1980, 20 f.), oder: „Die Bedeutung eines Wortes ist sein Gebrauch in der Sprache." (Wittgenstein 2003, § 43) Es gibt für Wittgenstein nichts außerhalb des „Sprachspiels", besser noch der „Lebensform" (ebd., § 23), was ein Wort oder einen Satz wahr macht, d.h. deren richtigen Gebrauch festlegt. Es existiert kein archimedischer Punkt außerhalb der Sprachpraxis, kein ‚point of nowhere', von dem aus man über richtig oder falsch befinden könnte (vgl. Wellmer 2004, 81). Auch für Foucault wird Wahrheit innerhalb eines diskursiven Systems erzeugt und existiert nur innerhalb eines solchen Systems. Weitere Gemeinsamkeiten liegen zum einen in der Bedeutung, die beide nicht-diskursiven Praktiken für die Ausformung eines „Sprachspiels" bzw. „Wahrheitsspiels" beimessen. Es ist nicht der ‚autonome Diskurs', der Wahrheit autopoetisch aus sich selbst heraus erzeugt. Vielmehr verweist eine bestimmte Art der „Problematisierung" der Welt immer auf einen spezifischen Erfahrungsraum, der sich aus diskursiven und nicht-diskursiven Praktiken zusammensetzt.[244] Wittgenstein benutzt in diesem Zusammenhang den Begriff der „Lebensform",

---

werden. Im Unterschied zu einer holistischen Sprachauffassung hält Elias aber an einer binären Relation zwischen sprachlichen Symbolen und außersprachlichen Entitäten als ausschlaggebendes Kriterium für die Herstellung von Sinn und Bedeutung fest.

244 Der Begriff der „Problematisierung" bedeutet aufgrund Foucaults holistischer Perspektive „nicht die Darstellung eines zuvor existierenden Objekts, genauso wenig aber auch die Erschaffung eines nicht existierenden Objekts durch den Diskurs. Die Gesamtheit der diskursiven oder nicht-diskursiven Prak-

um deutlich zu machen, dass Sprache immer Teil einer Lebenspraxis ist, sie immer auf ein nie vollständig explizierbares Geflecht von nichtdiskursiven sozialen Praktiken verweist, vor dessen Hintergrund erst ein „Sprachspiel" entstehen kann. Zum anderen weist auch ihr Regelbegriff durchaus Ähnlichkeiten auf. Sowohl Foucault als auch Wittgenstein denken den Diskurs bzw. das „Sprachspiel" als geregelte Praxis, dessen Regeln sich aber nicht als äußere Struktur diesem auflegen. Vielmehr handelt es sich um dem Diskurs bzw. dem „Sprachspiel" implizite Regeln, die sich erst aus der sprachlichen bzw. diskursiven Praxis, d.h. aus dem Zusammenspiel von diskursiven und nicht-diskursiven Praktiken ergeben. Auch sind diese Regeln dem sprechenden Subjekt im Normalfall nicht bewusst, es wendet sie einfach an: „Wenn ich der Regel folge, wähle ich nicht. Ich folge der Regel *blind*." (Wittgenstein 2003, § 219) Es gibt natürlich auch deutliche Unterschiede zwischen Foucault und Wittgenstein, wobei der augenfälligste die (bei Wittgenstein nicht thematisierte) Dimension der Macht ist. Diese Differenzen resultieren alleine schon aus den völlig verschiedenen Intentionen beider Autoren. Ist Wittgenstein reiner (Sprach-)Philosoph, gilt Foucaults Untersuchungsinteresse realen historischen Praktiken und setzt sich damit deutlich von einer bloßen sprachphilosophischen Analyse ab.[245]

Nun soll die Kennzeichnung Foucaults als Verfechter eines holistischen bzw. relationalistischen Denkens im Umkehrschluss nicht heißen, dass Elias ein streng dualistischer Denker ist. Ganz im Gegenteil ist dessen Denken durch einen starken relationalistischen Zug gekennzeichnet. Er wendet sich oft in seinem Werk gegen die Dualismen von Subjekt/Objekt, Innenwelt/Außenwelt, Individuum/Gesellschaft oder von Natur/Kultur (vgl. u. a. Elias 1970, 124 ff.; Elias 1992, 102 ff.; Elias 2001, 70 ff.; Elias 2003, 182 ff.). In seiner Arbeit versucht er diese Dichotomien durch relationale Prozess- und Figurationsmodelle zu überwinden, in denen beispielsweise Individuum und Gesellschaft nicht als zwei getrennte, voneinander isolierte Entitäten betrachtet werden sollen, sondern beide in einem unauflöslichen Zusammenhang zueinander stehen. Keines kann ohne das andere existieren. Sie befinden sich in einer „ontologische[n], ... existentielle[n] Interdependenz" (Elias 2003, 182) zueinander. Daher steht Elias beispielsweise der Soziologie von Parson, die für ihn eine Trennung zwischen Individuum und Gesellschaft vornimmt und darüber hinaus die Struktur der Gesellschaft noch als äußerst statisch betrachtet, kritisch gegenüber (vgl. z.B. Elias 1997a, 20 ff.). Auch bezüglich anderer wichtiger und neuerer Strömungen in der Soziologie oder der Wissenschaftsphilosophie verhält Elias sich sehr zurückhaltend und kritisch. So weist er mehr oder weniger vehement z.B. den Strukturalismus eines Lévi-Strauss, die Systemtheorie von Luhmann, die Theorie des kommunikativen Handelns von

---

tiken lässt etwas in das Spiel des Wahren und des Falschen eintreten und konstituiert es als Objekt für das Denken (sei es in der Form der moralischen Reflexion, der wissenschaftlichen Erkenntnis, der politischen Analyse, usw.)." (Schriften IV 826)

245 Dazu Foucault: „Einerseits handelt es sich ... um eine Analyse des Diskurses als Strategie, etwa in der Art, wie die Angelsachsen an das Problem herangehen, vor allem Wittgensein, Austin, Strawson und Searle. Die Analyse ... scheint mir allerdings insofern recht beschränkt, als sie die Strategie eines Diskurses analysieren, der sich in einem Oxforder Salon um eine Tasse Tee entfaltet; ihre Analyse bezieht sich auf strategische Spiele, die zwar interessant, aber doch äußerst beschränkt sind. Ich möchte wissen, ob wir die Strategie des Diskurses nicht in einem realeren historischen Kontext untersuchen können oder im Rahmen von Praktiken, die ein wenig anders beschaffen sind als Salongespräche." (Schriften II 777)

Habermas oder auch die Philosophien von Popper, Kuhn oder Lakatos zurück. Für ihn sind diese Theorien auf einem niedrigeren Syntheseniveau als die eigene anzusiedeln, da sie noch einem Dualismus von Individuum und Gesellschaft bzw. der diesem Dualismus zugrunde liegenden Dichotomie von Subjekt und Objekt verhaftet seien und/oder über einen unzureichenden Entwicklungsbegriff verfügen (vgl. u. a. Elias 2005, 387; Elias 2003, 79; Elias 2001, 35 f., 106 f., 106 f.; Elias 1985a, 93 ff.; Elias 1985b, 268 ff.; Kilminster/Wouters 1995, 94).[246] Bezüglich seiner Symboltheorie und seiner erkenntnistheoretischen Grundeinstellung lässt Elias aber einen entscheidenden Dualismus unangetastet, nämlich den Dualismus zwischen Symbol und Symbolisiertem, der sich aus seiner repräsentationalistischen Sprachauffassung ergibt. Diese läuft auf eine Bedeutungstheorie hinaus, die durch eine Korrespondenzbeziehung zwischen zwei Relata, zwischen Symbolen und einer davon unabhängig zu denkenden Struktur der Welt, welche durch die Symbole repräsentiert werden soll, gekennzeichnet ist. An dieser Stelle unterscheidet Elias sich, wie schon angesprochen, deutlich von Foucault, aber auch einer Reihe anderer Autoren, die eine derartige Korrespondenztheorie aufgeben. Für sie ergibt sich die Bedeutung eines Zeichens oder Symbols nicht aus seiner Korrespondenzbeziehung zu dem, was es bezeichnen bzw. repräsentieren soll. Sie argumentieren vielmehr bedeutungsholistisch, d.h. sie erklären die Entstehung von Sinn und Bedeutung aus dem Gesamtkontext eines (symbolischen) Systems heraus, aus dem Beziehungsgeflecht der Systemelemente (je nach Theorie: der Signifikanten, Wörter, Sätze, Überzeugungen, Aussagen (énoncés), sozialen Praktiken usw.) untereinander.

2.2 Symboltheorie versus Diskursanalyse

Um die Unterschiede zwischen den epistemologischen Positionen von Foucault und Elias noch etwas näher zu verdeutlichen, lohnt sich ein kurzer Blick auf die Gedanken, die sich die beiden zur Sprache und zu damit verbundenen wissens- und erkenntnistheoretischen Fragestellungen gemacht haben. Elias bündelt seine Überlegungen zu diesem Thema in seinem letzten Buch „Symboltheorie".[247] Die erkenntnistheoretische Position, die er dort vertritt, ist eindeutig dem Repräsentationalismus und dem Realismus zuzuordnen. Für ihn besitzt die Welt, sowohl die natürliche wie die gesellschaftliche, eine geordnete Struktur, die vom Menschen prinzipiell erkannt und dargestellt werden kann, indem er sie symbo-

---

246 Ob und wie weit diese Kritiken im Einzelnen auch wirklich zutreffend sind, ist eine andere Frage, auf die an dieser Stelle jedoch nicht eingegangen werden kann.

247 Seine Beschäftigung mit der „Symboltheorie" und epistemologischen Problemstellungen hat jedoch schon sehr viel früher begonnen. Schon in seiner Dissertation setzt er sich kritisch mit dem kantschen Apriori auseinander. Auch seine Arbeiten zur Wissenssoziologie, die er in seinen Büchern „Über die Zeit", „Engagement und Distanzierung" und in verschiedenen Aufsätzen entwickelt hat, sind diesem Themenkomplex zuzuordnen. Für eine Übersicht zu Elias Schriften, die eng mit der Symboltheorie verbunden sind, siehe Kuzmics 2001, 228 f.

lisch repräsentiert[248]: „Sie [die Symbole; C.D.] können ganz eindeutig Gegenstände als unabhängig existierend und eigenständig strukturiert repräsentieren." (Elias 2001, 153) Damit vertritt Elias eine korrespondenztheoretische Bedeutungstheorie, welche das sprachliche Bedeuten als eindeutige Zuordnung zwischen Symbol und dem, was es repräsentiert, versteht. Das Symbol ist ein (veränderlicher) „Zwischenträger" zwischen Subjekt und Objekt (vgl. Elias 2001, 160).

Elias ist aber kein Anhänger eines naiven Realismus bzw. einer einfachen Abbildtheorie.[249] Derartige Vorstellungen sind für ihn Erbe der klassischen Philosophie und ihrer Suche nach letzten und endgültigen Wahrheiten, nach einem Zustand „vollkommener und absoluter Korrespondenz zwischen Aussage und Objekt" (Elias 1985a, 107). Im Gegensatz zu klassischen Erkenntnistheorien, in denen seiner Meinung nach das „Korrespondenzproblem" in einem statischen Rahmen behandelt wird, möchte er dies in seiner „Symboltheorie" in einem prozessualen Rahmen betrachten (vgl. Elias 2001, 179). Dementsprechend ist die Beziehung von sprachlichen (und natürlich auch von schriftlichen) Symbolen zu ihrem Gegenstand für Elias arbiträr und der Symbolgehalt von Lautmustern flexibel, d.h. Symbole können sich entwickeln. Dabei können das Symbol bzw. das Laut- oder Schriftmuster gleich bleiben und sich nur der Bedeutungsgehalt ändern, es kann sich aber auch das Symbol verändern oder auch völlig neue Symbole können entstehen (vgl. ebd., 66, 153). Insgesamt findet für Elias im Entwicklungsprozess der Symbole und des Wissens eine Verschiebung von einem niedrigen zu einem höheren Syntheseniveau[250] und

---

248 Dabei ist die gesellschaftliche Struktur für Elias, wie gesehen, nicht statisch, sondern verändert sich ständig und kann deshalb nur durch Prozessmodelle erfasst werden. Elias denkt bezüglich der Entstehung und Entwicklung der Gesellschaft durchaus holistisch. Denn diese hat ihre Grundlagen nicht in universalen Gesetzmäßigkeiten oder einem teleologischen Prinzip, sondern resultiert aus der Gesamtheit der Beziehungen der gesellschaftlichen Figurationen, aus dem „blinden Spiel der Verflechtungsmechanismen" (Elias 1997b, 237).

249 „Symbole sind keine Bilder oder Spiegel der Welt ... Sie haben keine nachahmende, abbildende, sondern eine Repräsentationsfunktion." (Elias 2001, 150)

250 Symbole von niedrigem Syntheseniveau sind für Elias Symbole, die sich auf konkrete Handlungen oder Gegenstände beziehen, während Symbole auf hoher Syntheseebene beispielsweise „reine Beziehungssymbole" wie der Begriff der Zeit oder auch mathematische Symbole wären. Diese Arten von Symbolen sind dadurch gekennzeichnet, dass sie „sich auf keine spezifischen Objekte beziehen und sich gerade deswegen auf eine Vielfalt verschiedener Objekte beziehen lassen ... Reine Beziehungssymbole lassen sich ... ganz anders manipulieren als Beziehungen zwischen spezifischen Objekten oder Personen. Aber das Ergebnis solcher rein symbolischen Manipulationen lässt sich dann von neuem auf Beziehungen zwischen spezifischen Objekten oder Personen übertragen." (Elias 1992, 114) Als Beispiel für die Entwicklung eines Begriffs von einem niedrigen zu einem hohen Syntheseniveau führt Elias das englische Wort für „entwickeln", „to develop", an. Wurde es ursprünglich verwendet um die Handlung des Entfernens einer Babywindel zu bezeichnen (das Baby auswickeln), bedeutet es später die Öffnung einer Truppenformation für einen Angriff, während er heutzutage auf einer höheren Syntheseebene das „Symbol für eine graduelle Entfaltung, einen kontinuierlichen und sich oftmals selbstständig fortsetzenden Prozeß der Ausdifferenzierung von innen nach außen" (Elias 2001, 95) darstellt. Für Elias müssen die Symbole der Soziologie auf höchster Syntheseebene angesiedelt sein, da ihre Aufgabe, die symbolische Repräsentation „von Strukturen und Prozessen in Zeit und Raum" (Elias 2003, 288) in zeit-räumlichen Synthesemodellen, sich nicht mit Begriffen auf niedrigem Syntheseniveau durchführen lässt.

in Richtung einer höheren „Realitäts-" oder „Wirklichkeitskongruenz" (vgl. ebd., 173; Elias 2006b, 521) statt.

Der Begriff der „Wirklichkeitskongruenz" ersetzt bei Elias den Begriff der Wahrheit (vgl. ebd.). Denn dieser ist für Elias ein allzu statischer Begriff, der suggeriert, dass es eine völlige Übereinstimmung zwischen Wissen und Wirklichkeit gibt oder geben könnte. Dagegen ist für Elias die Entwicklung des Wissens unabschließbar. Dennoch ist es laut Elias angemessen zu sagen, dass die Menschheit im Laufe ihrer Entwicklung zu immer wirklichkeitsgerechterem Wissen über die Gegenstände ihrer Beobachtung kommt, „die Insel zuverlässigen Wissens ..., die wir in den grenzenlosen Ozean unserer Unkenntnis hineinbauen, vergrößert werden [kann]." (Elias 1985a, 105) Bezogen auf den Korrespondenzbegriff heißt dies, dass im Verlaufe des Entwicklungsprozesses des menschlichen Wissens in vielen Bereichen die Korrespondenzbeziehung zwischen den Symbolen und ihren Objekten[251] zunehmend klarer und der Realität angemessener wird.[252] Und tatsächlich ist Elias der Meinung, dass einige „Symbole der Natur" dem, was sie repräsentieren sollen, in einem derartigen Maße angemessen sind, um davon ausgehen zu können, dass „sie in Zukunft vollständig kongruent werden." (Elias 2001, 160)

---

251 Elias vertritt bezüglich der Wissenschaften einen differenzierten Objektbegriff. Das heißt, die einzelnen Bereiche der Wissenschaften (Elias unterteilt grob in physikalische, biologische und soziale Wissenschaften) beschäftigen sich mit sehr verschiedenen „Gegenstandswelten" (vgl. Elias 1985b, 271) und müssen daher unterschiedliche Methoden verwenden. Befassen sich beispielsweise die physikalischen Wissenschaften mit einem Objektbereich auf niedrigster Integrationsstufe, den Atomen, ist der Gegenstandsbereich der sozialen Wissenschaften, die Gesellschaft, also die Beziehungen zwischen Menschen, auf höchster Integrationsstufe anzusiedeln. Dabei bilden die Einheiten vorangegangener Integrationsstufen die Teileinheiten der höheren Integrationsstufen. Wie bereits erwähnt, braucht jede der unterschiedlichen Integrationsstufen bzw. Objektbereiche ihre bzw. seine spezifischen Untersuchungsmethoden und Repräsentationsmodelle. So kann man die Gesellschaft beispielsweise nicht „nach dem Muster der Physik aus den Eigenschaften und Verhaltensweisen der zusammengesetzten Teileinheiten, also letztlich etwa aus denen der sie bildenden Moleküle, Atome, Elektronen und so fort, erklären" (Elias 2003 324 f.). Denn je höher die Integrationsstufe, desto weniger lässt sich ihr Funktionieren und Verhalten aus ihren isoliert untersuchten Teileinheiten erklären und umso mehr wird die Organisation der Teileinheiten, die Konfiguration, die sie miteinander bilden, „kurzum aus der Art, wie sie arbeitsteilig aufeinander abgestimmt und voneinander abhängig sind" (ebd., 325) relevant (vgl. Elias 2003, 323 ff.; Elias 1985b, 270 ff.). Dementsprechend sind für die Gesellschaft Prozess- und Figurationsmodelle die angemessenen Repräsentationsmodelle. Diese Notwendigkeit ergibt sich auch aus einem weiteren wichtigen Unterschied, den Elias zwischen Natur- und Gesellschaftswissenschaften ausmacht: die Wandelbarkeit ihres Untersuchungsobjekts. Haben es die Naturwissenschaften mit relativ statischen Objekten zu tun, die sich, wenn überhaupt, nur sehr langsam verändern, ist die Gesellschaft äußerst veränderungsfreudig, da sie eben aus Menschen besteht, die „von Natur aus in besonderer Art und Weise wandelbar sind." (Elias 1970, 117) Wichtig ist in diesem Gesamtzusammenhang, dass alle Objekt- bzw. Gegenstandsbereiche für Elias eine objektive, vom Beobachter unabhängige, mehr oder weniger wandelbare Struktur besitzen, die anhand von Symbolen oder symbolischen Modellen in einer mehr oder weniger wirklichkeitsadäquaten Weise repräsentiert werden können.

252 Ein Beispiel wäre für Elias der Begriff der Sonne. War das Bild von der Sonne auf früheren Entwicklungsstufen des Wissens von einem großen Phantasiegehalt, durch Magie und Mythen geprägt, kam die Menschheit im 20. Jahrhundert zu einem angemessenen und realistischen Bild von der Sonne – wobei sich diese Vorstellung noch weiter entwickeln, dass Wissen noch genauer und wirklichkeitskongruenter werden kann (vgl. Elias 2001, 117).

Hinsichtlich der eigenen Profession, der Soziologie, beklagt Elias des Öfteren die Unzulänglichkeiten der zur Verfügung stehenden sprachlichen Symbole: „Die Denk- und Sprachmittel, die den Soziologen gegenwärtig zur Verfügung stehen, sind zum guten Teil den Aufgaben, vor die sie sich gestellt sehen, nicht gewachsen." (Elias 1970, 118) Gerade die von Elias für die Soziologie als unerlässlich gehaltenen Figurations- und Prozessmodelle lassen sich für ihn mit unserer Sprache oft nur unzureichend darstellen. In Anlehnung an Benjamin Lee Whorf leitet er dieses Defizit u.a. aus der spezifischen Struktur der europäischen Sprachen ab. Deren Sätze sind aus den Hauptelementen Substantiv und Verb bzw. Subjekt und Prädikat zusammengesetzt, wobei den Substantiven tendenziell die größere Bedeutung bzw. Wichtigkeit zukommt (was sich im Deutschen auch in der Groß- und Kleinschreibung ausdrückt). Diese Dominanz der Substantive, „die den Charakter von Dingen im Zustand der Ruhe haben" (ebd., 120), führt dazu, dass „alle ‚Objekte' unseres Nachdenkens, die Menschen selbst mit eingeschlossen, zunächst einmal Objekte, nicht nur ohne Bewegung, sondern auch ohne Beziehungen wären" (ebd.). Wandlungen und Bewegungen können dagegen nur durch zusätzliche Verben oder Attribute ausgedrückt werden. Dieser „verdinglichende Charakter" (ebd., 9) unserer Sprachmittel erschwert für Elias die Symbolisierung von Vorgängen, Prozessen und Beziehungen: „Wir sagen: der Wind weht, als ob der Wind zunächst ein ruhendes Etwas wäre, das sich zu einem bestimmten Zeitpunkt in Bewegung setzt und zu wehen beginnt – als ob der Wind etwas anderes wäre als das Wehen, als ob es auch einen Wind geben könne, der nicht weht." (Ebd., 119)[253] Ein weiteres Beispiel für diese Problemstellung ist für Elias der Begriff der Zeit. Auch hier wird man „leicht von der substantivischen Form des Begriffes fehlgeleitet" (Elias 1992, 7), der ein ontisch abgegrenztes Objekt suggeriert, obwohl die Zeit vor allem eine Beziehung, das Verhältnis des Nacheinanders von Geschehensabläufen ist (vgl. Rosemann 2003, 174 f.). Gäbe es im Deutschen eine verbale Form des Zeitbegriffs, „also etwa den Ausdruck ‚zeiten' (analog dem englischen *timing*), wäre es einfach, sich klar zu machen und zu verstehen, dass die Tätigkeit des ‚Auf-die-Uhr-Sehens' den Zweck hat, Positionen im Nacheinander zweier oder mehrerer Geschehensabläufe aufeinander abzustimmen (zu ‚synchronisieren'). Dann wäre der instrumentelle Charakter der Zeit (oder des ‚Zeitens') ganz unverkennbar. Statt dessen bietet der vorhandene Sprachschatz dem Sprechenden und folglich dem Nachdenkenden nur solche verbale Redewendungen an wie ‚die Zeit bestimmen' oder ‚die Zeit messen'. Auch sie lassen es dann so erscheinen, als ob es ein Ding gäbe, eben die Zeit, die es zu bestimmen oder zu messen gilt." (Elias 1992, 8)[254]

Elias denkt den Entwicklungsprozess des Wissens ähnlich wie den Zivilisationsprozess als ungeplanten Langzeitprozess. Er folgt keiner Dramaturgie und hat letztendlich auch keinen Zweck, außer den, dass Menschen bzw. menschliche Gruppen damit ihren „Überlebenswert" (Elias 2001, 101) erhöhen. Zwar sind die früheren Wissensstadien die

---

253 Fröhlich weist in diesem Zusammenhang darauf hin, dass die von Whorf untersuchten Indianersprachen von ihren Begriffen und ihrer Satzstrukturen (die sich nicht in Subjekt und Prädikat auflösen lassen) her besser geeignet sind, Prozesse (der Natur) zu beschreiben als die europäischen Sprachen. „Während wir etwa von einer Quelle sprechen, die fließt ..., sprechen Indianer von einer ‚weißen, wässrigen Abwärtsbewegung'." (Fröhlich 2000, 8)

254 Eine sehr gute Studie zur Entwicklung des Zeitbegriffs oder besser der Zeitbegriffe aus interaktionistisch-konstruktivistischer Sicht bietet Hasenfratz (2003).

Voraussetzung der späteren Stadien, diese können aber nicht als notwendige Folge aus den früheren Stadien abgeleitet werden (vgl. ebd., 159 f., 182 f.). So ist der Prozess der Wissensentwicklung nicht in seiner Richtung festgelegt: „Er kann die Richtung ändern; er kann gleichzeitig Strömungen in verschiedene Richtungen, verschiedene Entwicklungsstufen in sich aufnehmen und von ihnen beeinflusst werden. Von einem Kurs stetiger Expansion kann er sich umkehren und schrumpfen oder verfallen. Von einer Hauptrichtung, die auf größere Distanzierung und Adäquatheit hingeht, kann er in Richtung Engagement und Phantasie-Orientierung umschwenken." (Elias 2003, 43) Der letzte Satz des Zitats weist auf das hin, was Elias als entscheidendes Kriterium für einen Wissensfortschritt hält: die Balance von Engagement und Distanzierung. Während ein hohes Maß an Engagement den Wissensfortschritt hemmt, ihn sogar zunichte machen kann, da Menschen zu stark von ihren persönlichen Gefühlen, Ängsten und Neigungen gelenkt werden, kann eine hinreichende Distanzierung, eine emotional neutrale, wenig affektgeladene, tatsachen- und faktenorientiertere Haltung gegenüber dem zu untersuchenden Objektbereich zu wirklichkeitsgerechtem Wissen führen (vgl. ebd., 31).[255] An dieser Stelle verbindet sich Elias' Wissenstheorie mit seiner Theorie des Zivilisationsprozesses. Denn die Möglichkeit zur (Selbst-)Distanzierung setzt ein Mindestmaß an Selbstregulierung und Affektkontrolle voraus. Andersherum unterstützt eine zunehmende Distanzierung und Wissensvermehrung die Affektkontrolle. Beispielsweise ist das Wissen über die Natur im Vergleich zu früheren Gesellschaften deutlich realitätsgerechter und distanzierter, damit aber auch sehr viel weniger affektgeladener geworden. Elias spricht in diesem Zusammenhang auch von „gesellschaftlichen Standards der Distanzierung" (ebd., 110), welche die Variationsbreite der Distanzierung (und in gewisser Weise auch das Maß an Selbstregulierung) sowohl in die eine wie auch in die andere Richtung begrenzen.

Trotz der Möglichkeit, dass sich der Prozess der Wissensentwicklung in Richtung weniger adäquaten Wissens umkehren kann, findet für Elias in einer Langzeitperspektive

---

255 Ob die Balance von Engagement und Distanzierung ein hinreichendes Argument zur Verteidigung eines epistemologischen Realismus gegen erkenntniskritische Positionen darstellt, ist jedoch ziemlich fraglich. Denn der Skeptiker könnte behaupten, dass die aus der Distanzierung entwickelten wissenschaftlichen Modelle, Objektivitäts- und Rationalitätsstandards und überhaupt die Vorstellung der Möglichkeit von gesichertem Wissen aus einer Metaperspektive auch wieder als subjektivistisch und engagiert erscheinen. Elias würde dagegen halten, dass es die vom Erkenntnissubjekt unabhängig existierende Ordnung der Welt bzw. des zu untersuchenden Gegenstandsbereichs es ist, die vorgibt, welche Modelle und wissenschaftlichen Standards sich überhaupt entwickeln können. Dies dürfte wiederum den Skeptiker nicht überzeugen, da er gerade die Vorstellung einer beobachterunabhängigen Ordnung bzw. die Möglichkeit der neutralen Erkenntnis einer solchen Ordnung ablehnt. Alles andere wäre für ihn ein positivistischer Fehlschluss. Elias wiederum argumentiert gegen Positionen, die die Möglichkeit einer objektiven Repräsentation der Welt bestreiten, u.a. mit Denkfiguren, die denen der evolutionären Erkenntnistheorie ähneln: „Zumindest widerspricht der Aufstieg der menschlichen Gattung der Erde der Annahme eines fatalen Mangels in ihrer natürlichen Ausstattung, mit der sich Menschen in der Welt orientieren können. Der Erfolg der Menschheit in einem sehr langwierigen Überlebenskampf lässt viel eher vermuten, dass Menschen von Natur aus mit außerordentlich effizienten Organen versehen sind, um sich in ihrer Welt realistisch zu orientieren." (Elias 2001, 130) Nun gibt es von verschiedenen Seiten gute Argumente gegen den Realismus der evolutionären Erkenntnistheorie, auch aus der Biologie selber (z.B. radikaler Konstruktivismus), auf die an dieser Stelle jedoch nicht eingegangen werden kann.

ein stetiger Wissenszuwachs sowohl in seiner Qualität als auch Quantität statt: „Der menschliche Wissenserwerb [vollzieht] sich in einem generationsübergreifenden Prozess der Erweiterung und zum Teil der besseren Anpassung eines gesellschaftlichen Wissensfundus an die vorhandenen Strukturen des Universums." (Elias 1985a, 93) In einer langen Generationenkette[256] wird das Wissen in Form von Symbolen weitergegeben, erweitert und verändert, wobei sich die Symbolsysteme zusammen mit dem Wissen ständig transformieren und in ihrer Repräsentationsfunktion bzw. -fähigkeit immer wirklichkeitsadäquater werden.

Elias' Symboltheorie beschränkt sich nicht nur auf wissens- und erkenntnistheoretische Fragestellungen. Denn neben der Funktionsweise von Symbolen als Denkmittel sind diese für ihn vor allem auch Kommunikations- und Orientierungsmittel. Diese drei Felder des Symbolgebrauchs, Sprache, Denken und Wissen, sind für Elias nicht voneinander zu trennen, sondern stehen in einem fundamentalen, gegenseitigen Wechselverhältnis. Neues Wissen schließt immer an altem Wissen an und dieses muss, in symbolischer Form abgespeichert, erst einmal kommuniziert werden, um weiterentwickelt, dann als neues und besseres Orientierungsmittel in der Welt zu dienen (vgl. Elias 2001, 104 ff., 178 f.).[257]

Insgesamt könnte man Elias' epistemologische Position als kumulativ-progressiven oder konvergenten (Wissenschafts-)Realismus bezeichnen. Denn mit diesen Begriffen wird ja gemeinhin ein erkenntnistheoretischer Standpunkt charakterisiert, für den der wissenschaftliche Fortschritt durch eine Vergrößerung des Wissensfundus und eine immer größer werdende Wahrheitsnähe der wissenschaftlichen Theorien gekennzeichnet ist (vgl. Mehrtens 1991, 38 f.). Auch gibt es durchaus Gemeinsamkeiten zum Pragmatismus eines Charles Sanders Peirce und seiner Konvergenzthese.[258]

In gewisser Weise ähnelt die erkenntnistheoretische Position Elias' auch den von Foucault in „Die Ordnung der Dinge" kritisierten Humanwissenschaften. Dort sagt Fou-

---

256 Elias spricht deshalb auch von der „Wir-Zentriertheit des Wissens" (ebd., 176).

257 Dieser Zusammenhang ist bei Elias natürlich sehr viel genauer ausgeführt. Da an dieser Stelle vornehmlich die epistemologische Position Elias' interessiert, wird auf diese Thematik jedoch nicht näher eingehen.

258 Ein wesentlicher Unterschied zwischen Elias und Peirce liegt darin, dass Peirce eine ausformulierte Zeichentheorie entwickelt hat, welche die binäre Zeichenlogik in eine dreistellige Relation bzw. einen ternären Prozess überführt (zum Folgenden vgl. Mersch 2001). Für Peirce ist ein grundlegendes Charakteristikum des Zeichens, dass es ausgelegt werden muss. Deshalb tritt zum ersten Korrelatum des Zeichenträgers und dem zweiten Korrelatum des Zeichenobjekts ein drittes Korrelatum, nämlich ein möglicher Interpretant, hinzu, die zusammen ein semiotisches Dreieck bilden. Das Besondere an dem Peirceschem Modell ist, dass der Interpretant niemals endgültig ist, vielmehr der Interpretant selber zum Zeichen (Repräsentamen) desselben Objekts für einen möglichen weiteren Interpretanten wird. Diese zirkuläre Struktur des Zeichens führt zu einem unendlichen Prozess der Interpretation: „Es ist nämlich jedes Symbol in einem sehr strikten Sinne ein lebendiges Wesen ... Der Körper eines Symbols verändert sich langsam, doch seine Bedeutung wächst unweigerlich, nimmt neue Elemente in sich auf und schließt alte aus" (Peirce 1983, 46). Ähnlich wie Elias geht Peirce in diesem fortlaufenden Interpretationsprozess aber von einem Wissensfortschritt, von einer Bewegung hin zur ‚Wahrheit' aus: „Ein Symbol ist eine embryonale Wirklichkeit, begabt mit dem Vermögen, in die Wahrheit, in die Entelechie der Wirklichkeit hineinzuwachsen." (Peirce 1991, 377)

cault, dass die Humanwissenschaften, anders als die moderne Subjektphilosophie[259], „das Primat der Repräsentation nicht haben umgehen können" (OD 435). Sie verbleiben im Grunde im Feld der klassischen Episteme der Repräsentation, ohne die erkenntnistheoretischen Konsequenzen und Problemstellungen zu verarbeiten, welche die Philosophie seit Kant aufgeworfen hat. Wie gesehen, ist auch Elias einem konsequenten Repräsentationsdenken verbunden, obwohl er die Entstehung und Entwicklung der Repräsentationen sehr stark prozess- und figurationstheoretisch zurückgebunden hat und damit keine naive Abbildtheorie vertritt. Nun kann man nicht behaupten, dass Elias die moderne Philosophie einfach ignoriert. Denn schließlich hat er beim Neukantianer Richard Hönigswald promoviert, sich aber mit ihm über die Rolle des kantschen Apriori zerstritten. Schon während dieser Auseinandersetzung mit seinem Doktorvater steht Elias der Vorstellung von transzendentalen und universalen Strukturen des menschlichen Geistes, welche die möglichen Erfahrungen des Menschen präfigurieren, skeptisch gegenüber und vertritt dagegen die These, dass sich diese Erfahrungsstrukturen[260] erst im Laufe eines kollektiven Lern- und Entwicklungsprozesses bilden: „Ich konnte nicht mehr übersehen, daß alles, was Kant als zeitlos und vor aller Erfahrung gegeben auffaßte, sei es die Vorstellung einer Kausalverknüpfung, die der Zeit oder die natürlicher und moralischer Gesetze, zusammen mit den entsprechenden Worten von anderen gelernt werden müssen, um im Bewußtsein des einzelnen Menschen vorhanden zu sein. Als gelerntes Wissensgut gehören sie also zum Erfahrungsschatz eines Menschen." (Vgl. Elias 1990, 120) Dementsprechend stellt die Transzendentalphilosophie für Elias eher ein Erkenntnishindernis dar. Sie ist für ihn das Produkt einer bestimmten Entwicklungsstufe im Zivilisationsprozess und eng mit der Figur des „homo clausus" verbunden. Beides sind für ihn aber Vorstellungen, die zugunsten eines höheren Syntheseniveaus in der Theoriebildung aufgegeben werden müssen.

Ob Elias' Angebot, zumindest was seine erkenntnistheoretische Position betrifft, nun tatsächlich ein höheres Syntheseniveau im Vergleich zu alternativen Entwürfen darstellt, muss aber bezweifelt werden. Denn er hat sehr einflussreiche Entwicklungen in der modernen Sprachphilosophie und auch der Wissenschafts- und Erkenntnistheorie nur unzureichend berücksichtigt oder sie nur selektiv verwendet bzw. so modifiziert, dass sie in seine eigene Theoriekonstruktion passen.[261] In diesem Zusammenhang weist Maso auf

---

259 In der Definition von Rorty ist auch die moderne Subjektphilosophie dem Repräsentationalismus zuzuordnen, da sie innerhalb eines Schema-Inhalt-Dualismus verbleibt. Foucault verwendet den Repräsentationsbegriff dagegen zur Charakterisierung des klassischen Denkens und dessen binärem Zeichenbegriff. Dieser war, wie gesehen, mit der Vorstellung verbunden, dass die natürliche Ordnung der Welt mit Hilfe eines künstlichen Zeichensystems darstellbar bzw. repräsentierbar ist (vgl. Teil II, Abs. 1.1).

260 Elias begreift diese Strukturen mit Kant als erkenntnisermöglichend, aber gegen Kant als historisch entstanden und variabel und außerdem potentiell fähig „wirklichkeitsgerechtes" Wissen zu liefern (vgl. Elias 1985b, 277 ff.).

261 Dies trifft z.B. auf seine Verwendung und Umdeutung des kuhnschen Paradigmabegriffs und Lakatos' Begriff der Paradigmagemeinschaft zu (vgl. Rosemann 2003, 150 ff.). An dieser Stelle ist sicherlich Michael Schröter zuzustimmen, für den „der Grundbestand des eliasschen Denkens ... in seiner Frühzeit bis in die dreißiger Jahre" (Schröter 1996, 111) wurzelt. In seinem späten Schaffen – den Großteil seines Werkes verfasst Elias als über 70-Jähriger zwischen 1970 bis zu seinem Tod im Jahr 1990 – kommt er immer wieder auf dort vertretene Grundannahmen zurück. Dazu auch Gleichmann: „Im Eli-

einen starken, wenn auch von Elias selbst kaum genannten theoretischen Bezugspunkt hin.[262] So hat für Maso die Symbolphilosophie von Ernst Cassirer auf Elias' gesamtes Werk, besonders auch auf seine Symboltheorie, einen großen Einfluss (vgl. Maso 1995a, 58; Maso 1995b, 128 f.). Laut Maso übernimmt Elias von Cassirer das stark relationale Denken, mit Hilfe dessen er das Substanzdenken und die verschiedensten Dualismen (Subjekt/Objekt, Individuum/Gesellschaft usw.) in der Soziologie zu überwinden versucht. Gleichzeitig sieht Maso in mehreren Bereichen der eliasschen Theoriebildung aber auch Rückfälle in das Substanzdenken. So zum Beispiel, wenn er zur Begründung zentraler Prämissen seiner Theorie mit dem biologischen Erbe des Menschen argumentiert,[263] oder auch in der Verwendung psychoanalytischer Vorstellungen von einem wilden und unge-zähmten, natürlichen Trieb, der dann innerhalb des Zivilisationsprozesses in einer spezifi-schen Weise geformt wird (vgl. Maso 1995a, 70 ff.; Maso 1995b, 140 ff.) Gerade der letz-te Punkt verweist letztendlich aber wieder auf einen grundlegenden Dualismus – nun nicht mehr den von Elias kritisierten Dualismus von Individuum und Gesellschaft, sondern den zwischen einem natürlichen Trieb und den Triebanforderungen der Gesellschaft.

Ein wichtiger Grund für Elias' Schwierigkeiten in der Rezeption Cassirers und für seine Nichtberücksichtigung anderer bedeutender Theoretiker ist sicherlich auch darin begründet, dass eine zu große Annäherung an bestimmte Strömungen in den Kulturwis-senschaften die theoretische Ausrichtung seines gesamten Werkes und seinen eigenen wissenschaftlichen Anspruch als „Universalhistoriker" (Anders 2000a, 14), „eine umfas-sende Theorie der menschlichen Gesellschaft, genauer gesagt, der Menschheitsentwick-lung auszuarbeiten" (Elias 1984, 59), völlig unterminiert hätten. Denn gerade in der Folge der postempiristischen Wissenschaftstheorie, der verschiedenen (post-)strukturalistischen und konstruktivistischen Ansätze oder auch der Sprachphilosophie im Anschluss an Witt-genstein ist gerade dieser Anspruch und die damit verbundene Vorstellung der Möglich-keit einer Repräsentation bzw. neutralen Wiedergabe einer beobachterunabhängigen Wirk-lichkeit grundsätzlich in Frage gestellt worden.

---

as'schen Hauptwerk sind fast alle seine späteren Arbeiten im Kern bereits angelegt. Es gibt eigentlich keine ‚Vorstudien'. Viele spätere Veröffentlichungen kommentieren das Hauptwerk oder arbeiten ein-zelne der Methoden oder Gedanken darin auf originelle Weise weiter aus." (Gleichmann 1987, 408)

262 Goudsblom merkt an, dass sich Elias nur einmal, nämlich in seiner Dissertation, ausdrücklich auf Cas-sirer bezogen hat (Goudsblom 1995, 122).

263 Beispielsweise führt Elias das menschliche Vermögen zur Selbstregulierung wie auch die Fähigkeit zur Symbolentwicklung auf die besondere Flexibilität und Wandelbarkeit des Menschen zurück, die wiederum in seiner biologischen Ausstattung begründet liegt. Aus seiner Vorliebe für biologische Be-gründungsfiguren für soziologische Fragestellungen macht Elias nie einen Hehl und begründet dies vor allem mit seinem Medizinstudium: „Meine Bücher zeigen es immer wieder, daß ich im Gegensatz zu vielen anderen Soziologen das Problem der Verbindung von Biologie und Soziologie für ein zentrales soziologisches Problem halte. Mit anderen Worten: Mein Menschenbild ist durch das Medizinstudium auf das Entscheidendste mit geprägt worden." (Elias 1999, 28) Dies führt zu einer gewissen Ambiva-lenz in Elias' Argumentation. Einerseits versucht er, in seiner Argumentation und Theoriebildung anthropologische Universalien möglichst zu eliminieren, der Mensch ist für ihn keine Konstante, son-dern „ein Prozeß" (Elias 1970, 127). Andererseits begründet er sein offenes Menschenbild vor allem mit der biologischen ‚Natur' des Menschen und verfällt damit in gewisser Weise wieder einem Sub-stanzdenken, das er eigentlich überwinden wollte.

An dieser Stelle liegt sicherlich ein wesentlicher Differenzpunkt zu Foucault, der gerade in seiner Frühphase stark von strukturalistischen Theoretikern wie Dumézil, Lévi-Strauss und Lacan, aber auch vom genealogischen Historizismus Nietzsches, der Hermeneutik von Heidegger, dem konstruktiven Rationalismus Bachelards oder durch die Wissenschaftsgeschichte seines Doktorvaters Canguilhem geprägt worden ist, um nur einige Einflüsse zu nennen. Gemeinsam ist diesen Positionen eine spezifische erkenntniskritische Einstellung, die mit Kritik am Repräsentationsmodell von Sprache und der Ablehnung des Erkenntnissubjekts der traditionellen Subjektphilosophie einhergeht.[264] Kann man Foucaults Frühphase noch mehr oder weniger dem Umkreis des französischen Strukturalismus zuordnen, versucht er sich schon in seinem ‚Methodenbuch' „Archäologie des Wissens" deutlich vom Strukturalismus zu distanzieren (zum Folgenden vgl. auch Teil I, Abs. 1.1.2). Was Foucault jedoch mit dem Strukturalismus verbindet, ist das systemische Denken und die Zurückweisung einer repräsentationalistischen Sprach- und Bedeutungsauffassung.[265] Auch ist (zumindest) Foucaults Archäologie und dem Strukturalismus die Ablehnung des bedeutungsstiftenden Subjekts gemeinsam.[266] Sinn und Bedeutung ist vielmehr ein Effekt der den sprechenden und handelnden Subjekten zugrunde liegenden, übersubjektiven und unbewussten Differenzsysteme.[267] Gleichzeitig setzt sich Foucault

---

264 Der klassische Strukturalismus vor allem im Stile von Lévi- Strauss nimmt in diesem Zusammenhang eine Sonderstellung ein. Zwar kritisiert er mit Saussure das Repräsentationsmodell von Sprache und „dezentralisiert" das Subjekt der Subjektphilosophie und Phänomenologie. Grundsätzlich ist sein Ziel aber die Herausarbeitung universaler und objektiver Strukturen, die einer Kultur und im Grunde allen Kulturen zugrunde liegen. Paul Ricœur hat Levi-Strauss' Untersuchungsperspektive daher auch als „Kantianismus ohne transzendentales Subjekt" bezeichnet (vgl. Reckwitz 2000, 218). Damit ist Levi-Strauss' Position zum einen durch einen Schema-Inhalt Dualismus gekennzeichnet und fällt, zumindest wenn man Rortys Definition anlegt, in den Bereich des repräsentationalistischen Denkens. Zum anderen weist sie mindestens eines der Doppel auf, die Foucault dem modernen Denken vorgeworfen hat: die Vermischung von empirischer und transzendentaler Ebene. Und tatsächlich war ein zentrales Anliegen der Ethnologie von Levi-Strauss „eine Empirisierung der kantschen Transzendentalphilosophie" (vgl. ebd., 219): „Es handelt sich letzten Endes um eine Übertragung des Kantianischen Ansatzes auf den Bereich der Ethnologie, wobei der Unterschied besteht, daß man, statt die Introspektion zu verwenden ..., sich an die Grenzen versetzt – ... indem man ... versucht, grundlegende, für jedweden Geist verbindliche Merkmale aufzudecken." (Levi-Strauss 1980, 75) Foucault wird sich in seiner Arbeit deutlich von einem derartigen transzendentalen Strukturobjektivismus absetzen.

265 Zentraler Bezugspunkt des französischen Strukturalismus ist bekanntlich die Semiologie Saussures. Nach dieser bekommt das sprachliche Zeichen seinen „Wert" bzw. seine Bedeutung nicht aufgrund einer Korrespondenzbeziehung zu einer außersprachlichen Entität, sondern aufgrund seiner Differenzbeziehung zu den anderen Elementen des Zeichensystems. Zwar beschäftigt Saussure sich in seinen Arbeiten vornehmlich mit sprachlichen Differenzsystemen, aber er betont, dass die Sprachwissenschaft nur ein Teilgebiet, wenn auch das Wichtigste, einer allgemeinen Semiologie ist. Hier liegt dann auch der Anknüpfungspunkt für Lévi-Strauss, für den allen menschlichen Interaktionsweisen, allen „Gebräuchen oder „Institutionen" analog zu Saussures Sprachauffassung zu denkende Differenzsysteme zugrunde liegen (vgl. Frank 1984, 49 f.; Reckwitz 2000, 212 ff.).

266 In seinen späten Arbeiten führt Foucault, wie gesehen, das Subjekt, das in seinem früheren Werk vornehmlich als von anonymen, übersubjektiven Strukturen konstituiertes oder unter Machtverhältnisse unterworfenes Subjekt konzipiert wurde, zwar nicht als klassisches, konstitutives Erkenntnissubjekt, welches jeglichem Sinn zugrunde liegt, aber doch wieder als aktiv handelnden Akteur ein.

267 In einem Interview aus dem Jahre 1966 antwortet Foucault auf die Frage, wann er aufgehört habe, an den „Sinn" zu glauben: „Der Bruch kam, als Lévi-Strauss für die Gesellschaft und Lacan für das Un-

aber von zentralen Prämissen des klassischen Strukturalismus ab. Ein Kritikpunkt Foucaults am klassischen Strukturalismus ist die doch sehr starre, vereinheitlichende und universalisierende Konzeption der Struktur bzw. der Matrix (wie es in Levi-Strauss' späten Arbeiten heißt), auf welcher die Sinnsysteme beruhen und die der Form nach immer dieselbe bleibt und immer nur durch unterschiedliche Inhalte besetzt wird (vgl. Frank 1984, 75 f.). Dagegen betont Foucault die Diskontinuität, Veränderbarkeit, Dezentralität und auch Zufälligkeit von Diskursen und ihrer Ordnungen. Diese setzen sich aus einer Vielzahl „diskursiver Ereignisse" zusammen, die nicht auf eine universale Struktur zurückzuführen sind. Foucault spricht in diesem Zusammenhang auch von Diskursen als „diskursiven und diskontinuierlichen Serien" (OdD 38). Das heißt nicht, dass Foucault Diskurse als regellos denkt. Ganz im Gegenteil ist die (archäologische) Diskursanalyse an der Herausarbeitung der Formationsregeln[268] oder Formationssysteme, die den Diskurs lenken und bestimmen, welche Elemente überhaupt innerhalb eines Diskurses erscheinen können, interessiert. Aber diese Regeln leiten sich nicht aus einer ahistorischen, dem Diskurs äußerlichen Struktur ab, sondern sie haben „ihren Platz ... im Diskurs selbst" (AW 92). Sie bilden sich aus der Gesamtheit des diskursiven Beziehungsgeflechts: „Unter Formationssystem muß man also ein komplexes Bündel von Beziehungen verstehen, die als Regel funktionieren" (AW 108) Hier ist anzumerken, dass der genaue Status dieser Regeln bei Foucault, zumindest in „Archäologie des Wissens", ambivalent bleibt. Einerseits scheinen sie bloße Regelmäßigkeiten zu sein, die der Diskursanalytiker anhand der Beschreibung eines diskursiven Systems, seiner Elemente und deren Beziehungen untereinander erhält. Andererseits verweisen die gefundenen Regelmäßigkeiten aber auf ursächlich wirkende Formationsregeln, die das Auftauchen der Diskurselemente bestimmen. Foucault schwankt hier also zwischen der Alternative von deskriptiven Regelmäßigkeiten und präskriptiv wirkenden Regeln (vgl. Teil I, Abs. 1.1.3).[269]

Neben der anti-universalistischen Stoßrichtung seiner Diskursanalyse grenzt Foucault diese zusätzlich von der durch das Erbe Saussures doch stark sprachanalytischen Ausrichtung des Strukturalismus ab. Diskurse sind zwar Ordnungen linguistischer Funktionen, nämlich der Aussagen (énoncés),[270] diese Ordnungen lassen sich aber nicht auf linguisti-

---

bewusste zeigten, dass Sinn wahrscheinlich nur eine Oberflächenerscheinung, eine Spiegelung, eine Schaumkrone darstellt, während das eigentliche Tiefenphänomen, von dem wir geprägt sind, das vor uns da ist und uns in Zeit und Raum trägt, das *System* ist." (Schriften 1, 665)

268 Foucault unterscheidet in seiner Archäologie vier Arten von Formationsregeln, mit denen sich jeweils unterschiedliche Formen der Beziehungen, die zwischen den Diskurselementen existieren können, beschreiben lassen. Das wären dann erstens solche Regeln, die sich auf die Formation der Gegenstände, zweitens Regeln, die sich auf die Formation der Äußerungsmodalitäten, drittens Regeln, die sich auf die Formation der Begriffe und viertens die Regeln, die sich auf die Formation der Strategien beziehen (vgl. AW 48–103). Die Formationsregeln liegen jeweils einem spezifischen Formationssystem zugrunde, wobei diese verschiedenen Systeme untereinander verwoben sind (vgl. AW 106).

269 Diese Kritik bezieht sich vor allem auf Foucaults ‚archäologische Phase'. In späteren Arbeiten hat er sehr viel mehr die Bedeutung nicht-diskursiver Praktiken als diskursleitende Elemente betont. Zu den Problemen des foucaultschen Regelbegriffs und der damit zusammenhängenden Konzeption eines „autonomen Diskurses" vgl. Teil I, Abs. 1.1.3 und Dreyfus/Rabinow (1987), 105 ff.

270 Foucault unterscheidet die Aussage als „elementare Einheit des Diskurses" (AW 117) deutlich von anderen sprachwissenschaftlichen Einheiten. So ist die Aussage für Foucault weder eine Proposition noch ein Satz, weil ihre Funktionsweise sich nicht hinreichend mit logischen oder grammatikalischen

sche Regeln zurückführen. Schon in der „Archäologie des Wissens" betont Foucault die Bedeutung von nicht-diskursiven Praktiken und Beziehungen, vor allem auch von Machtbeziehungen, als „bildende Elemente" (AW 100) des Diskurses. Zu dieser Zeit kommen den diskursiven Beziehungen jedoch noch eindeutig die Priorität zu, da sie letztendlich die „Ordnung des Diskurses" bestimmen. Aber auch hier unterscheidet Foucault die Beschreibung eines Aussagesystems scharf von einer sprachanalytischen Beschreibung (vgl. AW 41 f.) – nicht, weil diese falsch oder unmöglich wäre, sondern weil sie nicht zur Kernfrage der Archäologie passt.[271] Denn während die (strukturalistische) Sprachanalyse nach allgemeinen Möglichkeitsbedingungen fragt, nach dem System der Sprache (langue), dass dem Sprechen (parole) zugrunde liegt,[272] nach einer „endliche[n] Menge von Regeln, die eine unendliche Zahl von Performanzen gestattet" (AW 42), fragt die Archäologie nach den historischen „Existenzbedingungen" von Aussagen, nach der Systematik, die bestimmte Aussagen hat erscheinen lassen und andere ausgeschlossen hat (vgl. AW 42 f.; Lemke 1997, 46).[273]

2.2.1 Wissen, Macht und Wahrheit

In Folge der Hinwendung Foucaults zur Machtanalyse werden die Differenzen zwischen Sprachanalyse und Diskursanalyse noch deutlicher, da Foucault nun sehr viel stärker den Einfluss von Machtbeziehungen auf Diskurs und Sprache, also auf das, was geäußert werden kann und was nicht, und auch auf das, was als (Diskurs-)Objekt erscheinen kann, herausarbeitet wird. So geht es in seiner Machtanalytik nicht um „Analysen, die sich auf das

---

Regeln beschreiben lässt. Genauso wenig ist sie ein Sprechakt, da ein Sprechakt oft aus mehreren Aussagen besteht und doch, „obwohl ... aus Zeichen zusammengesetzt" (AW 125), mehr als eine einfache Aneinanderreihung von Zeichen ist (vgl. AW 117 ff.). Dreyfus und Rabinow weisen darauf hin, dass Foucault dem Einwand Searles, dass auch Aussagen Sprechakte seien, während einer späteren Korrespondenz zwischen Foucault und Searles zugestimmt hat (vgl. Dreyfus/Rabinow 1987, 313 f.). Im Unterschied zur Sprechakttheorie, die sich vornehmlich mit alltäglichen Sprechakten beschäftigt, interessiert sich die Archäologie jedoch für „seriöse Sprechakte" (ebd., 72), das heißt für Aussagen, die z.B. in wissenschaftlichen Diskursen gemacht wurden und im Rahmen dessen beanspruchen, ernsthaften Sinn zu ergeben. Dabei interessiert sich die Archäologie jedoch nur für das Auftreten der Aussage und nicht für die Frage, ob der Wahrheitsanspruch einer Aussage wirklich gerechtfertigt ist (vgl. ebd., 71 ff.).

271 Dementsprechend ist für Foucault die diskursive Formation als allgemeines Aussagesystem, „dem eine Gruppe sprachlicher Performanzen gehorcht ... nicht das einzige System, von dem sie beherrscht wird, da sie außerdem und nach ihren anderen Dimensionen einem logischen, linguistischen, psychologischen System gehorcht." (AW 169) Diese Ebenen spielen für die archäologische Diskursanalyse aber keine entscheidende Rolle.

272 Die Unterscheidung zwischen *langue* und *parole* geht auf die strukturale Linguistik Saussures zurück.

273 Der Unterschied zwischen Sprachanalyse und Diskursanalyse wird auch in folgendem Zitat deutlich: „... was ich am Diskurs analysiere, ist nicht das System seiner Sprache, noch sind es ganz allgemein die formalen Regeln seiner Konstruktion: ... Die Frage, die ich stelle, ist nicht die nach den Codes, sondern die nach den Ereignissen: das Existenzgesetz der Äußerungen, das, was sie möglich gemacht hat – sie und keine anderen an ihrer Stelle; die Bedingungen ihres singulären Auftretens; ihre Verbindung mit anderen früheren oder gleichzeitigen, diskursiven und nicht-diskursiven Ereignissen." (Schriften 1, 869)

symbolische Feld oder auf den Bereich der signifikanten Strukturen beziehen", sondern um „den Rückgriff auf Analysen, die in Begriffen der Genealogie von Kräfteverhältnissen, strategischen Entwicklungen und Taktiken geleistet werden. Ich glaube, dass das, worauf man sich beziehen muss, nicht das große Modell der Sprache und der Zeichen, sondern das des Krieges und der Schlacht ist." (Schriften III 192) In seiner Inauguralvorlesung „Die Ordnung des Diskurses" sind es vor allem die großen Ausschließungssysteme (das Verbot, die Gegenüberstellung von Vernünftigem und Unvernünftigem bzw. von Vernunft und Wahnsinn, die Unterscheidung zwischen dem Wahren und dem Falschen), die den Diskurs mit der Macht verbinden und deren Funktion es ist, das „Wuchern des Diskurses" (OdD 33) zu begrenzen (vgl. ebd., 10 ff.).[274]

In späteren Analysen betont Foucault, wie gezeigt worden ist, weniger den restriktiven und begrenzenden Charakter von Machtbeziehungen auf den Diskurs, sondern hebt, selbst wenn die Machtverhältnisse stark durch Disziplinierungstechniken geprägt sein können, die produzierende Kraft der Macht hinsichtlich des Diskurses und seiner Gegenstände hervor. Beispielsweise zeigt er für den Gegenstandsbereich der Sexualität, dass sich dessen Analyse nicht so sehr an den Begriffen der Unterdrückung und Repression orientieren sollte, da sich dieser nicht trotz, sondern gerade wegen seiner Beziehung zur Macht durch eine permanente Diskursivierung, d.h. eine ständige Produktion von neuem Wissen, auszeichnet (vgl. Teil I, Abs. 2.1.1).

An dieser Stelle liegt ein wichtiger Unterschied zwischen Elias und Foucault. Zwar betont auch Elias die wechselseitige Verbundenheit zwischen Macht und Wissen und denkt Macht wie Foucault als Relation und nicht als Eigenschaft oder Substanz (vgl. Elias 2005, 279 ff.). Da Elias jedoch einen konvergenten Wissenschaftsrealismus vertritt, kann Macht zwar den Wissensfortschritt vorantreiben oder auch hemmen und den Blick auf richtiges Wissen verstellen. Sie kann aber nicht den eigentlichen Status von „Wahrheit" bzw. „Wirklichkeitskongruenz" und die Perspektive auf das, was aus einer genügend distanzierten Sicht als Wissensfortschritt zu gelten hat, bestimmen, weil dies letztendlich durch die objektiven Strukturen der Welt vorgegeben ist. Nun schließt Foucaults holistische Perspektive eine Fortschrittsthese oder Korrespondenztheorie, wie sie Elias vertritt, aus. Deshalb kann er Macht auch als ein konstitutives Element in jedem „Wahrheitsspiel" begreifen. So hat Macht für Foucault durchaus bildenden Charakter auf das, was in einem „Wahrheitsspiel" als ‚objektive' Wahrheit zu gelten hat und was nicht.

Charakteristisch für Foucaults Wissensbegriff ist also, dass Wissen innerhalb eines komplexen, von Machtbeziehungen durchzogenen Systems produziert wird. Die Vorstellung von Wissen und Wahrheit als einen Modus der Angleichung oder Übereinstimmung mit einer objektiven Welt lehnt er ab: „Wir müssen uns nicht einbilden, daß uns die Welt ein lesbares Gesicht zuwendet, welches wir nur zu entziffern haben. Die Welt ist kein Komplize unserer Erkenntnis. Es gibt keine prädiskursive Vorsehung, welche uns die Welt

---

274 Von den externen, nicht-diskursiven Ausschließungsmechanismen unterscheidet Foucault die diskursinternen Prozeduren der Verknappung (der Kommentar, das Autorprinzip, die Disziplin) (vgl. OdD 17 ff.). Ein weiteres wichtiger Mechanismus ist für Foucault die „Verknappung ... der sprechenden Subjekte" (OdD 26), d.h. die Zugangskontrolle für Diskursteilnehmer.

geneigt macht. Man muß den Diskurs als eine Gewalt begreifen, die wir den Dingen an-
tun; jedenfalls als eine Praxis, die wir ihnen aufzwingen." (OdD 34 f.)

Diese Formulierung Foucaults ist etwas missverständlich, da sie so verstanden werden könnte, als ob der Diskurs die ‚wahre' Natur der Dinge verschleiern würde.[275] Tatsächlich klammert Foucault aber die Vorstellung von „prädiskursiven" Dingen als verborgenes Fundament des Diskurses aus. Vielmehr formieren sich die Gegenstände eines Diskurses erst innerhalb der Regeln einer diskursiven Praxis. Sie existieren nur „unter den
positiven Bedingungen eines komplexen Bündels von Beziehungen." (AW 68) In diesem
Geflecht von diskursiven und nicht-diskursiven Beziehungen bilden sich letztendlich die
Formationsregeln, nach denen ein Diskurs seine Objekte konstituiert (vgl. AW 61 ff.).
Auch der Begriff des „Dispositivs", den Foucault in seiner Machtanalyse einführt, verweist auf ein System bzw. ein „Netz" heterogener Elemente („Diskursen, Institutionen,
architektonischen Einrichtungen, reglementierenden Entscheidungen, Gesetzen, administ-
rativen Maßnahmen, wissenschaftlichen Aussagen ..." (Schriften III 392)), das Wissen und
Wirkliches produziert.

Daraus folgt für Foucault, wie schon angemerkt, keine antirealistische oder idealistische Position und die damit verbundene Vorstellung, dass Wissen und Wahrheit bloße
Denkkonstrukte ohne Bezug zu einer realen Welt seien. Mit der Ablehnung einer Korrespondenztheorie der Wahrheit lässt Foucault jedoch einen erklärenden Wahrheitsbegriff
fallen, nach dem „Wahrheit als eine nichtkausale und zeitlose Beziehung aufgefaßt [wird],
die zwischen sprachlichen Aussagen und der außersprachlichen Wirklichkeit besteht und
die Konsens- bzw. Kohärenzfähigkeit einer Aussage erklären soll." (Sandbothe 2005,
327). Dieser wird ersetzt durch einen pragmatischen oder konstruktivistischen Wahrheitsbegriff, für den Wahrheit innerhalb diskursiver und nicht-diskursiver Praktiken in der
Auseinandersetzung mit der Welt erzeugt wird.

Beim foucaultschen Wahrheitsbegriff handelt es sich damit weder um einen rein
epistemischen Wahrheitsbegriff. Dieser würde letztendlich wieder auf einen Schema-
Inhalt-Dualismus verweisen, in dem der Diskurs dann so etwas wie ein Medium oder
Übersetzungsmechanismus wäre, der sich vermittelnd zwischen Subjekt und Welt schiebt,
während bei Foucault Diskurs, Subjekt und Welt immer schon miteinander verwoben sind.
Gleichzeitig ist aber auch die (realistische) Vorstellung einer nicht-epistemischen Wirklichkeit und Wahrheit irreführend, da die Wahrnehmung der Welt immer eine „Problematisierung" der Welt im Rahmen der Regeln eines „Wahrheitsspiels" ist – Regeln, die sich
nicht aus den invarianten und universalen Strukturen einer apriorischen Ordnung entweder
der Welt oder eines transzendentalen Subjekts ergeben, sondern aus der Gesamtheit eines

---

275 Wie schwierig es für Foucault war, sich von einer derartigen Objektvorstellung völlig zu lösen, zeigen
   seine Arbeiten zum Wahnsinn und zur Sexualität selber. Bezüglich seiner frühen Arbeiten merkt er
   später selbstkritisch an, dass in diesen, zumindest zum Teil, der Wahnsinn auf eine ursprüngliche Erfahrungsdimension verweisen würde. Auch in seiner Arbeit zu „Der Wille zum Wissen" hat es ihn
   nach eigenen Angaben viel Mühe und einige Versuche gekostet, das Verhältnis von Sex (Geschlecht)
   und Sexualität nicht als ein Oppositionsverhältnis zu konzipieren, als ein Verhältnis, in dem das Geschlecht als vorweg Gegebenes vom Diskurs der Sexualität verdeckt worden ist, sondern als Konstitutionsverhältnis, in dem der Sex erst innerhalb des Sexualitätsdispositivs produziert wird (vgl. Schriften
   III 306, 409 f.).

aus diskursiven und nicht-diskursiven Beziehungen und Praktiken bestehenden Erfahrungsraumes. Das heißt mit anderen Worten, die Wahrnehmung der Welt folgt für Foucault weder einer objektiven Struktur, noch einem transzendentalen Schema.[276] Sie ist vielmehr singulär und verweist auf eine besondere Form der Erfahrung, die sich in Raum und Zeit verändern kann, aber nicht auf einen teleologischen Prozess verweist. Dabei kann diese Bewegung nicht wie bei Elias als gerichteter Prozess hin zu mehr „Wirklichkeitskongruenz" verstanden werden. Denn in diesem Fall müsste man objektive Kriterien, die außerhalb des „Wahrheitsspiels" liegen, einführen, was aus holistischer Perspektive aber nicht möglich ist. In diesem Zusammenhang zeigt sich ein weiterer deutlicher Unterschied zwischen Foucaults und Elias' Konzeptionen, den man mit dem Gegensatzpaar Kontinuität/Diskontinuität umschreiben könnte.

2.2.2 Eine „Geschichte der Wahrheit" oder: Zwischen Kontinuität und Diskontinuität

Elias betrachtet die Wissensentwicklung als mehr oder weniger kontinuierlich und unilinear. Zwar kann sie sich durchaus umkehren, aber auf lange Sicht findet für Elias eine Entwicklung hin zu mehr und besserem Wissen über die Welt statt. Außerdem kann, wie Kenneth Anders richtig feststellt, nur der von einem Rückfall sprechen, der „eindeutig bestimmt hat, in welcher Richtung der *Fortschritt* seinen Lauf nimmt" (Anders 2000a, 158).[277] Dagegen ist Foucaults „Geschichte der *Wahrheit*" (ME 46) nicht als eine kontinuierliche, aufeinander aufbauende Fortschrittsgeschichte zu begreifen, sondern als eine Geschichte der Diskontinuitäten und Brüche.[278] Schon in „Die Ordnung der Dinge" sind für Foucault die Abfolge der Wissensordnungen der einzelnen Epochen nicht durch fließende

---

276 Allerdings schließt Foucault die Existenz von universalen Strukturen der Erkenntnis nicht völlig aus. Nur reicht der Rekurs auf derartige Universalien für ihn nicht aus, um die Entstehung von Wissen und Denken zu erklären: „Mein Arbeitsfeld ist die Geschichte des Denkens. Der Mensch ist ein denkendes Wesen. Die Art wie er denkt, hängt mit der Gesellschaft, der Politik, der Wirtschaft und der Geschichte zusammen, aber auch mit allgemeinen, universellen Kategorien und formalen Strukturen ... Die Art, wie Menschen wirklich denken, lässt sich nicht angemessen mit universellen logischen Kategorien erschließen. Zwischen der Sozialgeschichte und den formalen Analysen des Denkens gibt es einen Weg, eine Straße – vielleicht nur eine sehr schmale –, die der Historiker des Denkens nimmt." (Schriften IV 960) So geht es Foucault in seiner Arbeit darum, (anthropologische) Universalien, so weit es nur eben geht, zu umgehen (vgl. ebd., 779 f.).

277 Zum Problem des Fortschritts bei Elias siehe auch Anders 2000a.

278 In vereinfachender Weise könnte man den Unterschied zwischen Foucault und Elias auch durch Elias' Unterscheidung zwischen „Halsketten-Modell" und „Treppen-Modell" des Wissens charakterisieren. Das „Halsketten-Modell" stellt Wissenselemente (Vorstellungen, Paradigmen, Ideologien) nebeneinander, wobei dieses Nebeneinander als zeitliche Folge nicht unbedingt einer Ordnung gehorchen muss, also diskontinuierlich ablaufen kann. Dagegen unterliegt das Wissen beim „Treppen-Modell" immer einer stufenförmigen und damit einer mehr oder weniger kontinuierlichen Entwicklung. Das Wissen muss immer die niedrige Stufe durchlaufen, um auf eine höhere Ebene zu gelangen (vgl. Elias 2003, 56 ff.). Elias favorisiert auch für den Bereich der Soziologie und der Kulturwissenschaften ganz klar das „Treppen-Modell" der Wissensentwicklung, während Foucaults Auffassung aus dieser Sicht eher durch das „Halsketten-Modell" zu charakterisieren wäre.

Übergänge, sondern durch fundamentale epistemische Brüche gekennzeichnet. Es findet nicht einfach eine kontinuierliche Weiterentwicklung des alten Wissens statt, sondern eine völlige Umorientierung in der Art und Weise der „Problematisierung" der in diesem Buch untersuchten Gegenstandsbereiche (Leben, Arbeit, Sprache). In späteren Arbeiten verzichtet Foucault auf die Vorstellung des einen großen Bruchs und der damit verbundenen Konstruktion der Episteme als umfassender Ordnungsstruktur, da man hier zu Recht die Nähe zur strukturalistischen Theorie kritisiert hat. In Foucaults genealogischer Methode wird der große Bruch ersetzt durch Gesamtheiten von diskontinuierlichen Diskursserien. Damit versteht Foucault auch seine Genealogie nicht als kontinuierliche Fortschrittsgeschichte, sondern als Herkunfts- oder Entstehungsgeschichte, die sich aus der Zufälligkeit unzähliger verstreuter und heterogener Ereignisse ableitet.[279] An die Stelle einer konvergenten Entwicklungsgeschichte bei Elias tritt bei Foucault die Geschichte kontingenter „Wahrheitsspiele", deren Entstehung keiner inneren oder äußeren Notwendigkeit folgt, sondern vor allem auch den Prinzipien des Zufalls und der Diskontinuität gehorcht (vgl. OdD 36 ff.). Damit geht es in Foucaults „Geschichte der *Wahrheit*" (ME 46) auch nicht um die Frage, inwiefern das Wissen der Wahrheit näher kommt (oder sich entfernt), sondern warum und welche Transformationen sich in den „Wahrheitsspielen" ereignen, welche Regeln sich geändert haben, nach denen zwischen wahr und falsch unterschieden wird. Er betrachtet die „Wahrheitsspiele" nicht unter der Perspektive eines ‚Besser' oder ‚Schlechter', sondern in ihrer Singularität und Andersheit. So stellt Foucault einer „Fortschrittsperspektive" seinen „radikalen Skeptizismus" (vgl. MM 43) entgegen.[280] Das heißt nicht, dass für Foucault der Begriff des Fortschritts völlig unangebracht wäre. Nur resultiert die Beurteilung von Fortschritt oder Rückschritt für ihn immer aus den geregelten Kriterien eines spezifischen „Wahrheitsspiels". Insgesamt ersetzt in Foucaults „Geschichte des Denkens" (Schriften IV 778) der Begriff der Transformation den des Fortschritts, um zu verdeutlichen, dass diese Geschichte weniger als eine allmähliche und kontinuierliche Annäherung an eine letzte Wahrheit zu verstehen ist, sondern als eine diskontinuierliche Bewegung von dem einen zu einem anderen „Wahrheitsspiel", als „die Herausbildung einer neuen Weise, die ‚Wahrheit auszusprechen'." (Schriften IV 951)

Zusammengefasst ist Wahrheit für Foucault keine feste Substanz, sondern eine Relation oder eine Form, die innerhalb eines geregelten „Wahrheitsspiels" entsteht und sich mit diesem verändert. So hat jede Gesellschaft „ihre eigene Ordnung der Wahrheit, ihre ‚allgemeine Politik' der Wahrheit: d.h. sie akzeptiert bestimmte Diskurse, die sie als wahre Diskurse funktionieren läßt" (DM 51).[281] Indem Foucault die Entstehung von Wissen

---

279 Zu den Begriffen der „Herkunft" und der „Entstehung" bei Foucault vgl. Teil I, Abs. 2.

280 „Der Punkt, an dem wir angekommen sind, wird nicht als Vollendung eines Fortschritts angesehen, den es historisch zu rekonstruieren gilt. Es ist die Skepsis gegenüber uns selber, unserer Gegenwart, unserem Sosein, die uns davon abhält, uns für besser oder für mehr zu halten. Natürlich versucht man, Wandlungsprozesse zu rekonstruieren – aber ohne sie mit einer positiven Wertung zu belegen." (MM 43)

281 Gerade im westlichen Denken ist laut Foucault die Unterscheidung zwischen wahr und falsch und mit ihr der „Wille zur Wahrheit" (OdD 15) zu einem fundamentalen Prinzip geworden: „Die Wissenschaft, der Zwang des Wahren, die Verpflichtung zur Wahrheit, die ritualisierten Vorgehensweisen, um sie hervorzubringen, durchziehen uneingeschränkt seit Jahrtausenden die gesamte abendländische Gesellschaft und haben jetzt einen so universalisierten Charakter angenommen, dass sie zum allgemeinen

und Wahrheit holistisch als Produkt eines variablen Erzeugungssystems begreift, lässt er die Vorstellung einer universalen Wahrheit fallen, ohne Wahrheit als bloße Erfindung oder Fiktion ansehen zu müssen. So ist Foucaults „Geschichte der Wahrheit" „weder eine Geschichte der Erlangung noch eine Geschichte der Verdunklung der Wahrheit; es ist die Geschichte des Auftauchens der Wahrheitsspiele: Es ist die Geschichte der ,Veridiktionen', verstanden als die Formen, nach denen sich über ein Sachgebiet Diskurse gestalten, die wahr oder falsch genannt werden können: Was waren die Bedingungen für dieses Auftauchen, der Preis, der gewissermaßen dafür zu entrichten war, seine Auswirkungen auf das Wirkliche und die Art und Weise, wie es durch die Verbindung einer bestimmten Objektart mit bestimmten Modalitäten des Subjekts für eine Zeit, für ein Gebiet und für gegebene Individuen das historische *Apriori* einer möglichen Erfahrung konstituierte." (Schriften IV 777 f.)

Hier stellt sich natürlich auch die Frage nach dem Status der foucaultschen „Geschichte der Wahrheit" oder anders gefragt: Wie steht Foucault zu seinem eigenen „Wahrheitsspiel"? Bezüglich dieser Problematik ist eine Unterscheidung hilfreich, die Foucault in einem Gespräch mit Ducio Trombadori zur Kennzeichnung seiner eigenen Arbeit getroffen hat: die Differenzierung zwischen „Erfahrungs-Buch" und „Wahrheits-Buch" oder „Beweis-Buch" (vgl. ME 34; Schriften IV 59).

2.3 Die „Ethik des Intellektuellen" oder der Anspruch des Historikers

Foucault selber versteht seine Bücher nicht als ,Wahrheits-Bücher', sondern als ,Erfahrungs-Bücher'. Das heißt, es geht ihm in diesen weniger darum, eine möglichst neutrale und objektive Abhandlung über ein bestimmtes historisches Wissensobjekt zu schreiben, auch wenn er in seinen Analysen klassische geschichtswissenschaftliche Untersuchungsmethoden anwendet (vgl. Schriften IV 55). Vielmehr ist es Foucaults Anliegen, bei seinen Lesern und auch bei sich selber die Sichtweise bezüglich bestimmter Wissensgegenstände und damit auch das allgemeine Erfahrungsfeld zu verändern:

„Ich bin kein Historiker. Und ich bin kein Romancier. Aber ich schreibe so etwas wie historische Romane. Dabei weiß ich auf gewisse Weise sehr wohl, dass meine Aussagen nicht wahr sind. Ein Historiker könnte durchaus sagen, was ich geschrieben habe, sei nicht die Wahrheit. Oder um es anders auszudrücken: Anfang der 60er Jahre habe ich viel über den Wahnsinn ge-

---

Gesetz jeglicher Zivilisation werden." (Schriften III 42) Bezüglich der westlichen Gesellschaften unterscheidet Foucault fünf historisch wichtige Merkmale der „politischen Ökonomie" der Wahrheit: „Die Wahrheit ist auf die Form des wissenschaftlichen Diskurses und auf die Institutionen, die ihn hervorbringen, ausgerichtet; sie unterliegt einem konstanten ökonomischen und politischen Anreiz ...; sie ist in diversen Formen Gegenstand einer immensen Verbreitung und Konsumtion (sie zirkuliert in Erziehungs- oder Informationsapparaten, deren Ausdehnung im Gesellschaftskörper trotz einiger strenger Begrenzungen relativ weit reicht); sie wird unter der nicht ausschließlichen, aber dominanten Kontrolle durch einige große politische oder ökonomische Apparate (Universität, Armee, Schrift, Medien) hervorgebracht und übermittelt, und schließlich ist sie der Einsatz einer umfassenden politischen Auseinandersetzung und sozialen Konfrontation (ideologische Kämpfe)." (Schriften III 211)

schrieben, eine Geschichte der Entstehung der Psychiatrie. Was ich damals gemacht habe, ist aus historischer Sicht gewiss voreingenommen und übertrieben. Das weiß ich sehr wohl ... Aber mein Buch hat die Wahrnehmung des Wahnsinns bei den Menschen verändert. Darum besitzt das Buch samt der darin entwickelten These in der heutigen Realität eine gewisse Wahrheit. Ich versuche ein Wechselspiel zwischen unserer Realität und unserem Wissen über die geschichtliche Vergangenheit herzustellen. Wenn mir das gelingt, wird dieses Wechselspiel reale Auswirkungen auf unsere heutige Geschichte haben. Ich hoffe, meine Bücher finden ihre Wahrheit, wenn sie geschrieben sind, und nicht vorher." (Schriften III, 1004f.)

Auch an dieser Stelle zeigt sich eine wesentliche Differenz zwischen Foucault und Elias, da Elias' Ambitionen sehr viel deutlicher in Richtung von ‚Wahrheits-Büchern‘ tendieren.

　　Doch zunächst zu Foucault: Foucault hat immer wieder betont, dass er für sich und seine Analysen keine neutrale Beobachterposition in Anspruch nimmt. So ist für ihn auch sein Diskurs über den Diskurs perspektivisch, denn eine gegenteilige Annahme würde seinem eigenen erkenntnistheoretischen Verständnis völlig widersprechen: „Ich wäre wirklich blind, wenn ich angesichts meiner eigenen Situation nicht das sähe, was ich so oft aufgezeigt habe. Ich weiß sehr wohl, dass ich in einem Kontext stehe. Die Frage ist nur, wie man sich dieses Kontexts bewusst werden kann, und mehr noch, wie man ihn gewissermaßen integriert, wie man ihn seine Wirkung auf den eigenen Diskurs entfalten lässt, auf den Diskurs, den man gerade ‚hält‘." (Schriften I, 782) Das heißt, auch Foucault sieht sich als Teilnehmer in einem kontingenten „Wahrheitsspiel", das seinem eigenen Sprechen vorausgeht bzw. diesem zugrunde liegt und aus dem er deshalb nicht einfach heraustreten kann, um außerhalb dieses Spiels einen objektiven und neutralen Beobachterstandpunkt einzunehmen. Aber für Foucault ist diese nicht hintergehbare Perspektivität allen Wissens und die damit verbundene Aufgabe eines universalen Wahrheitsverständnisses kein Grund, die Suche nach und den Kampf um Wahrheit aufzugeben. Nur handelt es sich bei dieser Wahrheit eben nicht um die eine universale Wahrheit, die dem Sprechen vorausgeht, als etwas, das gefunden werden muss, sondern um eine Wahrheit, die sich erst im (perspektivischen) Sprechen bildet. Es geht für Foucault nicht um die Suche nach dem letzten Wort, sondern um die (ethische) Frage des „Wahr-Sprechens" (HS 449), der *parrhesia*. So wendet Foucault das Wissen um die eigene Perspektivität, dabei ganz Nietzscheaner, ins Positive und vertritt mit seiner Genealogie eine Position, die „keine Angst [hat], ein perspektivisches Wissen zu sein ... Der historische Sinn ... verleugnet nicht das System der eigenen Ungerechtigkeit. Er betrachtet die Dinge unter einem bestimmten Blickwinkel, fällt seine Urteil ganz bewusst, sagt ja oder nein, verfolgt alle Spuren des Gifts und sucht nach dem wirksamsten Gegengift." (Schriften II 182 f.) Damit macht Foucault deutlich, dass auch seine Genealogie ein zutiefst subjektivistisches Unternehmen ist und nur eine von vielen Möglichkeiten darstellt, die Geschichte des Wahnsinns, der Delinquenz oder der Sexualität zu schreiben. In diesem Zusammenhang bezeichnet Foucault seine Bücher auch als fiktionale Bücher. Das heißt nicht, dass Foucault sie als bloße Erfindung ansieht. Er nimmt für seine Bücher schon in Anspruch, dass sie in einem akademischen Sinne wahr, d.h. historisch verifizierbar sind (vgl. Schriften IV 56 f.). Aber sie haben vor allem den Sinn und Zweck, den Gegenstandsbereich, den sie behandeln, auf eine Weise darzustellen, durch welche die bisherige Betrachtungsweise problematisiert und ihre scheinbare Evidenz zerstört wird. Indem sie den Blick auf einen als selbstverständlich angenommenen Gegenstandsbereich verfremden, sollen sie den Raum für ein kritisches ‚Anders-Denken' und im Zuge dessen für Veränderungen eröffnen. Foucaults Ziel ist es also nicht so sehr, wie oben schon angesprochen, eine möglichst neutrale und objektive historische Darstellung zu liefern, sondern eine neue Erfahrung zu ermöglichen: „Trotzdem liegt das Wesentliche nicht in der Serie solcher wahren oder historisch verifizierbaren Feststellungen, sondern eher in der Erfahrung, die das Buch zu machen gestattet. Nun ist diese Erfahrung jedoch weder wahr noch falsch. Eine Erfahrung ist immer eine Fiktion, etwas Selbstfabriziertes, das es vorher nicht gab und das es dann plötzlich gibt." (Ebd., 57) In diesem Sinne sind Foucaults Bücher bewusst erzeugte Konstruktionen von der Entstehung bestimmter Wissensbereiche, die gewollte Wahrheitseffekte hervorbringen sollen, in denen immer auch das Moment der Fiktion und auch der Dekonstruktion und Neukonstruktion mit eingeschlossen ist.[282] Es sind Bücher, die die Kraft haben sollen, Transformationen in der Wahrnehmung bzw. „Problematisierung" dieser Bereiche hervorzurufen, gleichzeitig aber nicht völlig außerhalb der „Wahrheitsspiele" liegen, von denen sie handeln. Denn die Teilnahme an einem „Wahrheitsspiel" ist für Foucault die notwendige Voraussetzung, um dieses überhaupt verändern zu können: „Der Herrschaft einer Wahrheit entkommt man also nicht, indem man ein Spiel spielt, das dem Spiel der Wahrheit vollständig fremd ist, sondern indem man das Wahrheitsspiel anders spielt, indem man ein anderes Spiel, eine andere Partie oder mit anderen Trümpfen spielt." (Schriften IV 895).

So bezeichnet sich Foucault in Abgrenzung zum Theoretiker auch als Experimentator, der kein allgemeines System errichten will, sondern schreibt, um etwas, vor allem auch sich selbst, zu verändern.[283] Er sieht sich in Abgrenzung zum „universalen Intellektuellen" in der Rolle des „spezifischen Intellektuellen" (vgl. Teil I, Abs. 4.3), der keine universale Theorie aufstellen, keine allgemeine Wahrheit formulieren will, sondern „lokal" operiert, das heißt, von seinen autobiografischen Erfahrungen ausgehend ein spezielles Problem aufwirft und dazu Stellung bezieht (vgl. Schriften III 145 ff., 204 ff.; Macherey 1991, 192 f.). Dementsprechend begreift Foucault das, was er die „kritische Ontologie unserer Selbst" nennt, auch „nicht als eine Theorie, eine Lehre und noch nicht einmal als ein durchgängiges, in Akkumulation begriffenes Wissenskorpus ..; man muss sie als eine Haltung, als ein *ethos*, als ein philosophisches Leben begreifen, bei dem die Kritik dessen,

---

282 Der Zusammenhang zwischen Fiktion und Wahrheit ist für Foucault ein zentrales und gleichzeitig schwieriges Problem: „Was das Problem der Fiktion angeht, so ist das für mich ein sehr bedeutendes Problem; ich halte mir sehr wohl vor Augen, dass ich immer nur Fiktionen geschrieben habe. Ich will damit keineswegs sagen, dass dies außerhalb der Wahrheit ist. Mir scheint, es gibt die Möglichkeit, die Fiktion in der Wahrheit arbeiten zu lassen, Wahrheitseffekte mit einem Fiktionsdiskurs zu induzieren, und gewissermaßen dafür zu sorgen, dass der Wahrheitsdiskurs etwas hervorruft, erzeugt, das noch nicht existiert, dass er also ‚fiktioniert'. Man ‚fiktioniert' Geschichte von einer politischen Wirklichkeit her, die sie wahr macht, man ‚fiktioniert' eine Politik, die noch nicht existiert, von einer historischen Wahrheit her." (Schriften III 309)

283 „Ich bin ein Experimentator und kein Theoretiker. Als Theoretiker bezeichne ich jemanden, der ein allgemeines System errichtet, sei es ein deduktives oder ein analytisches, und es immer in der gleichen Weise auf unterschiedliche Bereiche anwendet. Das ist nicht mein Fall. Ich bin ein Experimentator in dem Sinne, dass ich schreibe, um mich selbst zu verändern und nicht mehr dasselbe zu denken wie zuvor." (Schriften IV 52)

was wir sind, zugleich historische Analyse der uns gesetzten Grenzen und Probe auf ihre mögliche Überschreitung ist." (Ebd., 706 f.)

Dagegen ist Elias von seinem Habitus her sehr viel mehr den „universalen Intellektuellen" zuzuordnen. Er stellt sich in die Theorietradition von „Gelehrten, die wach genug waren, ... eine innovatorische Aufgabe großen Maßstabes – die Aufgabe, eine umfassende Theorie der menschlichen Gesellschaft, genauer gesagt, der Menschheitsentwicklung auszuarbeiten, die als integrierender Bezugsrahmen für die verschiedenen speziellen Gesellschaftswissenschaften dienen konnte." (Elias 2005, 70) Dementsprechend geht es Elias um den Entwurf einer „Zentraltheorie der Soziologie" (ebd.), besser noch der Menschenwissenschaften, die für sich einen objektiven und allgemeinen, d.h. universalgeschichtlichen Wahrheitsanspruch reklamiert.[284] Sie nimmt für sich in Anspruch, im Vergleich zu Konkurrenztheorien ein wirklichkeitsadäquateres Modell zu liefern. So versteht Elias seine Bücher doch eindeutig als ‚Wahrheits-Bücher', wenn auch nicht in einem fundamentalen Sinne, da Elias seine eigene Theoriebildung gemäß seines Prozesstheorie in eine lange Generationenkette einordnet. Somit ist für ihn seine Theorie kein Anfangs- oder Endpunkt, sondern er erkennt zum einen ihre konstitutive Abhängigkeit von vorangegangenen „Fackelläufern" (vgl. Elias 1999, 83) an und betont zum anderen ihre Vorläufigkeit und die Notwendigkeit ihrer Weiterentwicklung und Revidierbarkeit.[285]

An dieser Stelle liegt jedoch eine gewisse Ambivalenz in Elias' Selbstwahrnehmung seiner Theoriebildung. Auf der einen Seite betont er die Eingebundenheit jeder Theorie, auch der eigenen, in einen langfristigen Entwicklungsprozess. Auf der anderen Seite lässt er bezüglich der eigenen Arbeit nur wenige wirklich relevante theoretische Vorläufer gelten: „Von Einzelwerken, die auf mich Einfluß hatten, kann ich eigentlich nur Freuds Werk erwähnen. Freuds psychoanalytische Theorie hat als Theorie auf meine Arbeit einen mitbestimmenden Einfluß gehabt." (Elias 1999, 82)[286] Elias betont zwar auch, von anderen Autoren gelernt zu haben (z.B. Weber, Mannheim, Comte, Marx, Huizinga), doch seine Beziehung zu diesen Autoren ist für ihn mehr die eines über sie Hinausgehens. Er nimmt für sich die Rolle des Neuerers in Anspruch, der einen neuen Weg einschlägt und die Wissensentwicklung damit vorantreibt. Daher sind es weniger einzelne Theoretiker, durch die er sich beeinflusst sieht, sondern für ihn ist es vor allem die gesamtgesellschaftliche Erfahrung seiner Generation, die ihn geprägt und die er verarbeitet hat.[287] So ist Elias in seiner

---

284 Zum Problem der Universalgeschichte bei Elias siehe Anders 2000a.

285 „Die Arbeit in den Menschenwissenschaften wie in anderen Wissenschaften ist ein Fackellauf: man nimmt die Fackel von den vorangehenden Generationen, trägt sie ein Stück weiter und gibt sie ab in die Hände der nächstfolgenden Generation, damit auch sie über einen selbst hinausgehen." (Elias/Lepenies 1978, 21)

286 Aber selbst direkte Reminiszenzen an Freud sind in Elias' Gesamtwerk ziemlich selten, wenn man bedenkt, dass zentrale Prämissen seiner Zivilisationstheorie von Freud stammen. Beispielsweise schreibt schon Freud, wie Schröter feststellt, „daß aller ‚innerer Zwang' beim Individuum zunächst in der Menschheitsgeschichte ‚äußerer Zwang' war" (Schröter 1997, 202).

287 „Natürlich steht man nicht außerhalb einer Tradition, ich habe zum Beispiel von Mannheim viel gelernt, und viel von dem Heidelberger Kreis der Studenten. Was ich nur betonen möchte, ist, daß ein Soziologe ganz besonders nicht nur aus Büchern lernt; und wenn er aus Büchern lernt, oft lernt, daß diese Bücher falsch oder ungenügend waren ... Aber es wäre ganz falsch, wenn man das Bild des Fackellaufs nur auf Bücher beschränkt. Ein Fackelläufer ist jeder, weil er das Schicksal seiner Generation

Eigenwahrnehmung, um seine Metapher vom „Fackellauf" zu verwenden, eher jemand, der im wissenschaftlichen Prozess eine Fackel weitergibt, als derjenige, der eine Fackel erhält (vgl. Schröter 1997, 203).[288]

Insgesamt betrachtet sich Elias also nicht als völlig neutralen Beobachter, der von einem ‚point of nowhere' eine völlig objektive und wahre Beschreibung der Welt liefert. Gleichzeitig glaubt er aber, mit seiner Theorie den „Aufstieg zu der nächsthöheren Stufe auf der Wendeltreppe des Selbstbewußtseins" (Elias 2005, 75) geschafft zu haben. Er sieht sich als Aufklärer, der aus einer Position der stärkeren Selbstdistanzierung Wissensblockaden, die den Blick auf ‚realitätsgerechtere' Sichtweisen bestimmter Gegenstandsbereichen versperren, aufzulösen vermag (vgl. ebd.). Aus diesem Anspruch heraus wäre ein theoretisches Selbstverständnis, so wie es Foucault vertritt, für Elias viel zu relativistisch.[289] Es geht ihm nicht nur wie Foucault darum, bestimmte ‚Wahrheiten' zu problematisieren. Neben der „Mythenjagd" (vgl. Elias 1970, 51 ff.) möchte er altes, in seinen Augen überkommenes Wissen durch ein besseres ersetzen. Darüber hinaus möchte Elias, anders als Foucault, der nicht sagen will, was zu tun ist,[290] „Orientierungswissen" (vgl. Haselbach 1996, 346) bereitstellen[291] – Wissen, das nicht nur eine Deskription von gesellschaftlichen Entwicklungen ist, sondern dem gleichzeitig ein präskriptiver bzw. normativer Wert hinsichtlich ihrer Steuerung zukommen soll. Denn das Wissen um die Eigenarten des Zivilisatonsprozesses und des Funktionierens gesellschaftlicher Figurationen zusammen mit der zumindest implizit vorgegebenen Richtung, in die der Zivilisationsprozess sich (wünschenswerterweise) hin weiter entwickeln sollte, muss zwar nicht unbedingt direkte Handlungsanweisungen zur Folge haben, soll aber doch eine gewisse Orientierung

---

teilt ... Ich lebte in einer Zeit großer Wandlungen. Ich brauchte also nicht Bücher zu lesen, um den Entwicklungsbegriff als etwas Lebendiges vor mir zu sehen." (Elias 1999, 82 f.)

288 Ob diese Selbststilisierung Elias' zu einem in höchstem Maße originären Denker auch wirklich so zutreffend ist, ist eine andere Frage. Fakt ist, dass eine Reihe von Untersuchungen vorliegen, welche die verschiedensten theoretischen Einflüsse auf die eliassche Theoriebildung zu rekonstruieren versuchen und damit helfen, sein Werk zu rekontextualisieren (zu einer Übersicht dieser Arbeiten siehe Anders 2000a, 47).

289 Schon Mannheims Wissenssoziologie und seine These von der „Standortgebundenheit" allen Denkens fällt für Elias in diese Kategorie und bedeutet für ihn, zu Ende gedacht, „den totalen Ruin aller Denkbemühungen" (vgl. Elias 1990, 142).

290 „Die Rolle eines Intellektuellen ist nicht die, anderen zu sagen, was sie zu tun haben. Mit welchem Recht sollte man das tun? Und denken Sie nur an all die Prophezeiungen, Verheißungen, Anordnungen und Programme zurück, die die Intellektuellen formuliert haben ... und deren Auswirkungen man jetzt gesehen hat. Die Arbeit eines Intellektuellen ist ... durch die auf seinen eigenen Gebieten durchgeführten Analysen die Selbstverständlichkeit und die Postulate neu zu befragen, die Gewohnheiten und die Handlungs- und Denkweisen zu erschüttern, die übernommenen Vertrautheiten zu zerstreuen ... und ausgehend von dieser Reproblematisierung ... an der Ausbildung eines politischen Willens ... teilzuhaben." (Schriften IV 834; vgl. auch ebd., 107 ff., 655 f.)

291 „Ich glaube, daß die Soziologie eine entscheidende Aufgabe innerhalb der Menschenwissenschaften ... hat. Sie kann Menschen eine bessere Orientierung und damit ein realitätsgerechteres Handeln ermöglichen. Unsere heutige Praxis ist ja noch allzu sehr von Phantasien, Wunschträumen und Ideologien bestimmt und nur in beschränktem Maße realitätsnahe." (Elias 2005, 142 f.)

und „Handlungswissen" (Anders 2000b, 56) für die Politik oder auch für den einzelnen Leser darstellen.[292]

Über den Wahrheitsgehalt der eliasschen Theorie gibt es eine lange und breit gefächerte Diskussion, die an dieser Stelle jedoch nicht annähernd wiedergegeben werden kann und soll.[293] Dabei wird in den verschiedenen Auseinandersetzungen nicht so sehr die empirische Verifizierbarkeit des historischen Quellenmaterials, das Elias gesammelt hat, kritisiert, sondern die Schlussfolgerungen und Hypothesen, die er daraus abgeleitet hat. Hier könnte man u.a. grob zwei Kritiklinien unterscheiden. Zum einen wird der eliassche Zivilisationsbegriff kritisiert, den einige Kritiker als ethnozentrisch einstufen, da Elias westliche Vorstellungen von Zivilisationsnormen zu einseitig sowohl zur Beurteilung der eigenen als auch von fremden Kulturen einsetzt, ohne die kulturelle Voreingenommenheit der eigenen Perspektive kritisch zu reflektieren. Zum anderen geht es um die Richtigkeit oder Falschheit der eliasschen Theoriekonstruktion, d.h. die richtige oder falsche Auslegung oder auch die Auswahl des empirischen Materials.

Nun kann man als Kritiker zwei Positionen einnehmen. Man kann sich entweder auf einen ähnlich objektiven Wahrheitsanspruch, wie ihn Elias vertritt, zurückziehen, und in der Auseinandersetzung mit dem Werk Elias' ginge es dann im Kampf um die Deutungshoheit um die Frage des ‚Wahr' oder ‚Falsch'. Wollte man aber versuchen, die eliassche Theorie anschlussfähiger an aktuelle Diskussionen in den Geistes- und Sozialwissenschaften zu machen, wäre die Dekonstruktion des objektiven und universalisierenden Erkenntnisbegriffs von Elias wohl die bessere Alternative. In einer solchen konstruktivistischen Perspektive müsste dann der Anspruch einer zentralen und universalen Theorie innerhalb der „Menschenwissenschaften" zugunsten einer deutlich bescheideneren Rolle aufgegeben werden.[294] In dieser Lesart wäre dann seine Theorie ein möglicher und kein privilegierter Beobachterstandpunkt.[295]

Zusammenfassend könnte man sagen, dass die angesprochenen Divergenzen zwischen Foucault und Elias vor allem aus ihren unterschiedlichen erkenntnistheoretischen Positionen resultieren, aus den Konsequenzen, die sich aus einer eher realistischen und einer stärker erkenntniskritischen Position ergeben. Ihre verschiedenen Epistemologien und der sich daraus ableitende Wissens- und Erkenntnisbegriff haben, wie später zu sehen

---

292 Man kann Elias, wie Haselbach dies tut, in der Tradition Comtes als potentiellen „Gesellschaftsingenieuren" lesen, dessen Soziologie dann „intentional Herrschaftswissen" (für die Politik) darstellen würde (vgl. Haselbach 1996, 346 ff.), gleichzeitig aber auch als „Tugendlehrer", der einen moralischen Appell an seine Leser richtet (vgl. Anders 2000a 36 ff.).

293 In der Öffentlichkeit bekannt geworden ist vor allem die Elias-Duerr-Kontroverse (vgl. dazu Anders 2000a, 9 ff.).

294 Ein Beispiel für die Probleme, die sich aus einer universalisierenden Auslegung der Zivilisationstheorie ergeben können, wird in einem Kongressbericht von Wilterdink deutlich. Nachdem ein Anthropologe dargelegt hatte, dass „viele kleine außereuropäische Gesellschaften eine außerordentlich hohe Zivilisationsstufe" aufweisen, waren die „anwesenden Zivilisationssachverständigen ... einigermaßen aus der Fassung gebracht. Man suchte eifrig nach Erklärungen, um mit dieser bedrohlichen Anomalie fertig zu werden." (Wilterdink 1984, 291) Frei nach dem Motto: Was nicht sein darf, kann auch nicht sein.

295 Eine derartige Deutung favorisiert beispielsweise der interaktionistische Konstruktivismus (vgl. Reich 1998a, 32 ff.).

sein wird, nicht nur Auswirkungen auf ihr jeweiliges theoretisches Selbstverständnis und ihren Fortschritts- bzw. Entwicklungsbegriff, sondern auch auf ihren Umgang mit der Subjektproblematik. Während Elias an einer sozialwissenschaftlich fundierten Subjekttheorie interessiert ist, geht es Foucault eher darum, den Objektivitätsanspruch humanwissenschaftlicher Theorien zu dekonstruieren, indem er ihre Machtverwobenheit und historische Kontingenz aufzeigt. Dieser Unterschied zeigt sich z.B. in ihrer konkreten Beschäftigung mit der historischen Entwicklung moderner Subjektivität. Versucht Elias in seiner Theorie von der Psychogenese die Entstehung der psychischen Struktur des modernen Menschen mit Hilfe u.a. freudscher Theorieelemente zu beschreiben, geht es Foucault in seiner „Genealogie des Subjekts" (Schriften IV 210) eher um eine Kritik derartiger humanwissenschaftlicher Objektivierungsmechanismen (vgl. Teil II, Abs. 4.1). Er möchte zeigen, wie sich diese Art der Objektivierung des Selbst historisch entwickelt hat und damit nur eine mögliche (kontingente) Weise der Problematisierung des Selbst darstellt. Diese Arbeit leistet er auch, um damit Räume für ein ‚Anders-Denken', für eine Praxis der „Ent-Subjektivierung" (Schriften IV 54) zu eröffnen.

2.4 Beobachter, Teilnehmer und Akteur

Anstatt die Unterschiede im theoretischen Selbstverständnis bei Foucault und Elias nur aus ihren erkenntnistheoretischen Differenzen abzuleiten, könnte man diese auch aus einer beobachtertheoretischen Perspektive heraus analysieren.[296] An dieser Stelle bietet sich die Beobachtertheorie aus dem interaktionistischen Konstruktivismus an, da die dort vorgenommene Unterscheidung zwischen Beobachter, Teilnehmer und Akteur eine gute Analyseperspektive oder auch Kontrastfolie darstellt, um sowohl Gemeinsamkeiten als auch Unterschiede zwischen beiden Autoren zu beschreiben.[297] Weder Foucault noch Elias haben explizit eine eigene Beobachtertheorie entwickelt, doch implizit thematisieren sie in der Selbstreflexion ihrer Arbeit ihre Rollen als Beobachter, Teilnehmer und Akteur, wenn auch mit unterschiedlichen Akzentuierungen.

In ihren historischen Analysen sehen sich beide als Metabeobachter, die versuchen, bestimmte „Wahrheitsspiele" und deren Transformationen (Foucault) bzw. komplexe Entwicklungsprozesse (Elias) zu beschreiben. Bei Foucault kommt der Beobachterrolle vor allem in der „Archäologie des Wissens" ein (zu) starkes Gewicht zu. In dieser Arbeit stilisiert er den „Archäologen" zum unbeteiligten Beobachter, der aus einer Metaperspektive heraus eine rein äußerliche Beschreibung der Diskursereignisse liefert (vgl. Teil I, Abs. 1.1.3). Eine solche Position war, wie gesehen, nicht durchzuhalten, und Foucault wird später sehr viel stärker seine Perspektivität als Teilnehmer bzw. als teilnehmender Beobachter und auch als Akteur betonen. Elias thematisiert seine Rolle als selbstdistanzierter Beobachter vor allem in seinen Arbeiten zur Wissenssoziologie. Insgesamt bleibt seine

---

296 Dabei schließt eine solche Perspektive immer auch erkenntnistheoretische Implikationen mit ein.
297 Zu den Perspektiven des Beobachters, Teilnehmers und Akteurs im interaktionistischen Konstruktivismus vgl. exemplarisch Reich (2004).

Einschätzung des Status des (wissenschaftlichen) Beobachters im Laufe seines Werkes ziemlich konstant.

Die Differenzen in der Selbstwahrnehmung ihrer eigenen Beobachterrolle ergeben sich vor allem aus der unterschiedlichen Konzipierung ihrer jeweiligen Teilnehmerrolle. Doch zunächst zu den Gemeinsamkeiten: Sowohl Foucault als auch Elias sehen sich als Teilnehmer an einem „Wahrheitsspiel" (Foucault) oder als Mitglied einer gesellschaftlichen Figuration (Elias). Damit betonen beide die historische und gesellschaftliche Bedingtheit und die damit verbundene Perspektivität jedes, auch des eigenen Analysestandpunktes. Foucault benutzt in diesem Zusammenhang den Ausdruck des „historischen Apriori" (vgl. u.a. Schriften IV 778), Elias nennt dies „gesellschaftliches Apriori" (Elias 2001, 165). Mit diesen Formulierungen wollen sie verdeutlichen, dass Beobachtung nicht voraussetzungsfrei erfolgt, sondern abhängig ist von dem kulturellen Zusammenhang, in den jeder Beobachter als Teilnehmer eingebunden ist. Beide sehen dieses ‚Apriori' als veränderbar an. Gleichzeitig determiniert für sie die Teilnehmerrolle nicht vollständig die Beobachterperspektive, sondern es ist durchaus möglich, eine ‚relative Autonomie' gegenüber dem kulturellen Kontext, in dem man eingelassen ist, zu entwickeln.[298] Bei Foucault und Elias ist die Teilnehmerrolle aber noch auf andere Weise konstitutiv für ihre Forschungen. Denn beide reagieren mit ihrer Arbeit auf konkrete Situationen, in denen sie sich als Teilnehmer (und natürlich auch als Beobachter und Akteur) befunden haben. Das heißt, beide Werke sind eng mit den Biographien ihrer Autoren verknüpft. So entstand beispielsweise Foucaults Motivation, über den Wahnsinn zu schreiben, auch aus den Erfahrungen heraus, die er während seiner Arbeit in der Psychiatrie gemacht hat, und sein Buch „Überwachen und Strafen" durch seine Beteiligung in der französischen Gefangenenbewegung (G.I.P.).[299] Auch Elias betont, dass die gesamtgesellschaftliche Situation, in die er eingebunden war, seine Arbeit sowohl in der Themenwahl als auch in der Ausprägung stark beeinflusst hat: „Ich in meiner Generation damals dachte sicher auch nicht ganz zufällig darüber nach, wie sich Zivilisationen entwickeln, wohin die Reise geht. Ich hatte den Ersten Weltkrieg erlebt. Ich hatte den Zusammenbruch der Weltwirtschaft erlebt, der Zweite Weltkrieg stand vor der Tür. Es ist klar, daß man sich da solche Fragen stellt." (Elias 1999, 83) Insgesamt ist für Elias die Teilnahme und das Engagement in der Gesellschaft eine notwendige Voraussetzung für die Arbeit eines „Menschenwissenschaft-

---

298 Bezüglich der Sprache als einem wesentlichen Werkzeug der Wahrnehmung und des Denkens formuliert Elias: „Eine gegebene Sprache ... bestimmt daher in gewissem Maß das Denken eines Individuums. Innerhalb gewisser Grenzen kann man sich jedoch auch von den in der eigenen Sprache angelegten Kategorien freimachen." (Elias 2001, 112)

299 „Wenn ich mich an eine theoretische Arbeit gemacht habe, geschah das stets auf der Basis meiner eigenen Erfahrung und im Zusammenhang mit Prozessen, die vor meinen Augen abliefen. Weil ich in den Dingen, die ich sah, in den Institutionen, mit denen ich zu tun hatte, und in meinen Beziehungen zu anderen Risse, versteckte Erschütterungen oder Dysfunktionen zu erkennen glaubte, begann ich mit Arbeiten, die gleichsam Fragmente einer Autobiographie darstellten." (Schriften IV 223) Zum Zusammenhang zwischen „Denken und Existenz bei Michel Foucault" siehe auch den gleichnamigen Sammelband (vgl. Schmid 1991).

lers".[300] Damit schreiben sowohl Elias als auch Foucault aus einer Haltung des Engagements heraus.

Das entscheidende Kriterium, wie man von der engagierten Teilnehmer- und Akteursrolle zu der des beobachtenden Forschers gelangen kann, ist für Elias die gelungene „Balance von Engagement und Distanzierung". Schafft es der Wissenschaftler in einem persönlichen Akt der Selbstdistanzierung von persönlichen Neigungen, Gefühlen und Ängsten, von seinem Imaginären[301] so weit wie möglich abzusehen und eine tatsachen- und faktenorientierte Haltung und damit eine neutralere Beobachterperspektive einzunehmen, kann dies zu realitätsgerechterem Wissen führen. Das heißt mit anderen Worten: Elias glaubt, seine Rolle als engagierter Teilnehmer durch eine stärkere Selbstdistanzierung zugunsten einer neutraleren Beobachterposition zurückdrängen zu können. Hier stellt sich die Frage, inwieweit eine Neutralisierung des Imaginären in der Beobachtung überhaupt möglich und wünschenswert ist. Ist nicht schon das idealisierte Selbstbild des Wissenschaftlers als neutraler und distanzierter Beobachter ein über ein imaginäres Begehren vermitteltes Phantasma? Schon George Devereux macht darauf aufmerksam, dass eine Zurückdrängung eigener Gefühle und Ängste im Forschungsprozess nur begrenzt möglich und zudem äußerst problematisch ist (vgl. Hinz 2002, 127). Für Devereux bringt die Subjektivität des Forschers immer „Verzerrungen" mit sich, die sich nie vollständig ausschließen lassen, vielmehr dem Forschungsprozess inhärent sind. Werden diese „Störungen" ignoriert oder durch „als Methodologie getarnte Gegenübertragungswiderstände" abgewehrt, „so werden sie zu einer Quelle unkontrollierter und unkontrollierbarer Irrtümer" (Devereux 1976, 18). Deswegen plädiert Devereux im Rahmen der verhaltenswissenschaftlichen Methodologie für die Perspektive einer „authentischen Objektivität", innerhalb derer die Subjektivität des Forschers berücksichtigt wird, und nicht für das Forschungsideal einer „fiktiven Objektivität", welches für ihn mehr Probleme mit sich bringt als löst (vgl. ebd.).

Darüber hinaus steht Elias' Streben nach (Selbst-)Distanzierung und der Neutralisierung von persönlichen Gefühlen im Forschungsprozess in einem gewissen Widerspruch zu seiner eigenen synthetisierenden Arbeitsweise, die vor allem von seiner Imaginationskraft lebt und von dem Einbezug vorbewusster Kräfte, die seine Kreativität und Phantasie anregen.[302] Interessant in diesem Zusammenhang ist Schröters Versuch, Phantasien und Affektmotive von Elias herauszuarbeiten, die einen direkten Einfluss auf Kernprämissen seiner Theorie bzw. auf seine Theoriebildung insgesamt haben (vgl. Schröter 1997, 210

---

300 „Das Problem, vor dem Menschenwissenschaftler stehen, läßt sich also nicht einfach dadurch lösen, daß sie ihre Funktion als Gruppenmitglieder zugunsten ihrer Forscherfunktion aufgeben. Sie können nicht aufhören, an den sozialen und politischen Angelegenheiten ihrer Gruppen und ihrer Zeit teilzunehmen, können nicht vermeiden, von ihnen betroffen zu werden. Ihre eigene Teilnahme, ihr Engagement ist überdies eine der Voraussetzungen für ihr Verständnis der Probleme, die sie als Wissenschaftler zu lösen haben ... [Es] ist ... für das Verständnis der Funktionsweisen menschlicher Gruppen unerläßlich, auch als Insider zu wissen, wie Menschen ihre eigene und andere Gruppen erfahren; und man kann es nicht wissen ohne aktive Beteiligung und Engagement." (Elias 2003, 128 f.)

301 Zum Begriff des Imaginären im interaktionistischen Konstruktivismus vgl. Reich 1998a, 424 ff.; 1998b 40 ff.

302 Eine gute Beschreibung von Elias synthetisierendem und kreativem Arbeitsverfahren gibt Schröter 1996, 87 ff., oder auch Anders 2000a, 25 ff.

ff.).[303] Hier erscheint der distanzierte Beobachter Elias dann doch engagierter, als er sich selber wahrnimmt. Die stärkere Affektgeladenheit von Elias' Forscherblick hat für Schröter jedoch keinen Einfluss auf den Wahrheitsanspruch bzw. den „Realitätsgehalt" von dessen Analysen (vgl. ebd., 184).

An dieser Stelle kann man einen deutlichen Unterschied zwischen Elias und Foucault feststellen. Denn für Foucault ist die Vorstellung von einer neutralen oder weniger neutralen Beobachterposition oder von mehr oder weniger wirklichkeitskongruentem Wissen an sich schon problematisch. Er misstraut dem mit dieser Auffassung verbundenen wissenschaftlichen Objektivitätsideal, das im Grunde auf einer universalen und substantiellen Wahrheitskonzeption basiert, in der Wahrheit als etwas begriffen wird, dem man sich annähern oder von dem man sich entfernen kann. Für ihn findet, wie gesehen, in der „Geschichte des Denkens" weniger eine Verschiebung von weniger zu mehr realitätsadäquaterem Wissen statt. Es ändert sich vielmehr das „Wahrheitsspiel" selber, die Regeln, nach denen zwischen wahr und falsch unterschieden wird, ohne dass diese Änderung als Annäherung an eine objektive Realität gelesen werden muss. Anstatt Distanzierung als Möglichkeit zu begreifen, realitätsgerechteres Wissen zu gewinnen, ist für Foucault der Akt der Distanzierung eher eine Möglichkeit der Verfremdung, aufgrund dessen man einen Gegenstandsbereich auf andere Weise wahrnimmt als bisher. Ein Vorgang freilich, der wiederum direkten Einfluss auf das „Wahrheitsspiel" haben und es verändern kann. Dementsprechend sieht Foucault seine Arbeit vor allem auch als ein Mittel der Selbstdistanzierung, mit Hilfe dessen er versucht, sein eigenes Denken und damit sich selber zu verändern.

Hier zeigt sich ein weiteres Grundmotiv des foucaultschen Denkens: der ständige Wechsel der Beobachterperspektive. Francois Ewald (1978, 8) nennt dies im Anschluss an Foucault „vagabundierendes Denken": Ein Denken, das ständig versucht, neue Räume jenseits der alten Denkräume zu erschließen, dabei aber nicht von ihnen Besitz ergreifen will (vgl. ebd., 7 ff.). Das heißt, es möchte innerhalb dieser Räume keine neuen Theorien und keine objektiven Wahrheiten produzieren, sondern, nachdem es die alten Räume „problematisiert" und andere Möglichkeiten des Denkens aufgezeigt hat, weiterwandern.[304] Dagegen verändert sich die Beobachterperspektive bei Elias im Laufe seines Werkes nur wenig. Im Grunde beobachtet er ständig durch die ‚Brille' seiner Theorie des Zivilisationsprozesses. Dies hat zur Folge, dass die Grundarchitektur und die Grundprämissen des eliasschen Denkens über die gesamte Werkphase hinweg ziemlich konstant bleiben. So bauen auch seine späteren Arbeiten zur Wissenssoziologie oder zur Symbol-

---

303 Diese spezifischen Affektmotive unterscheidet Schröter von den unspezifischen Motiven bei Elias. Unter letzteren versteht er Phantasien von Elias (z.B. Größenphantasien oder Phantasien der Autarkie), die keinen direkten Einfluss auf die Theoriegestaltung, aber dennoch einen indirekten auf die Theoriebildung haben, indem sie beispielsweise die Arbeitsmotivation beeinflussen (vgl. Schröter 1997, 198 ff.). Insgesamt verweisen die von Schröter gefundenen Phantasien und Affektmotive bei Elias nicht nur auf den starken Einfluss des Imaginären hinsichtlich Elias' Theoriebildung, sondern auch bezüglich seiner Bedeutung für Elias' persönliches Selbstverständnis als Wissenschaftler (vgl. ebd.).

304 Bezeichnend für Foucaults Faible für die Oszillation und sein Selbstverständnis der Nicht-Identität ist auch folgendes Zitat aus der „Archäologie des Wissens": „Man frage mich nicht, wer ich bin, und man sage mir nicht, ich solle der Gleiche bleiben: das ist eine Moral des Personenstandes; sie beherrscht unsere Papiere. Sie soll uns frei lassen, wenn es sich darum handelt, zu schreiben." (AW 30)

theorie entscheidend auf Denkfiguren aus seinem frühen Opus magnum „Über den Prozeß der Zivilisation" auf (vgl. Gleichmann 1987, 408).

Insgesamt sehen Foucault und Elias sich als distanziert engagierte Beobachter immer auch als Akteure in einem „Wahrheitsspiel" (Foucault) oder in der Weiterentwicklung eines wissenschaftlichen Diskurses (Elias). Allerdings beschränkt sich die Akteursrolle für beide aufgrund ihrer eben angesprochenen Haltung des Engagements nicht nur auf einen wissenschaftlichen Spezialdiskurs, sondern sie haben durchaus Ambitionen im gesellschaftspolitischen Bereich.[305] Auch hier unterscheiden sich Foucault und Elias aber grundsätzlich. Elias betrachtet seine Analysen als Aufklärungs- bzw. Orientierungsmittel zur Unterstützung eines Fortschrittsprozesses, nämlich des Zivilisationsprozesses. Dagegen reiht Foucault seine Arbeit nicht in ein allgemeines Fortschrittsprogramm ein, sondern sieht sie als eine „vagabundierende" und lokale Praxis der Kritik, der Dekonstruktion oder Subversion.

---

305 Dabei war das gesellschaftspolitische Engagement bei Foucault deutlich ausgeprägter als bei Elias. Dies kann man zumindest teilweise auf die unterschiedlichen Lebensumstände der beiden zurückführen. Elias musste als Exilant hart um seine Existenz kämpfen. Er konnte nur unter äußerst schwierigen Bedingungen seine wissenschaftliche Arbeit vorantreiben und hat erst sehr spät in seinem Leben wissenschaftliche Anerkennung erfahren. Dagegen war Foucault, schon früh politisiert, ein „Popstar" des französischen Gegendiskurses.

3. System versus Subjekt

Die Beobachtertheorie des interaktionistischen Konstruktivismus kann nicht nur für einen Vergleich hinsichtlich der Selbstwahrnehmung beider Autoren hilfreich sein, sondern auch, um Unterschiede in der Konzeptionalisierung des Subjekts innerhalb ihrer jeweiligen Analyseperspektive zu verdeutlichen. Als zusätzliche Beobachterperspektive bieten sich hier noch die Problemstellungen an, die im Kontext der Debatten von struktur- bzw. systemtheoretischen und handlungstheoretischen Positionen zu finden sind und die sich u.a. in der Gegenüberstellung von Handlungssubjekt und handlungsleitendem System bzw. Struktur oder, um beobachtertheoretische Kategorien zu verwenden, von Akteur und Teilnehmer ausdrücken. Dieser für die Geistes- und Sozialwissenschaften zentrale Problembereich spielt auch bei Elias und Foucault eine wichtige Rolle und bietet einen interessanten Vergleichspunkt hinsichtlich ihrer Perspektiven auf Subjektivität.

Zunächst sollen jedoch die beobachtertheoretischen Kategorien des Teilnehmers, Beobachters und Akteurs auf die schon unterschiedenen drei Werkphasen Foucaults bezogen werden (Abs. 3.1–3.3), um auf dieser Grundlage einen Vergleich zwischen Foucaults und Elias' Positionen anzuschließen (Abs. 3.4).

3.1 Der Teilnehmer in der archäologischen Diskursanalyse

Bei Foucault kann man bezüglich der Akzentuierung der Perspektiven des Teilnehmers, Beobachters und Akteurs innerhalb seines Gesamtwerkes deutliche Unterschiede feststellen. In Foucaults archäologischen Arbeiten wird das Subjekt vor allem als (passiver) Teilnehmer eines komplexen diskursiven Systems konzipiert.

In dieser Analyseperspektive wird das Beobachten, Denken und Handeln der Subjekte von den Regeln übersubjektiver und anonymer Wissenssysteme bestimmt, wobei den einzelnen Subjekten selber kein besonderer Einfluss auf diese Systeme zugestanden wird. Die Systeme verändern sich zwar ständig, nur führt Foucault diese Transformationen nicht auf das Handeln und die Intentionen einzelner Subjekte zurück, sondern die Veränderungen ergeben sich für ihn aus der inneren Dynamik des Systems selber. Das heißt nicht, dass Foucault Analysen, in denen das beobachtende und handelnde Subjekt ein stärkeres Gewicht hat, als völlig verfehlt ansehen würde, aber für ihn ist ein solches Subjekt im Rahmen seiner Diskursanalyse nicht relevant.[306] Vielmehr ist die Ausklammerung einer konstituierenden Rolle der Subjekte für die Diskursbildung zu diesem Zeitpunkt seiner Theoriebildung Prinzip, da es eines seiner zentralen Anliegen ist, seine archäologische Methode von phänomenologischen und interpretativen Ansätzen abzugrenzen, die dem

---

306 „Kurz, ich versuchte den wissenschaftlichen Diskurs nicht vom Standpunkt der sprechenden Individuen aus zu erforschen, ... sondern vom Standpunkt der Regeln, die nur durch die Existenz solchen Diskurses ins Spiel kommen ... Es ist mir klar, daß ich auch an dieser Stelle keinen großen Fortschritt gemacht habe. Aber ich möchte vermeiden, daß die Bemühungen, die ich in einer Richtung unternommen habe, mir als Ablehnung jeden anderen möglichen Zugangs gedeutet werden." (OD 15)

beobachtenden und handelnden Subjekt „absolute Priorität" einräumen (vgl. OD 15).[307] Wogegen Foucault sich also wendet, ist das souveräne Erkenntnis- und Handlungssubjekt.

In mancher Hinsicht mutet Foucaults Kampf gegen ein derartiges Subjektbild ein wenig anachronistisch an (vgl. Brieler 1998, 177). So hat Sartre in seiner Kritik der „Die Ordnung der Dinge" darauf hingewiesen, dass Foucault einen Subjektbegriff angreift, der längst obsolet geworden ist: „Das Problem ist nicht, ob das Subjekt ‚dezentriert' ist oder nicht. In gewissem Sinne ist es immer dezentriert. *Der* Mensch existiert nicht ... Wenn man darauf besteht, unter Subjekt eine Art von substanziellem Ich zu verstehen oder eine immer mehr oder weniger gegebene zentrale Kategorie, von der aus sich die Reflexion entwickelt, dann ist das Subjekt schon lange tot ... Das Wesentliche ist nicht, was man aus dem Menschen gemacht hat, sondern was er aus dem macht, was man aus ihm gemacht hat. Was man aus dem Menschen gemacht hat, das sind die Strukturen, die Sinn-Einheiten, die die Geistes- und Sozialwissenschaften untersuchen. Was der Mensch macht, das ist die Geschichte selbst, das wirkliche Überschreiten dieser Strukturen in einer totalisierenden Praxis." (Sartre 1969, 211 f.)

Im Ziel der Überschreitung treffen sich Foucault und Sartre durchaus.[308] Wie es aber zu einer Überschreitung kommen und wo der Einsatz des Subjekts dafür liegen kann, wird in Foucaults Diskursanalyse aufgrund ihrer theoretischen Ausrichtung und der daraus folgenden Ausklammerung des Subjekts nicht sehr deutlich. So schießt Foucault in seiner Abgrenzung zu oben genannten Positionen, zumindest zu diesem Zeitpunkt seiner Theoriebildung, ein Stück weit über das Ziel hinaus. Denn er betont zu einseitig die subjektkonstituierende Rolle der Diskurssysteme, ohne die diskurs(-re)produzierende Kraft der Subjekte hinreichend zu berücksichtigen.[309] In Foucaults Archäologie stellt der Diskurs

---

307 Noch in einem Gespräch aus dem Jahre 1975 charakterisiert Foucault den Unterschied zwischen seiner Diskursanalyse und phänomenologischen oder interpretativen Ansätzen folgendermaßen: „Ich suche nicht hinter dem Diskurs nach einer Macht, die dessen Quelle sein soll, wie es in einer Beschreibung phänomenologischen Typs oder bei jeder anderen interpretativen Methode geschieht. Ich gehe vom Diskurs als solchem aus. In einer phänomenologischen Beschreibung möchte man aus dem Diskurs etwas über das Subjekt des Diskurses ableiten. Man versucht, im Diskurs etwas über die Intentionen des sprechenden Subjekts zu erfahren – ein Denken, das sich gerade vollzieht. Die von mir praktizierte Analyse befasst sich nicht mit dem Problem des sprechenden Subjekts, sondern untersucht, welche unterschiedlichen Rollen der Diskurs innerhalb eines strategischen Systems spielt, an dem auch Macht beteiligt ist und für das Macht eingesetzt wird." (Schriften III 595)

308 Nur ist für Foucault das Subjekt nicht Träger der Geschichte. Auch versteht er die Überschreitung nicht als „totalisierende Praxis" (Sartre), sondern als singulär, partiell und fragmentarisch und ebenso nicht als das Resultat oder als Bewegung hin zu einer ‚ursprünglichen Freiheit' oder einer authentischen Subjektivität. Außerdem muss das Subjekt für Foucault erst einmal erkennen, ‚wie es gemacht worden ist', um sich verändern zu können.

309 In einem imaginären Streitgespräch am Ende seins Buches „Archäologie des Wissens" hat Foucault eine Problemstellung, die sich aus seiner Archäologie ergibt, vorweggenommen. Seinem (imaginären) Gesprächspartner legt er folgende Worte in den Mund: „Sie machen ja selbst einen eigentümlichen Gebrauch von jener Freiheit, die Sie anderen bestreiten, denn Sie räumen sich das ganze Feld eines freien Raumes ein, den Sie nicht einmal in seinen Eigenschaften bestimmen wollen. Vergessen Sie aber nicht die Mühe, die Sie sich selber gemacht haben, um den Diskurs der anderen in Regelsysteme einzuschließen? ... Für Sie ist die Revolution leicht, wenn es sich um Sie selbst handelt, aber schwierig, wenn es sich um die anderen handelt." (AW 297) Natürlich weist Foucault die Anschuldigungen in

Subjektpositionen bereit, „die unter bestimmten Bedingungen mit indifferenten Individuen gefüllt werden" (AW 167) können. Dies führt zu einer Analyseperspektive, in der das Subjekt als Akteur, aber auch als Beobachter nur die Positionen einnehmen kann, die ihm das Diskurssystem vorgibt. Das heißt, die Rollen als Beobachter und Akteur werden durch die Teilnehmerrolle, die sich in der Einnahme bestimmter Subjektpositionen ausdrückt, grundlegend bestimmt, während die Akteurs- und Beobachterrolle keinen Einfluss auf die Teilnehmerrolle und damit auf die Subjektpositionen haben. So beschränkt sich die Rolle des Subjekts in der Archäologie fast ausschließlich auf die einer Variablen und einer bloßen Funktion im Diskurs. Es findet eine Dispersion des Subjekts statt, eine Verteilung bzw. Verstreuung des Subjekts auf verschiedene, vorgegebene Subjektpositionen des Diskurssystems, ohne dass dem Subjekt in diesem Prozess ein sonderlich aktiver Part zugestanden wird.[310]

Konzipiert man wie Foucault die Subjektpositionen als vor allem durch das Diskurssystem bestimmt, so liegt es für den Leser nahe, die Subjekte bei Foucault als völlig durch das System determiniert anzusehen, einen Standpunkt, den Foucault aber eigentlich nicht vertreten will. Gerade neuere Diskurstheorien im Anschluss an Foucault (und anderen Autoren) entwickeln deshalb seine Perspektive an dieser Stelle weiter. Beispielsweise betonen Laclau und Mouffe mit Foucault die relationale Differenzstruktur und gleichzeitige Unabgeschlossenheit jeden Diskurses. Nach ihrer Auffassung ermöglicht es aber gerade die Unmöglichkeit einer abschließenden Sinnfixierung den Subjekten, eine aktive Rolle einzunehmen, da durch diesen „Mangel des Diskurses" (Stäheli 1999, zit. nach Keller 2004, 54) Freiräume entstehen. Es bilden sich ‚Momente des Unentscheidbaren' (vgl. ebd.), die von den Subjekten aufgelöst und imaginär geschlossen werden müssen, was wiederum zu neuen Subjektpositionen führt. So ist das „Moment der Unentscheidbarkeit" (ebd.) das „Moment des Subjektes" (ebd.), da für das Unentscheidbare noch keine Handlungsroutinen und Problemlösungsverfahren existieren. Entscheidet es sich und nimmt eine Subjektposition ein, führt dies zur „Auslöschung des Moments des Subjekts" (ebd.; vgl. auch Keller 2004, 52 ff.; Sarasin 2003, 46 ff.; Hirseland/Schneider 2001, 390 ff.).

Mit dem Begriff des ‚Mangels' ist mit Lacan ein sehr wichtiger theoretischer Bezugspunkt von Laclau und Mouffe angesprochen.[311] Hier steht Lacans Register des Realen für das ‚Außen' des diskursiven Feldes, für das ganz ‚Andere', das nicht symbolisiert werden kann. Das Reale impliziert gleichzeitig die Unmöglichkeit eines vollständigen und geschlossenen Diskurses, da es immer einen konstitutiven Mangel anzeigt, einen Riss, der nie endgültig geschlossen werden kann. Dieser Riss kann nur imaginär geschlossen werden, d.h. die Einheit kann nur in einem „imaginären Raum als unmögliches Konstrukt" (Stäheli 1998, 63) gewährleistet werden. Laclau und Mouffe bezeichnen diese Differenz zwischen einem Diskurs und seinem Außen als „Antagonismus" (vgl. Sarasin 2003, 170).

---

der direkt folgenden Antwort zurück. Aber die ambivalente Position des Subjekts in Foucaults Archäologie beschreibt diese eigene Polemik doch treffend.

310 „Der so begriffene Diskurs ist nicht die majestätisch abgewickelte Manifestation eines denkenden, erkennenden und es aussprechenden Subjekts: Im Gegenteil handelt es sich um eine Gesamtheit, worin die Verstreuung des Subjekts und seine Diskontinuitäten mit sich selbst sich bestimmen können. Es ist ein Raum der Äußerlichkeit, in dem sich ein Netz von unterschiedlichen Plätzen entfaltet." (AW 82)

311 Daneben spielt Derridas Arbeit eine herausragende Rolle für die Diskurstheorie von Laclau/Mouffe.

Zugleich ist das Reale für den Diskurs konstitutiv, weil es ihn „begrenzt, unterbricht, scheitern lässt, zu Neuanfängen zwingt etc." (Ebd., 53) In einer von Lacan inspirierten Kritik weist Žižek darauf hin, dass Laclau/Mouffe das Subjekt aber noch rein „poststrukturalistisch" fassen, „nämlich von einer Perspektive der Annahme verschiedener ‚Subjektpositionen' aus." (Žižek 1998, 124). Dagegen verlagert Žižek den Antagonismus zwischen verschiedenen Subjektpositionen in das Subjekt selber hinein. In dieser Perspektive ist es, bezogen auf den Kampf um Identität, nicht der externe Andere, „der mich daran hindert, meine Selbstidentität zu erreichen, sondern jede Identität ist bereits in sich selbst blockiert, von einer Unmöglichkeit markiert, und der externe Feind ist einfach das kleine Stück, der Rest an Realität, auf den wir diese intrinsische immanente Unmöglichkeit ‚projizieren' oder ‚externalisieren'." (Ebd., 126)

Dies wäre dann das lacansche Subjekt, das durch einen konstitutiven Mangel an „Identität" und „Ganzheit" gekennzeichnet ist – ein Mangel, der das Subjekt in seinem „Begehren" antreibt, es über seine Grenzen hinausdrängt in Richtung des imaginierten Realen, das es jedoch nie erreichen kann (vgl. Sarasin 2003, 52 f.). Nun könnte man im lacanschen „Begehren" gerade die in Foucaults diskursanalytischer Subjektkonzeption fehlende, aktivierende Kraft des Subjekts sehen. Eine subversive Kraft, die das Subjekt ein Stück weit vom Diskurs und seinen Subjektpositionen emanzipiert und es dazu befähigt seine Stellung im Symbolischen zu überschreiten.

Foucault lehnt jedoch den lacanschen Begriff des Begehrens ab, eben weil dieser immer einen Mangel impliziert. Auch kritisiert er an diesem Begriff den quasi universalistischen Anspruch, den er im Subjektbild der lacanschen Psychoanalyse einnimmt und der im Grunde die überhistorische ‚Wahrheit' des Menschen ausmachen soll. So sieht er den Diskurs der Psychoanalyse in „Der Wille zum Wissen" weniger als einen Diskurs der Befreiung, sondern vielmehr als ein Zwangselement innerhalb des Sexualitätsdispositivs, das den Menschen dazu anhält, sein „Begehren zu entziffern". Damit ist in der foucaultschen Kritik das lacansche Begehren auf doppelte Weise mit der Macht verbunden. Zum einen ist das Subjekt in der lacanschen Perspektive immer schon Gefangener seines Begehrens, dessen Strukturierung tief in der Kindheitsgeschichte des Subjekts verborgen liegt und die eigentliche Triebkraft des Menschen ausmachen soll. Das heißt, das Begehren bemächtigt sich des bewussten Subjekts („moi") und konstituiert es im Grunde, wobei für Lacan das „moi" im Vergleich zum unbewussten Subjekt, dem „je", sowieso nur ein untergeordnetes und verkennendes Subjekt ist. Derartigen ‚Wesensbestimmungen' des Menschen steht Foucault grundsätzlich skeptisch gegenüber und auch der hier deutlich werdende stark deterministische Zug der lacanschen Psychoanalyse ist ein klarer Differenzpunkt zwischen den beiden. Zum anderen ist der psychoanalytische Diskurs in seiner Entstehung und Wirkung für Foucault eng mit dem Sexualitätsdispositiv verbunden, das vorgibt, was der Mensch zu begehren hat, nämlich sein ‚Begehren' zu entschlüsseln. Für Foucault sind es dann auch eher die Lust bzw. die Lüste und nicht das Begehren, die als Widerstandspunkt gegen das Sexualitätsdispositiv gebraucht werden können (vgl. WZW 187).

Deleuze schreibt zum Zusammenhang zwischen den Begriffen Lust und Begehren bei ihm und Foucault:

„Als wir uns das letzte Mal gesehen haben, sagte Michel ...: ‚Ich kann das Wort *Begehren* nicht leiden, selbst wenn ihr es anders gebraucht, spüre und denke ich unwillkürlich, daß Begehren = Mangel oder Unterdrückung ist ... Aber vielleicht ist das, was ich *Lust* nenne, dasjenige, was ihr *Begehren* nennt. Auf alle Fälle brauche ich jedoch ein anderes Wort als *Begehren*.' ... ich meinerseits ertrage kaum das Wort *Lust*. Aber warum? Für mich beinhaltet Begehren keinen Mangel; es ist auch keine natürliche Gegebenheit; es ist nichts anderes als ein Heterogenen-Gefüge, das funktioniert; es ist der Prozeß, im Gegensatz zu Struktur oder Genese; es ist Affekt im Gegensatz zu Gefühl; es ist Haecceitas (Individualität eines Tages, einer Jahreszeit, eines Lebens) im Gegensatz zu Subjektivität; es ist Ereignis im Gegensatz zu Ding oder Person. Und vor allem impliziert es die Konstitution eines Immanenzfeldes oder eines *Körpers ohne Organe*, der sich nur durch Intensitätszonen, Schwellen, Gradienten, Ströme definiert. Dieser Körper ist sowohl biologisch als auch kollektiv und politisch; auf ihm entstehen und vergehen die Gefüge, er ist es, der die Deterritorialisierungsspitzen der Gefüge und die Fluchtlinien trägt." (Deleuze 1996, 30 f.)

Man könnte in Deleuzes Begriffsbestimmung des ‚Begehrens' durchaus einige Anknüpfungspunkte zu Foucaults Aufforderung zur „Ent-Subjektivierung" (Schriften IV 54), also der Zurückweisung von Identitätsmerkmalen finden. Oder zu einer Praxis der „Entunterwerfung" (WK 15), in der vor allem der Körper (und die Lüste) als Widerstandspunkte und als „Fluchtlinien" (s.o.) gegen die Bio-Macht (und ihr Sexualitätsdispositiv) eingesetzt werden sollen, auch weil es der Körper ist, auf den die Bio-Macht abzielt (vgl. Teil I, Punkte 2.1.3.2, 2.2.2). Denn Deleuzes ‚Begehren' erscheint als polymorphe und offene Kraft, die potentiell fähig ist, sich den normativen Zwängen spezifischer Dispositive zu entziehen, um etwas Neues zu schaffen. Vergleicht man aber Foucaults ‚Lüste' und Deleuzes ‚Begehren' näher, fällt auf, dass Foucault in den ‚Lüsten' weniger eine aktivierende Kraft sieht, sondern sie eher als Formen bzw. als etwas Konstruiertes betrachtet (vgl. Gehring 2004, 101). So können die ‚Lüste' deshalb zu einem Angriffspunkt gegen das Sexualitätsdispositiv werden, weil sie Formen annehmen können, die, wenn man so will, *que(e)r* zu den Normen und Formen dieses Dispositivs stehen. Für diese Art der Widerstandspraxis braucht es aber noch einer Dimension, deren Begrifflichkeit Foucault erst in seinen späten Arbeiten systematisch entwickelt: die ‚Beziehung zu sich selbst'.[312] Denn die Möglichkeit einer spezifischen Formierung oder eines bestimmten ‚Gebrauchs der Lüste' kommt für Foucault nicht ohne ein Subjekt aus, das durch eine ‚Beziehung zu sich selbst' charakterisiert ist. Entsprechend wird Foucault den Selbstbezug (und die über diesen operierenden Selbsttechniken) als ‚Freiheit' bzw. als Freiheitsmomente ermöglichenden Ort (vgl. Teil I, Abs. 3.2) dem Körper und den Lüsten in gewisser Weise vorordnen.[313] Zwar kann sich ein (mehr oder weniger freier) Selbstbezug auch in den Körpern und den Lüsten bzw. im (reflektierten) Umgang mit diesen ausdrücken, muss aber nicht auf diese beschränkt sein. Oder anders ausgedrückt: Bezüglich des Sexualitätsdispositivs können auf den Körper angewandte und über die Lüste wirkende (subversive) Selbsttechniken als

---

312 Das Fehlen dieser Dimension in Foucaults früheren Arbeiten ist auch ein Grund, warum dort die Thematisierung von Widerstand und ‚Freiheit' nur bedingt möglich war.

313 An dieser Stelle ist anzumerken, dass für Foucault der Selbstbezug zwar ein vorrangiger Widerstandspunkt gegen die sich besonders durch ihren subjektivierenden Charakter auszeichnenden modernen Machtverhältnisse darstellt, er aber nicht „der einzig mögliche" (Schriften IV 901) ist (vgl. dazu auch Teil I, Abs. 3.2).

Gegenpraktiken gegen die herrschenden Diskurse und Machtverhältnisse durchaus effektiv sein. In anderen Kontexten (und selbst hinsichtlich des Sexualitätsdispositivs) können aber auch ganz andere Momente und Elemente im ‚Verhältnis zu sich selbst' als Strategien und Angriffsrichtungen in Frage kommen. Insgesamt zeigt sich für Foucault also vor allem im ‚Verhältnis zu sich selbst' die symbolische und auch imaginäre Kraft des Subjekts, die diskursiven und machtstrategischen Verhältnisse zumindest ein Stück weit zu transformieren. Jedoch ist der Selbstbezug des Subjekts eine Perspektive, die Foucault erst in seinem Spätwerk ausarbeitet. In seiner archäologischen Diskursanalyse spielen ‚Praktiken des Selbst und der Freiheit' keine wesentliche Rolle.

3.2 Der Beobachter in der genealogischen Machtanalyse

Nach diesem kurzen Exkurs in lacansche und deleuzesche Gefilde geht es wieder zurück zur beobachtertheoretischen Analyse des Subjekts bei Foucault, nun hinsichtlich seiner Stellung in der foucaultschen Machtanalyse. Oben ist festgestellt worden, dass in der archäologischen Diskursanalyse die Dimensionen des Beobachters und Akteurs zugunsten der Teilnehmerrolle stark unterrepräsentiert bleiben. Dagegen kommt in Foucaults Machtanalyse dem Beobachter ein deutlich größeres Gewicht zu, aber nicht als Möglichkeit der Distanzierung von den gegebenen Verhältnissen, d.h. in einem emanzipativen Sinne. Vielmehr wird das Individuum innerhalb von Macht/Wissen-Dispositiven einer ständigen Beobachtung und Überwachung ausgesetzt und so diesen unterworfen.

Eine solche totale Überwachung dient zum einen dazu, Wissen über den Menschen zu gewinnen. Gleichzeitig soll sie im Verbund mit dem gewonnenen Wissen das Individuum bzw. seinen Körper kontrollieren und nutzbar machen. Dabei ist in der Beobachtungssituation sowohl das Moment der Fremdbeobachtung als auch das der Selbstbeobachtung eingeschlossen, weil die Fremdbeobachtung letztlich zu einer Selbstbeobachtung, d.h. zu einer Selbstüberwachung des Individuums führen soll.[314] In dieser Fremd- und Selbstobjektivierung des Individuums bildet sich für Foucault das Disziplinarsubjekt – ein Subjekt freilich, das reines Produkt und damit auch Unterwerfungsmechanismus[315] gesellschaftlicher Machtsysteme ist, welche die Normen und Identitätsmerkmale vorgeben, nach denen sich ‚gelungene' oder ‚abweichende' Subjektivitäten bilden. Das Disziplinarsubjekt konstituiert sich also immer über und durch den Blick von mehr oder weniger anonymen anderen, durch den panoptischen Blick gesellschaftlicher Institutionen und Machtsysteme, die im Verbund mit den Humanwissenschaften die Grenzen für normales und abweichendes Verhalten festlegen und damit nicht nur individualisieren, sondern auch totalisieren, d.h. die Individuen vereinheitlichen, indem sie sie einem festen Normsystem unterwerfen.

---

314 Als Paradebeispiel für diesen Mechanismus dient Foucault das Panopticon von J. Bentham (vgl. ÜS 256 ff.).

315 Foucault sieht hier das Subjekt bzw. die Subjektivität als Unterwerfungsmechanismus gesellschaftlicher Machtsysteme an, da ihre Disziplinarmechanismen über die Produktion einer (Zwangs-) Subjektivität die Individuen in ihrem Denken und Handeln bestimmen.

So ist das Subjekt in Foucaults Analysen zur Disziplinarmacht auch in der Rolle des Akteurs und Teilnehmers vornehmlich in der Situation eines passiven Fremd- und Selbstbeobachters. Seine Aktionen werden kontrolliert und objektiviert. Es „ist Objekt einer Information, niemals Subjekt einer Kommunikation." (ÜS 257)[316]

In „Der Wille zum Wissen" nimmt das Subjekt im Vergleich zu „Überwachen und Strafen" zwar eine deutlich aktivere Beobachterrolle ein. Aber auch hier beobachtet es sich nur unter den Teilnahmebedingungen eines vorgegebenen Machtdiskurses, der festlegt, was es zu beobachten und wie es diese Beobachtungen zu interpretieren hat. Auch in diesem Buch fehlt die Thematisierung der subversiven Möglichkeiten des Individuums.[317] Die Beobachtung als Akt der Distanzierung von sich und von den gesellschaftlichen Verhältnissen, d.h. die Beobachtung als Möglichkeit des Widerstands und der aktiv vom Subjekt und nicht vom System ausgehenden Veränderung, wird in Foucaults machtanalytischen Arbeiten so gut wie nicht behandelt. Dies ist auch darauf zurückzuführen, dass Foucaults bisheriger Fokus vor allem auf der Analyse der subjekt- und objektkonstituierenden Kraft von Diskurssystemen und Machtdispositiven liegt.

3.3 Das Subjekt als Akteur

In späteren Arbeiten wird Foucault eine gewisse Neuausrichtung oder Neuorientierung seiner Machtanalytik vornehmen (vgl. Teil I, Kapitel 3). In diesen wird er Machtverhältnisse nicht mehr vornehmlich als anonyme Systeme thematisieren, sondern als Beziehungsverhältnisse, die sich aus dem Handeln einzelner Akteure und ihrer Interaktionen untereinander (d.h. dem wechselseitigen Einwirken auf ihr jeweiliges Handeln) bilden

---

316 Im interaktionistischen Konstruktivismus wird die Unterscheidung zwischen Fremd- und Selbstbeobachtung bzw. zwischen Fremd- und Selbstbeobachter folgendermaßen präzisiert: Als Selbstbeobachter nimmt das Subjekt sich selbst (und damit z.B. eigene Gefühle, Wünsche, Erwartungen, Hoffnungen oder auch Normen und Ansprüche) in der Interaktion mit anderen wahr. Als Fremdbeobachter beobachtet das Subjekt entweder andere aus kritischer Distanz oder aber sich selbst aus einer „imaginierten Fremdbeobachterperspektive". In dieser beurteilt das Subjekt sich und sein Verhalten aus einer selbstreflexiven Position heraus, in die immer auch die (abschätzenden) Blicke von realen oder imaginierten anderen mit einfließen. Fremd- und Selbstbeobachtung sind hier zwar grundsätzlich unterschiedene, jedoch eng miteinander verwobene „Beobachtungsrichtungen". Das heißt, in jeder Selbstbeobachtung ist das Moment der Fremdbeobachtung mit eingeschlossen und umgekehrt. Denn in jeder Eigenwahrnehmung und Selbstbeobachtung werden kulturelle Normen oder gesellschaftliche Ansprüche, also die Erwartungen und Beobachtungen von anderen, mit transportiert, so dass ein Selbstbeobachter sich immer auch durch den Blick von anderen sieht. Ebenso ist jeder Fremdbeobachter Selbstbeobachter, weil jede noch so neutrale Fremdbeobachtung grundsätzlich mit persönlichen Wünschen, Gefühlen und Imaginationen verflochten ist (vgl. Reich 1998a, 32 ff.; 1998b 41 f.; 2002, 90; 2004, 79 f.). Im Vergleich zu Foucaults Machtanalyse der frühen 1970er Jahre, in der vor allem die Unterwerfungsfunktion der Beobachterrolle herausgearbeitet wird, betont der interaktionistische Konstruktivismus jedoch stärker das emanzipative Potential des Beobachters.

317 Foucaults eigene Intentionen bezüglich seines Buches wie auch hinsichtlich all seiner anderen sind aber durchaus subversiv. Denn ein Ziel von „Der Wille zum Wissen" ist es, den Diskurs der Psychoanalyse zu untergraben.

(vgl. SM 255). Damit betont Foucault die Freiheitsspielräume, die den handelnden Individuen innerhalb der Machtverhältnisse bleiben, um aktiv auf sich und andere einzuwirken. Gäbe es keine Freiheitsspielräume, würde das Machtverhältnis zur bloßen Herrschaft gerinnen. An dieser Stelle findet also eine Verschiebung von einer vormals stark struktur- bzw. systemtheoretisch ausgerichteten Position hin zu einer Perspektive statt, in der handlungstheoretische Elemente eine deutlich stärkere Rolle spielen. Jedoch lässt Foucault seine holistische Position[318] nicht fallen, da die Akteure immer auch in vorgängigen Wissens- und Machtordnungen eingebunden sind, welche ihr Handeln stark beeinflussen und anleiten. Aber Foucault erklärt die Gestalt und die Transformation dieser Systeme nicht mehr nur aus deren Eigendynamik heraus, sondern fasst nun auch die Rolle der Subjekte als system(re-)produzierende Akteure und Teilnehmer ins Auge. Die Subjekte erscheinen in ihrer Handlungsfähigkeit wie auch in ihrer eigentlichen Konstituierung als Subjekt nicht mehr vollständig durch ‚das System' bestimmt, vielmehr bilden sich Subjekt und System in einem gegenseitigen Bedingungsverhältnis.

Mit den Begriffen der Selbsttechniken und des Selbstbezugs bestimmt Foucault den Ort, an dem sich Fremd- und Selbstführung des Individuums verbinden. Es ist der Punkt, an dem moderne Machttechniken angreifen, indem sie das Individuum subjektivieren und auf diese Weise in seinem Handeln anleiten. Gleichzeitig ist dies aber auch der Ort, von dem aus das subjektivierte Individuum als Akteur verändernd auf sich und die Machtverhältnisse, in die es verstrickt ist, einwirken kann. Im Selbstbezug bzw. im Selbstverhältnis des Subjekts drückt sich auch die Beobachterrolle des Subjekts aus. Dementsprechend ist der Beobachter im Spätwerk Foucaults nicht mehr nur Werkzeug der Macht, sondern aus der Beobachterrolle heraus ergeben sich auch Möglichkeiten zu „Praktiken der Freiheit" (Schriften IV 877).

Gerade in Foucaults letzten Arbeiten zur Antike wird der Bereich der Selbsttechniken und der Selbstkonstitution des Subjekts das zentrale Thema sein. Nun wurde in Bezug auf Foucaults späte Arbeiten bereits herausgearbeitet, dass in ihnen das gegenseitige Konstitutionsverhältnis zwischen Macht- und Selbsttechnologien nicht ausführlich dargestellt wird. Liegt der Fokus in vorangegangenen Arbeiten vor allem auf den Machtmechanismen und der Fremdkonstitution des Subjekts, akzentuiert er in seinem Spätwerk besonders dessen Möglichkeiten zur Selbstkonstitution, wobei der gesellschaftliche Bezugsrahmen, in denen die untersuchten Selbsttechniken eingebettet sind, zumindest in seiner möglichen Zwangswirkung nicht sehr stark berücksichtigt wird. Entsprechend werden die Freiheitsspielräume der Subjekte innerhalb ihrer Beobachter- und Akteursrollen relativ stark betont, bei gleichzeitiger Unterdeterminierung der gesellschaftlichen Zwänge und der (passiven) Teilnehmerrolle des Subjekts. So wird aus beobachtertheoretischer Sicht auch in

---

318 Hier bezieht sich der Begriff Holismus nicht auf eine, weiter oben diskutierte, erkenntnistheoretische Position, sondern auf die sozial- bzw. kulturtheoretische Diskussion zwischen handlungs- und strukturtheoretischen Positionen, die auch durch das Begriffspaar von Holismus und Individualismus unterschieden werden können. Der soziologische Holismus würde in seiner Extremform einen Standpunkt bezeichnen, für den das Denken und Handeln der Individuen durch die gesellschaftlichen Strukturen völlig bestimmt wird, während für den soziologischen Individualismus die Individuen keineswegs durch die gesellschaftlichen Bedingungen determiniert sind, vielmehr ihre Intentionen und ihr Handeln konstitutiv für die gesellschaftlichen Strukturen sind.

Foucaults Spätwerk die Vermittlung zwischen Beobachter, Teilnehmer und Akteur nur auf theoretischer Ebene bestimmt, ohne jedoch in seinen historisch-empirischen Arbeiten hinreichend ausgeführt zu werden. Eine Verknüpfung von struktur- und handlungstheoretischen Perspektiven findet damit nur unzureichend statt.

Dies liegt, wie schon ausgeführt (vgl. Teil I, Abs. 4), sicherlich auch in der speziellen Analyseperspektive von Foucaults späten Studien begründet. Daher sollte man seine Entscheidung in seinem Spätwerk, die „Formen der Selbstbeziehung besser für sich selbst zu analysieren" (Schriften IV 714), d.h. ohne besondere Berücksichtigung der Machtdimension, vor allem auch als theoriestrategische Entscheidung verstehen. Denn zum einen geht es Foucault in diesen Arbeiten vornehmlich darum, die Ausbildung spezifischer Selbstbeziehungsmodi zu beschreiben und zu analysieren.[319] Für diese Zielsetzung wäre der zu starke Bezug auf die Verbindungen zu gesellschaftlichen Machtmechanismen laut Foucault eher kontraproduktiv und könnte unter Umständen sogar dazu führen, „mit Bezug auf die Sexualität Analyseformen zu reproduzieren, die auf die Organisation eines Erkenntnisbereichs oder auf die Entwicklung von Kontroll- und Erzwingungstechniken ausgerichtet" (ebd.) sind. Dies würde letztendlich bedeuten, bezüglich der Sexualität eine ähnliche Arbeit zu leisten, die er schon bezüglich des Wahnsinns oder der Delinquenz durchgeführt hat (vgl. ebd.; Teil I, Kapitel 4). Zum anderen ergibt sich durch die besondere Betonung der Freiheitsspielräume in den antiken Subjektivierungspraktiken, welche mit der Erfahrung der *aphrodísia* verbunden sind, ein stärkerer Kontrast und damit eine bessere Vergleichsebene zu der frühchristlichen „Erfahrung des Fleisches". Denn während das allgemeine Thema der Mäßigung oder Sittenstrenge auch schon in der Antike zu finden ist, ist der geringere Freiheitsspielraum in der frühchristlichen Selbstführung für Foucault ein wesentlicher Differenzpunkt zwischen Antike und Christentum (vgl. Schriften IV 904 f.; GL 30 ff.). So kann durch den Vergleich mit ihren ‚freieren' Vorläufern die Eigenart frühchristlicher Subjektivierungspraktiken mit ihren spezifischen Zwangsmechanismen besser dargestellt werden. Gleichzeitig bildet die Problematik der Freiheitsspielräume und ihrer Veränderung eine Art Leitfaden, anhand dessen die Transformationen in den Selbsttechniken von der Antike bis hin zum frühen Christentum in ihrer historischen Kontingenz verfolgt werden können (vgl. dazu Teil I, Kapitel 4).

Auch muss an dieser Stelle angemerkt werden, dass Foucaults Werk ein frühzeitig abgebrochenes Werk ist. Die Frage, in welche Richtung Foucault seine Subjektkonzeption weiter entwickelt hätte, ist zwar rein hypothetisch, aber schon in den veröffentlichten Vorarbeiten zum unveröffentlichten vierten Fortsetzungsband von „Sexualität und Wahrheit" über das frühe Christentum ist die „Pastoralmacht" ein zentrales Thema. Bei dieser handelt es sich, wie gesehen, um eine Machtform, die direkt auf den Selbstbezug des Subjekts zielt und für Foucault in veränderter Form bis in die Gegenwart wirkt (vgl. Teil I, Abs.

---

319 Die Konzentration auf die Ebene der Selbstbeziehung ist für Foucault auch ein ausschlaggebender Grund gewesen, entgegen seinem ursprünglichen Plan weit in die Geschichte zurückzugehen. Dadurch kann er sich geschichtlichen Phasen zuwenden, in denen die Komplexität der Beziehungen zwischen dem, was er die „drei Achsen der Erfahrung" nennt (Wissen, Macht und Selbstbezug), weniger groß ist. Entsprechend einfacher ist es, die Achse des Selbstbezugs gesondert zu betrachten (vgl. Schriften IV 714).

4.2.3). Daher kann man davon ausgehen, dass Foucault die Dimension der Fremdkonstitution des Subjekts keineswegs ausklammern wollte.

3.4 Foucault – Elias

Im Vergleich zu Foucault liegt eine Stärke des eliasschen Ansatzes sicherlich darin, dass er von Anfang an versucht, den Dualismus zwischen individualistischen und strukturtheoretischen Positionen aufzulösen. Für ihn ist das Individuum in seinem Handeln nie völlig von den gesellschaftlichen Strukturen bestimmt. Genauso abwegig ist für Elias aber die Vorstellung eines völlig frei agierenden, vereinzelten Individuums. Beobachtertheoretisch ausgedrückt heißt dies, dass Elias bestrebt ist, die Teilnehmer-, Akteurs- und Beobachterrolle des Individuums zusammenzudenken. In diesem Kontext ist der schon eingeführte Begriff der *Figuration* wichtig (vgl. Teil II, Kapitel 1).

3.4.1 Figurationen

Jedes Individuum ist für Elias Mitglied einer gesellschaftlichen Figuration, deren immanente Regeln das Denken und Handeln wesentlich prägt.[320] Gleichzeitig setzt sich eine Figuration aus einzelnen, aber interdependenten Individuen zusammen und verweist nicht auf ein abstraktes Strukturprinzip. Das heißt, eine Figuration und ihre impliziten (Handlungs-)Regeln existieren nicht unabhängig von den interdependenten Individuen, ihren Intentionen und Handlungen. Denn zum einen (re-)produzieren die Individuen in ihrem Handeln die Figuration und deren Regeln, zum anderen ist das Handeln der Individuen auch für die ständige Veränderung von Figurationen und den ihnen immanenten Gesetzmäßigkeiten verantwortlich. Das soll im Umkehrschluss nicht heißen, dass für Elias die spezifische Struktur einer Figuration auf die Intentionen einzelner Individuen oder Gruppen zurückgeführt werden kann. Vielmehr begreift Elias die Entstehung gesellschaftlicher Ordnung als nicht-intendierte Folge zielgerichteten Handelns:

„Die Zwecksetzung, die Pläne und Handlungen einzelner Menschen verflechten sich beständig in die von anderen. Diese Verflechtung von Handlungen und Plänen vieler Menschen aber, die überdies kontinuierlich von Generation zu Generation weitergeht, sie selbst ist nichts Geplantes. Sie ist nicht aus den Plänen und Zwecksetzungen einzelner Menschen und auch nicht nach deren Muster zu verstehen. Hier hat man es mit Erscheinungen, mit Zwängen und Gesetzmäßigkeiten eigner Art zu tun ... Das Miteinanderleben der Menschen, das Geflecht ihrer Absichten und Pläne, die Bindungen der Menschen durcheinander, sie bilden, weit entfernt die Individualität des Einzelnen zu vernichten, vielmehr das Medium, in dem sie sich entfaltet. Sie setzen dem Individuum Grenzen, aber sie geben ihm zugleich einen mehr oder weniger großen Spielraum. Das gesellschaftliche Gewebe der Menschen bildet das Substrat, aus dem heraus,

---

320 „Kein einzelner Mensch ... kann die Eigengesetzlichkeit des Menschengeflechts, aus dem heraus, in das hinein er agiert, durchbrechen." (Elias 1994, 77)

in das hinein der Einzelne ständig seine individuellen Zwecke spinnt und webt. Aber dieses Gewebe und sein geschichtlicher Wandel selbst ist als Ganzes in seinem wirklichen Verlauf von niemandem bezweckt und von niemandem geplant." (Elias 1997b, 486 f.)

An dieser Stelle gibt es eine deutliche Parallele zwischen Elias und Foucault, die mit dem „Problem der Macht" (Elias 1970, 96; Schriften IV 102) zusammenhängt. Zunächst beinhalten die Interdependenzverhältnisse der Individuen untereinander für Elias grundsätzlich Machtbeziehungen. Dementsprechend versteht Elias ähnlich wie Foucault Macht weniger als Besitz, sondern als eine Relation, als „eine Struktureigentümlichkeit menschlicher Beziehungen – aller menschlichen Beziehungen ... und die – als Struktureigentümlichkeit – weder gut noch schlecht ist." (Elias 1970, 77, 97) Auch wenn Machtbeziehungen Interaktionsbeziehungen zwischen Individuen oder Gruppen sind, lassen sich sowohl für Elias als auch für Foucault die Ausprägung oder die Entwicklung komplexer Machtverhältnisse nicht auf die Absichten einzelner Individuen oder Gruppen zurückführen. Vielmehr sind diese das Resultat heterogener Ereignisse, Intentionen und Kalküle, die sich zu vielschichtigen, mehr oder weniger einheitlichen Figurationen oder Dispositiven verweben und damit in ihrer Gesamtheit nicht geplant sein können.[321] Gleichzeitig wird für Elias jede beabsichtigte Interaktion von derartigen unbeabsichtigten, d.h. nicht-intendierten und ungeplanten Interdependenzgeflechten bzw. Machtverhältnissen beeinflusst. Denn diese haben Interdependenzzwänge zur Folge, aus denen spezifische Handlungsmöglichkeiten und -regeln resultieren. In Foucaults Formulierung wären es die Zwangsmechanismen der Dispositive, welche das Handeln der Individuen leiten (vgl. WZW 113 ff.; Schriften III 393 f.; Elias 1970, 96 ff.).

An dieser Stelle liegt jedoch auch ein wesentlicher Unterschied zwischen beiden Autoren. Foucault hebt, zumindest bis zu seinen Analysen zur Gouvernementalität und zum Regierungsbegriff (vgl. Teil I, Kapitel 3), vor allem die Übersubjektivität, Anonymität und den Zwangscharakter von Machtverhältnissen und Wissenssystemen hervor, ohne die Rolle der agierenden Individuen besonders zu berücksichtigen. Dies führt dazu, dass in vielen Analysen Foucaults die Individuen in ihren Positionen als Beobachter, Teilnehmer und Akteur als grundlegend unterworfen erscheinen. Dagegen besteht für Elias jede Figuration und jedes Machtverhältnis letztendlich aus interdependenten Individuen, deren Absichten und Handlungen. Sie werden in ihrem Denken und Handeln zwar entscheidend von figurationsimmanenten, übersubjektiven Gesetzmäßigkeiten beeinflusst, werden von diesen aber nicht vollständig determiniert. Wenn man Elias' Position auf die beobachtertheoretischen Perspektiven des Teilnehmers, Beobachters und Akteurs bezieht, kann man sagen, dass die Akteursrolle des Menschen grundlegend durch seine Rolle als Teilnehmer in einer Figuration bestimmt wird. Dem Menschen bleiben aber immer auch Freiheitsspielräume, die vor allem auch aus seiner Beobachterrolle, aus seiner Fähigkeit zur Distanzierung erwachsen. Das heißt, in der Akteursrolle verbinden sich für Elias Teilnehmer- und Beob-

---

321 Als Beispiel für einen Verflechtungszusammenhang von unzähligen, divergierenden Absichten und Zielsetzungen, die in einen Gesamteffekt münden, der von niemandem geplant oder vorhergesehen war, gibt Foucault die „Geburt des Gefängnisses" an (vgl. ÜS 93 ff.; Schriften III 393 f.; Teil I, Abs. 2.1.2).

achterrolle und bei genügender (Selbst-)Distanz kann der Mensch eine ‚relative Autonomie' von seiner Teilnehmerrolle entwickeln.

3.4.2 Der „soziale Habitus"

In Elias' Begrifflichkeiten wird die Teilnehmerrolle vor allem in seinem Terminus des „sozialen Habitus" (Elias 1994, 245) deutlich. Dieser bezeichnet bei Elias so etwas wie eine „soziale Persönlichkeitsstruktur" (vgl. ebd., 269), eine psychische Prägung, die den Mitgliedern einer Figuration gemeinsam ist und deren Verhalten und Empfinden stark beeinflusst. Der *soziale Habitus* bildet sich für Elias in einem langfristigen, ungeplanten Entwicklungsprozess und ändert sich dabei relativ langsam. Auch wenn die Dynamik des gesellschaftlichen Wandels stark auf ihn einwirkt, kann er eine relativ große Stabilität aufweisen, sich der Veränderung widersetzen und gesellschaftliche Umstrukturierungsprozesse unter Umständen sogar unterbinden oder bremsen. Elias spricht in diesem Zusammenhang von „Nachhinkprozessen" (vgl. Elias 1994, 281 f.). Ein wichtiger Bestandteil des *sozialen Habitus* ist für Elias die Form und das Maß an Selbstregulierung.[322] Wie er in seinen Arbeiten zum Zivilisationsprozess ausgeführt hat, variiert diese für ihn im Verlaufe des Zivilisationsprozesses deutlich. Jede Gesellschaft gibt ihren Mitgliedern einen „unterschiedlichen Spielraum der Selbstregulierung" vor, in dessen Rahmen sie sich in ihrem Verhalten bewegen müssen. Ein „Habitusproblem par excellence" (ebd., 244) bildet für Elias das Problem des „Nationalcharakters" (ebd.) oder besser des „nationalen Habitus" (ebd., 280), der in der Selbstwahrnehmung der Individuen „als eine Schicht des sozialen Habitus sehr tief und fest in die Persönlichkeitsstruktur der einzelnen Menschen eingebaut" (ebd., 279) ist und ihr Denken und Handeln dementsprechend beeinflusst.[323]

Dies soll nicht heißen, dass für Elias der *soziale Habitus* die Individuen grundsätzlich festlegt und determiniert. Vielmehr entwickelt jeder Mensch auf der Grundlage des *sozialen Habitus* seinen „individuellen Habitus" (ebd., 280): „Dieses Gepräge, also der soziale Habitus der Individuen, bildet gewissermaßen den Mutterboden, aus dem diejenigen persönlichen Merkmale herauswachsen, durch die sich ein einzelner Mensch von anderen Mitgliedern seiner Gesellschaft unterscheidet. So wächst ja etwa auch aus der gemeinsamen Sprache, die der Einzelne mit anderen teilt ... ein mehr oder weniger individueller Stil heraus oder aus der sozialen Schrift eine unverkennbar individuelle Handschrift." (Ebd. 244) Wobei das Maß an Individualität und Differenz für Elias von Gesellschaft zu Gesellschaft variiert. In einfachen Gesellschaften ist der *soziale Habitus* einschichtig und auch im *individuellen Habitus* unterscheiden sich die einzelnen Individuen nicht so stark, wie in modernen Gesellschaften. Je komplexer die Gesellschaft wird, desto komplexer und vielschichtiger wird laut Elias auch der soziale und mit ihm der individuelle Habitus ihrer Mitglieder. Nun wird der Mensch in modernen Gesellschaften „nicht nur tatsächlich verschiedener ..., der einzelne Mensch wird sich dieser Verschiedenheit zugleich auch stärker

---

322 Ein anderer „integraler Bestandteil des sozialen Habitus" ist die Sprache (vgl. Elias 1994, 244).

323 Vor allem in seinen „Studien über die Deutschen" beschäftigt sich Elias ausführlich mit dem Themenkomplex des „nationalen Habitus" (vgl. Elias 1989).

bewusst. Und von einer bestimmten Stufe der gesellschaftlichen Entwicklung ab legt man zugleich auch solchen Verschiedenheiten eines Menschen von anderen einen besonderen Wert bei." (Ebd., 191) Individualität wird zu einem gesellschaftlichen und damit auch persönlichen Ideal (vgl. ebd., 191 ff.).[324]

Der aus dem *sozialen Habitus* moderner westlicher Gesellschaften erwachsende Anpassungsdruck des einzelnen Menschen hin zu einer stärkeren Selbstregulierung und Individualisierung führt gleichzeitig zu einer zunehmenden (Selbst-)Beobachtung. Das Aufkommen des Beobachters ist für Elias aber nicht nur Ausdruck eines neuen Verhaltensstandards, sondern dem Beobachter kommt durch die sich gleichzeitig mit ihm entwickelnde Fähigkeit zur (Selbst-)Distanzierung durchaus auch emanzipative Kraft zu. Im Vergleich zu Foucaults Machtanalyse hat der Beobachter bei Elias damit deutlich weniger negative Konnotationen. Zwar bildet sich der (Selbst-)Beobachter für Elias innerhalb langfristiger sozio- und psychogenetischer Entwicklungsprozesse aus und ist damit auch das Produkt gesellschaftlicher Machtbeziehungen. Dennoch begreift Elias die Rolle des modernen (Selbst-)Beobachters weniger als einen Zwangsmechanismus moderner Macht, sondern betont deutlich ihr Aufklärungs- und Zivilisationspotential. Denn für Elias führt die Beobachterrolle auf dem Wege der Distanzierung sowohl zu einer Verringerung von phantasiegeladenem Wissen zugunsten von wirklichkeitsadäquaterem Wissen als auch zu einer besseren Kontrolle zerstörerischer Affekte und damit zu einer Niveausteigerung in der zivilisatorischen Entwicklung der Menschheit. Anders ausgedrückt ist das Aufkommen des (Selbst-)Beobachters für Elias ein Übergang zu einer „höheren Stufe des Selbstbewußtseins". Auch an dieser Stelle wird Elias' grundsätzlicher Fortschrittsoptimismus deutlich.[325]

Trotz der Betonung der emanzipativen Kraft des Beobachters wird diese hinsichtlich ihrer Auswirkungen auf die ,Freiheit' in der Akteurs- und auch Beobachterrolle des Subjekts, zumindest in Elias' großen empirischen Studien, nicht sonderlich klar. Zwar betont Elias in vielen seiner Schriften oft die ,relative Autonomie' der Individuen, praktisch bleibt dieser Freiheitsspielraum in seinen empirischen Arbeiten aber unterbestimmt. So beschreibt Elias in „Über den Prozeß der Zivilisation", wie der Mensch im Zivilisationsprozess immer stärker auf Selbstzwänge konditioniert wird. Ein Gewissen oder ein *Über-Ich* wird ihm von klein auf „angezüchtet" (Elias 1997a 355), durch die der gesellschaftliche Fremdzwang verinnerlicht und damit zu einem zum großen Teil automatisierten Selbstzwang wird (vgl. ebd., 273 ff., 355 f.).[326]

---

324 Zu dieser Problematik vgl. auch Teil II, Abs. 4.2.

325 Die Selbsterfahrung des Menschen als eigenständiger, distanzierter Beobachter und Denker hat für Elias aber auch die Selbstwahrnehmung des Menschen als „homo clausus" zur Folge. Eine Vorstellung, die, wie schon mehrfach betont, für ihn höchst problematisch ist und in einem weiteren Akt der (Selbst-)Distanzierung durch ein wirklichkeitskongruenteres Bild, in dem die grundlegende Gesellschaftlichkeit des Menschen und seines Beobachtens und Denkens stärker berücksichtigt wird, ersetzt werden sollte.

326 Neben dieser eher unbewussten Affektregulierung und Selbstkontrolle beschreibt Elias auch Prozesse der bewussten Verhaltenssteuerung, die aufgrund der steigenden Notwendigkeit zur „Rationalisierung" und „Psychologisierung" für ihn im Laufe des Zivilisationsprozesses sogar zunehmen (vgl. Teil II, Kapitel 1). Trotzdem erscheint die Rolle des Menschen in „Über den Prozeß der Zivilisation" auch aufgrund der Häufigkeit, mit der Elias Begriffe wie Züchtung, Konditionierung, Konditionierungsinstru-

Dementsprechend erscheint das Individuum als Beobachter und Akteur grundlegend fremdbestimmt. Ein Problematisierung dieses ‚Zwangs zum Selbstzwang' oder eine hinreichende Berücksichtigung der Möglichkeit von Selbstbestimmung findet bei Elias an dieser Stelle nicht statt. Dies mag auch daran liegen, dass Elias in seiner Studie zur Psychogenese vor allem an der Beschreibung und der Erklärung von langfristigen Veränderungen im Affekthaushalt der Menschen interessiert ist. So richtet sich Elias' besonderes Augenmerk auf den allgemeinen *sozialen* oder *psychischen Habitus* von Menschen bestimmter Epochen und damit auf die kollektiven Verhaltensstandards, auf die die Individuen hin sozialisiert werden. Bezüglich dieser basalen Verhaltensschemata einer Gesellschaft haben die Individuen für Elias nur eine geringe Wahlmöglichkeit. Dass die Freiheitsspielräume konkret handelnder Akteure in diesen Untersuchungen nur eine untergeordnete Rolle spielen, ist sicherlich auch dieser thematischen Orientierung zu verdanken. Innerhalb der Grenzen, die durch die allgemeinen Verhaltenscodes abgesteckt werden, gesteht Elias dem Individuum aber durchaus Freiheitsspielräume zu. Dies formuliert er schon, wenn auch nur am Rande, in „Über den Prozeß der Zivilisation" (vgl. z.B. Elias 1997b, 476 f.). Außerdem existiert für Elias, wie schon gesagt, neben der automatisierten, unbewussten Verhaltenssteuerung immer auch eine bewusste und reflektierte Handlungsebene. Die unbewussten Mechanismen scheinen ihn in „Über den Prozess der Zivilisation" aber mehr zu interessieren. Damit bleibt in Elias' frühen empirischen Studien die Thematisierung der Möglichkeit des autonomen Handelns von Individuen zugunsten der Betonung der Abhängigkeitsbeziehungen, denen die Individuen unterliegen, unterrepräsentiert. Das heißt, die konsequente Darstellung ihrer Freiheitsspielräume fehlt. Vor dem Hintergrund, dass Elias eine Verknüpfung von individualistischen und kollektivistischen Ansätzen propagiert (vgl. Teil II, Abs. 2.1.1), könnte man dies zwar als Fehlstelle interpretieren, sollte aber auch den Entstehungszeitraum (1935–38) und -kontext seines Opus magnum berücksichtigen.

3.4.3 Selbsttechniken und Selbstkontrolle

Wie gesehen, weist auch Foucaults Diskurs- und Machtanalyse zunächst eine ähnliche Problematik auf. Seine spätere Hinwendung zu den Technologien des Selbst und dem Selbstverhältnis des Individuums ermöglicht es ihm dann aber einen Ort zu bestimmen, an dem sich gesellschaftliche Zwangsmechanismen mit „Praktiken der Freiheit" verbinden. Nun existieren an dieser Stelle durchaus Parallelen zwischen Foucault und Elias. Foucault unterscheidet in seinen späten Arbeiten zwischen den Technologien der Produktion, den Techniken der Signifikation oder Kommunikation, denen der Macht und denen des Selbst (vgl. u.a. Schriften IV 210, 968 f.). Ähnlich differenziert Elias zwischen Produktionsmitteln, Gewaltmitteln, Orientierungsmitteln und den Mitteln der Selbstkontrolle (vgl. Elias

---

ment usw. verwendet, vor allem als die eines passiven Adressaten gesellschaftlicher Konditionierungsmittel.

1990, 157).[327] Für beide besitzen diese Arten von Techniken oder Mitteln zwar eine ‚relative Autonomie', d.h. keine der vier lässt sich auf die jeweils anderen reduzieren. Sie existieren aber auch nicht unabhängig voneinander, sondern befinden sich in einem wechselseitigen Bedingungsverhältnis (vgl. ebd.; Schriften IV 282 f., 968 f.).

Interessant ist in diesem Zusammenhang, welche Unterschiede sich in der Thematisierung des ‚Selbst' und der Selbsttechniken im Werk beider Autoren feststellen lassen (vgl. dazu auch Teil II, Abs. 4.2). Während Foucault in seinen letzten Arbeiten zu den Selbsttechniken der griechisch-römischen Antike die Freiheitsspielräume des Individuums stark betont, identifiziert Elias Selbsttechniken vornehmlich mit Selbstkontrollmechanismen. Daher erscheint das ‚Selbst', zumindest in Elias' historisch-empirischen Arbeiten, vor allem in der Verbindung mit einem Selbstzwang oder einer auf- bzw. eingeprägten „Selbstkontrollapparatur" (Baumgart/Eichener 1991, 61). Damit akzentuiert Elias den heteronomen Anteil des Selbstbezugs, ohne den autonomen Anteil in ausreichender Weise darzustellen. Hier muss man aber anmerken, dass es Elias in seinen wissenssoziologischen Arbeiten besser gelingt, die Wechselwirkungen zwischen heteronomen und autonomen Prozessen, die sich aus dem steigenden Maß an Selbstzwang bzw. Selbstkontrolle ergeben, aufzuzeigen. Denn auf der einen Seite werden die Menschen für Elias zwar dazu angehalten, ihr Verhalten in immer stärker werdendem Umfang zu regulieren. Auf der anderen Seite erwächst ihnen aus der steigenden Fähigkeit zur Selbstkontrolle und zur Selbstdistanzierung ein größerer Freiheitsspielraum in ihrem Denken und Handeln.

Insgesamt bleibt bei Elias die Dimension der Selbsttechniken also hauptsächlich auf den Bereich der Selbstkontrolle und der (Selbst-)Distanzierung beschränkt, während Foucault diese sowohl in der Thematisierung in seinen historisch-empirischen Studien als auch in der Definition des Begriffes[328] deutlich weiter fasst. Für Elias liegt die Freiheit des Subjekts vor allem in seiner Fähigkeit zur Distanzierung und Selbstkontrolle, durch die es eine ‚relative Autonomie' gegenüber dem Verflechtungszusammenhang, in den es eingebunden ist, entwickeln kann. Dagegen sind für Foucault die Freiheitsmöglichkeiten des Subjekts nicht unbedingt auf die Selbstreflexion und die (Selbst-)Distanzierung im Sinne einer Bewegung hin zu einer möglichst realistischen Beobachterposition gegenüber der Natur, der Gesellschaft oder auch sich selbst beschränkt. Vielmehr sind die damit verbundenen Techniken für Foucault häufig Unterwerfungsmechanismen innerhalb gesellschaftlicher Dispositive, die die Regeln von ‚richtig' und ‚falsch' festlegen. Das soll nicht heißen, dass Foucault die Selbstreflexion prinzipiell als Zwangsmechanismus diskreditieren möchte. Denn sein gesamtes Werk ist letztendlich eine Arbeit der (Selbst-)Distanzierung und des kritischen Anders-Denkens. Aber zum einen versteht Foucault Distanzierung nicht als Mittel, eine möglichst neutrale und objektadäquate Beobachterposition zu erreichen, und zum anderen kann das reflexive Selbstverhältnis des Individuums, wie er in seinen Arbeiten zur Antike zeigt, durchaus Formen annehmen, die nicht mit einem „Wil-

---

327 Elias bezeichnet die Kontrolle der Ökonomie, der Gewalt, des Wissens und des Selbst auch als „ineinander verwobene Elementarfunktionen menschlicher Gesellschaften." (Elias 1983b, 32 ff.)

328 Danach sind die „Technologien des Selbst" Techniken, „die den Individuen gestatten, selbst eine Reihe von Operationen mit ihrem Körper, ihrer Seele, ihren Gedanken, ihrem Verhalten vorzunehmen, sie auf diese Weise zu verwandeln oder zu verändern und einen bestimmten Zustand der Vollkommenheit, des Glücks, der Reinheit oder der übernatürlichen Macht zu erreichen." (Schriften IV 210)

len zur Wahrheit" verbunden sind bzw. eine völlige andere Beziehung zur ‚Wahrheit' herstellen als moderne, westliche Selbsttechniken oder ihre frühchristlichen Vorläufer. So geht es beispielsweise in Foucaults Darstellung der Freiheitspraktiken der Antike um die ethische Arbeit im Rahmen einer *Ästhetik der Existenz*, die nicht dem Gesetz einer allgemeinen Wahrheit, sondern dem „Prinzip der Stilisierung des Verhaltens" (vgl. GL 315) folgt, um der individuellen Existenz „die schönste und vollendetste Form" (ebd.) zu geben, die möglich ist.

4. Genealogie versus Genese des Subjekts

In den vorangegangenen Analysen ging es vornehmlich um einen Vergleich von Foucaults und Elias' Perspektiven auf Subjekt und Subjektivität vor dem Hintergrund beobachter-theoretischer Kategorien im Verbund mit struktur- und handlungstheoretischen Fragestellungen. Im Folgenden sollen auf einer direkteren Vergleichsebene einige weitere zentrale Unterschiede in der Konzeptionalisierung des Subjekts innerhalb der jeweiligen theoretischen Perspektive herausgearbeitet werden. Hier sollen insbesondere die Unterschiede in (historischer) Herleitung und Erklärung der Selbsterfahrung des modernen Subjekts als ‚inneres Selbst' oder „homo clausus" Beachtung finden. Auch an dieser Stelle ergeben sich die Differenzen teilweise aus ihren spezifischen theoretischen Ansprüchen bzw. erkenntnistheoretischen Positionen und darüber hinaus aus den unterschiedlichen Fragestellungen ihrer Forschungen.[329]

4.1 ‚Psycho-Logiken' als Zwangsmodelle?

Elias interessiert sich in seiner Theorie der Psychogenese für die Entwicklung des psychischen Habitus bzw. der psychischen Struktur des Menschen. Dabei bezieht er sich, wie gesehen, auf das topische Modell von Freud, das er jedoch historisiert[330] und auch die konstitutive Funktion der zwischenmenschlichen Beziehungen für die Entstehung der psychischen Instanzen (*Es, Ich, Über-Ich*) deutlich stärker hervorhebt als Freud. Insgesamt zweifelt Elias jedoch nicht die wissenschaftliche Tauglichkeit des freudschen Modells an. Es ist für ihn ein Modell, das in modifizierter Form eine mehr oder weniger wirklichkeitsgerechte Darstellung der Psychogenese liefern kann.

Dagegen geht es Foucault in seiner „Genealogie des Subjekts" (Schriften IV 210) nicht um die Beschreibung der Entwicklung von Persönlichkeitsstrukturen bzw. die Darstellung eines bestimmten psychologisch gefassten Persönlichkeitstyps anhand von objektiven (human-)wissenschaftlichen Kriterien. Vielmehr handelt seine „Geschichte der Subjektivität" (ebd., 260) von der (Transformations-)Geschichte der Problematisierungsweisen, durch die die Menschen objektiviert werden und sich selber objektivieren – Proble-

---

329 Ein wichtiger Unterschied in der theoretischen Orientierung bei Foucault und Elias liegt sicherlich auch in ihrem jeweiligen Geschichtsverständnis. Elias ist mehr oder weniger an dem Modell einer Einheitsgeschichte orientiert und verfolgt als „Universalhistoriker" einen entsprechenden Anspruch auch bezüglich seiner eigenen Prozesstheorie (vgl. Anders 2000a). Nicht so Foucault, der sich schon früh gegen eine totalisierende Geschichtsschreibung in der Tradition der hegelschen und marxschen Dialektik stellt, die er u.a. auch bei Sartre verwirklicht sieht (vgl. Schriften I 699). Dagegen setzt er seine Methode des „historischen Nominalismus", die den Prinzipien des Fragmentarischen, Singulären und Diskontinuierlichen verpflichtet ist. Diese Differenz kann an dieser Stelle aber nicht näher behandelt werden (vgl. dazu auch Teil II, Abs. 2.2.2).

330 Das heißt, die Beziehungen zwischen ‚Es', ‚Ich' und ‚Über-Ich' verändern sich für Elias im Laufe des Zivilisationsprozesses. ‚Ich'- und ‚Über-Ich'-Funktionen prägen sich unter den Bedingungen moderner Vergesellschaftung stärker aus (vgl. Teil II, Kapitel 1).

matisierungsweisen, die in der Vorstellung von einem ‚inneren Selbst' und schließlich in die der modernen Psyche münden. In Foucaults Perspektive nimmt die Psychoanalyse keine privilegierte Stellung ein, um eine wissenschaftlich objektive Beschreibung des Menschen zu liefern, sondern sie ist vielmehr Ausdruck und Element eines spezifischen „Wahrheitsspiels" (Foucault), einer historischen Macht/Wissen-Formation, die bestimmte Subjektbilder transportiert. In einer solchen Perspektive kann die Psychologie im Allgemeinen und die Psychoanalyse im Speziellen kein bevorzugtes Untersuchungsinstrument sein. Sie ist eher Teil oder Symptom der zu untersuchenden Problematik als Teil deren Lösung. Sie ist Instrument der Macht, eine Objektivierungs- und gleichzeitig Subjektivierungstechnik, mit deren Hilfe das Individuum unter den Bedingungen moderner Machtdispositive als spezifisches Subjekt konstituiert wird.

So zeigt sich an dieser Stelle eine grundlegende Differenz zwischen Foucault und Elias. Foucault betrachtet die Humanwissenschaften in seiner Arbeit vornehmlich aus einer kritischen Beobachterposition heraus. Er versucht ihre Machtwirkungen und -mechanismen herauszuarbeiten, die sich in der Bereitstellung bestimmter normierter Beobachterperspektiven und -positionen niederschlagen und das Individuum so einer Zwangssubjektivität unterwerfen.[331] Dagegen betont Elias das Emanzipationspotential der Wissenschaften im Allgemeinen und der Humanwissenschaften im Besonderen. Für ihn stellen die Wissenschaften die Möglichkeit einer immer größeren Distanzierung von „phantasiezentrierte[m] Wissen" (Elias 2003, 41) dar. Das heißt, Menschen bekommen mit den humanwissenschaftlichen Methoden und Theorien Reflexionsmittel an die Hand, um sich von sich selbst und ihren „Mythen" (Elias 1970, 53) zu distanzieren, um zu einer realitätsgerechteren Sichtweise über sich und die Welt zu gelangen (vgl. ebd., 51 ff.).

Anders ausgedrückt ist Elias' theoretischer Anspruch, eine möglichst realistische Darstellung der Psychogenese und damit auch der psychischen Grundstruktur des modernen Menschen herauszuarbeiten. Um diese Strukturen zu beschreiben, greift er auf psychoanalytische Kategorien zurück, die er aber, zumindest in erkenntnis- und machttheoretischer Hinsicht, nur wenig problematisiert. Im Gegensatz dazu beschäftigt sich Foucaults „Geschichte der Subjektivität" (Schriften IV 260) nicht damit herauszufinden, wie sich die menschliche Psyche im Verlaufe eines Zivilisationsprozesses verändert hat, „sondern in Erfahrung zu bringen, wie sich verschiedenartige Wahrheitsspiele gebildet haben, durch die das Subjekt Objekt einer Erkenntnis geworden ist." (ebd., 778) Dabei interessiert sich Foucault, wie gesehen, sowohl für die Objektivierung des Individuums innerhalb der Regeln spezifischer Wissensdiskurse und normativer Systeme, aber auch für die Selbstobjektivierung des Individuums, d.h. „für die Ausbildung der Verfahren, durch welche das Subjekt dazu gebracht wird, sich selbst zu beobachten, sich zu analysieren, sich zu entschlüsseln und als Bereich eines möglichen Wissens anzuerkennen." (Ebd., 779) – Verfahren, zu denen auch die Psychoanalyse gehört. In dieser theoretischen Perspektive kann es nicht um mehr oder weniger realistische oder „wirklichkeitsadäquate" Objektivierungsweisen

---

331 Auch die zunächst positive Rezeption der Psychoanalyse in „Die Ordnung der Dinge", die Foucault dort zusammen mit der strukturalistischen Ethnologie und im Gegensatz zu den übrigen Humanwissenschaften wegen ihrer subversiven Funktion hinsichtlich der ‚Dezentrierung des Subjekts' schätzt, ändert sich in der Folge deutlich. Besonders der „Wille zum Wissen" ist (zu Recht) als Angriff gegen die Psychoanalyse rezipiert worden.

des Subjekts gehen, sondern um „die Geschichte des Auftauchens der Wahrheitsspiele ... die Geschichte der ‚Veridiktionen‘, verstanden als die Formen, nach denen sich über ein Sachgebiet Diskurse gestalten, die wahr oder falsch genannt werden können" (ebd., 778).

Nun macht Judith Butler den Vorschlag, Foucaults Analysen zur Disziplinarmacht und zur „subjektivierenden Unterwerfung" (*assujetissement*) durch psychoanalytische Denkfiguren zu ergänzen, da sich ihrer Ansicht nach „die Subjektivation und insbesondere der Vorgang, bei dem man zum Prinzip seiner eigenen Unterwerfung wird, ohne die psychoanalytische Erklärung der formativen oder generativen Wirkungen von Restriktion oder Verbot gar nicht verstehen [lässt]" (Butler 2001, 84; vgl. auch Teil I, Abs. 2.2.3). Ein Problem bei Butler ist jedoch, dass sie in ihren ‚gender studies‘ zwar aus einer dezidiert sozialkonstruktivistischen Perspektive argumentiert, gleichzeitig aber in der Verwendung eigener Grundprämissen und hier vor allem in ihrem Rekurs auf psychoanalytische Theorieelemente wenig konstruktivistisch verfährt. Das heißt, die Kategorien ihres eigenen Beobachterstandpunktes problematisiert und dekonstruiert sie nur unzureichend und läuft so Gefahr, eigene Zentralthesen zu ontologisieren (vgl. van den Boogart 1994, 110, 121).[332]

Trotzdem wirft Butler mit ihrer Frage, inwiefern sich Subjektivierungsprozesse angemessen beschreiben lassen, ohne auf psychologische Erklärungsmodelle zurückzugreifen, eine durchaus interessante und schwierige Problemstellung auf. Aus Foucaults theoretischer Perspektive ist die Abgrenzung zur Psychologie und zur Psychoanalyse durchaus verständlich. Denn er interessiert sich, wie erwähnt, für die Entstehungsgeschichte von Objektivierungs- und Subjektivierungsweisen und den damit verbundenen Nexus von Machtwirkungen und Subjektivitätsformen. Dabei kann er sich nicht auf die Psychologie oder die Psychoanalyse als grundlegende Erklärungsmuster für Subjektivierungsprozesse und Subjektformen berufen, weil sie für ihn selber Werkzeuge in diesen Prozessen sind. Das heißt, von Foucaults Standpunkt aus geben sie weniger eine objektive Beschreibung des Subjekts und seiner Entstehung, sondern sie produzieren erst eine bestimmte Form von Objektivität und damit auch Subjektivität. Sie sind (modernen) Subjektivierungsprozessen immanent und können daher keine äußere und angemessene Beobachterperspektive zur Darstellung dieser Prozesse, keine Beschreibungskategorien für eine „Genealogie des Subjekts" (Schriften IV 210) bereitstellen.[333] Nur muss man an dieser Stelle auch die Frage stellen, ob Foucaults angedeuteter Ausweg aus dem Dispositiv der Humanwissenschaften und der Psychologie, die Lebenskunst im Sinne einer *Ästhetik der Existenz*, eine hinreichende und überdies sinnvolle Alternative darstellt.[334] Denn wie Foucault selber sagt:

---

332 Hilde van den Boogaart bemerkt bezüglich Butler „ein methodologisches Unbehagen, das in gewisser Weise den Diskursbegriff oder den Gegenstand der Diskursanalyse betrifft. Die Organisation der genealogischen Recherche ist bei Butler nämlich wesentlich die der Theoriekritik. Insofern nimmt sie sich, ähnlich wie Foucault, humanwissenschaftlicher Diskurse an, die eine bestimmte Episteme entbinden ... Stärker als Foucault, der mit Bedacht historistisch verfährt ... greift sie aber aktiv in die Wahrheitsspiele ein, um zu Aussagen zu kommen, die einen Wahrheitsanspruch erheben, der die mit den Diskursen verbundene Sache und nicht nur die Rekonstruktion der Diskurse betrifft." (van den Boogaart 1994, 110)

333 Zu dieser Problematik vgl. auch Teil I, Abs. 2.2.3.

334 „Lebenskunst heißt die Psychologie zu töten und aus sich heraus wie auch zusammen mit anderen Individualitäten, Wesen, Beziehungen, Qualitäten hervorzubringen, die keinen Namen haben ... Das

„Der Herrschaft einer Wahrheit entkommt man ... nicht, indem man ein Spiel spielt, das dem Spiel der Wahrheit vollständig fremd ist" (ebd., 895). Entsprechend finden sich auch theoretische Fehlstellen bei Foucault, insbesondere was die Problematik der Verinnerlichung von Normen und Normalitätsidealen im Zusammenhang mit seiner Machtanalyse betrifft. Denn diese Prozesse werden in Foucaults Terminologie, wie gesehen, nicht hinreichend erklärt, obwohl sie gerade für seine Konzeption der Disziplinarmacht zentral sind (vgl. Teil I, Abs. 2.2.3). Im Gegensatz zu Foucault versucht Elias die Verinnerlichung von Fremdzwänge in Selbstzwänge mit Hilfe des psychoanalytischen Modells zu erklären, auch wenn er dabei aus psychoanalytischer Sicht zu stark behavioristisch verfährt (vgl. Teil II, Kapitel 1).[335] Vielleicht wäre hier insgesamt eine Mittelposition zwischen Foucaults Ablehnung einer „Technologie der Psyche" (DM 107) und Elias oder Butler, die beide die Konstruktivität und auch die Machtwirkungen der Psychoanalyse zu wenig problematisieren, eine pragmatische Alternative, um bestimmte Subjektivierungsprozesse angemessen beschreiben zu können. An dieser Schnittstelle könnte auch eine beobachtertheoretische Perspektive, wie sie der interaktionistische Konstruktivismus entwickelt hat, weiterhelfen. In dieser wäre die Psychoanalyse oder die Psychologie eine von einer Vielzahl möglicher Beobachterpositionen ohne Anspruch auf Universalität oder den eines letzten Metabeobachters (vgl. Reich 1998a, 466 ff.). Sie müsste sich wie jede wissenschaftliche Theorie bzw. wie jeder Beobachter damit abfinden, von einem anderen Beobachter, wie z.B. Foucault aus einer machtanalytischen Perspektive, problematisiert und dekonstruiert zu werden. Gleichzeitig eröffnet die Psychoanalyse für den interaktionistischen Konstruktivismus aber Beobachtungsräume, die durch eine hohe Unschärfe geprägt sind und damit zum einen jede simplizistisch objektivierende und universalisierende Beobachterlogik (z.B auch die bei Freud selber zu findenden naturalistischen Tendenzen) unterminieren.[336] Zum anderen impliziert diese Unschärfe eine starke Veränderungsdynamik, welche sich in einer Vielzahl neuer Schulen und Ansätze (z.B. Lacan) und damit auch in neuen Beobachtungsräumen und -möglichkeiten niederschlägt (vgl. ebd., 468 ff.).

Da es bisher vornehmlich um die Rolle der ‚Psycho-Logiken' als Objektivierungstechniken innerhalb humanwissenschaftlicher Dispositive ging, sei hier noch einmal betont, dass sie neben und in Verbindung mit dieser Funktion auch Selbstbeschreibungsmodi und damit Subjektivierungstechniken für die einzelnen Individuen nicht nur in der westlichen Moderne darstellen. Diese Weise der Selbstnarration geht einher mit der dominierenden (Selbst-)Vorstellung einer individuellen Psyche bzw. einer persönlichen ‚inneren' Identität in Verbund mit dem Willen und ‚Begehren' zur Selbstobjektivierung. Sowohl Elias als auch Foucault erklären eine derartige ‚Formierung des Selbst' aus einer historischen Perspektive. Während Elias die zunehmende Fähigkeit zur Selbstobjektivierung als

---

Dasein kann ein vollkommenes und sublimes Werk sein. Die Griechen wussten das, während wir es vollkommen vergessen haben ... Das eigene Sein zu einem Kunstwerk machen, das ist wirklich der Mühe wert." (Schriften IV 309 ff.)

335 Natürlich kann Elias als Soziologe im Rahmen seiner Theorie zur Psychogenese keine erschöpfende psychoanalytische Ausarbeitung der Verinnerlichungsproblematik leisten.

336 Das bezüglich des Objektivismus und Positivismus der Humanwissenschaften kritische und subversive Potential der Psychoanalyse, hat Foucault noch in „Die Ordnung der Dinge" positiv hervorgehoben (vgl. OD 447 ff.).

durchaus positive Notwendigkeit für den ‚zivilisierten' Menschen ansieht, die sich aus den Anforderungen des Zivilisationsprozesses ergibt,[337] betrachtet Foucault in seiner Genealogie diese Entwicklung kritischer.[338] Für ihn ist die moderne Form der Selbstobjektivierung, wie gesehen, Resultat einer komplexen Transformationsgeschichte der Selbsttechniken, in deren Verlauf sich die zunehmende und verändernde Praxis der Selbstobjektivierung an immer neue Dispositive und ihre Diskursformen anschließt (von der Beichte innerhalb der Pastoralmacht bis hin zum Geständnis in der Psychoanalyse). In der foucaultschen Perspektive ist die (psychologische) Selbstobjektivierung damit weniger eine Notwendigkeit im Sinne einer Selbstaufklärung des Menschen, sondern mehr ein Zwang gesellschaftlicher Dispositive.

Zu den Unterschieden in der historischen Herleitung der Selbsterfahrung des modernen Menschen als ‚Innenwesen' noch ein kurzer Vergleich. Elias leitet die Figur des „homo clausus" vor allem aus der zunehmenden Fixierung des Menschen auf seine Verhaltenssteuerung ab: aus der Verlagerung von Fremd- in Selbstzwänge, d.h. aus der Verstärkung der individuellen Selbstkontrollen und der Selbstbeobachtung im Verbund mit den Prozessen der „Rationalisierung" und „Psychologisierung" (vgl. Teil II, Kapitel 1). Auch koppelt Elias diese Form der Selbstwahrnehmung stark an die Soziogenese, welche die zunehmende Verhaltenssteuerung erst notwendig macht. Dementsprechend hätten beispielsweise Mitglieder einfacherer, wenig differenzierter Gesellschaften, in denen die Interdependenzgeflechte nicht sehr komplex und daher die Muster der Selbstkontrollen noch nicht so ausgeprägt zu sein brauchen, eine deutlich schwächere Ich-Identität, d.h. ein deutlich geringeres Maß an Persönlichkeit und Individualität.[339] Für Foucault sind gesellschaftliche Veränderungen zwar ebenfalls wichtig für eine Veränderung in der Selbsterfahrung des Menschen. Foucault bindet die Entstehung dieser Selbsterfahrung aber nicht an einen mehr oder weniger gerichteten (Zivilisations-)Prozess, sondern an eine Transformationsgeschichte innerhalb komplexer Erfahrungsfelder – Felder, die sich aus den eng miteinander verwobenen Achsen des Wissens, der Macht und des Selbstbezugs zusammensetzen, wobei sich keine dieser Achsen auf die jeweils andere reduzieren lässt.[340] Das

---

337 In dieser Perspektive wären auch Wissenschaften wie die Psychologie notwendige Folge des Zivilisationsprozesses.

338 Wobei auch Elias der Problematik der Selbstobjektivierung nicht nur positive Seiten abgewinnt. Denn die zunehmende Selbstobjektivierung und Selbstbeobachtung geht auch einher der Selbstwahrnehmung als „homo clausus" bezeichnet und die, wie dargestellt, für Elias mit grundsätzlichen Problemen belastet ist (vgl. Teil II, Kapitel 1).

339 Eine hoch interdependente und differenzierte Gesellschaftsstruktur muss aber nicht notwendigerweise mit der Selbstwahrnehmung einer objektivierbaren Psyche und auch nicht mit der eines festen stabilen Ichs einhergehen. Als Beispiel mag das vormoderne Japan gelten, in der die Komplexität der Interdependenzgeflechte und auch die Selbstzwänge sehr hoch waren. Trotzdem hat sich dort keine Vorstellung eines objektivierbaren Innenlebens gebildet. Diese Denkweise ist erst mit den westlichen Humanwissenschaften in Japan eingeführt worden (vgl. Kimura 1995, 132 f.). Auch beschreiben japanische Psychologen die Ich-Struktur bzw. das Ich-Erleben der modernen Japaner bei einer im Vergleich zum Westen ähnlich komplexen Gesellschaftsstruktur als signifikant instabiler.

340 Wie schon mehrfach angesprochen, löst Foucault in seinem Spätwerk den selbst gestellten Anspruch, den Zusammenhang zwischen den Achsen des Wissens, der Macht und des Selbst bezüglich der Selbsterfahrung der Subjekte als „Subjekte einer »Sexualität«" darzustellen, jedoch nur zum Teil ein: „Das Projekt war also das einer Geschichte der Sexualität als Erfahrung – wenn man unter Erfahrung

heißt, bezüglich des Erfahrungsfeldes des Selbstbezuges und des Subjekts möchte Foucault, zumindest in seinem Spätwerk, dessen relative Autonomie erhalten und es nicht nur auf bestimmte gesellschaftlich-historische Determinanten zurückführen. Zwar führt Foucault dort die Veränderungen im Subjektivierungsmodus zwischen Antike und Spätantike auch auf gesellschaftliche Transformationen zurück. Aber er fasst hier die Beziehung zwischen Gesellschaft und Subjektivierungsmodus nicht als reines Kausalitätsverhältnis. Entsprechend versteht er die ‚Selbstkultur' der Spätantike nicht als „notwendige »Konsequenz«" (SS 97), sondern als eine „originelle Antwort" (ebd.) auf eine bestimmte gesellschaftliche Situation.[341]

Darüber hinaus betont Foucault sehr viel stärker die Rolle der christlichen Religion und ihrer Führungstechniken für die Ursprünge einer Selbsterfahrung, die mit der Entzifferung eines inneren Selbst verbunden ist.[342] Insgesamt stellt sich die „Genealogie des Subjekts" bei Foucault deutlich komplizierter und uneindeutiger dar als Elias' Genese des „homo clausus". Dies erscheint auch deswegen so, weil Elias vor allem aus einer soziologischen Perspektive heraus argumentiert und deshalb spezifische Formen von Subjektivität vornehmlich auf bestimmte gesellschaftliche Bedingungen zurückführt. Die Tendenz zur (simplifizierenden) Eindeutigkeit verstärkt sich noch aufgrund der universalistischen Ausrichtung der eliasschen Zivilisationstheorie.

Gemeinsam ist beiden Autoren, dass für sie die Rolle des Selbstzwangs bzw. der Selbstregulierung hinsichtlich der Ausbildung moderner Subjektivierungsmodi von großer Bedeutung ist. Sowohl für Foucault als auch Elias ist deren Dynamik ein entscheidender Bestandteil für die Entstehung der Selbstwahrnehmung des modernen Menschen als „homo clausus", als eines Menschen mit einem ‚inneren Selbst', einem „inneren verborgenen Kern" (Elias 1997a, 68), den es zu entziffern gilt. Aber auch an dieser Stelle lassen sich markante Unterschiede feststellen, die vor allem die Transformationen bezüglich der Modi des Selbstzwangs bzw. der Selbstregulierung innerhalb Foucaults ‚Genealogie' bzw. Elias' ‚Genese' des Subjekts betreffen.

---

die Korrelation versteht, die in einer Kultur zwischen Wissensbereichen, Normativitätstypen und Subjektivitätsformen besteht." (GL 10) Entgegen dieser ‚Projektskizze' konzentriert er sich in seinen Arbeiten zur Antike auf die Achse der Selbstbeziehung und hier vor allem auf die Selbstkonstituierung des Subjekts, während Prozesse der Fremdkonstituierung keine große Rolle spielen. Dieses Verhältnis ist im ersten Band von „Sexualität und Wahrheit" genau umgekehrt (vgl. Teil I, Abs. 4).

341 „Die Kultur seiner selber wäre deswegen nicht die notwendige ‚Konsequenz' dieser gesellschaftlichen Modifikationen, auch nicht ihr Ausdruck im Bereich der Ideologie. Sie bildet ihnen gegenüber eine originelle Antwort in Gestalt einer neuen Stilistik der Existenz." (SS 97)

342 Elias schätzt die Bedeutung der Religion für die Ausbildung einer spezifischen Selbstkontrollstruktur und der damit zusammenhängenden Figur des „homo clausus" in Abgrenzung zu Max Webers Position weniger stark ein: „Max Weber hat den Gedanken aufgebracht, die protestantische Ethik habe einen modernen Typus des Selbstzwangs begründet. Wie reizvoll auch immer diese Hypothese sein mag, so besteht doch kein Zweifel daran, daß es andere Ursprünge gegeben hat." (Elias 2005, 147) Für Elias resultiert die Zunahme des Selbstzwangs und die Figur des „homo clausus" vor allem aus gesellschaftlichen Entwicklungsprozessen und Strukturveränderungen, und die Religion ist nur Ausdruck spezifischer Zivilisierungsstandards (vgl. Hinz 2002, 34).

4.2   Selbstzwang versus Selbstreg(ul)ierung

Sowohl bei Foucault als auch bei Elias nimmt bezüglich der Eigenart moderner Subjektivität der Vorgang der Selbstdisziplinierung oder Selbstregulierung einen hohen Stellenwert ein. Foucault beschreibt in seinen Arbeiten zur Disziplinarmacht eine zunehmende Internalisierung von äußeren Zwängen bzw. eine Machttechnologie, die von der Fremdüberwachung zu einer Selbstüberwachung des Individuums führt. Hier erscheint das Subjekt, wie gesehen, vor allem als passives, unterworfenes und fügsames Subjekt. In seinen späteren Arbeiten zur Bio-Macht und zur *Gouvernementalität* wird Foucault dagegen die aktive Rolle des Subjekts hinsichtlich seiner Selbstreg(ul)ierung stärker betonen. Ähnlich argumentiert Elias, dass aus der Veränderung der gesellschaftlichen Strukturen eine stärkere Notwendigkeit zur Selbstkontrolle und damit eine Verlagerung von Fremd- in Selbstzwänge resultiert. Auch in Elias frühen Arbeiten erscheint das Subjekt vornehmlich als auf gesellschaftliche Normen konditioniert, in späteren Arbeiten wird er die emanzipative Funktion bewusster Verhaltenssteuerung deutlicher hervorheben.

Jedoch unterscheiden sich Elias und Foucault bezüglich der Einschätzung der Entwicklung der Selbstregulierung und ihrer Rolle für die Ausbildung des Selbstbildes des modernen Menschen wesentlich. Zwar ist auch für Foucault eine umfassende Selbstregulierung zentrales Charakteristikum moderner Subjektivität. Es ist aber im Unterschied zu Elias weniger das Ausmaß an Selbstregulierung, welches sich für Foucault im Laufe der ‚Geschichte des modernen Subjekts' geändert hat, sondern vielmehr der Modus der Selbstregulierung.

Vor allem in den Bänden 2 und 3 seiner „Geschichte der Sexualität" (GL 10) macht Foucault deutlich, dass die Selbstkontrolle der Lüste in Antike und Spätantike der modernen Selbstregulierung der Sexualität in ihrer Strenge in nichts nachsteht (vgl. Teil I, Kapitel 4). Auch in seinen Vorlesungen zur „Hermeneutik des Subjekts" (vgl. HS) beschreibt er, wie die Aufforderung zur „Sorge um sich" und der mit ihr verbundenen Selbstreg(ul)ierung, welche sich in der griechischen Antike zunächst nur an eine kleine männliche Herrschaftselite richtet, in der hellenistisch-römischen Spätantike zu einem Aufruf an alle wird. Zwar unterliegt diese Verallgemeinerung des Gebots zur Selbstsorge auch hier markanten Einschränkungen, die die Allgemeingültigkeit dieses Gebots wieder deutlich begrenzt (vgl. HS 105). Dennoch ergeht zumindest der Aufruf zur „Sorge um sich selbst", der oft mit dem stoischen oder auch epikureischen Ideal eines selbstgenügsamen und von seinen Leidenschaften unabhängigen Selbstverhältnisses verbunden ist, nun an sämtliche Bevölkerungsschichten (vgl. HS 151 ff.).[343] Insgesamt ist es nach Meinung Foucaults aber schwierig zu bestimmen, inwieweit diese ethische Verhaltensführung in der antiken Bevölkerung verbreitet ist. Für seine Arbeit stellt dies jedoch kein großes Problem dar, da er in seiner Analyseperspektive, anders als Elias,[344] weniger an einer

---

343 Hier ist zu beachten, dass die Selbstsorge in der Spätantike keine universalisierte Form annimmt wie später im Christentum, sondern sich auf sehr verschiedene Weisen ausdrücken kann (vgl. HS 150 ff.).

344 Zwar beschäftigt sich auch Elias in seinen historisch-empirischen Untersuchungen zur Psychogenese und zur feudalen Gesellschaft zunächst nur mit den Veränderungen der Verhaltensstandards und der Affektregulierung in der (weltlichen) Oberschicht (vgl. Elias 1997a, 1983a). Gleichzeitig verallgemei-

mutmaßlichen Durchschnittsbevölkerung orientiert ist, sondern an den unterschiedlichen Formen, die die Ethik und mit ihr die Verhaltensführung in den verschiedenen Epochen angenommen hat.[345] Und das Charakteristische an der Antike ist für Foucault eben, dass die Ethik höchst individuelle Formen annehmen kann.[346]

In Foucaults ‚Geschichte der Selbstregulierung' ist also nicht die Zunahme der Quantität oder Qualität der Selbstkontrolle das entscheidende Kriterium, sondern der Modus der Selbstregulierung, d.h. die Art und Weise, wie sich das Verhältnis zwischen Individuum, Selbstsorge und spezifischen Formen von ethischen oder moralischen Verhaltensprinzipien darstellt und im Laufe der Zeit verändert. Ist dieser in der Antike mit einer *Ästhetik der Existenz* verbunden, steht er in den frühchristlichen Selbsttechniken und ihren Nachfolgern im Zusammenhang mit einer Hermeneutik des Selbst und seines Begehrens. Auch ist die christliche Selbstregulierung viel stärker auf die Internalisierung fester Moralcodes ausgerichtet und nicht wie in der Antike auf eine flexible Verhaltenssteuerung.[347] Daher könnte man sagen, dass der christliche Modus der Selbstregulierung stärker auf Selbstzwängen aufbaut, wenn man unter diesen vor allem verinnerlichte Fremdzwänge bzw. internalisierte kulturelle Normen versteht.[348] So gesehen stimmen Foucault und Elias doch in der Annahme überein, dass die Selbstzwänge in der Moderne im Vergleich zur Antike zugenommen haben. Dabei besteht aber der Unterschied, dass das Weniger an Selbstzwang für Foucault nicht zwangsläufig zu einer geringeren Selbstregulierung führt. Vielmehr wird der fehlende (automatisierte und internalisierte) Selbstzwang in den antiken Selbstpraktiken durch ein hohes Maß an bewusster Verhaltenssteuerung ersetzt.[349]

---

nern sich für Elias diese neu entstandenen Verhaltensstandards im Laufe des Zivilisationsprozesses und werden zum Maß und zur Norm für die gesamte (zivilisierte) Gesellschaft.

345 Dazu Foucault: „Es wäre lächerlich anzunehmen, dass das, was Seneca, Epiktet oder Musonius Rufus zum Sexualverhalten zu sagen vermögen, auf die eine oder andere Weise repräsentativ für die generelle Praxis der Griechen oder der Römer sein könnte. Aber ich halte daran fest, dass die Tatsache, dass eben diese Dinge über die Sexualität gesagt wurden, dass sie eine Tradition bildeten, die man umgesetzt, umgestaltet und gründlich umgearbeitet im Christentum wieder findet, ein historisches Faktum darstellt." (Schriften IV 824 f.) Auch Paul Veyne stellt bezüglich des (Sexual-)Verhaltens der einfachen Landbevölkerung und der Sklaven fest: „Von ihren Sitten wissen wir so gut wie nichts" (Veyne 1986, 20) (vgl. Brieler 1998, 544).

346 „Man ist also sehr weit von den moralischen Konformitäten entfernt, deren Schema die Soziologen und die Historiker ausarbeiten, wobei sie sich an eine mutmaßliche Durchschnittsbevölkerung wenden." (Schriften IV 862)

347 Wie dargestellt, ist die antike *Ästhetik der Existenz* nur für den elitären Kreis einer männlichen Herrschaftsschicht relevant. Für Frauen, Kinder und Sklaven spielt diese Ethik der Selbstregierung keine Rolle, da ihr Status der der zu Beherrschenden bzw. zu Führenden ist (vgl. Teil I, Abs. 4.2.4).

348 Den Begriff des Selbstzwangs benutzt Elias vor allem in seinen frühen Arbeiten. In diesem liegt die Betonung vor allem auf der automatisierten Verhaltensregulierung. In späteren Arbeiten benutzt er dagegen häufiger die Begriffe der Selbststeuerung oder der Selbstregulierung, in denen die bewusste Ebene der Verhaltenskontrolle besser zum Ausdruck kommt.

349 Natürlich sind auch die freien Männer der Antike gesellschaftlichen Zwängen unterworfen, die entsprechende Selbstzwänge zur Folge haben. Foucaults Interesse in seinen Büchern über die antiken Selbsttechniken gilt aber besonders den im Verhältnis zu den Selbsttechniken des frühen Christentums größeren Freiheitsspielräumen. Die Verbundenheit der antiken Selbsttechniken mit gesellschaftlichen Fremdzwängen bleibt daher unterrepräsentiert.

Damit soll die christliche Form der Selbstregulierung aber keineswegs auf eine reine Internalisierung von Verhaltenscodes reduziert werden. Denn auch im Christentum ist die bewusste und reflektierte Handlungsebene eine wichtige Komponente in der Verhaltenssteuerung. Soll doch auf der Grundlage eines strikten Moralcodes eine ständige „Hermeneutik des Begehrens" (SS 307) entfaltet, das Subjekt zu einer ständigen Selbstbeobachtung und Selbstentzifferung, zu einer unendlichen Suche nach seiner ‚inneren Wahrheit' angeregt werden. Die Veränderung im Verhältnis des Subjekts zur Wahrheit (seiner Selbst) ist für Foucault dann auch eine entscheidende Transformation von den antiken hin zu den frühchristlichen Selbsttechniken, die in der modernen Erfahrung eines „inneren Selbst" mündet (vgl. Teil I, Abs. 4.2.3).

Zusammengefasst würde sich für Foucault die moderne Selbsterfahrung als „homo clausus" nicht einfach, wie es oft bei Elias den Anschein hat, aus einer im Laufe des Zivilisationsprozesses zunehmenden Selbstkontrolle und Selbstbeobachtung ableiten. Zwar sind diese auch für Foucault wichtige Charakteristika moderner Subjektivität. Aber im Vergleich zwischen Antike und Moderne ist für ihn weniger das reine Maß von Selbstbeobachtung und Selbstkontrolle der entscheidende Unterschied, denn dieses ist in Antike und vor allem in Spätantike und frühem Christentum, zumindest in Teilen der Bevölkerung, nicht weniger groß, sondern die verschiedenen Formen, die Selbstkontrolle und Selbstbeobachtung annehmen. Entsprechend ist die Selbsterfahrung des modernen Menschen für Foucault vor allem das Ergebnis einer komplexen (Transformations-)Geschichte der Selbsttechniken, die zu dieser spezifischen Form der Problematisierung des Selbst mit der Vorstellung einer objektivierbaren Innenwelt führt. Damit wären auch Maß und Muster der Selbstregulierung in einer foucaultschen Perspektive nicht einfach Ausdruck und Ergebnis einer bestimmten Phase im Zivilisationsprozess und dessen spezifischer gesellschaftlichen Struktur (verlängerte Interdependenzketten usw.), sondern Ausdruck eines bestimmten Subjektivierungsmodus. Dieser ist zwar eng an gesellschaftliche Entwicklungsprozesse gekoppelt, kann aber nicht auf diese reduziert werden.[350]

---

350 In diesem Zusammenhang muss man Thomas Lemke widersprechen, der in seinem Vergleich von Foucault und Elias davon ausgeht, dass es auch Foucault, bei allen Unterschieden zu Elias, „um den Nachweis einer Ko-Formierung von modernem souveränen Staat und modernem autonomen Subjekt" gegangen sei, ein „Unternehmen", dass er „wegen seines frühen Todes nur ansatzweise [hat; C.D.] ausführen können." (Lemke 2000, 3; vgl. auch Lemke 2001, 11 f.) Diese Einschätzung mag zwar vertretbar sein, wenn man sich, wie Lemke an dieser Stelle, vornehmlich auf Foucaults Vorlesungen zur *Gouvernementalität* stützt. In diesen ist das Hauptthema die *Gouvernementalität* als Regierung der Menschen, die sich in der Herausbildung des modernen Staates niederschlägt. Subjektivierungsprozesse und Staatsformierung erscheinen in dieser Forschungsperspektive eng aneinander gekoppelt, auch wenn die Thematik der Subjektivität hier nicht vorrangig behandelt wird. Hinsichtlich Foucaults späteren Arbeiten scheint Lemkes obige These jedoch problematisch oder zumindest verkürzend in Bezug auf Foucaults Subjektkonzeption. Denn in seinem Spätwerk beschreibt Foucault vor allem (antike) Subjektivierungsformen, die sich relativ unabhängig von staatlichen Mechanismen entwickeln. Hier könnte man natürlich einwenden, dass bezüglich antiker Subjektivierungsweisen eine ‚Staatsferne' durchaus zutreffen mag, dies aber trotzdem nicht gegen Foucaults frühere Analyseperspektive bezüglich der *Gouvernementalität* spricht, da im weiteren Verlauf der Geschichte sich Subjektivitäts- und Staatsbildung durchaus enger aneinander gekoppelt haben könnten. Insgesamt scheint Foucault in dieser Frage jedoch eine Positionsverschiebung vorgenommen zu haben. Zumindest formuliert er in einem seiner letzten Interviews im Jahr 1984: „Der Staat schien mir eine konstitutive Bedeutung zu ha-

Ähnliche Unterschiede zeigen sich in der Behandlung der Individualisierungsthematik. Für Elias führt die Verinnerlichung von Fremdzwängen in Verbindung mit Prozessen der „Psychologisierung" und „Rationalisierung" im Laufe des Zivilisationsprozesses zu einer immer stärkeren Individualisierung. Das heißt, Mitglieder traditioneller Gesellschaften sind für Elias weniger individualisiert als Mitglieder moderner Gesellschaften und besitzen noch eine deutlich ausgeprägtere „Wir-Identität" (vgl. Teil II, Kapitel 1). Auch Foucault beschreibt mit den modernen Machttechniken Mechanismen, die verstärkt auf Individualisierung abzielen (vgl. Teil I, Abs. 2.1.3.1, 2.1.3.2). Jedoch geht es ihm im Vergleich mit vorangegangenen Epochen weniger um das Aufzeigen eines Mehr oder Weniger an Individualität, sondern es interessieren ihn die Veränderungen in der Form bzw. im Modus der Individualisierung. Ist beispielsweise die Individualisierung in der griechischen Antike (auch hier bezieht sich Foucault auf die männliche Oberschicht) durch die Suche nach möglichst großer Autonomie gekennzeichnet, verknüpft sie sich im Christentum mit dem Anspruch auf Führung der Individuen. Diese Praxis der (unterwerfenden) Individualisierung innerhalb pastoraler Führungstechniken wird sich für Foucault in den modernen Machtmechanismen, wenn auch deutlich verändert, fortsetzen (vgl. Teil I, Abs. 4.2.3). Da Foucault moderne Formen der Individualisierung fast ausschließlich in Verbindung mit unterwerfenden Effekten von Machttechniken untersucht bzw. moderne Individualisierung vor allem als Unterwerfungsmechanismus identifiziert, bekommt ‚Individualisierung' in Foucaults Arbeiten deutlich negativere Konnotationen als bei Elias, für den Prozesse der Individualisierung oft mit zivilisatorischem Fortschritt und mit Emanzipationspotentialen verknüpft sind. In diesem Zusammenhang ist beiden Autoren gemeinsam, dass sie ‚Individualität' als sich entwickelnde gesellschaftliche Norm ansehen. Das heißt, der moderne Mensch wird immer mehr dazu angehalten, sich als einzelne und einzigartige Persönlichkeit wahrzunehmen, die es zu entdecken und zu entfalten gilt. Entsprechend der (oben) vorgenommenen Unterscheidung, ist diese (gesellschaftliche und kulturelle) Entwicklung bei Elias durchaus positiv besetzt, während Foucault die mit dieser gesellschaftlichen Norm verbundene Produktion von Individualität und Subjektivität vor allem in Bezug auf die Möglichkeit und den Anspruch der effizienteren Lenkung, Steuerung und damit auch Unterwerfung der Individuen thematisiert. Darüber hinaus zeigt sich an dieser Stelle eine weitere Differenz. Für Elias wird der moderne Mensch im Vergleich mit Mitgliedern einfacherer Gesellschaften „tatsächlich verschiedener" und gleichzeitig sich seiner Verschiedenheit immer stärker bewusst (vgl. Elias 1994, 191). Foucaults Position ist auch hier ambivalenter und kritischer. Denn die (vermeintliche) Einzigartigkeit ist für Foucault vor allem Effekt und Fetisch, der innerhalb moderner „Macht/Wissen-Komplexe" (ÜS 39) produziert wird. Diese differenzieren mit immer feineren Beobachtungskriterien die Individuen immer minutiöser und schaffen so Individualitäten bzw. Formen von Individuali-

---

ben ... Doch wenn man tiefer in die Antike zurücksteigt, wird man gewahr, dass das Selbstverhältnis sich nur außerhalb des Staates analysieren lässt ... Sicher, die Modi einer Gesellschaftlichkeit fehlen niemals bei den vom Selbstverhältnis ausgefüllten Formen, doch muss man sich von dem vereinfachenden Schema befreien, gemäß welchem sich der Individualismus in dem Maße entwickelt, wie sich der Staat entwickelt." (Schriften IV 805) Es scheint also eher so zu sein, dass Foucaults früher Tod ihn daran gehindert hat, die ‚Geschichte des modernen Subjekts' von den Selbsttechniken ausgehend weiter fortzuführen, als dass er den Nachweis einer „Ko-Formierung" hätte erbringen wollen.

tät, die in diesen (vorgegebenen) Unterscheidungssystemen ihre Existenzgrundlage haben. Insgesamt haben die Individualisierungsmatrizen moderner Dispositive für Foucault einen stark vereinheitlichenden und homogenisierenden Effekt. Sie legen ein dichtes Gewebe von Normalitätsstandards fest, denen sich ausnahmslos alle anzupassen haben, wobei sie dem einzelnen Individuum durchaus das Gefühl, den Wunsch oder das Begehren vermitteln, höchst individuell und einzigartig zu sein. So ist die Gleichzeitigkeit von Individualisierung und Totalisierung für Foucault ein grundlegendes Charakteristikum moderner Machttechniken (vgl. Teil I, Punkte 2.1.3.1; 2.1.3.2; 2.2.1). Alles in allem würde es in der kritischen Perspektive Foucaults eher darum gehen, sich von den Formen der Individualisierung und Subjektivierung zu befreien, die den Menschen von modernen „Macht/ Wissen-Komplexen" aufgezwungen werden (vgl. Schriften IV 280), als darum, mögliche positive Effekte moderner Individualisierung und Individualität aufzuzeigen, so wie dies mehr Elias' Intention ist.[351]

Doch zurück zur Selbstkontrollproblematik: Bezüglich dieser trifft sich Foucault zumindest stellenweise mit der Arbeit des Ethnologen Hans Peter Duerr, dem wohl bekanntesten Kritiker von Elias' Zivilisationstheorie. Duerr bezweifelt vor allem Elias' These, dass die Fähigkeit des Menschen zur Selbstkontrolle im Laufe der Kulturgeschichte immer mehr zugenommen hat. Dagegen versucht er anhand umfangreichen empirischen Materials zu zeigen, dass in sogenannten ‚einfachen' Gesellschaften die Affektbeherrschung ebenfalls stark ausgeprägt und die Scham- und Peinlichkeitsstandards sehr hoch sind.[352] Er stellt sogar die Gegenthese auf, dass die Verlängerung der Interdependenzketten im Zuge der gesellschaftlichen Entwicklung nicht, wie Elias behauptet, zu einer Zunahme der Affektregulierung führt, sondern zu einer „sukzessiven Abschwächung der Triebregulierung" (Duerr 2002, 443) und einer Absenkung der Scham- und Peinlichkeitsschwellen, da die zwischenmenschlichen Beziehungen unpersönlicher und unverbindlicher werden (vgl. ebd., 445 f.).[353] Damit vertreten sowohl Duerr als auch Foucault im Gegensatz zu Elias die Ansicht, dass das Sexualverhalten in traditionellen Gesellschaften nicht weniger proble-

---

351 Jedoch steht auch Elias der modernen Individualisierung nicht nur positiv gegenüber. Er sieht durchaus die (triebökonomischen) ‚Kosten', die diese Entwicklung mit sich bringen kann, wie z.B. die Zunahme von innerpsychischen Spannungen durch den ständigen Selbstzwang zur Affektregulierung (vgl. z.B. Elias 1997b, 342 f.; Breuer 1995, 23).

352 Duerrs Kritik ist von Elias und seinen Anhängern u.a. mit dem Hinweis zurückgewiesen worden, dass die These vom Zivilisationsprozess nicht ausschließt, dass auch in traditionellen Gesellschaften starke Selbstzwänge vorhanden sein können. So liegt der Unterschied zwischen einfachen und differenzierten Gesellschaften nicht in einem Weniger oder Mehr an Selbstzwängen, sondern in den „Organisationsmustern der Trieb und Affektkontrolle" (Schröter 1997, 79). Haben diese in einfachen Gesellschaften, laut Elias, einen ungleichmäßigen und diskontinuierlichen Charakter, ist die Selbstdisziplin in modernen Gesellschaften normalerweise in allen Lebensbereichen maßvoll und gleichmäßig (vgl. Elias 1991, XXXIVf., 128 f.) Duerr beharrt aber darauf und gibt empirische Belege, dass bei Mitgliedern vieler traditioneller Gesellschaften mindestens ebenso gleichmäßige Selbstkontrollmuster festzustellen sind (vgl. Duerr 2002, 9 ff.).

353 „Im Umgang mit Menschen, an die man sich nicht gebunden fühlt, denen gegenüber man keine Verantwortung hat, braucht man sich weniger Restriktionen aufzuerlegen" (Duerr 1997, 15). Zu einer ähnlichen Einschätzung hinsichtlich der Veränderung des Charakters zwischenmenschlicher Beziehungen in der Postmoderne kommt auch der Soziologe Zygmunt Bauman unter dem Stichwort „Adiaphorisierung" (vgl. Bauman 1997, 240 ff.).

matisiert worden und die diesbezügliche Selbstkontrolle nicht weniger streng ist als in modernen Gesellschaften.[354]

Zwischen beiden Autoren existieren jedoch auch fundamentale Unterschiede. Sucht Duerr nach überkulturellen Gemeinsamkeiten, interessiert Foucault sich für den kulturellen Wandel: Für die Transformationen, die sich bezüglich der Wahrnehmung bestimmter Lebens- und Wissensbereiche (Sexualität, Delinquenz, Wahnsinn) ereignet haben. Ein zentrales Anliegen Duerrs ist es nachzuweisen, „daß bestimmte Dispositionen wie die Körperscham *im wesentlichen* unabhängig vom spezifischen gesellschaftlichen und historischen Kontext sind" (Duerr 1997, 356), d.h. in allen Kulturen existieren. Dabei sieht er diese nicht als absolut unveränderbare anthropologische Konstanten an, wie ihm das einige seiner Kritiker vorwerfen, sondern gesteht ihnen durchaus eine historisch-kulturelle Wandelbarkeit zu. Aber für ihn sind in „sämtlichen Gesellschaften die gleichen elementaren Gefühls- und Verhaltensdispositionen anzutreffen", d.h. ein historischer Wandel kann „sich nur *innerhalb* dieses für unsere Spezies spezifischen Rahmens" (Duerr 2002, 444) abspielen. Nun würde Foucault die Existenz derartiger überkultureller Invarianten gar nicht bestreiten, nur sind sie für ihn nicht das Wesentliche, um die Eigenart spezifischer Subjektivierungsweisen zu verstehen.[355] So wäre im Vergleich der Problematisierung der Lüste in der Antike und im Christentum für Foucault weniger der Nachweis eines in beiden Kulturen existierenden Schamgefühls zur Charakterisierung der damit zusammenhängende Subjektivitätsform relevant, sondern die Unterschiede, die sich im jeweiligen Umgang mit diesem Erfahrungsbereich feststellen lassen.

Infolge dessen kommen beide auch zu deutlich unterschiedlichen Einschätzungen hinsichtlich des Moralverhaltens in der griechisch-römischen Antike. Duerr nimmt für

---

354 Foucault beschäftigt sich aber vornehmlich mit der (spät-)antiken Oberschicht unter Rekurs auf die (ethischen) Reflexionen zeitgenössischer antiker Philosophen. Dagegen ist Duerrs Quellenauswahl sehr viel breitgefächerter und seine Untersuchungen erstrecken sich auf viele unterschiedliche Kulturen und Epochen.

355 Bezüglich der „Geschichte des Denkens" hat Foucault den Zusammenhang zwischen bestimmten Invarianten und dem historisch-kulturellen Kontext einmal folgendermaßen ausgedrückt: „Die singulären Formen der Erfahrung können durchaus universale Strukturen in sich tragen; sie können durchaus Abhängigkeiten von konkreten Bestimmungen des gesellschaftlichen Daseins aufweisen; dennoch können weder diese Bestimmungen noch diese Strukturen Anlass zu Erfahrungen sein (das heißt zu Erkenntnissen einer bestimmten Art, zu Regeln einer bestimmten Form und zu bestimmten Weisen des Bewusstseins seiner selbst und der anderen), außer durch das Denken. Es gibt keine Erfahrung, die nicht eine Weise des Denkens ist und nicht vom Gesichtspunkt einer Geschichte des Denkens aus analysiert werden kann; man könnte dies das Prinzip einer Irreduzibilität des Denkens nennen." (Ebd., 710) Hinsichtlich der „Geschichte der »Subjektivität«" (Schriften IV 779) könnte man hinzufügen, dass die Art und Weise, wie Menschen sich selbst problematisieren, wahrnehmen und reg(ul)ieren, sich für Foucault nicht hinreichend auf „elementare Gefühls- und Verhaltensdispositionen" (Duerr) zurückführen lässt. Vielmehr sollte man diese Universalien so weit wie nur möglich kontextualisieren, d.h. in ihrer historischen und kulturellen Konstitution befragen. Entsprechend beschreibt Foucault seine Analysemethode als „systematischen Skeptizismus gegenüber allen anthropologischen Universalien, was nicht bedeutet, dass man sie alle von vornherein, insgesamt uns ein für alle Mal verwirft, sondern dass man nichts aus diesem Bereich zulassen darf, was nicht im strengen Sinne unerlässlich ist; alles, was uns in unserem Wissen als von universeller Gültigkeit angeboten wird und was die menschliche Natur oder die Kategorien betrifft, die man auf das Subjekt anwenden kann, verlangt, geprüft und analysiert zu werden" (ebd.).

traditionelle Gesellschaften, so auch für die antike griechisch-römische, eine starke Internalisierung von gesellschaftlichen Normen und Werten an (vgl. Duerr 2002, 64 ff.). Das heißt, das Verhalten ihrer Mitglieder ist an festen Moralcodes orientiert und die Schamschwelle entsprechend hoch (vgl. u.a. Duerr, 1988 13 ff.; 1990, 96 f., 331 ff., 447 f.; 2002 71, 139 f.). Dagegen beschreibt Foucault das Moralverhalten in der Antike bezüglich der Lüste oder allgemeiner, der Leidenschaften, als weniger an strikten Verboten und Geboten ausgerichtet, sondern an einem ethischen Ideal der Selbstbeherrschung orientiert. Foucault unterscheidet hier, wie gesehen, zwischen einer „zum Code orientierten Moral" im Christentum und einer „zur Ethik orientierten" Moral in der Antike (vgl. GL 42). Entsprechend geht es in der Antike nicht so sehr um die Einhaltung fester, zu internalisierender Verhaltensregeln, sondern mehr um eine aktive und bewusste Haltung und Praxis der Selbstbeherrschung, die an einem flexiblen Regelkatalog, der eher den Charakter von Vorschlägen als den von Verboten und Geboten hat, orientiert ist.[356] Daher würde Foucault bei den alten Griechen und Römern auch nicht von einer hohen Schamschwelle bezüglich des sexuellen Verhaltens sprechen, sondern eher von einer allgemeinen Besorgnis hinsichtlich der Beherrschung bzw. Nichtbeherrschung der Lüste.[357] Hingegen dürften die Schamstandards unter dem Einfluss christlicher Führungstechniken aufgrund deren Hinwendung zu einer kodifizierten Moral, d.h. zu expliziten Ver- und Geboten, im Laufe der Zeit ansteigen.[358]

An dieser Stelle trifft sich Foucault auf den ersten Blick mit Elias, der auch von einem geringeren Grad der Verinnerlichung von gesellschaftlichen Normen in der griechisch-römischen Antike im Vergleich zur Neuzeit ausgeht (vgl. z.B. Elias 2006b, 12 f.). Im Unterschied zu Elias folgt daraus für Foucault jedoch nicht unbedingt ein geringeres Maß an Selbstkontrolle.[359] Es handelt sich hier vielmehr um andere Modi der Selbstkon-

---

356 „Die Reflexion über das Sexualverhalten als Moralbereich hatte bei ihnen [den Griechen; C.D.] nicht allgemeinverbindliche Verbote zu verinnerlichen, zu rechtfertigen oder zu begründen; eher ging es darum, für den kleinen Teil der Bevölkerung, der von den männlichen und freien Erwachsenen gebildet wurde, eine Ästhetik der Existenz, die reflektierte Kunst einer als Machtspiel wahrgenommenen Freiheit auszuarbeiten." (GL 318)

357 Hier ist anzumerken, dass beide Autoren in der Beschäftigung mit der Antike völlig verschiedene Zielsetzungen verfolgen. Duerr möchte vor allem Elias' Zivilisationstheorie widerlegen und zeigen, dass die Scham- und Peinlichkeitsschwellen schon in der Antike sehr hoch waren. Entsprechend ist die Auswahl seiner Quellen. Foucault geht es in seiner „Geschichte der Sexualität" (GL 10) um eine Genealogie der damit verbundenen Selbsttechniken und deren Transformationen von der Antike bis hin zum frühen Christentum. Er verfolgt keine allgemeine „Kulturgeschichte sittlicher Verhaltensweisen" (Schneider 2004, 186) oder eine realhistorische Darstellung des Sexualverhaltens des antiken Menschen, sondern möchte Veränderungen in den Verfahren aufzeigen, mit Hilfe derer sich das Subjekt selber problematisiert und wahrnimmt. So bezieht sich Foucault auch nur auf die Selbstpraktiken und die Subjektivierungsmodi der männlichen Oberschicht, die er versucht aus den Werken verschiedener philosophischer Klassiker dieser Epoche wie Platon, Aristoteles, Plutarch oder Seneca zu extrahieren, die nicht repräsentativ für die Gesamt- oder Durchschnittsbevölkerung sein können (vgl. Schriften IV 824 f.). Dagegen ist Duerr an dem Aufzeigen eines mehr oder weniger allgemeinen Schamverhaltens interessiert.

358 Foucault beschäftigt sich in seinen Arbeiten nicht explizit mit dem Schamgefühl.

359 Zwar geht Elias bezüglich der Antike von einem geringeren „Zivilisationsstand" (Elias 2006b, 13) mit entsprechend diskontinuierlicheren Selbstkontrollmustern im Vergleich zur heutigen Zeit aus. Gleichzeitig beschreibt er auch ‚Zivilisierungsschübe' in der Antike, beispielsweise im Zusammenhang mit

trolle, die weniger auf Automatisierung und Internalisierung von Verhaltenscodes abzielen, d.h. weniger auf Selbstzwänge abgestimmt sind. Oder in psychoanalytischen Termini ausgedrückt: Eine Form der Selbstkontrolle, die nicht so sehr an ein ‚Über-Ich' gebunden, sondern an einem ‚Ich-Ideal' orientiert ist.

In gewisser Weise ähnelt die antike Selbstkontrolle der von Foucault in seinen Arbeiten zur *Gouvernementalität* beschriebenen, modernen Form der Verhaltenskontrolle. Beide zielen weniger auf eine reine Unterwerfung unter starre Normen, d.h. auf ein bloße Verinnerlichung von, wenn man so will, Fremdzwängen, sondern auf eine bewusste, aktive und flexible Form der Verhaltenssteuerung.[360] Gleichzeitig unterscheiden sich für Foucault die damit verbundenen Subjektivierungsmodi aber fundamental, da die Konstituierung von Subjektivität in der Moderne im Gegensatz zur Antike durch den ständigen Versuch der Selbstenthüllung gekennzeichnet ist. Auch Elias hat in seiner Theorie vom Zivilisationsprozess die zunehmende Entwicklung hin zu bewussten und reflektierten Formen der Verhaltenssteuerung durchaus gesehen. Bei Elias ist diese Entwicklung jedoch vor allem positiv besetzt, da aus dieser ein immer größer werdendes Emanzipationspotential resultiere. Die Verquickung dieser (anscheinend) ‚freieren' Formen der Selbstführung des Individuums mit gesellschaftlichen Machtmechanismen, so wie dies beispielsweise in Foucaults Analysen zur *Gouvernementalität* zum Tragen kommt, wird von ihm dagegen kaum behandelt.

Wie schon angesprochen, fehlt aber auch in Foucaults letzten Arbeiten zu den antiken Selbsttechniken eine hinreichende Thematisierung ihrer Verbindung mit gesellschaftlichen Machtverhältnissen. Daraus resultiert u.a. eine gewisse Gefahr einer zu subjektivistischen Lesart von Foucaults Spätwerks, in der dann im Rahmen einer möglichen Reaktualisierung einer *Ästhetik der Existenz* der Selbstbezug des Subjekts entweder positiv als eine autonome(re) Weise der Subjektkonstituierung oder negativ als eine im Grunde egoistische Form der Selbstbezogenheit oder Selbstverliebtheit interpretiert wird (vgl. Teil I, Abs. 4.2.4). Nicht zuletzt Aufforderungen Foucaults wie: „Wir müssen aus uns selbst ein Kunstwerk machen." (Schriften IV 474), unterstützen diese Wahrnehmungen.[361] So ist dann auch von kompetenter Seite die Befürchtung geäußert worden, „daß Foucault, indem

---

den Veränderungen im Verhältnis zwischen den Geschlechtern innerhalb der römischen Oberschicht ab dem späten 2. und 1. Jahrhundert v. Chr. Hier führt die zunehmende Gleichstellung von Mann und Frau in der Ehe (ähnliche Tendenzen zur ‚Gleichberechtigung' in der römischen Spätantike bemerkt auch Foucault, vgl. SS 193 ff.) und die damit verbundene „gesteigerte Sensibilität von Männern für Frauen" und umgekehrt zu einem „vergleichsweise hohe[n] Niveau von wohltemperierter Selbstkontrolle" (Elias 2006c 180; vgl. insgesamt ebd., 139 ff.).

360 Das soll nicht heißen, dass Internalisierungsprozesse in Antike und Moderne bedeutungslos sind. Denn im Laufe der Enkulturation des Individuums muss dieses eine Vielzahl von Verhaltens- und Denkschemata verinnerlichen. Außerdem könnte man den gesellschaftlichen Anspruch zur Selbstführung, der an die Individuen gestellt wird, wiederum als eine gesellschaftliche Norm und damit als einen zu verinnerlichenden Fremdzwang interpretieren.

361 Zumindest in der griechischen Antike ist die *Ästhetik der Existenz* von einem reinen Selbstzweck weit entfernt. Denn wie Foucault darstellt, soll aus ihr nicht nur die Fähigkeit resultieren sich selbst, sondern auch andere zu führen. Das heißt, die Beziehung (des freien griechischen Mannes) zu sich selbst ist eng mit den Beziehung zu anderen und seiner Position in und der Verantwortung für die Gesellschaft verknüpft.

er seine Interpretation zu ausschließlich um die Selbstkultur, um die Sorge um sich, um die Konversion hin zu sich zentriert, und allgemeiner, indem er sein ethisches Modell als eine Ästhetik der Existenz definiert, eine allzu rein ästhetische Selbstkultur vorschlägt ... eine neue Form des Dandytums in der Variante ‚fin de siècle, 20. Jahrhundert'." (Hadot 1991, 226) Ob man dieser Einschätzung folgen will oder nicht, bringt sie dennoch treffend die Problematik zum Ausdruck, die sich aus einer zu starken Betonung der Möglichkeit oder auch Notwendigkeit einer autonomen Selbststilisierung des Subjekts ergeben kann. Denn hier können sich zumindest teilweise ähnliche Probleme ergeben, die Elias bezüglich der Figur des „homo clausus" feststellt, die durch die (Selbst-)Wahrnehmung von vereinzelten, unabhängigen Menschen gekennzeichnet ist. Zwar ist die Subjektivierungsweise in der Form einer *Ästhetik der Existenz* im Unterschied zum „homo clausus" nicht durch die Überzeugung von und der Suche nach einem ‚inneren Selbst' charakterisiert, sondern durch eine aktive Praxis einer autonomen Selbstformung, in der die Innen-Außen-Differenz keine große Rolle mehr spielen muss. Trotzdem besteht auch hier die Gefahr, dass die Forderung nach Selbststilisierung zu einer ähnlichen Erfahrung von Vereinzelung, von Einzigartigkeit und Besonderheit bzw. zum Wunsch, einzigartig und besonders zu sein, führt und letztendlich in einen selbstbezogenen und egozentrischen ‚Dandyismus' ausartet, in dem die Dimension der Intersubjektivität ausgeklammert wird.[362]

4.3   Die Erfahrung des Anderen

Elias steht der Figur des „homo clausus", wie gesehen, äußerst kritisch gegenüber. Auch wenn er nicht die „Echtheit" dieser Vorstellung in Bezug auf die Selbsterfahrung des Menschen in der Moderne in Zweifel zieht, möchte er dieses Menschenbild mit den Mitteln der Humanwissenschaften doch durch ein sachgerechteres ersetzen (vgl. Elias 1997a, 57). Daher wäre eine zu einseitige Betonung des Selbstbezugs des Subjekts in Elias' theoretischer Konzeption kontraproduktiv, obschon die Kategorie des Selbstbezuges in seinem Werk über den Themenkomplex des Selbstzwangs bzw. der Selbstkontrolle ständig präsent ist. Aber er bindet den Selbstbezug des Subjekts innerhalb seines Figurationskonzeptes immer zurück an den gesellschaftlichen Zusammenhang bzw. an das Interdependenzgeflecht, in dem sich dieses befindet, und entgeht so der Gefahr der zu starken Loslösung des Subjekts und seiner (Selbst-)Konstituierung vom gesellschaftlichen Kontext. Dabei begreift Elias diesen Kontext nicht als ein anonymes System, sondern als „Interaktionsgeflecht" (Baumgart/Eichener 1991, 111) zwischen Menschen (vgl. Teil II, Kapitel 1). Dementsprechend betont Elias deutlich stärker als Foucault die grundlegende Bedeutung von

---

362 Foucault selber geht es im Grunde aber nicht um einen derartigen Privatismus, sondern um eine Haltung der Kritik. Indem er versucht, die Verknüpfung von Wissens- Macht- und Subjektivierungstechniken aufzuzeigen und zu problematisieren, möchte er einen Raum für neue Subjektivierungsweisen eröffnen, die sich von den herrschenden Machtverhältnissen zumindest ein Stück weit emanzipieren können (vgl. Teil I, Abs. 4.3).

zwischenmenschlichen Beziehungen für die Konstituierung sowohl der Gesellschaft, als auch des Subjekts.[363]

Zwar weist auch Foucault die Figur des autonomen und unabhängigen Subjekts zurück und ebenso erscheint bei ihm das Subjekt als Produkt eines komplexen Beziehungsgeflechts.[364] Aber in seinen Analysen zum Wissen und zur Macht beschreibt er dieses Geflecht vor allem als ein Netz von anonymen Diskursordnungen und Machtverhältnissen, in denen ‚der Andere‘ vornehmlich als Instrument und Effekt dieser Dispositive in Erscheinung tritt: Als ihr Agens oder auch als derjenige, der im Dispositiv die Rolle des Ausgeschlossenen bzw. des Auszuschließenden einnimmt.[365] Gerade letztgenannte Funktion steht für Foucault in engem Zusammenhang mit der Subjektkonstituierung. Vor allem in seinen Studien über den Wahnsinn, zur Psychiatrie und zur Delinquenz und der damit zusammenhängenden Untersuchung dessen, was Foucault „Teilungspraktiken" (SM 243) nennt (Aufteilung in Irre/Nichtirre, Kranke/Gesunde, Kriminelle/Nichtkriminelle), geht es ihm auch darum herauszufinden, wie sich das Selbst (in indirekter Weise) über den Ausschluss der ‚verfemten‘ Anderen konstituiert. Wie gesagt, thematisiert Foucault diese ‚Funktionsweise‘ der Anderen aber vor allem in Bezug auf übergeordnete gesellschaftliche Dispositive. Sie sind dort vor allem ‚anonymisierte‘ Andere, imaginäre Positionen in den verketteten Strategien der Dispositive.

In seinen Arbeiten zu den antiken Selbsttechniken bekommt ‚der Andere‘ als direkter Interaktionspartner (z.B. als Lehrer oder als zu Führender) eine deutlich herausgehobenere

---

363 Menschen sind für Elias „von Grund auf Zeit ihres Lebens auf andere Menschen ausgerichtet und angewiesen ... Menschen [kommen] ... nur als Pluralitäten nur in Figurationen vor." (Elias 1997a, 70) In diesem Zusammenhang merken Kritiker an, dass in Elias' Figurationstheorie Interaktionsbeziehungen zu stark betont werden auf Kosten der Bedeutung von in einem gewissen Sinne überindividuellen, gesellschaftlichen Funktionssystemen. Daher können sowohl bestimmte Phänomene und Struktureigentümlichkeiten der Gesellschaft, die in der Systemtheorie u.a. über die Eigendynamik selbstreferentieller Funktionssysteme erklärt werden, als auch deren Verbindung mit Subjektivierungsprozessen mit Elias' Figurationstheorie nur unzureichend dargestellt werden (vgl. Lemke 2001, 9; Kiss 1991, 79 ff.).

364 Anders als bei Elias wäre eine Ersetzung de „homo clausus" durch ein Subjektbild, das die fundamentale Sozialität des Menschen stärker berücksichtigt – Elias wählt dafür beispielsweise die Bezeichnungen „homo-non-clausus (sive sociologicus)" (Elias 2005, 17) oder „homines aperti" (Elias 1970, 135) –, für Foucault weniger ein Schritt in Richtung einer zunehmenden Selbstaufklärung des Menschen, sondern eine Transformation innerhalb des „Wahrheitsspiels", in welchem „das Subjekt die Erfahrung seiner selbst" (IV 779) macht. Während Elias aus (human-)wissenschaftlicher Sicht also nach einer möglichst wirklichkeitskongruenten Beschreibung des Subjekts sucht, vertritt Foucault auch hier eine deutlich offenere bzw. konstruktivistischere (Beobachter-)Perspektive, in der das Subjekt oder besser die Subjekte als sich in den verschiedenen „Wahrheitsspielen" von Wissenschaft, Religion, Kultur usw. ständig wandelnde Formen sowohl synchron als auch diachron erscheinen, als Konstrukte unterschiedlicher Fremd- und Selbstbeobachter. So würde man in einer foucaultschen Perspektive die Figur des „homo clausus" weniger als nicht genügend realitätsadäquat bezeichnen, sondern könnte sie als eine durchaus treffende Beschreibung, wenn auch nicht die einzig sinnvolle und mögliche, für die Selbstwahrnehmung und Subjektform, wie sie sich unter den Bedingungen moderner Macht-Wissen-Dispositive bildet, gelten lassen. Nichtsdestotrotz hat Foucault einer derartigen ‚verinnerlichten‘ Subjektform den Kampf angesagt, da sie für ihn mit zahlreichen Zwangseffekten verbunden ist und häufig mit einem Universalitätsanspruch auftritt.

365 Eine Ausnahme bildet Foucaults Aufsatz „Subjekt und Macht", in dem er Machtbeziehungen vor allem als Interaktionsbeziehungen zwischen Subjekten beschreibt (vgl. Schriften IV 285 ff.).

Rolle. Denn die Beziehung zum anderen ist in der antiken Philosophie ein durchaus wichtiges Problem, das auch reflektiert wird. Dementsprechend verlangt die antike Selbstsorge für Foucault „einen Bezug zum anderen ... : Man kann sich nicht mit sich selbst beschäftigen, sich nicht um sich selbst sorgen, ohne einen Bezug zum anderen zu haben." (WA 17) So steht die Selbstsorge vor allem in der platonischen Ethik immer in einem Wechselverhältnis mit der Sorge um die anderen bzw. um die Polis (vgl. HS 222 ff.). Auch innerhalb der christlichen Pastoral bleibt der Bezug zum anderen in Form der Priester-Gläubigen Beziehung ein wichtiger Bestandteil, wird sich aber in Struktur und Zielsetzung im Vergleich zur Antike deutlich verändern. Insgesamt gewinnt die Dimension der zwischenmenschlichen Beziehungen in Foucaults Spätwerk merklich an Bedeutung.

Nun merken einige Kritiker an, dass die Intersubjektivität in ihrer Wichtigkeit für die antike Ethik bei Foucault dennoch zu kurz kommt.[366] Demnach erscheint die Intersubjektivität bei Foucault zwar als notwendiger Bestandteil der antiken Selbstsorge. Sie bleibt aber als bloßes Mittel zur Selbstkonstituierung dieser untergeordnet und wird zudem in dieser Rolle zugunsten der Betonung der Selbstformung des Subjekts nicht genügend hervorgehoben. So wird für Heiter die basale Funktion, welche die Intersubjektivität innerhalb des Konzepts der antiken Selbstsorge besitzt, bei Foucault nicht hinreichend dargestellt: „Die interpersonale Beziehung degeneriert zur Selbstbeherrschung ... Intersubjektivität gerät unter der Hand zur atomistischen Zusammensetzung von mindestens zwei Subjekten, die qua Selbstbezug einen Fremdbezug haben; Intersubjektivität erscheint als bloß erweiterte Subjektivität." (Heiter 1988, 67)

Insgesamt scheint für Foucault die Bedeutung der Intersubjektivität im antiken Denken auf eine reflektierte symbolische Ebene beschränkt zu sein. Zumindest tritt in seiner Darstellung der antiken Selbstsorge ‚der Andere' bezüglich der Selbstkonstituierung des Subjekts vornehmlich als eine Reflexions- und Beratungsinstanz in Erscheinung. Dementsprechend beschäftigt sich Foucault in seinem Spätwerk auch nur auf praktischer und deskriptiver Ebene mit der Dimension der Intersubjektivität, indem er einige der Beziehungstypen beschreibt, die sich aus und in der antiken Selbstsorge ergeben. Auf theoretischer Ebene wird bei Foucault die grundlegende Rolle der Intersubjektivität für die Subjektkonstituierung jenseits eines rein reflexiven Interaktionsverhältnisses nicht diskutiert. Dagegen ordnet Elias die Intersubjektivität der Subjektivität vor. Sie erschöpft sich daher bei Elias nicht in einem reflexiven Verhältnis von Subjekt zu Subjekt, wie dies in Foucaults Arbeiten zur Antike der Fall zu sein scheint. Die Intersubjektivität ist bei Elias vielmehr konstitutiv für die Bedingungen, welche Reflexivität und Subjektivität erst ermöglichen.

Die marginale Rolle, welche die Dimension der Intersubjektivität in Foucaults Werk spielt, liegt sicherlich auch in seiner theoretischen Orientierung begründet. Denn er ist nicht an einer allgemeinen Theorie des Subjekts bzw. der Subjektivität interessiert, sondern in seiner „Geschichte der Subjektivität" (Schriften IV 260) an einer Geschichte der

---

366 Zur Problematik der Intersubjektivität in Foucaults Spätwerk in einer kritischen Perspektive, siehe Heiter (1988) und Wolfstetter (1988, 94). Dagegen geht Ortega (1997, 201 ff.) bezüglich Foucaults letzten Arbeiten von einer konstanten Berücksichtigung der intersubjektiven Dimension aus, auch wenn er diese nicht immer genügend betone.

Erfahrungs- bzw. Problematisierungsweisen, mit denen das Individuum sich auf sich selbst bezieht und sich dabei als Subjekt konstituiert. Wenn Foucault aber von drei miteinander verwobenen Achsen der Erfahrung (Wissensformen, Machtsysteme und Selbstbezug) oder an anderer Stelle von drei Objektivierungsweisen, „die den Menschen zum Subjekt machen" (ebd. 269) spricht (vgl. ebd., 269 f., 711 ff., 759 f., 778 ff.), könnte man eine vierte Achse hinzufügen, nämlich die der Erfahrung des Anderen bzw. die Ebene der Intersubjektivität und der Interaktion.

Andere Theoretiker wie beispielsweise Mead oder Lacan aus sozialpsychologischer bzw. psychoanalytischer, Lévinas oder Sartre aus philosophischer oder eben Elias aus soziologischer Perspektive betonen in ihrer Arbeit dann auch deutlich stärker die Rolle des (bedeutungsvollen) Anderen und der zwischenmenschlichen Beziehungen für die Konstituierung des Subjekts. Im Folgenden soll nur kurz auf die Bedeutung der Intersubjektivität im Denken dieser Autoren verwiesen werden. Alles andere würde den Rahmen dieser Arbeit sprengen. Zu einer genauen Herleitung der Beziehung zwischen Selbst und Anderem aus interaktionistisch-konstruktivistischer Perspektive, die sich kritisch auf die gerade genannten Autoren stützt, sei auf die Arbeit von Kersten Reich (vor allem 1998a, 219 ff., 424 ff.) verwiesen.

Besonders George Herbert Mead und in seiner Nachfolge der symbolische Interaktionismus beschäftigen sich mit der Entstehung von Subjektivität in Abhängigkeit von intersubjektiven Beziehungen. Bezogen auf die Subjektproblematik bei Foucault lassen sich mindestens zwei Anknüpfungspunkte zu Mead ausmachen. Foucault bestimmt den Selbstbezug in seinem Spätwerk als eine generelle menschliche Fähigkeit. Er geht jedoch nicht der Frage nach, warum der Mensch diese Fähigkeit überhaupt hat, wie und warum sie sich entwickelt, während Mead dies über die interaktive Grundsituation, in der sich jeder Mensch befindet, zu erklären versucht. Für Mead kann sich das Subjekt bzw. das Selbst nie rein, d.h. unvermittelt, erfahren. Dafür bedarf es eines bedeutungsvollen Anderen. So bildet sich für Mead die Fähigkeit zum Selbstbezug erst durch die schrittweise Übernahme der Perspektive eines immer weiter „generalisierten Anderen", der schließlich zum „universalisierten Anderen" wird (vgl. Honneth 2003, 97). Ein zweiter Punkt betrifft das Subjekt innerhalb der foucaultschen Machtanalyse. Würde man die Meadschen Begrifflichlichkeiten auf diese übertragen, könnte man sagen, dass Foucault sich in seiner Machtanalyse vor allem mit der Entstehung bzw. den Entstehungsbedingungen des „universalisierten Anderen", z.B. in Form von Normsystemen, beschäftigt. Den eigentlichen Prozess der Verinnerlichung von Normen durch das Individuum macht er, wie gesehen, aber nicht besonders gut deutlich. Auch in diesem Zusammenhang könnte die Arbeit Meads zusammen mit psychoanalytischen Erklärungsansätzen (s.o.) durchaus eine Erweiterungsperspektive darstellen.

Was bei Mead jedoch ausgeklammert bleibt, ist das Problem der Alterität. Der Andere als das radikal Fremde erscheint in seiner Theorie nicht. Diese Dimension wird vor allem im Werk von Lévinas deutlich (vgl. Hagenbüchle 1998, 12). So hebt Lévinas in seiner Arbeit „das inhärent Gefährliche und Gefährdete – in gewissem Sinn sogar radikal Unmögliche –" (ebd.) der Beziehung zwischen Selbst und Anderem hervor. Damit betont

Lévinas besonders die ‚reale' Dimension der Beziehung zum Anderen.[367] In dieser kann der Andere nie vollständig symbolisch erfasst werden. Er erscheint als Fremder, als Lehrstelle oder als Riss in der Ordnung des Selben und hat dadurch eine system- und subjekttranszendierende Funktion inne: „Denn der Andere transzendiert, daß dieses System aus der Sicht eines selben nicht aufgeht. Er relativiert damit das Selbst, das sich im Selben zu situieren versucht." (Reich 1998a, 252) Das heißt, der Andere verstört in seiner Fremdheit das ihm begegnende Subjekt, und eine solche ‚Realbegegnung' kann die Kraft haben, das Subjekt zu dezentrieren und in seinem Sein zu verändern.

Aus Sicht des interaktionistischen Konstruktivismus betont Lévinas, bei seinem Versuch, den Anderen in seiner Andersartigkeit zur Geltung zu bringen und ihn gegen die Vereinnahmung durch das Selbe zu verteidigen, zu stark den Gegensatz zwischen Ich und Anderem, die bei ihm als vollständig voneinander getrennte Entitäten dargestellt werden. Entsprechend erscheinen „Intersubjektivität und Interaktion ... nicht als angemessenen Zugang zum Anderen, sondern als Kolonisation des Anderen durch das Selbe." (Ebd., 257) Trotzdem und gerade wegen der radikalen Trennung von Selbst und Anderem sensibilisiert Lévinas' Denken aber für die Notwendigkeit und die ethische Verpflichtung, in der Begegnung mit dem Anderen dessen konstitutive und symbolisch unüberbrückbare Andersartigkeit anzuerkennen. Dies hat zur Folge, dass bei Lévinas das Subjekt als „Geisel" des Anderen auftritt. Als ein „vorgeladenes" Subjekt steht es ständig im Akkusativ („me voici") (vgl. Hagenbüchle 1998, 12).

Auch Sartre betont im Vergleich zu Mead sehr viel stärker das Problematische in der Beziehung zwischen Selbst und Anderem. Zwar stimmen beide Autoren, wie Honneth (2003, 97) anmerkt, in der Annahme überein, dass der Einzelne sich selber nur aus der Perspektive eines gleichsam anonymisierten Anderen reflexiv wahrnehmen und beurteilen kann. Aber ein zentraler Unterschied besteht darin, dass Mead den Mechanismus der Perspektivenübernahme als „produktives Mittel für eine wachsende Verfügung über sich selbst" (ebd.) begreift, während bei Sartre der Bezug des Ichs zum Anderen vor allem als Freiheitseinschränkung erscheint (vgl. ebd., 98). So beschreibt Sartre die Beziehung Ich-Anderer vor allem als einen Prozess „gegenseitige[r] Nichtung". Der Andere taucht hier als „Feind" des Ichs auf, weil er dessen „absolute Freiheit nichtet" (Schulz 1979, 33). Darüber hinaus betont Sartre stärker als Mead die Bedeutung des Imaginären in der Beziehung zwischen Selbst und Anderem. Für Reich (1998a, 237 ff.) geht aber auch bei Sartre das Imaginäre noch zu sehr im Symbolischen auf. Entsprechend wird bei den genannten

---

367 Mit ‚realer' Dimension ist hier das ‚Reale' im Sinne des interaktionistischen Konstruktivismus gemeint. Dieser unterscheidet im Anschluss an Lacan zwischen den miteinander verwobenen (Beobachtungs-)Registern des Imaginären, Symbolischen und Realen. Das Imaginäre bezeichnet eine durch ein oft unbewusstes imaginäres Begehren gespeiste, vorsymbolische (Vorstellungs-)Kraft, die zu (nicht nur) symbolischen Leistungen antreibt. Gleichzeitig begrenzt das Symbolische, wenn auch nie vollständig, das Imaginäre, gibt ihm dadurch aber auch erst eine feste Form und Ordnung. Der ‚Einbruch des Realen' sorgt dafür, dass die symbolischen Ordnungen niemals vollständig geschlossen werden können, sondern immer wieder subvertiert werden. Zu einer genaueren Bestimmung dieser drei Kategorien siehe Reich (2002, 75 ff.; 1998a, 229 ff., 424 ff.; 1998b, 42 f.).

Autoren ebenso wie bei Foucault[368] und Elias die Konstituierung von Subjektivität zu stark auf die symbolische Ebene verlegt.

Dagegen koppelt der Psychoanalytiker Jaques Lacan die Bildung von Subjektivität eng an die imaginäre Verbindung zum Anderen. Für ihn konstituiert sich das Ich ursprünglich im frühkindlichen Spiegelstadium, in dem sich das Kind im Blick der Mutter oder einer anderen Bezugsperson spiegelt (Triangulation) (vgl. Reich 2002, 85 ff.). Diese wechselseitige Beziehung ist vermittelt über ein imaginäres Begehren. Die Anderen sind es, die das Ich dazu befähigen, sich kontinuierlich selbst zu rekonstituieren und die es zusammenhalten, indem sie es auf der imaginären, aber auch symbolischen Ebene anerkennen und widerspiegeln. Das Imaginäre schließt also aus, dass Subjektivität vollständig durch das Symbolische totalisiert werden kann. Deutlich wird dies auch in Lacans Differenzierug zwischen imaginärem Ich (‚moi‘) und symbolischem Ich (‚je‘). Lacan sieht Symbolisches und Imaginäres jedoch unauftrennbar verwoben. So wie ‚moi‘ und ‚je‘, so sind auch Imaginäres und Symbolisches nicht unabhängig voneinander zu denken (vgl. Ragland-Sullivan 1989, 69 ff.; Reich 1998a, 424 ff.; 2002, 83 ff.).

Auch der interaktionistische Konstruktivismus betont sehr deutlich und im (kritischen) Anschluss an die Modelle von u.a. Mead und Lacan, aber ebenso unter Rekurs auf systemische Autoren wie Bateson, Watzlawick oder Stierlin, die Bedeutung von Interaktion, Spiegelung und Zirkularität für die Bildung von Subjektivität (vgl. Reich 1998a, 503 ff.; 1998b, 41 ff.; 2002, 85 ff.). So ist in der Perspektive des interaktionistischen Konstruktivismus jede Form von Subjektivierung, jedes Selbst in einer komplexen und vielschichtigen zirkulären „Beziehungslogik" (Reich 1998a, 505) symbolisch und imaginär mit den anderen[369] verbunden. Es handelt sich hierbei um eine Logik, die sich nicht in der Mög-

---

368 Auch bei Foucault ist für Reich (1998b, 246 ff.) das Imaginäre, selbst wenn es in seinen Arbeiten ständig präsent ist, unterschätzt. Gerade bezüglich der Beschreibung von Subjektivierungsprozessen verbleibt Foucault auf „relativ äußerliche[n] Beobachterpositionen, die zu wenig die Dynamik des wechselseitigen Spiegelns und Anerkennens auch auf der imaginären Achse der Kommunikation entfalten." (Ebd., 247)
Foucault hat sich mit der Dimension des Imaginären ausführlich in einer seiner ersten Schriften, der Einleitung zu Ludwig Binswangers „Traum und Existenz", beschäftigt (vgl. Schriften I 107 ff.). Im Unterschied zu Lacan repräsentiert die Einbildungskraft hier eine eigene und „ursprüngliche Erfahrungsdimension" (Kögler 1994, 21). Rückt Foucault später von seinem Projekt einer „Anthropologie der Einbildungskraft" ab, so bleibt für Kögler der schöpferische und kreative Aspekt, den Foucault der menschlichen Einbildungskraft zuschreibt, auch in seinen späteren Arbeiten enthalten: die Wissenspraktiken „*schaffen* kulturell definierten Sinn, die Machtpraktiken *erzeugen* soziale Wirklichkeit" und die Selbstpraktiken *konstruieren* eine in einem gewissen Rahmen autonome individuelle Existenz (vgl. ebd., 25). Der Unterschied zu seinem früheren anthropologischen Projekt liegt für Kögler darin, dass diese Formen der Erzeugung von Wirklichkeit nicht mehr als „Objektivierungen einer subjektiven Innenwelt verstanden werden, sondern als gewissermaßen äußerliche, soziale Praxisformen, die selbst symbolische, soziale und subjektive Erfahrungsstrukturen zu bilden vermögen." (Ebd., 25 f.)

369 Der interaktionistische Konstruktivismus unterscheidet mit Lacan zwischen a/A: als klein ‚a‘ ist der andere gemeint, wie er dem Subjekt vermittelt über seine Imaginationen und sein Begehren erscheint und in dessen Blicken es sich spiegelt, als groß ‚A‘ der Andere, der dem Subjekt von Außen begegnet: Als realer Anderer, der das imaginäre Bild (klein ‚a‘), das das Subjekt sich von ihm und von sich selber gemacht hat, verstört, oder als Träger einer symbolischen Ordnung, in der sich das Subjekt auf symbolischer, aber auch imaginärer Ebene spiegelt und (an)erkennt (vgl. dazu näher Reich 1998a 424 ff.).

lichkeit der Beobachtung einer eindeutigen und feststehenden Beziehungs- und Subjekt-struktur niederschlägt, sondern als ‚Psycho-Logik' durch eine grundsätzliche und nicht auflösbare Unschärfe (vgl. Reich 1998a, 503 ff.) gekennzeichnet ist. Dies macht es un-möglich, das „Subjekt in seiner Ich-Position auf einige widerspruchsfreie Grundgrößen zu reduzieren. Es ist in sich selbst widersprüchlich und verkompliziert durch diese Wider-sprüchlichkeit alles Beobachten ... Eine Vielfalt von Fremd- und Selbstbeobachtern er-scheint in einem Nach- und Nebeneinander, die einen Zirkel von Voraussetzungen und Wirkungen von Beobachtungen bilden." (Reich 1998b, 39)

5. Anstatt eines Schlusswortes: Ein Ausblick

Ein Bestreben dieser Arbeit war es, in der Kontrastierung von Foucault und Elias, die mit ihrer ‚Genealogie' bzw. ‚Genese' des modernen Subjekts ein ähnliches Forschungsprojekt verfolgten, sich aber gleichzeitig in ihren theoretischen Prämissen und Schlussfolgerungen deutlich unterscheiden, eine Vergleichsperspektive aufzuzeigen, die die Möglichkeit eröffnet, die Subjektkonzeptionen beider Autoren wechselseitig weiterzudenken. Anstatt diese Vergleichslinie an dieser Stelle noch einmal zusammenfassend aufzugreifen, soll in einem kurzen Ausblick noch eine weitere Perspektive auf den Phänomenbereich Subjektivität eröffnet werden.

In dieser Arbeit ist deutlich geworden, dass Foucault und Elias Subjektivität als ein historisch und kulturell kontingentes Phänomen verstehen. Nun beziehen sich die Analysen beider Autoren vornehmlich auf die historische Entwicklung bzw. Transformation westlicher Subjektivität. Bei der Beschäftigung mit dem Problembereich Subjektivität aus einer Kontingenzperspektive wäre es deshalb interessant, sich zusätzlich kulturvergleichend mit dem Phänomen Subjektivität auseinanderzusetzen. Auf die Wichtigkeit derartiger Vergleiche hat Foucault selbst hingewiesen, der im Rahmen seiner Japanaufenthalte des öfteren ein interkulturell angelegtes Forschungsprogramm unter Beteiligung japanischer Wissenschaftler angeregt hat.[370] Denn eine solch kulturvergleichende Perspektive eröffnet immer auch Möglichkeiten für ein besseres Verständnis der eigenen kulturspezifischen Subjektivierungsprozesse und Subjektivitätsformen. Deshalb sollen an dieser Stelle einige japanische Autoren kurz zu Wort kommen, die sich vor allem mit den Besonderheiten japanischer bzw. asiatischer Subjektivität im Vergleich und in Abgrenzung zur westlichen Subjektivität beschäftigen, teilweise mit ihren Ansätzen aber auch den geistes- und sozialwissenschaftlichen Subjektdiskurs des Westens erweitern wollen.[371]

Doch zunächst eine einführende Bemerkung: Oft wird der Unterschied zwischen westlicher und japanischer Subjektivität und Gesellschaft vor allem an der Dichotomie von Gruppenorientierung der Japaner versus individualistischer Einstellung des westlichen Menschen festgemacht. Dass in dieser pauschalen Gegenüberstellung immer auch eine gehörige Portion Ethnozentrismus sowohl von japanischer als auch westlicher Seite steckt, darauf macht u.a. Schubert aufmerksam. Zwar sind derartige Beschreibungen für Schubert nicht grundlegend falsch, machen sie doch auf prägnante Besonderheiten und Unterschie-

---

370 Obwohl sich Foucault sehr für die japanische Kultur interessierte, hat er selber nur rudimentäre Vergleiche zwischen dem Westen und Japan angestellt. So kontrastiert er z.B. an einigen Stellen die christlichen, auf Individualisierung abzielenden Selbsttechniken mit den buddhistischen Selbsttechniken, die eher eine Entindividualisierung bzw. Ent-Subjektivierung anstreben (vgl. Schriften III 745, 779). In einem anderen Text regt er einen Vergleich zwischen Pastoralmacht und Konfuzianismus an, die beide seines Erachtens nach eine wichtige Rolle für die Entwicklung der jeweiligen Gesellschaften gespielt haben. Basiert die Pastoralmacht aber auf einer Individualisierungslogik, zielt der Konfuzianismus seiner Meinung nach auf die Herstellung einer stabilen Gemeinschaft, deren Gesetzen sich der Einzelne unterzuordnen hat und entsprechend die Individualität des Einzelnen keine große Rolle spielt (vgl. ebd., 692 f.).

371 In diesem Ausblick sollen aber weder Foucauls noch Elias' Arbeiten als Vergleichsfolien herangezogen werden. Das heißt, weder Foucaults Kategorien von Macht, Wissen und Selbstbezug, noch Elias' Theorie vom Zivilisationsprozess finden hier Anwendung. Dies wären eigenständige Arbeiten.

de aufmerksam. Er sieht in der einseitigen Zuschreibung und Orientierung am 'typisch Japanischen' jedoch die Gefahr, dass an „die Stelle des Individualismus ... ein 'Soziozentrismus' [tritt] ..., der als eine Art theoretischer Generalschlüssel für die Erklärung japanischer Besonderheiten herangezogen wird ... Gegenüber einer solchen Fassung des Gruppenmodells der japanischen Gesellschaft läßt sich natürlich einwenden, dass es bestimmte Züge übergeneralisiert und ein Ideal mit der Wirklichkeit verwechselt" (Schubert 2000, 155). Bezüglich der Beschäftigung mit dem japanischen Subjektdiskurs ist Schuberts Kritik ein wichtiger Hinweis und Warnung zugleich, eine nicht zu kulturrelativistische Perspektive einzunehmen und damit „die Unterschiede zu verabsolutieren und damit zu mystifizieren." (Ebd., 160) Im Folgenden soll es zunächst aber weniger darum gehen, die zu behandelnden Autoren in ihrem Aufzeigen der Andersartigkeit japanischer Subjektivität zu dekonstruieren und zu relativieren. Ziel ist es vielmehr, die mit Foucault und Elias problematisierte Vorstellung von einer einheitlichen Subjektivität, durch die Beschreibung einer im Vergleich zum Westen sich deutlich anders darstellenden Form von Subjektivität zu stützen. Darüber hinaus könnten sich durch einen Blick „von außen" auch neue Beobachtungsräume für die Betrachtung westlicher Subjektivität ergeben und sich „die Grenzen unseres Nachdenkens über Selbst- und Subjektsein ... verschieben." (Weinmayr 1995, 198). Oder, wie Schubert (2000, 162) formuliert, „das Fremde im Eigenen, das möglicherweise nur noch keine einheimische Sprache gefunden hat", hätte die Chance, Ausdruck zu finden. Doch nun zu den Subjektdiskursen einiger, zumindest in Japan, bekannter Autoren.

Der japanische Sozialpsychologe Hamaguchi[372] beschreibt die Selbstwahrnehmung der Japaner im Speziellen oder der Ostasiaten im Allgemeinen als „Intersubjekt", das „eine menschliche Seinsweise [bezeichnet], in der man sich bewußt wird, daß innerhalb der zwischenmenschlichen Zusammenhänge die Beziehungen an sich das Selbst sind, und nicht Verknüpfungen oder Verlängerungen eines unabhängigen 'Ego'. Die Ostasiaten, einschließlich der Japaner, halten dieses 'Intersubjekt-Sein' für die selbstverständliche Existenzweise ... Das Ich-Bewußtsein des 'Intersubjekts' bezieht folglich auch andere mit ein. Es ist weniger etwas fest Umrissenes, sondern mehr ein amorpher Lebensraum, dessen Bildung auf Grund zwischenmenschlicher Zusammenhänge fließend verläuft. Dem Hinweis von Kimura Bin zufolge ist das Selbstbewußtsein der Japaner, das sie mit dem Wort 'Ich' bezeichnen, kein Abstraktum, das sich wie beim 'Ego' im eigenen Inneren befindet, sondern es bezeichnet 'vielmehr die Realität, die außerhalb des Selbst, konkret gesprochen, *zwischen* dem Selbst und dem Anderen, jeweils in Erscheinung tritt und jeweils von dorther als 'Anteil' erworben wird'." (Hamaguchi 1990, 143 f.)[373] Hamaguchi versteht die Figur des „Intersubjekts", wie bereits erwähnt, nicht nur als etwas 'typisch' Japanisches, sondern sieht darin eine in der gesamten ostasiatischen Kultur verbreitete Auffassung und Lebensweise. Kulturhistorisch gesehen speist sich dieses Menschbild besonders

---

372 Hamaguchi Eshun ist Professor emeritus an der Universität der Präfektur Shiga.

373 Hamaguchi verdeutlicht das „Intersubjekt-Sein" auch an dem japanischen Wort für menschliches Wesen (*ningen*), das wörtlich übersetzt „zwischen oder unter Personen" bedeutet (vgl. Hamaguchi 1990, 143; 1998, 20).

aus den vielfältigen buddhistischen und konfuzianistischen Strömungen,[374] von denen auch Japan in seiner gesellschaftlichen und kulturellen Entwicklung stark beeinflusst worden ist (vgl. dazu Pörtner/Heise 1995, 72 ff., 172 ff.).[375]

Nun versteht Hamaguchi sein „Intersubjekt" (*kanjin*) nicht als ein Modell, dass man nur auf Japan oder Ostasien beziehen kann und sollte, genauso wenig wie umgekehrt das westliche Subjekt nur als Individuum (*kojin*) verstanden werden muss. Denn obschon diese Subjektmodelle laut Hamaguchi für die jeweilige Gesellschaft charakteristisch sind, ist er der Auffassung, dass beide Modelle auch für die Analyse der jeweils anderen Kultur von Nutzen sein können (vgl. Schubert 2000, 163). Oder anders ausgedrückt: Für Hamaguchi kommen weder ‚Einzel-' noch ‚Beziehungssubjekt' in Reinform vor. Das heißt, auch das ‚Beziehungssubjekt' hat eine Ich-Identität, ein Bewusstsein von sich selbst als individuelle Persönlichkeit und umgekehrt erfährt sich auch das ‚Einzelsubjekt' als eingebunden in sozialen Beziehungen, selbst wenn diese Selbstinterpretationen schwächer ausgeprägt sind als die jeweilige dominierende Selbstwahrnehmung. Daher kann die Figur des ‚Einzelsubjekts' auch als Analyseraster für Kulturen benutzt werden, in denen die Selbstwahrnehmung stärker zum ‚Beziehungssubjekt' tendiert und umgekehrt. Grundsätzlich sieht Hamaguchi jedoch, zumindest von einem sozialwissenschaftlichen Standpunkt aus, das Individuum als Sonderform des allgemeineren „Intersubjekts", gerade auch im Hinblick auf die Erkenntnisse interaktionistischer und systemtheoretischer Ansätze (vgl. Hamaguchi 1998, 19 f.).[376]

---

374 Bezüglich des Konfuzianismus stellen auch Reich/Wei (1997) in ihrer umfangreichen Studie über „Philosophie und Pädagogik im alten China" (so der Untertitel) dessen beziehungsorientierte Denkweise heraus. Dies zeigt sich beispielsweise in einer Zentralkategorie des Konfuzianismus, ausgedrückt durch das chinesische Schriftzeichen *ren*. Zusammengesetzt aus den Zeichen für ‚Mensch' und ‚zwei', umfasst dieser Begriff eine große Bedeutungsvielfalt (vgl. ebd. 31 f.). So verweist er u.a. auf „die Natur des Menschen" (Lin Yutang, zit. nach Reich/Wei 1997, 32), die dieser nur durch *ren*, d.h. durch ethisch-moralische Tugenden wie Mitmenschlichkeit und Menschenliebe, behalten kann. Diese „Kernidee" (ebd., 30) des *ren* des Konfuzianismus bzw. der Konfuzianismus insgesamt impliziert eine basale Intersubjektivität des Menschseins – eines Seins, „dessen Bestimmung sich ausschließlich im Gefüge zwischenmenschlicher Beziehungen" (ebd., 269) verwirklichen kann. Entsprechend gibt es für die „konfuzianische Konstruktion des Menschen ... keine Robinsonade ... Losgelöst aus dem Unfeld sozialer Beziehungen von einem individuellen Wert des Menschen zu sprechen, ist nach der traditionellen Vorstellung gegenstandslos." (Ebd.) Beziehungen werden im klassischen China zur „Lebensform" (vgl. ebd. 312 ff.). Das heißt, der Mensch kann nur in und durch (regulierte) zwischenmenschliche Beziehungen existieren.

375 Entsprechend formuliert Schründer-Lenzen (1996, 12 f.) hinsichtlich des japanischen Menschenbildes: „Das japanische Ich baut nicht auf der Figur des animal rationale auf, vielmehr ist die buddhistische Lehre des Nicht-Ich eine quasi religiöse Tradition und auch der Konfuzianismus beruht auf dem Prinzip eines nicht substantiellen Seins. Menschsein ist „Zwischensein" (*aidagara*), eine Seinsweise in der man sich bewußt ist, daß innerhalb der zwischenmenschlichen Zusammenhänge die Beziehungen an sich (*ningen kankei*) das Selbst sind und eben nicht Verlängerungen oder Verknüpfungen eines unabhängigen ‚Ego'. Identität ist situativ, gebunden an die konkrete Gemeinschaft mit anderen."

376 An dieser Stelle könnte man auf den Anspruch Elias' verweisen, das Bild des „homo clausus", durch ein Modell zu ersetzen, in dem die grundlegende Gesellschaftlichkeit des Menschen stärker berücksichtigt wird.

Ähnlich wie Hamaguchi bestimmt auch der im vorangegangenen Zitat schon ange-sprochene Psychiater Kimura[377] die Selbsterfahrung des japanischen Menschen als Erfah-rung des ‚Zwischen' (*aida*). Entsprechend hat der Einzelne nicht so sehr ein konstantes und festes Identitätsbewusstsein, er erfährt sich weniger als ein solipsistisches Selbst, son-dern das ‚Ich' wandelt sich durchaus je nach zwischenmenschlicher Situation des Men-schen: „Wer ich selbst bin und wer der jeweils andere ist, bestimmt sich in der japanischen Sprache und in der Erfahrungs- und Denkweise der Japaner aus der zwischenmenschli-chen Beziehung zwischen mir und dem anderen. Noch bevor der einzelne Mensch sich als Individuum identifiziert, ist die Beziehung, das Zwischen Mensch und Mensch. Daß ich der bin, der ich jetzt gerade bin, bestimmt sich nie und nimmer ‚innerhalb' meiner, son-dern immer ‚außerhalb' meiner selbst, nämlich im Zwischen Mensch und Mensch, im Zwischen mir und meinem Gegenüber ... wer man ist, ist in Japan nie und nimmer an sich entschieden, sondern bestimmt sich nach dem Zwischen von ‚Ich' und ‚Du', d.h. je nach der Seinsweise des Zwischen Mensch und Mensch jeweils von neuem." (Kimura 1995, 103 ff.) Daher ordnet Kimura das ‚Zwischen' bzw. die zwischenmenschliche Beziehung der Subjektivität oder dem Selbst vor. ‚Ich' und ‚Du' existieren nicht vorher als feste Sub-jekte oder Identitäten, zwischen denen sich dann eine Interaktionsbeziehung bildet, son-dern ‚Ich' und ‚Du' bilden sich erst in dem jeweiligen Zwischenverhältnis (vgl. ebd., 104 f.). Diese spezielle Sichtweise ist, wie noch zu sehen sein wird, bezeichnend für den japa-nischen Blick auf Intersubjektivität.

Auch der deutsche Erziehungswissenschaftler Volker Schubert machte bei seinem mehrjährigen Japanaufenthalt die Beobachtung, dass sich das japanische Subjekt im Ver-gleich zum westlichen wesentlich stärker durch soziale Beziehungsverhältnisse definiert und konstituiert und durch ein ausgeprägtes Rollenverständnis in Verbindung mit starkem „Rollenperfektionismus" und wenig „Rollendistanz" gekennzeichnet ist (vgl. Schubert 1991, 201 ff.). So ist für Schubert der japanische Subjektivierungsmodus sehr viel stärker durch wechselseitige Verpflichtungsverhältnisse und die flexible Orientierung an die je-weilige Situation charakterisiert, während das westliche Ideal oder auch die gesellschaftli-che Norm sich im Bild eines autonomen, Ich-identischen und eigenverantwortlichen Sub-jekts, das sich selbstständig im Leben und in der Gesellschaft zurechtfindet, widerspiegelt (vgl. ebd., 221). Entsprechend ist für Schubert der japanische Subjektivierungsmodus we-niger durch ein Identitätsmanagement, sondern mehr durch ein „Beziehungs- oder Abhän-gigkeitsmanagement" gekennzeichnet und „das Bewußtsein der eigenen gesellschaftlichen Eingebundenheit" stärker ausgeprägt „als das der individuellen Autonomie." (Ebd.)[378]

---

377 Kimura Bin (geb. 1931) war bis 1994 Direktor der Psychiatrischen Klinik der Universität Kyôto und verbrachte mehrjährige Forschungsaufenthalte in Deutschland.

378 Analog stellt Schubert für das japanische Bildungssystem fest, dass in diesem weniger Autonomie, soziale Unabhängigkeit und Mündigkeit die vordringlichsten Erziehungsziele sind, da diese u.U. sogar hinderlich für die soziale und institutionelle Integration sein könnten, sondern „die ‚Offenheit' für neue Situationen und Anforderungen." (Schubert 1991, 180) So fördert das japanische Bildungswesen so-wohl Fähigkeiten (bzw. setzt diese voraus) wie Leistungsbereitschaft, Selbstdisziplin, Belastbarkeit wie auch „eine Form des kooperativen Zusammenwirkens, die individuelle Ambitionen an die Partizi-pation an die Gruppe bindet." (Ebd., 182)

Die Betonung der Gruppenorientierung im japanischen Selbsterleben muss sich aber nicht unbedingt in eine ausgeprägte Kultur der Mitmenschlichkeit und Solidarität niederschlagen. Schon Kimura weist in seiner Kritik an Watsujis Bestimmung des japanischen ‚Zwischen Mensch und Mensch‘ als „distanzlose Verbundenheit" darauf hin, dass auch eine andere Seite des japanischen ‚Zwischen-Seins‘ (*aidagara*) existiert, nämlich die der „unendlich distanzierten, völligen Anteilnahmslosigkeit" (Kimura 1995, 84). Weinmayr führt dies in Anlehnung an Kimura auf die Diskontinuität und „Zerbrechlichkeit" japanischer Subjektivität zurück: „Zwar haben die individuellen japanischen Subjekte, die den Grund ihres Selbstseins immer außerhalb ihrer selbst in bestimmten Zwischenverhältnissen finden, keine harte Struktur und Hülle, sie grenzen sich nicht von anderen ab, sondern gehen weich und flexibel in den jeweiligen Zwischenverhältnissen auf. Dies ist ihnen jedoch nur möglich, weil diese Zwischenverhältnisse selber eine durchaus feste Struktur und harte Hülle haben, die ihr Innen scharf gegen das fremde Außen abgrenzt" (Weinmayr 1995, 196). Das heißt, innerhalb der japanischen Gesellschaft ist jenseits des „Konsensprinzips" (Schubert) durchaus Platz für harten Konkurrenzkampf und Ausgrenzung sowohl zwischen einzelnen Individuen als auch zwischen unterschiedlichen Gruppen.[379]

An dieser Stelle stellt sich auch die Frage, ob die japanische Gruppenorientierung unbedingt an besonderen Struktureigentümlichkeiten der japanischen Psyche festgemacht werden muss oder ob man sie nicht genauso gut „als situativ bedingtes Verhaltensmuster" (Schubert 2000, 156) auffassen kann.[380] Die Erklärungsansätze bekannter japanischer Au-

---

379 Dies deckt sich mit einigen von Kurt Singer gemachten Beobachtungen und Erfahrungen, die er während seines Japanaufenthalts zwischen 1931 und 1939 gesammelt hat: „Sieht man genauer hin, so entdeckt man, daß außerhalb des festumschriebenen Kreises der eigenen Familie, der Patron-Klient-Beziehung und der Freundschafts- und Kameradschaftsbande das Verhalten des Japaners gegen Japaner oft überraschend unhöflich und rücksichtslos ist. Selbst dort, wo man die Gebote konfuzianischer Gesittung und des klassischen Höflichkeitskodex der Form halber einhält, werden die zeremoniellen Redensarten und Gesten nicht selten mit einem Unterton sardonischen Spottes vollzogen. Niemand macht in einem Eisenbahnwaggon einem Mitreisenden Platz, ohne ausdrücklich darum gebeten worden zu sein, ... Überhaupt ist es ein Irrtum anzunehmen, daß die Japaner von Natur aus weniger selbstsüchtig, ich-betont und eigenwillig seien als Westländer ... Nur der Japaner weiß, welch ein Abgrund sich hinter jenen Träumen von glockenbehangenen Pagoden stillen Friedens verbirgt." (Singer 1991, 186 ff.)
    Auch neuere Untersuchungen stützen diese Beobachtungen. Hier wird bezüglich des japanischen Selbst mit einer erhöhten strukturellen Durchlässigkeit zwischen individuellem Selbst und sozialem Selbstbereich, zu dem die wichtigsten Vertrauenspersonen („In-Group") gehören, argumentiert. Diese „In-group" bildet sozusagen einen Teil des Selbst („erweitertes Selbst") und es existieren entsprechend starke Bindungen und Verpflichtungen diesen Personen gegenüber. Dagegen werden außenstehende Personen („Out-group") von dem Bereich des „erweiterten Selbst" oder „erweiterten Egos" (*Kakudai Ego*) abgegrenzt und ausgeschlossen, um die Eigendynamik des Selbst zu schützen. Beim westlichen Selbstkonzept soll die Trennung zwischen individuellem Selbst und Bezugspersonen deutlich stärker und das individuelle Selbst in seiner Stabilität weniger abhängig von der Beziehungsdynamik zu den ‚bedeutungsvollen‘ Anderen sein. Aufgrund dieser im Vergleich zum japanischen Modus relativen Beziehungsunabhängigkeit im Hinblick auf den stabilen Erhalts des Selbst muss umgekehrt die Abgrenzung zur „Out-group" nicht so stark sein. (vgl. Kobayashi 1995, 41 f.).
380 In dieser Perspektive wäre die japanische Gruppenorientierung weniger eine „psychologische Eigenschaft der Individuen ..., sondern bezeichnet zunächst einmal (freilich nur bedingt gültiges und nur im

toren gehen jedoch vor allem in die erste Richtung. Denn in ihren Arbeiten spielt vor allem das Aufzeigen der Besonderheiten japanischer Subjektivität und ihre Abgrenzung zur westlichen Subjektivität die dominierende Rolle.

So gibt es eine Reihe von, zumindest in Japan, bekannten Autoren (z.B. Doi Takeo, Okonogi Keigo, Kawai Hayao, Nakane Chie, Sugiyama Lebra), die trotz unterschiedlicher Ansätze und Forschungsperspektiven, die Bedeutung der intersubjektiven Dimension, d.h. der Vorstellung einer fundamentalen Verbundenheit und Angewiesenheit von Ich und Anderem, für die japanische Form von Subjektivität und Selbstwahrnehmung hervorheben – ein Selbst, das sich nicht so sehr durch die strikte Trennung von ‚Ich' und ‚Du' auszeichnet, sondern sich erst innerhalb dieser ‚Zwischenbeziehung' konstituiert. Damit verbunden ist auch weniger die Vorstellung eines konstanten Substanz-Selbst, sondern die eines orthaften[381] und damit diskontinuierlichen „Anteil-Selbst" (Kimura) – eines Selbst, dass sich jeweils an dem Ort (des ‚Zwischen') bildet und definiert, an dem es sich befindet. Im Vergleich dazu wird die westliche Subjektivität stärker mit der Selbstwahrnehmung eines individuellen und autonomen Selbst, mit einer festen, sich durchhaltenden Identiät verbunden. Markus und Kitayama (1991) bezeichnen diese Differenz im Selbsterleben auch als „interdependent view of the self" versus „independent view of the self". Kobayashi (1995, 30 f.) weist an dieser Stelle darauf hin, dass eine solche Unterscheidung

---

Kontrast zu anderen ‚modernen' Gesellschaften signifikantes) Strukturmerkmal der sozialen Integration." (Schubert 1991, 209)

381 Neben und in Verbindung mit der Bedeutung des ‚Zwischen' ist für die Herleitung des Subjekts im japanischen Denken das Denken des ‚Ortes' (ba oder basho) fundamental. Wie Pörtner/Heise (1995, 26) ausführen, ist die gesamte philosophische Kultur Japans durch ein ausgeprägtes topisches Denken gekennzeichnet. An die Stelle des westlichen Logozentrismus tritt hier ein „Locozentrismus". Entsprechend nimmt auch im sozialphilosophischen ‚Japandiskurs' das Denken des Ortes eine zentrale Stellung ein. Bezogen auf das Subjekt wird dieses in einer topischen Perspektive in seiner Konstituierung immer an einen „symbolisch artikulierten Ort" (ebd.) zurückgebunden. In ihrem Buch „Die Philosophie Japans" zeichnen Pörtner/Heise (1995) die Grundzüge einer „topischen Philosophie" von ihren Anfängen im Shintôismus, (Neo-)Konfuzianismus und Buddhismus bis hin zur gegenwärtigen Philosophie Japans nach. Dabei verstehen sie unter topischer Philosophie „ein philosophisches Interesse, das nicht auf ein Wissen nach allgemeinen Prinzipien zielt, sondern auf ein Wissen des Konkreten, das in den sozialen und symbolischen Formen begründet ist ... Die östliche Philosophie ist topisch: Sie will die Welt nicht begründen, sondern interpretierbar und zugänglich machen." (Ebd., 13) In diesem Zusammenhang sehen sie auch Parallelen zwischen dem ostasiatischen Denken und dem (mantischen) Denken der europäischen Renaissance, so wie es Foucault in „Die Ordnung der Dinge" beschrieben hat. Beide Wissensordnungen zeichnen sich durch ein Ähnlichkeits-Denken aus, in dem „die Ordnung der Dinge als Ordnung der Sprache erscheinen kann." (Ebd. 94) Im Westen wird laut Foucault die Episteme der ‚Ähnlichkeit' in der klassischen Epoche durch die Episteme der ‚Repräsentation' abgelöst (vgl. Teil I, Abs. 1.1). Dagegen „konnte sich ein entsprechungssystematisches Denken in China und in Japan unter den Voraussetzungen topischer Philosophie bis in die Moderne erhalten." (Pörtner/Heise 1995, 95; vgl. ebd. 94 ff.) Auch in Foucaults Werk spielt der Ort oder der Raum eine wesentliche Rolle: angefangen mit seinen archäologischen Analysen von ‚Räumen des Wissens' (vgl. OD 11, 413 ff.) über seine Arbeiten zu unterschiedlichen gesellschaftlichen Räumen der Ein- und Ausschließung, dem Panoptikon als räumliches Überwachungsprinzip oder der Disziplin als Methode einer räumlichen Individualisierung usw. (vgl. Schriften III 652). Insgesamt hat Foucaults empirisch orientierte „Topologie" (Deleuze 1992, 67) jedoch eine völlig andere Ausrichtung als die philosophischen Ansätze japanischer Denker, die den Ort transzendental oder ontologisch zu begründen versuchen.

immer nur eine vereinfachte Typisierung darstellen kann, die wenig die „interindividuelle Varianz innerhalb einer Kultur mitberücksichtigt". Im Sinne von „Idealtypen" hat diese Kontrastierung für Kobayashi dennoch Sinn.

An dieser Stelle drängt sich auch das Problem des ‚Beobachters' auf, d.h. die Frage nach dem konstruierenden Blick des Fremd- und Selbstbeobachters, dessen grundlegende Perspektivität und Unschärfe. Gerade in einem kulturvergleichendem Zusammenhang ist diese Thematik besonders relevant, da hier immer die Gefahr mitschwingt, entweder das Fremde auf das Eigene zu reduzieren und umgekehrt, oder das Eigene bzw. das Fremde als völlig singulär und inkommensurabel zum Eigenen bzw. Fremden anzusehen. Viele Autoren der ‚Japandiskurse'[382], zu denen auch viele der bisher genannten Autoren gezählt werden, tendieren in ihrem Anliegen, die Besonderheiten der japanischen Kultur und der Japaner zu isolieren, sicherlich in die letztgenannte Richtung. Hier könnte man fragen, inwieweit das ‚Eigene', das der japanische (Selbst-)beobachter als das einzigartige japanischer Kultur identifiziert, nicht schon vom ‚Fremden' subvertiert, der Selbstbeobachter immer schon Fremdbeobachter ist. So greifen die japanischen Autoren auf Beobachtungskategorien zurück, die im Westen entwickelt worden sind (Psychoanalyse, westliche Philosophie usw.). Zwar streben viele japanische Theoretiker über die bloße Reproduktion westlichen Denkens hinaus zu einer eigenständigen Perspektive, dennoch sind ihre Beobachtungen und Konstruktionen des originär Japanischen immer auch an die westlichen Referenztheorien zurückgebunden. Das heißt, der Blick auf das ‚Eigene' ist grundsätzlich vermittelt über das ‚Fremde' der westlichen Bezugstheorien.

Die Herkunft ihrer wissenschaftlichen Methoden ist den japanischen Forschern natürlich bewusst. In diesem Zusammenhang schreibt Kimura, dass es in den Anfängen der japanischen Psychologie und Psychiatrie unumgänglich war, zunächst einmal die grundlegende Methodologie dieser Wissenschaften aus Europa zu übernehmen, da die Vorstellung einer zu objektivierenden Psyche in der traditionellen japanischen Kultur kaum vorhanden war (vgl. Kimura 1995, 132 f.). Gleichzeitig kritisiert Kimura aber die Tendenz, auf dieser Stufe stehen zu bleiben und europäische Begrifflichkeiten und Denkweisen ohne Rücksicht auf die (psychologischen) Differenzen zwischen Europäern und Japanern eins zu eins zu übernehmen (vgl. ebd., 133 ff., 159 f.). Dagegen möchte Kimura „eine eigenständige, nicht vom Westen geborgte Psychopathologie" entwickeln, gleichzeitig aber auch eine „kulturübersteigende transkulturelle Psychiatrie" (ebd., 3 ff.). Die Schwierigkeit, die sich hier bei Kimura stellt, ist, dass er die Perspektivität und Konstruktivität des Forscherblickes nicht weiter problematisiert. Zum einen betrachtet er westliche und japanische Subjektivität und Psyche als zwei verschiedenartige Phänomenbereiche, die ein jeweils unterschiedliches Analyse- und Objektivierungsinstrumentarium brauchen. Zum

---

382 Unter dem Oberbegriff „Japandiskurse" versammelt sich eine Vielzahl unterschiedlichster Arbeiten aus den verschiedensten wissenschaftlichen oder auch nichtwissenschaftlichen Bereichen, die mehr oder weniger alle versuchen, das Besondere und Einzigartige der japanischen Kultur zu bestimmen. Manabe und Befu (1992, 89) schätzen die Anzahl der *nihonjinron*-Erscheinungen für den Zeitraum von 1945 bis Anfang der 90er Jahre auf ca. 1000 Titel (vgl. Kaufmann 2005, 25 f.). Die Spannbreite reicht dabei von stark nationalistisch geprägten Pamphleten über klischeebehaftete und oberflächliche Abhandlungen bis hin zu hochdifferenzierten wissenschaftlichen Analysen (vgl. Weinmayr 1995, 177 f.).

anderen versucht er in einer kulturübergreifenden Perspektive, das „allgemein menschliche Wesen oder Grundgeschehen" (ebd., 161) bestimmter psychopathologischer Phänomene, z.B. das „unwandelbare Grundgeschehen bzw. Wesen der Melancholie" (ebd., 170) zu bestimmen. Beide Perspektiven legen nahe, dass es so etwas wie eine objektive Wirklichkeit menschlicher Subjektivität und Psyche gebe, die mit adäquaten humanwissenschaftlichen Mitteln und Methoden beschrieben werden kann. Eine solche Vorstellung ist aus foucaultscher Sicht mehr als fraglich, da aus seiner erkenntniskritischen Perspektive die ‚Wirklichkeit' des Forschungsgegenstands bzw. der Gegenstand selber immer durch den Blick des Forschers bzw. des humanwissenschaftlichen Dispositivs, in das er eingebunden ist, mitkonstituiert wird. Bezogen auf die Darstellung des ‚typisch' Japanischen beachten Kimura und die anderem behandelten Autoren also zu wenig die Konstruktivität dieses ‚Eigenen' – ein ‚Eigenes', dass bei den behandelten Autoren, wie gesehen, immer auch mit Hilfe des ‚Fremden', hier in Form der aus den westlichen Wissenschaften entlehnten Methoden, Objektivitäts- und Rationalitätsstandards, konstruiert wird.

Kaufmann (2005, 24 ff.) macht in diesem Zusammenhang darauf aufmerksam, dass innerhalb der verschiedenen ‚Japandiskurse' das ‚typisch' Japanische vor allem in Abgrenzung zum ‚typisch' Westlichen bestimmt wird. Das heißt, um das Eigene beschreiben zu können, läuft das ‚Andere' oder das ‚Fremde' als Kontrastfolie immer schon mit.[383] So ist beispielsweise die Bestimmung des japanischen Subjekts als vor allem beziehungsorientiert deutlich durch seinen Gegenpart, der Figur des nach Autonomie und Selbstbestimmung strebenden westlichen Individuums, inspiriert. Das heißt, ohne den Kontrapunkt des westlichen Individualismus könnte die Beschreibung japanischer Subjektivität auch deutlich anders ausfallen.[384]

Diese Abgrenzung zum Westen ist nicht zufällig. Denn die ‚Japandiskurse' haben sich auch aus den Kränkungsbewegungen heraus entwickelt, die aus dem Zusammentreffen Japans mit dem Westen resultierten.[385] Ist gerade für die erste Zeit nach dem 2. Weltkrieg eine im Vergleich mit dem Westen eher negative und defizitäre Einstellung hinsichtlich der eigenen Kultur programmatisch, sind spätere Selbstinterpretationen durch eine deutlich selbstbewusstere Haltung gekennzeichnet. Man will sich nun gegenüber der Hegemonie der westlichen Kultur behaupten und positiv die Eigenständigkeit und die Vorzüge der eigenen Kultur zur Geltung bringen. Damit ist in den ‚Japandiskursen' immer auch eine Machtdimension mit eingewoben. Teilweise drückt sich der Versuch der Selbstbehauptung auch in einem Überlegenheitsanspruch gegenüber dem Westen aus. Gerade im Hinblick auf den Subjektdiskurs gibt es durchaus Tendenzen, japanische Subjektivität

---

383 Dazu Baecker (2000, 17): „Nichts definiert das Eigene verlässlicher als das Fremde, von dem es sich abgrenzt."

384 Selbst im Rahmen einer Gegenüberstellung von westlicher und japanischer Subjektivität existieren auch völlig andere Konstruktionen als die bisher beschriebenen. So stellen Sugimoto und Mouer eine hoch differenzierte japanische Individualität einer schwach ausgebildeten westlichen Individualität gegenüber (vgl. Kaufmann 2005, 42).

385 Die Anfänge der ‚Japandiskurse' liegen in der Vormoderne, wobei zu diesem Zeitpunkt vor allem die Auseinandersetzung mit der chinesischen Kultur prägend war. Die Konfrontation mit dem Westen erreichte 1853 mit der gewaltsam erzwungenen Öffnung Japans durch die amerikanische Flotte ihren ersten Höhepunkt (vgl. Heise 1989, 76).

gegenüber der westlichen Form oder dem, was man dafür hält, zumindest hinsichtlich ihrer Sozialität als ‚reifer' anzusehen und damit als Vorbild auch für den Westen zu begreifen.[386] Gegen einen uneingeschränkten Vorbildcharakter des japanischen ‚Intersubjekts' bezüglich seiner ‚sozialen Kompetenz' sprechen die schon angesprochenen Untersuchungen, die das „erweiterte Selbst" der Japaner durch eine starke Ausgrenzung der „Out-Group" gekennzeichnet sehen. In dieser Perspektive erscheint das prosoziale Verhalten der Japaner gegenüber Außenstehenden im Vergleich zum Westen als weniger ausgeprägt (vgl. Kobayashi 1995, 41).

Darüber hinaus ist hier anzumerken, dass in der japanischen Diskussion dem westlichen Denken teilweise ein Subjektbild unterstellt wird, nämlich dem eines autonomen, monadischen Subjekts (so z.B. Hamaguchi 1998), das zumindest in den Geistes- und Sozialwissenschaften schon längst problematisiert wurde. Auch die Bedeutung der zwischenmenschlichen Beziehungen für die Konstituierung von Subjektivität, die bei japanischen Autoren so stark betont wird, spielt im geistes- und sozialwissenschaftlichen Diskursen eine sehr wichtige Rolle. Das heißt, die Differenzen, welche die verschiedenen Autoren zwischen westlicher und japanischer Subjektivität feststellen, bestehen weniger in der theoretischen Reflexion über Subjektivität (obwohl sicherlich auch auf dieser Ebene Unterschiede existieren), sondern vor allem in der vorherrschenden praktischen Selbstinterpretation der einzelnen Menschen im jeweiligen Kulturraum.

Wenn man diesbezüglich von der Unterscheidung zwischen beziehungsorientierter und individualistischer Selbstwahrnehmung ausgehen möchte, gibt es neben der schon behandelten Frage nach der ‚Qualität' oder dem ‚Mehr' an sozialer Kompetenz im Vergleich beider Subjektivierungsmodi eine Linie innerhalb des japanischen Subjektdiskurses, für welche die beziehungsorientierte Sichtweise stärker mit dem ‚dezentrierten' Subjektbild der europäischen Subjektkritik übereinstimmt als die individualistische.[387] Das heißt mit anderen Worten, die praktisch gelebte japanische Subjektivität soll mit ihrer ‚interdependenten' Grundstruktur besser zur theoretisch formulierten (post-)modernen Subjektkritik passen als die traditionelle westliche Selbstwahrnehmung als ein autonomes, nach Selbstbestimmung strebendes Individuum.[388]

---

386 Dazu z.B. Hamaguchi (1998, 21): „Es ist Tatsache, daß die Autonomie des *Einzelnen* gefragt war, als es darum ging, Modernisierung durchzusetzen. Doch heute im postmodernen Zeitalter ist ein solches Personenmodell nicht mehr als unbedingt erstrebenswert anzusehen. Mit dem Entstehen komplexer Systeme sind das *Intersubjekt* mit seinen zuverlässigen gegenseitigen Beziehungen und dem *basho* unabdingbar für den Erhalt der Gesellschaft."

387 Dazu Heise (1989, 78): „Sie nimmt für sich in Anspruch, das neuzeitliche Subjekt sei gescheitert, und entdeckt in der japanischen Tradition immer schon postmoderne Formationen. Die Krise des Ichs und die Erfahrung, daß die Figur des *animal rationale* ein Modus der Selbstinterpretation ist, in dem sich weder das beginnende 20. Jahrhundert des Abendlandes noch die japanische Vormoderne wiederfinden können, ermöglicht es den philosophisch orientierten Japandiskursen, die Suche nach Strukturen jenseits des Logozentrismus mit der Analyse spezifischer Formen japanischer Subjektivität zu verbinden." An dieser Stelle ist anzumerken, dass neben den Autoren, die in der japanischen Kultur und Tradition typisch Postmodernes entdecken, für andere Autoren wie den japanischen Literaturnobelpreisträger Ôe Kenzaburô die Postmoderne respektive der Poststrukturalismus wiederum nur Beschreibungskategorien sind, die der Hegemonie des Westens entspringen (vgl. Landmann 2003, 27 f.).

388 In diesem Zusammenhang macht Weinmayr (1995, 189 ff.) auf einen wichtigen Unterschied zwischen europäischer Subjektkritik und dem japanischen Denken des ‚Zwischen', hier in Bezug auf Kimura,

An dieser Stelle stellt sich wiederum ein beobachtertheoretisches Problem. Denn abgesehen davon, dass diese Bestimmung japanischer und westlicher Subjektivität als ‚interdependent' bzw. ‚independent' nur eine grobe Orientierung sein kann, verdankt sie sich darüber hinaus einer spezifischen Beobachterperspektive. Wechselt man die Beobachterposition, würde man auch in westlichen Subjektivitätsformen ‚interdependente' Elemente und umgekehrt in japanischen Formen auch individualistische Strukturen finden können. Wenn man den schon angesprochenen Beobachtungen über „In-group" und „Out-group" folgen möchte, könnte man sogar behaupten, dass die Beziehungsstruktur zwischen westlichem Selbst und Außenstehenden im Vergleich zum japanischen Selbst deutlich ausgeprägter sein kann. Noch einmal anders beobachtet, könnte man gerade in einem selbstreflexiven, Ich-bewussten und Ich-starken Subjekt, das damit alles andere als ein in seiner bewussten Selbstwahrnehmung wesentlich auf (bedeutungsvolle) Andere angewiesenes Subjekt mit einer eher instabilen Ich-Struktur ist, den Prototyp von gelingender Subjektivität unter postmodernen, dezentrierten und pluralisierten Lebensbedingungen sehen. Denn diese Lebensbedingungen sind für viele westliche Autoren gerade durch den Anspruch an das Individuum, eine eigene Subjektivität und Identität zu entwickeln, gekennzeichnet (vgl. z.B. Keupp et al., 1999). In der Postmoderne wird dem Individuum eine eigenständige und stetige Identitätsarbeit abverlangt; die, so könnte man annehmen, eine große Ich-Kompetenz und, wenn man so will, individuelle Orientierung erfordert. Dies sind nur mögliche Beispiele für gegenläufige, aber aus den jeweiligen Perspektiven als durchaus viabel erscheinende Interpretationsmuster bezüglich des Verhältnisses von gesellschaftlichen Bedingungen und Ansprüchen an Subjektivität.

Allgemein wären in einer beobachtertheoretisch-konstruktivistischen oder auch foucaultschen Sicht alle Interpretationsmodelle problematisch, die in einer bestimmten Form von Subjektivität eine bessere, postmodernere Form des Selbstseins zu entdecken glauben. Denn konstruktivistisch argumentiert läge der Anspruch hinsichtlich eines Vergleichs verschiedener Beobachtermodelle weniger in einer Perspektivenverengung, sondern vielmehr im Versuch einer Perspektivenerweiterung. Letztendlich soll die Möglichkeit, vielfältige Beobachterperspektiven gleichberechtigt nebeneinander zu stellen, dazu führen, theoretische und praktische Engführungen (auch die eigenen) zu dekonstruieren, um zu einer Relativierung, Erweiterung und Bereicherung der verschiedenen Beobachterperspektiven gelangen zu können.

---

aufmerksam. Dieser Unterschied ergibt sich zum einen aus der Notwendigkeit des (postmodernen) Subjektdiskurses, sich von einer lange vorherrschenden Tradition europäischer Subjektphilosophie kritisch abzusetzen, eine Tradition die in der japanischen Geistesgeschichte nicht vorhanden ist. Zum anderen soll im japanischen Diskurs des ‚Zwischen' eine deutlich größere Nähe zwischen Theorie-Subjekt und Praxis-Subjekt existieren: „Die europäischen Diskurse des Zwischen sind von ihrer Stoßrichtung her gesehen zunächst kritisch und negativ. In ihnen geht es um eine ‚Abmagerungskur des Subjekts', in der das neuzeitliche Subjekt sich seiner Illusionen von Autonomie entledigen und seine Anthropozentrik korrigieren soll ... Die europäischen Denker des Zwischen müssen gegen ihre eigene Tradition und Herkunft denken ... Anders Kimura: Sein Bezug auf das Zwischen hat die Gestalt einer positiven Hermeneutik japanischen Daseins. Kimura bezieht sich auf das Zwischensein menschlicher Subjektivität als einer Wirklichkeit, die in Japan nie durch das Aufkommen eines Subjektbegriffs wie des europäischen verdeckt oder verstellt war, sondern in den gewöhnlichen und alltäglichen Kontexten japanischen Selbstseins unmittelbar erfahrbar und gelebt wird." (Ebd., 191 f.)

In diesem Geiste soll am Ende noch einmal ein kurzer Blick auf das Problem der Intersubjektivität, das ja auch am Ende des letzten Kapitels Gegenstand der Analyse war (vgl. Teil II, Abs, 4.3), gerichtet werden, welches bei japanischen Autoren eine eigenständige Ausformulierung findet. Denn gerade die Autoren philosophisch orientierter ‚Japandiskurse' begreifen ihre Arbeit nicht nur als Mittel, um die Besonderheiten Japans zu beschreiben und sich dadurch zum Westen abzugrenzen. Sie verstehen ihre Lösungsmöglichkeiten, die sie immer unter Einbezug und gleichzeitiger (mehr oder weniger) kritischer Auseinandersetzung mit dem westlichen Denken gewinnen, auch als Erweiterung und damit als mögliches (Dialog-)Angebot für den geisteswissenschaftlichen Diskurs des Westens.

Wie schon angedeutet, geht der Begriff des ‚Zwischensein' (aidagara) vor allem auf die Philosophie Watsujis zurück. Er bestimmt den Ort und die Existenz des Subjekts im ‚Zwischensein'. Das heißt auch, dass Watsiji das ‚Zwischensein' der Existenz von Selbst und Anderem in gewisser Weise vorordnet. Es sind nicht Selbst und Anderer, die das ‚Zwischensein' bilden, sondern es ist das ‚Zwischensein', das Selbst und Anderen entstehen lässt. Auch andere japanische Autoren wie z.B. Hamaguchi, Kimura oder Mori schließen in unterschiedlicher Weise an Watsujis Begriff des ‚Zwischenseins' an. Gemeinsam ist allen Autoren, dass sie das ‚Zwischensein' als Ort verstehen, in dem Selbst und Anderer sich bilden.

Ein Unterschied zu vielen westlichen Interaktionstheorien besteht darin, dass diese Interaktionsbeziehungen vor allem als Beziehungen zwischen zwei vorgängig existierenden Individuen denken. Das soll im Umkehrschluss nicht heißen, dass für den japanischen Diskurs des ‚Zwischen' der Mensch als Individuum nicht existiert, aber gleichzeitig ist diese Dualität von Selbst und Anderem für Watsuji nur im Zusammenhang mit der Einheit von Selbst und Anderem zu denken. Watsuji drückt diesen Gedanken auch durch seine Formulierung „Nicht-Zwei-Sein von Selbst und Anderem" aus.[389]

Hamaguchi verdeutlicht die Differenz zwischen seiner Theorie des „Intersubjekts" und westlichen, individualistisch orientierten Interaktionstheorien folgendermaßen: In vielen westlichen Interaktionstheorien wird die Beziehung zwischen zwei Individuen normalerweise als direkte Verbindung zwischen zwei Punkten dargestellt. Der übrige (‚Zwischen'-)Raum zwischen den beiden Individuen hat keine Bedeutung. Dagegen ist die Verbindung im Modell des „Intersubjekts" „feldartig", ein unendlich erweiterbares „»Zwischen«-Netzwerk aus ‚Beziehungen' (aidagara)". Hier überlagern sich die Lebensräume der „Intersubjekte" und bilden gemeinsame Felder, die sie verbinden. Gleichzeitig existieren die „Intersubjekte" nicht als unabhängige Individuen, sondern sie konstituieren

---

389 „Dass Selbst und Anderer ursprünglich *nicht* Selbst und *nicht* Anderer sind, drückt sich selbst als Negation dieses ‚nicht' aus. Sie sind schon *nicht mehr eins*, folglich ist Selbst stets Selbst und nicht Anderer und Anderer ist stets Anderer und nicht Selbst. Überdies verhalten sich Selbst und Anderer, weil sie ursprünglich eins sind, in der Weise ‚Nicht-Zwei-Sein von Selbst und Anderem' zueinander." (Watsuji 2005, 126) Tatara (1990, 110) weist in Bezug auf Martin Buber darauf hin, dass in der japanischen Erfahrungswelt die Unterscheidung zwischen ‚Ich' und ‚Du' nicht die dominante Rolle spiele wie im Westen. Hier sei vielmehr der „harmonische Zustand vor der Differenzierung zwischen Subjekt und Objekt" (ebd.) eine Art Grundkategorie.

sich erst innerhalb der Felder oder des ‚Zwischen', in denen sie sich befinden (vgl. Hama-guchi 1990, 145 f.; 1998).

Latka (2003, 203 ff.) spricht in diesem Zusammenhang von dem „Durchlässigsein" des Selbst für den Ort oder das Feld: „Anders als in einem polyzentrischen System, in dem der (Zwischen-)Raum der Einzelnen belanglos ist, da er ohne weiteres mit einer direkten Punkt-zu-Punkt-Verbindung überbrückt werden kann, stellt sich in einem topischen System dieser Raum als topisches Medium dar, von dem man durchdrungen wird, in dem man sich befindet und über das man miteinander verbunden ist." (Ebd., 247) In einem topischen System stellt das Selbst also keine feste, abgeschlossene Einheit dar, sondern es ist Teil des Raumes, hat Anteil an den (Lebens-)Räumen der anderen. Es ist ein Anteil-Selbst (*jibun*), dass sich „zwischen einem selbst und dem anderen findet ... und von dort her als Anteil erwirbt." (Kimura 1995, 111) Insgesamt werden Interaktionsbeziehungen im Diskurs des ‚Zwischen' nicht so sehr als direkte Beziehung zwischen zwei mehr oder weniger stabil gedachten Individuen verstanden, sondern als Ort oder Raum (des „Zwischen Mensch und Mensch"), in dem sich Selbst und Anderer wechselseitig finden. Das mit dieser Vorstellung verbundene Subjekt hat keine feste Substanz noch ist es eine abstrakte Entität, sondern es bildet und verändert sich erst im Zwischenverhältnis. An die Stelle einer identitäts- oder subjektlogischen westlichen Perspektive, die von einem relativ konstanten und einheitlichen Subjekt ausgeht, tritt hier eine ortlogische Perspektive, in der sich das Subjekt je nach Ort (des ‚Zwischen'), an dem es sich befindet, konstituiert.

Literatur

Sigelverzeichnis für die Zitierung Foucaults
[die Jahreszahlen in Klammern beziehen sich, wenn nicht anders vermerkt, auf die Erstveröffentlichung in französischer Sprache]

ÄE: Eine Ästhetik der Existenz (1984)

AW: Die Archäologie des Wissens (1969)

DA: Die Anormalen. Vorlesung am Collège de France 1974–1975 (1999)

DM: Dispositive der Macht (1976–1977)

DW: Diskurs und Wahrheit: die Problematisierung der Parrhesia (englisch 1985)

FS: Freiheit und Selbstsorge (spanisch 1984)

GE: Zur Genealogie der Ethik (englisch 1982)

GG I: Geschichte der Gouvernementalität I. Vorlesung am Collège de France 1977–1978 (2004)

GG II: Geschichte der Gouvernementalität II. Vorlesung am Collège de France 1978–1979 (2004)

GL: Der Gebrauch der Lüste (1984)

HS: Hermeneutik des Subjekts. Vorlesung am Collège de France 1981/82 (2001)

ME: Der Mensch ist eine Erfahrungstier (italienisch 1980)

MM: Mikrophysik der Macht (1972–1976)

MP: Die Macht der Psychiatrie. Vorlesung am Collège de France 1973–1974 (2003)

NGH: Nietzsche, die Genealogie, die Historie (1971)

OD: Die Ordnung der Dinge (1966)

OdD: Die Ordnung des Diskurses (1972)

RM: Die Rückkehr der Moral (1984)

SAM: Sex als Moral (1984)

Schriften I: Dits et Ecrits. Schriften Bd. 1. 1954–1959 (1994)

Schriften II: Dits et Ecrits. Schriften Bd. 2. 1970–1975 (1994)

Schriften III: Dits et Ecrits. Schriften Bd. 3. 1976–1979 (1994)

Schriften IV: Dits et Ecrits. Schriften Bd. 4. 1980–1988 (1994)

SE: Sexualität und Einsamkeit (englisch 1981)

SM: Das Subjekt und die Macht (englisch 1982)

SS: Die Sorge um sich (1984)

SW: Von der Subversion des Wissens (1963–1973)

TS: Technologien des Selbst (englisch 1988)

ÜS: Überwachen und Strafen (1975)

VG: In Verteidigung der Gesellschaft. Vorlesungen am Collège de France 1975–1976 (1996)

WA: Das Wahrsprechen des Anderen (deutsch 1988)

WF: Die Wahrheit und die juristischen Formen (1994)

WIA: Was ist Aufklärung? (englisch 1984)

WK: Was ist Kritik? (1990)

WMS: Wahrheit, Macht, Selbst. Ein Gespräch zwischen Rux Martin und Michel Foucault (25. Oktober 1982) (englisch 1988)

WZW: Der Wille zum Wissen (1976)

Arbeiten Foucaults

Eine Ästhetik der Existenz. In: Foucault, Michel (o.J.): Von der Freundschaft als Lebensweise. Michel Foucault im Gespräch, Berlin, 133–141

Die Anormalen. Vorlesungen am Collège de France 1974–1975, Frankfurt am Main 2003

Die Archäologie des Wissens; Frankfurt am Main 1973

Diskurs und Wahrheit. Die Problematisierung der Parrhesia. 6 Vorlesungen gehalten im Herbst 1983 an der Universität von Berkeley/Kalifornien, hrsg. von Joseph Pearson, Berlin 1996

Dispositive der Macht. Über Sexualität, Wissen und Wahrheit, Berlin 1978

Freiheit und Selbstsorge (Interview 1984 und Vorlesung 1982), hrsg. von Helmut Becker et al., Frankfurt 1985

Der Gebrauch der Lüste. Sexualität und Wahrheit Bd. 2, Frankfurt am Main 1986

Die Geburt der Klinik. Eine Archäologie des ärztlichen Blicks (1963), Frankfurt am Main 1988

Zur Genealogie der Ethik. In: Dreyfus, Hubert L. (1987): Michel Foucault: Jenseits von Strukturalismus und Hermeneutik, Frankfurt, 265–292

Geschichte der Gouvernementalität I. Sicherheit, Territorium, Bevölkerung. Vorlesung am Collège de France 1977–1978, hrsg. von Michel Sennelart, Frankfurt am Main 2004

Geschichte der Gouvernementalität II. Die Geburt der Biopolitik. Vorlesung am Collège de France 1977–1978, hrsg. von Michel Sennelart, Frankfurt am Main 2004

Hermeneutik des Subjekts. Vorlesung am Collège de France (1981/82), Frankfurt am Main 2004

Die Macht der Psychiatrie. Vorlesung am Collège de France 1973–1974, hrsg. von Jaques Lagrange, Frankfurt am Main 2005

Der Mensch ist ein Erfahrungstier. Gespräch mit Ducio Trombadori; Frankfurt am Main 1996

Mikrophysik der Macht. Über Strafjustiz, Psychiatrie und Medizin, Berlin 1976

Nietzsche, die Genealogie, die Historie. In: Foucault, Michel (1978): Von der Subversion des Wissens, Frankfurt am Main/Berlin/Wien, 83–109

Die Ordnung der Dinge. Eine Archäologie der Humanwissenschaften, Frankfurt am Main 1969

Die Ordnung des Diskurses: Inauguralvorlesung am Collège de France 2. Dezember 1970, Frankfurt am Main 1991

Psychologie und Geisteskrankheit (1954), Frankfurt am Main 1968

Raymond Roussel (1963), Frankfurt am Main 1989

Die Rückkehr der Moral. Eine Interview mit Michel Foucault. In: Erdmann, Eva et al. (Hrsg.) (1990): Ethos der Moderne. Foucaults Kritik der Aufklärung, Frankfurt/New York, 133–145

Schriften in vier Bänden. Dits et Ecrits. Bd. 1. 1954–1969, hrsg. von Daniel Defert und Francois Ewald unter Mitarbeit von Jaques Lagrange, Frankfurt am Main 2001

Schriften in vier Bänden. Dits et Ecrits. Bd. 2. 1970–1975, hrsg. von Daniel Defert und Francois Ewald unter Mitarbeit von Jaques Lagrange, Frankfurt am Main 2002

Schriften in vier Bänden. Dits et Ecrits. Bd. 3. 1976–1979, hrsg. von Daniel Defert und Francois Ewald unter Mitarbeit von Jaques Lagrange, Frankfurt am Main 2003

Schriften in vier Bänden. Dits et Ecrits. Bd. 4. 1980–1988, hrsg. von Daniel Defert und Francois Ewald unter Mitarbeit von Jaques Lagrange, Frankfurt am Main 2005

Schriften zur Literatur (1962–1969), München 1974

Sex als Moral (Ein Gespräch mit Hubert Dreyfus und Paul Rabinow, Berkeley, April 1983). In: Foucault, Michel (o.J.): Von der Freundschaft als Lebensweise. Michel Foucault im Gespräch, Berlin, 69–83

Sexualität und Einsamkeit (Seminar mit Richard Sennett). In: Foucault, Michel (o.J.): Von der Freundschaft als Lebensweise. Michel Foucault im Gespräch, Berlin, 25–54

Die Sorge um sich. Sexualität und Wahrheit Bd. 3, Frankfurt 1986

Das Subjekt und die Macht. In: Dreyfus, Hubert L./Rabinow, Paul (1987): Jenseits von Strukturalismus und Hermeneutik, Frankfurt, 241–261

Technologien des Selbst. In: Martin, L.H. et al. (Hrsg.) (1993): Technologien des Selbst, Frankfurt am Main, 24–62

Überwachen und Strafen. Die Geburt des Gefängnisses, Frankfurt am Main 1976

In Verteidigung der Gesellschaft. Vorlesungen am Collège de France 1975–1976, Frankfurt am Main 1999

Von der Freundschaft als Lebensweise. Michel Foucault im Gespräch (1975–1984), Berlin, o.J.

Von der Subversion des Wissens, hrsg. von Walter Seitter, Frankfurt am Main/Berlin/Wien, 1978

Wahnsinn und Gesellschaft. Eine Geschichte des Wahns im Zeitalter der Vernunft (1961), Frankfurt am Main 1969

Wahrheit, Macht, Selbst. Ein Gespräch zwischen Rux Martin und Michel Foucault (25. Oktober 1982). In: Martin, L.H. et al. (Hrsg.) (1993): Technologien des Selbst, Frankfurt am Main, 15–23

Die Wahrheit und die juristischen Formen, Frankfurt am Main 2003

Das Wahrsprechen des Anderen. Zwei Vorlesungen von 1983/84, hrsg. von Ulrike Reuter et al., Frankfurt am Main 1988

Was ist Aufklärung? In: Erdmann, Eva et al. (Hrsg.): Ethos der Moderne. Foucaults Kritik der Aufklärung, Frankfurt/New York 1990, 35–54

Was ist Kritik? Berlin 1992

Der Wille zum Wissen. Sexualität und Wahrheit Bd. 1, Frankfurt am Main, 1977

Farge, Arlette; Foucault, Michel (1989): Familiäre Konflikte: Die ‚Lettres de cachet'. Aus den Archiven der Bastille im 18. Jahrhundert (1982), Frankfurt am Main

Sonstige Literatur

Anders, Kenneth (2000a): Die unvermeidliche Universalgeschichte. Studien über Norbert Elias und das Teleologieproblem, Opladen

Anders, Kenneth (2000b): Fortgeschrittener Humanismus oder humanistischer Fortschritt? In: Treibel, Annette; Kuzmics, Helmut; Blomert, Reinhard (Hrsg.): Zivilisationstheorie in der Bilanz. Beiträge zum 100. Geburtstag von Norbert Elias, Opladen

Balzer, Nicole (2004): Von den Schwierigkeiten nicht oppositional zu denken. Linien der Foucault-Rezeption in der deutschsprachigen Erziehungswissenschaft. In: Ricken, Norbert; Rieger-Ladich, Markus (Hrsg.): Michel Foucault: Pädagogische Lektüren, Wiesbaden, 15–35

Bauman, Zygmunt (1997): Flaneure, Spieler und Touristen. Essays zu postmodernen Lebensformen, Hamburg

Baumgart, Ralf; Eichener, Volker (1991): Norbert Elias zur Einführung, Hamburg

Boogaart, Hilde van den (1994): Beziehungen: soziale Kontrolle, Feminismus und Foucault, Bonn

Breuer, Stefan (1995): Die Gesellschaft des Verschwindens, Hamburg

Brieler, Ulrich (1998): Die Unerbittlichkeit der Historizität. Foucault als Historiker, Köln

Bröckling, Ulrich (2002): Jeder könnte aber nicht alle können. Konturen des unternehmerischen Selbst.
http://www.kwa.unisg.ch/org/kwa/web.nsf/c2d5250e0954edd3c12568e40027f306/adbc0977f fb45127c125718d002aa488/$FILE/ATTGVMJF, 21.02.07

Bröckling, Ulrich (2003): Das demokratisierte Panopticon: Subjektivierung und Kontrolle im 360°-Feedback. In: Honneth, Axel; Saar, Martin (2003): Michel Foucault. Zwischenbilanz einer Rezeption. Frankfurter Foucault-Konferenz 2001, Frankfurt am Main 77–93

Bröckling, Ulrich; Krasmann, Susanne; Lemke, Thomas (Hrsg.) (2000): Gouvernementalität, Neoliberalismus und Selbsttechnologien. Studien zur Ökonomisierung des Sozialen, Frankfurt am Main

Bruder, Klaus-Jürgen (1993): Subjektivität und Postmoderne. Der Diskurs der Psychologie, Frankfurt am Main

Bührmann, Andrea (1995): Das authentische Geschlecht. Die Sexualitätsdebatte der Neuen Frauenbewegung und die Foucaultsche Machtanalyse, Münster

Butler, Judith (2001): Psyche der Macht – Das Subjekt der Unterwerfung, Frankfurt am Main

Butler, Judith; Critchley, Simon; Laclau, Ernesto; Žižek, Slavoj et al. (1998): Das undarstellbare der Politik. Zur Hegemonietheorie Ernesto Laclaus, hrsg. von Oliver Marchart, Wien

Charim, Isolde (2002): Der Althusser-Effekt: Entwurf einer Ideologietheorie, Wien

Davidson, Arnold I. (2003): Über Epistemologie und Archäologie. Von Canguilhem zu Foucault. In: Honneth, Axel; Saar, Martin (2003): Michel Foucault. Zwischenbilanz einer Rezeption. Frankfurter Foucault-Konferenz 2001, Frankfurt am Main, 192–219

Davidson, Donald (2005): Was ist eigentlich ein Begriffsschema? In: Davidson, Donald; Rorty, Richard: Wozu Wahrheit? Eine Debatte, hrsg. und mit einem Nachwort von Mike Sandbothe, Frankfurt am Main, 7–26

Davidson, Donald; Rorty, Richard (2005): Wozu Wahrheit? Eine Debatte, hrsg. und mit einem Nachwort von Mike Sandbothe, Frankfurt am Main

Defert, Daniel (2001): Zeittafel. In: Foucault, Michel: Dits et Ecrits. Schriften Bd. 1, hrsg. von Daniel Defert und Francois Ewald, Frankfurt am Main, 15–105

Deleuze, Gilles (1992): Foucault, Frankfurt am Main

Deleuze, Gilles (1996): Lust und Begehren, Berlin

Detel, Wolfgang (1998): Macht, Moral, Wissen. Foucault und die klassische Antike. Frankfurt am Main

Devereux, Georges (1976): Angst und Methode in den Verhaltenswissenschaften, Frankfurt am Main

Doi, Takeo (1982): Amae. Freiheit in Geborgenheit. Zur Struktur japanischer Psyche, Frankfurt am Main

Doi, Takeo (1989): Amae: Ein Schlüsselbegriff zum Verständnis der japanischen Persönlichkeitsstruktur. In: Menzel, Ulrich (Hrsg.): Im Schatten des Siegers: Japan, Kultur und Gesellschaft, Frankfurt am Main, 98–110

Doi, Takeo; Okonogi, Keigo (1990): ‚Anlehnung‘ und ‚Moratorium‘ – Ein Gespräch. In: Heise, Jens (Hrsg.): Die kühle Seele: Selbstinterpretationen der japanischen Kultur, Frankfurt am Main, 80–87

Dreyfus, Hubert L.; Rabinow, Paul (1987): Michel Foucault: Jenseits von Strukturalismus und Hermeneutik, Frankfurt am Main

Dreyfus, Hubert L.; Rabinow, Paul (1990): Was ist Mündigkeit? Habermas und Foucault über ‚Was ist Aufklärung?‘ In: Erdmann, Eva et al. (Hrsg.): Ethos der Moderne. Foucaults Kritik der Aufklärung, Frankfurt/New York

Duerr, Hans Peter (1988): Der Mythos vom Zivilisationsprozeß, Bd. 1: Nacktheit und Scham, Frankfurt am Main

Duerr, Hans Peter (1990): Der Mythos vom Zivilisationsprozeß, Bd. 2: Intimität, Frankfurt am Main

Duerr, Hans Peter (1993): Der Mythos vom Zivilisationsprozeß, Bd. 3: Obszönität und Gewalt, Frankfurt am Main

Duerr, Hans Peter (1997): Der Mythos vom Zivilisationsprozeß, Bd. 4: Der erotische Leib, Frankfurt am Main

Duerr, Hans Peter (2002): Der Mythos vom Zivilisationsprozeß, Bd. 5: Die Tatsachen des Lebens, Frankfurt am Main

Dzierzbicka, Agnieszka (2006): Neoliberalismus light. Die Kunst des Regierens in wissensbasierten Wirtschaftsräumen. In: Weber, Susanne; Maurer, Susanne (Hrsg.): Gouvernementalität und Erziehungswissenschaft. Wissen – Macht – Transformation, Wiesbaden, 101–119

Dzierzbicka, Agnieszka; Sattler, Elisabeth (2004): Entlassung in die ‚Autonomie‘ – Spielarten des Selbstmanagements. In: Pongratz, Ludwig A.; Wimmer, Michael; Nieke, Wolfgang; Masschelein, Jan (Hrsg.): Nach Foucault. Diskurs und machtanalytische Perspektiven der Pädagogik, Wiesbaden, 114–133

Ehrenberg, Alain (2004): Das erschöpfte Selbst. Depression und Gesellschaft, Frankfurt am Main

Elias, Norbert (1970): Was ist Soziologie?, München 1970

Elias, Norbert (1982): Über die Einsamkeit des Sterbenden in unseren Tagen, Frankfurt am Main

Elias, Norbert (1983a): Die höfische Gesellschaft: Untersuchungen zur Soziologie des Königstums und der höfischen Aristokratie, Frankfurt am Main, (zuerst erschienen 1969, geplante Habilitationsschrift aus den 1930er Jahren)

Elias, Norbert (1983b): Über den Rückzug der Soziologen auf die Gegenwart. In: Kölner Zeitschrift für Soziologie und Sozialpsychologie. Jg. 35, Heft 1, 29–40

Elias, Norbert (1984): Notizen zum Lebenslauf. In: Gleichmann, Peter; Goudsblom, Johan; Korte, Hermann (Hrsg.): Macht und Zivilisation. Materialien zu Norbert Elias' Zivilisationstheorie 2, Frankfurt am Main 1984

Elias, Norbert (1985a): Das Credo eines Metaphysikers. Kommentare zu Poppers „Logik der Forschung". In: Zeitschrift für Soziologie. Jg. 14, Heft 2, 93–114

Elias, Norbert (1985b):Wissenschaft oder Wissenschaften. Beiträge zu einer Diskussion mit wirklichkeitsblinden Philosophen. In: Zeitschrift für Soziologie. Jg. 14, Heft 2, 268–281

Elias, Norbert (1989): Studien über die Deutschen: Machtkämpfe und Habitusentwicklung im 19. und 20. Jahrhundert, hrsg. von Michael Schröter, Frankfurt am Main

Elias, Norbert (1990): Norbert Elias über sich selbst, Frankfurt am Main

Elias, Norbert (1992): Über die Zeit. Arbeiten zur Wissenssoziologie II, Frankfurt am Main 1992, (zuerst erschienen 1984)

Elias, Norbert (1994): Die Gesellschaft der Individuen, Frankfurt am Main, (zuerst erschienen 1983)

Elias, Norbert (1997a): Über den Prozeß der Zivilisation. Soziogenetische und psychogenetische Untersuchungen, Band 1, Frankfurt am Main, (zuerst erschienen 1939)

Elias, Norbert (1997b): Über den Prozeß der Zivilisation. Soziogenetische und psychogenetische Untersuchungen, Band 2, Frankfurt am Main, (zuerst erschienen 1939)

Elias, Norbert (1999): Norbert Elias: im Gespräch mit Hans Christian Huf, Berlin 1999

Elias, Norbert (2001): Symboltheorie, Frankfurt am Main, Gesammelte Schriften Band 13, (zuerst erschienen in englisch 1989)

Elias, Norbert (2002): Humana conditio. In: Elias, Norbert: Gesammelte Schriften Band 6, Frankfurt am Main, 109–234, (zuerst erschienen 1985)

Elias, Norbert (2003): Engagement und Distanzierung, Frankfurt am Main, Gesammelte Schriften Band 8, (zuerst erschienen 1983)

Elias, Norbert (2005): Autobiographisches und Interviews, Gesammelte Schriften Band 17, Frankfurt am Main

Elias, Norbert (2006a): Aufsätze und andere Schriften II, Gesammelte Schriften Band 14, Frankfurt am Main

Elias, Norbert (2006b): Aufsätze und andere Schriften II, Gesammelte Schriften Band 15, Frankfurt am Main

Elias, Norbert (2006c): Aufsätze und andere Schriften III, Gesammelte Schriften Band 16, Frankfurt am Main

Elias, Norbert; Dunning, Eric (1983): Sport im Zivilisationsprozeß, Studien zur Figurationssoziologie, hrsg. von Wilhelm Hopf, Münster (zuerst erschienen 1981)

Elias, Norbert; Lepenies, Wolf (1978): Zwei Reden anläßlich der Verleihung des Theodor-W.-Adorno Preises der Stadt Frankfurt am Main an Norbert Elias am 2. Oktober 1977 in der Paulskirche, hrsg. vom Dezernat Kultur und Freizeit der Stadt Frankfurt am Main

Erdmann, Eva; Forst, Rainer; Honneth, Axel (Hrsg.) (1990): Ethos der Moderne. Foucaults Kritik der Aufklärung, Frankfurt/New York

Eribon, Didier (1993): Michel Foucault. Eine Biographie, Frankfurt am Main

Ewald, Francois (1978): Foucault – Ein vagabundierendes Denken. In: Foucault, Michel (1978): Dispositive der Macht. Über Sexualität, Wissen und Wahrheit, Berlin

Ewald, Francois (1991): Eine Macht ohne Draußen. In: Ewald, Francois; Waldenfels, Bernhard (Hrsg.): Die Spiele der Wahrheit. Michel Foucaults Denken, Frankfurt am Main, 163–170

Ewald, Francois; Waldenfels, Bernhard (Hrsg.) (1991): Die Spiele der Wahrheit. Michel Foucaults Denken, Frankfurt am Main

Fink-Eitel, Hinrich (1989): Foucault zur Einführung, Hamburg

Frank, Manfred (1984): Was ist Neostrukturalismus? Frankfurt am Main

Frase, Nancy (1994): Widerspenstige Praktiken. Macht, Diskurs, Geschlecht, Frankfurt am Main

Freud, Sigmund (1994): Vorlesungen zur Einführung in die Psychoanalyse Und Neue Folge, Frankfurt am Main 1994

Fröhlich, Gerhard (1991): ‚Inseln zuverlässigen Wissens im Ozean menschlichen Nichtwissen‘ Zur Theorie der Wissenschaften bei Norbert Elias. In: Kuzmics, Helmut; Mörth, Ingo (Hrsg.): Der unendliche Prozeß der Zivilisation: Zur Kultursoziologie der Moderne nach Norbert Elias, Frankfurt am Main/New York, 95 111

Fröhlich, Gerhard (2000): Denken, Sprechen, Wissen als primär symbolische Aktivitäten. Die Symboltheorie bei Norbert Elias, http://www.iwp.uni-linz.ac.at/lxe/wt2k/pdf/EliasSymbolTheorie.pdf, 21.02.07

Gehring, Petra (2004): Foucault – Die Philosophie im Archiv, Frankfurt/New York

Gleichmann, Peter (1987): Norbert Elias – aus Anlaß seines 90. Geburtstages. In: Kölner Zeitschrift für Soziologie und Sozialpsychologie, 39. Jg., Heft 2, 406–417

Gleichmann, Peter; Goudsblom, Johan; Korte, Hermann (Hrsg.) (1984): Macht und Zivilisation. Materialien zu Norbert Elias' Zivilisationstheorie 2, Frankfurt am Main

Goudsblom, Johan: Elias and Cassirer, Sociology and Philosophy. In: Theory Culture & Society, Volume 12 (1995), London, 121–126

Greco, Monica (1998): Illness as a work of thought. A Foucauldian perspective on psychosomatics, London/New York

Greco, Monica (2000): Homo Vacuus. Alexithymie und das neoliberale Gebot des Selbstseins. In: Bröckling, Ulrich et al. (Hrsg.): Gouvernementalität der Gegenwart. Studien zur Ökonomisierung des Sozialen, Frankfurt am Main, 265–285

Gros, Frédéric (2004): Situierung der Vorlesungen. In: Foucault, Michel (2004): Hermeneutik des Subjekts. Vorlesung am Collège de France (1981/82), Frankfurt am Main, 616–668

Habermas (1988): Der philosophische Diskurs der Moderne, Frankfurt am Main

Hadot, Pierre (1991): Überlegungen zum Begriff der ‚Selbstkultur‘. In: Ewald, Francois; Waldenfels, Bernhard (Hrsg.): Spiele der Wahrheit. Michel Foucaults Denken, Frankfurt am Main, 219–228

Hagenbüchle, Ronald (1998): Subjektivität: Eine historisch-systematische Hinführung. In: Fetz, Reto Luzius et al. (1998): Geschichte und Vorgeschichte der modernen Subjektivität. Bd. 1, Berlin/New York, 1–88

Hamaguchi, Eshun (1990): Ein Modell zur Selbstinterpretation der Japaner – ‚Intersubjekt‘ und ‚Zwischensein‘. In: Heise, Jens (Hrsg.): Die kühle Seele: Selbstinterpretationen der japanischen Kultur, Frankfurt am Main, 138–147

Hamaguchi, Eshun (1998): Die ontologische Grundlage östlicher Kulturen. In: Akademischer Arbeitskreis Japan. Österreichische Japan-Gesellschaft für Wissenschaft und Kunst: MINIKOMI, Nr. 4/1998, 16–23

Haselbach, Dieter (1996): ‚Monopolmechanismus‘ und Macht. Der Staat in Norbert Elias' Evolutionstheorie. In: Rehberg, Karl-Siegbert (Hrsg.): Norbert Elias und die Menschenwissenschaften, Frankfurt am Main, 331–351

Hasenfratz, Michael (2003): Wege zur Zeit. Eine konstruktivistische Interpretation objektiver, subjektiver und intersubjektiver Zeit. Reihe: Interaktionistischer Konstruktivismus Bd. 2, Münster

Heise, Jens (1986): Psychogramm einer Kultur der Anlehnung. Zu Takeo Doi, ‚Amae no kôzô‘. In: Pörtner, Peter (Hrsg.): Japan. Ein Lesebuch, Tübingen, 277–290

Heise, Jens (1989): Nihonron – Materialien zur Kulturhermeneutik. In: Menzel, Ulrich (Hrsg.): Im Schatten des Siegers: Japan, Kultur und Gesellschaft, Frankfurt am Main, 76–97

Heise, Jens (1990): Das Unüberwindbare der Seele. Notizen zur Struktur der Anlehnung in Japan. In: Pörtner, Peter (Hrsg.): Japan, Lesebuch II, Tübingen

Heiter, Bernd (1988): Intersubjektivität und die „Sorge um sich". Kommentierende Bemerkungen zu Foucaults interpretativer Analytik der antiken Ethik. In: Das Wahrsprechen des Anderen. Zwei Vorlesungen von 1983/84, hrsg. von Ulrike Reuter et al., Frankfurt am Main, 52–67

Hickman, Larry; Neubert, Stefan; Reich, Kersten (Hrsg.) (2004): John Dewey: Zwischen Pragmatismus und Konstruktivismus. Reihe: Interaktionistischer Konstruktivismus Bd. 1, Münster

Hinz, Michael (2002): Der Zivilisationsprozess: Mythos oder Realität? Wissenschaftssoziologische Untersuchungen zur Elias-Dürr-Kontroverse, Opladen

Hirseland, Andreas; Schneider, Werner (2001): Wahrheit, Ideologie und Diskurse. In: Keller, Reiner; Hirseland, Andreas; Schneider, Werner; Viehöver, Willy (Hrsg.): Handbuch sozialwissenschaftlicher Diskursanalyse. Band I: Theorien und Methoden, Opladen

Höhne, Thomas (2006): Evaluation als Medium der Exklusion. Eine Kritik an disziplinärer Standardisierung im Neoliberalismus. In: Weber, Susanne; Maurer, Susanne (Hrsg.): Gouvernementalität und Erziehungswissenschaft. Wissen – Macht – Transformation, Wiesbaden

Honneth, Axel (1985): Kritik der Macht. Reflexionsstufen einer kritischen Gesellschaftstheorie, Frankfurt am Main

Honneth, Axel (2003): Unsichtbarkeit. Stationen einer Theorie der Intersubjektivität, Frankfurt am Main

Honneth, Axel; Saar, Martin (2003): Michel Foucault. Zwischenbilanz einer Rezeption. Frankfurter Foucault-Konferenz 2001, Frankfurt am Main

Horn, Christoph (2001): Ästhetik der Existenz und Selbstsorge, in: Kleiner, Marcus S. (Hrsg.): Michel Foucault. Eine Einführung in sein Denken, Frankfurt am Main, 137–152

Huf, Christina (2006): Didaktische Arrangements aus der Perspektive von SchulanfängerInnen. Eine ethnographische Feldstudie über Alltagspraktiken, Deutungsmuster und Handlungsperspektive von SchülerInnen der Eingangsstufe der Bielefelder Laborschule, Bad Heilbrunn

Hutton, Patrick H. (1993): Freud, Foucault und die Technologien des Selbst. In: Martin, L.H. et al. (Hrsg.): Technologien des Selbst, Frankfurt am Main, 144–167

Jäger, Christian (1994): Michel Foucault, das Ungedachte denken: Eine Untersuchung der Entwicklung und Struktur des kategorischen Zusammenhangs in Foucaults Schriften, München

James, William (1896): The Will to believe, in: Works, Bd. 6,13–33

Kammler, Clemens (1986): Michel Foucault. Eine kritische Analyse seines Werkes, Bonn

Kaufmann, Elke (2005): ‚Japanisches und Anderes' – Wege der Kommunikation als Kulturkontakt, München

Kawai, Hayao (1990): Die ‚Ewig Jungen' in Japans materneller Gesellschaft. In: Heise, Jens (Hrsg.): Die kühle Seele: Selbstinterpretationen der japanischen Kultur, Frankfurt am Main, 88–108

Keller, Reiner (2004): Diskursforschung. Eine Einführung für SozialwissenschaftlerInnen, Wiesbaden

Keller, Reiner; Hirseland, Andreas; Schneider, Werner; Viehöver, Willy (Hrsg.) (2001): Handbuch sozialwissenschaftlicher Diskursanalyse. Band I: Theorien und Methoden, Opladen

Kessl, Fabian (2005): Der Gebrauch der eigenen Kräfte. Eine Gouvernementalität Sozialer Arbeit, Weinheim/München

Keupp, Heiner et al. (1999): Identitätskonstruktionen. Das Patchwork der Identitäten in der Spätmoderne, Hamburg

Kilminster, Richard; Wouters, Cas (1995): From Philosophy to Sociology: Elias and the Neo-Kantians (A response to Benjo Maso). In: Theory Culture & Society, Volume 12 (1995), London, 81–120

Kim, Eun Yong (1995): Norbert Elias im Diskurs von Moderne und Postmoderne: Ein Rekonstruktionsversuch der Eliasschen Theorie im Licht der Diskursversion von Foucault und Habermas, Marburg

Kimura, Bin (1995): Zwischen Mensch und Mensch: Strukturen japanischer Subjektivität, Darmstadt

Kippele, Flavia (1998): Was heißt Individualisierung?: die Antworten soziologischer Klassiker, Opladen 1998

Kiss, Gabor (1991): Systemtheorie oder Figurationssoziologie – was leistet die Figurationsforschung? In: Kuzmics, Helmut; Mörth, Ingo (Hrsg.): Der unendliche Prozeß der Zivilisation. Zur Kultursoziologie der Moderne nach Norbert Elias, Frankfurt/New York, 79–94

Kleiner, Marcus S. (Hrsg.) (2001): Michel Foucault. Eine Einführung in sein Denken, Frankfurt am Main

Kobayashi, Makoto (1995): Selbstkonzept und Empathie im Kulturvergleich. Ein Vergleich deutscher und japanischer Kinder, Konstanz

Kögler, Hans Herbert (1990): Fröhliche Subjektivität. Historische Ethik und dreifache Ontologie beim späten Foucault, in: Erdmann, Eva et al. (Hrsg.): Ethos der Moderne. Foucaults Kritik der Aufklärung, Frankfurt/New York, 202–228

Kögler, Hans Herbert (1994): Michel Foucault, Stuttgart

Krasmann, Susanne (1999): Regieren über Freiheit, zur Analyse der Kontrollgesellschaft in foucaultscher Perspektive, in: Kriminologisches Journal, 31. Jg. Weinheim, 107–121

Krasmann, Susanne (2002): Gouvernementalität: Zur Kontinuität der Foucaultschen Analytik der Oberfläche. In: Martschukat, Jürgen (2002): Geschichte schreiben mit Foucault, Frankfurt am Main, 79–95

Krasmann, Susanne (2003): Die Kriminalität der Gesellschaft. Zur Gouvernementalität der Gegenwart

Kuzmics, Helmut (2001): Editorischer Bericht. In: Elias, Norbert (2001): Symboltheorie, Frankfurt am Main, Gesammelte Schriften Band 13, 227–230

Kuzmics, Helmut; Mörth, Ingo (Hrsg.) (1991): Der unendliche Prozeß der Zivilisation. Zur Kultursoziologie der Moderne nach Norbert Elias, Frankfurt/New York

Landmann, Antje (2003): Zeichenleere. Roland Barthes' interkultureller Dialog in Japan, München

Laplanche, J.; Pontalis, J. B. (1973): Das Vokabular der Psychoanalyse, Frankfurt am Main

Latka, Thomas (2003): Topisches Sozialsystem. Die Einführung der japanischen Lehre vom Ort in die Systemtheorie und deren Konsequenzen für eine Theorie sozialer Systeme, Heidelberg

Lehmann-Rommel, Roswitha (2004): Partizipation, Selbstreflexion und Rückmeldung: gouvernementale Regierungspraktiken im Feld Schulentwicklung. In: Ricken, Norbert; Rieger-Ladich, Markus (Hrsg.): Michel Foucault: Pädagogische Lektüren, Wiesbaden, 261–283

Lemke, Thomas (1997): Eine Kritik der politischen Vernunft. Foucaults Analyse der modernen Gouvernementalität, Hamburg

Lemke, Thomas (2000): Neoliberalismus, Staat und Selbsttechnologien. Ein kritischer Überblick über die governementality studies, http://www.thomaslemkeweb.de/engl.%20texte/Neoliberalismus%20ii.pdf, 21.02.07

Lemke, Thomas (2001): Max Weber, Norbert Elias und Michel Foucault über Macht und Subjektivierung, http://www.thomaslemkeweb.de/publikationen/Leviathan%20und%20Legitimation%20II.pdf 21.02.07

Lemke, Thomas (2006): Einleitung zu: Gouvernementalität und Biopolitik, http://www.thomaslemkeweb.de/publikationen/Einleitung%20Gouvernementalitaet%20 und%20Biopolitik.pdf, 21.02.07

Lemke, Thomas; Krasmann, Susanne; Bröckling, Ulrich (2000): Gouvernementalität, Neoliberalismus und Selbsttechnologien. Eine Einleitung. In: Bröckling, Ulrich et al. (2000): Gouvernementalität, Neoliberalismus und Selbsttechnologien. Studien zur Ökonomisierung des Sozialen, Frankfurt am Main, 7–40

Lévi-Strauss, Claude (1980): Mythos und Bedeutung. Fünf Radiovorträge: Gespräche mit Claude Lévi-Strauss, hrsg. von Adelbert Reif, Frankfurt am Main

Liederbach, Hans Peter (2001): Martin Heidegger im Denken Watsuji Tetsurōs. Ein japanischer Beitrag zur Philosophie der Lebenswelt, München

Liesner, Andrea (2004): Von kleinen Herren und großen Knechten. Gouvernementalitätstheoretische Anmerkungen zum Selbstständigkeitskult in Politik und Pädagogik. In: Ricken, Norbert; Rieger-Ladich, Markus (Hrsg.): Michel Foucault: Pädagogische Lektüren, Wiesbaden, 285–300

Macherey, Pierre (1991): Foucault: Ethik und Subjektivität. In: Schmid, Wilhelm (Hrsg.): Denken und Existenz bei Michel Foucault, Frankfurt am Main, 181–196

Manabe, Kazufumi; Befu, Harumi (1992): Japanese Cultural Identity. An Empirical Investigation of Nihonjinron. In: Japanstudien. Jahrbuch des Deutschen Instituts für Japanstudien der Philipp-Franz-von-Siebold-Stiftung. Band 4/1992, 89–102

Markus, H.R.; Kitayama, S. (1991): Culture and the self: Implications for cognition, emotion and motivation. In: Psychological Review, 98, 224–253

Marques, Marcelo (Hrsg.) (1990): Foucault und die Psychoanalyse. Zur Geschichte einer Auseinandersetzung, Tübingen

Maso, Benjo (1995a): Elias and the Neo-Kantians: Intellectual Backgrounds of the *The Civilizing Process*. In: Theory Culture & Society, Volume 12 (1995), London, 43–79

Maso, Benjo (1995b): The Different Theoretical Layers of *The Civilizing Process*: A Response to Goudsblom and Kilminster & Wouters. In: Theory Culture & Society, Volume 12 (1995), London, 127–145

Meschnig, Alexander (1993): „Die Seele – Gefängnis des Körpers". Die Beherrschung der Seele durch die Psychologie, Pfaffenweiler

Mehrtens, Arnd (1991): Realismus und Antirealismus. Zur Einführung. In: Sandkühler, Hans Jörg (Hrsg.) im Auftrag des Zentrum philosophische Grundlagen der Wissenschaften (1991): Wirklichkeit und Wissen, Bremen

Menke, Christoph (2003): Zweierlei Übung. Zum Verhältnis von sozialer Disziplinierung und ästhetischer Existenz. In: Honneth, Axel; Saar, Martin (2003): Michel Foucault. Zwischenbilanz einer Rezeption. Frankfurter Foucault-Konferenz 2001, Frankfurt am Main, 283–299

Mersch, Dieter (2001): Semiotik und Grundlagen der Wissenschaft. In: Hug, Theo (Hrsg.): Einführung in die Wissenschaftstheorie und Wissenschaftsforschung, Bd. 4, Hohengehren, 323–338

Mertens, Gerhard (1998): Umwelten: Eine humanökologische Pädagogik, Paderborn

Neuenhaus, Petra (1993): Max Weber und Michel Foucault. Über Macht und Herrschaft in der Moderne, Pfaffenweiler

Okonogi, Keigo (1990): Der Ajase-Komplex des Japaners. In: Heise, Jens (Hrsg.): Die kühle See-le: Selbstinterpretationen der japanischen Kultur, Frankfurt am Main, 30–79

Ortega, Francisco (1997): Michel Foucault: Rekonstruktion der Freundschaft, München

Ott, Cornelia (1998): Die Spur der Lüste. Sexualität, Geschlecht und Macht, Opladen

Peirce, Charles Sanders (1983): Phänomen und Logik der Zeichen, hrsg. von H. Pape, Frankfurt am Main

Peirce, Charles Sanders (1991): Naturordnung und Zeichenprozess, Schriften über Semiotik und Naturphilosophie, hrsg. von H. Pape, Frankfurt am Main

Pieper, Marianne; Gutiérrez Rodríguez, Encarnación (2003): Einleitung. In: Pieper, Marianne; Gutiérrez Rodríguez, Encarnación (Hrsg.): Gouvernementalität. Ein sozialwissenschaftliches Konzept in Anschluss an Foucault, Frankfurt/NewYork, 7–21

Plumpe, Gerhard (1986): Postmoderne Lebenskunst. In: kultuRRevolution, Nr. 13, 13–14

Pongratz, Ludwig A. (2004): Freiwillige Selbstkontrolle. Schule zwischen Disziplinar- und Kon-trollgesellschaft. In: Ricken, Norbert; Rieger-Ladich, Markus (Hrsg.): Michel Foucault: Pä-dagogische Lektüren, Wiesbaden, 243–259

Pörtner, Peter; Heise, Jens (1995): Die Philosophie Japans – Von den Anfängen bis zu Gegenwart, Stuttgart

Poulantzas, Nicos (1978): Staatstheorie: politischer Überbau, Ideologie, sozialistische Demokratie, Hamburg

Prohl, Inken (2000): Die ‚spirituellen Intellektuellen' und das New Age in Japan, Hamburg

Rajchman, John (1985): Michel Foucault, the freedom of philosophy, New York

Reckwitz, Andreas (1997): Struktur. Zur sozialwissenschaftlichen Analyse von Regeln und Re-gelmäßigkeiten, Opladen

Reckwitz, Andreas (2000): Die Transformation der Kulturtheorien, Weilerswist

Reckwitz, Andreas (2006): Das hybride Subjekt. Eine Theorie der Subjektkulturen von der bürger-lichen Moderne zur Postmoderne, Weilerswist

Rehberg, Karl-Siegbert (Hrsg.) (1996): Norbert Elias und die Menschenwissenschaften: Studien zur Entstehung und Wirkungsgeschichte seines Werkes, Frankfurt am Main

Reich, Kersten (1998a): Die Ordnung der Blicke. Perspektiven des interaktionistischen Konstruk-tivismus. Bd. 1, Neuwied

Reich, Kersten (1998b): Die Ordnung der Blicke. Perspektiven des interaktionistischen Konstruk-tivismus. Bd. 2, Neuwied

Reich, Kersten (2000): Systemisch-konstruktivistische Pädagogik: Einführung in die Grundlagen einer interaktionistisch-konstruktivistischen Pädagogik, Neuwied

Reich, Kersten (2002): Konstruktivistische Didaktik. Lehren und Lernen aus interaktionistischer Sicht, Neuwied

Reich, Kersten (2004): Beobachter, Teilnehmer und Akteure in Diskursen – zur Beobachtertheorie im Pragmatismus und Konstruktivismus. In: Hickman, Larry; Neubert, Stefan; Reich, Kersten (Hrsg.): John Dewey: Zwischen Pragmatismus und Konstruktivismus. Reihe: Interaktionisti-scher Konstruktivismus Bd. 1, Münster, 76–98

Reich, Kersten; Wei, Yuqing (1997): Beziehungen als Lebensform: Philosophie und Pädagogik im alten China, Münster u.a.O.

Ricken, Norbert; Rieger-Ladich, Markus (Hrsg.) (2004): Michel Foucault: Pädagogische Lektüren, Wiesbaden

Rieger-Ladich, Markus (2002): Mündigkeit als Pathosformel. Beobachtungen zur pädagogischen Semantik, Konstanz

Rieger-Ladich, Markus (2004): Unterwerfung und Überschreitung: Michel Foucaults Theorie der Subjektivierung. In: Ricken, Norbert; Rieger-Ladich, Markus (Hrsg.): Michel Foucault: Pädagogische Lektüren, Wiesbaden, 203–223

Roedig, Andrea (1996): Foucault und Sartre: Die Kritik des modernen Denkens, Freiburg/ München

Rorty, Richard (1999): Kontingenz, Ironie und Solidarität, Frankfurt am Main

Rorty, Richard (2005): Pragmatismus, Davidson und der Wahrheitsbegriff. In: Davidson, Donald; Rorty, Richard: Wozu Wahrheit? Eine Debatte, hrsg. und mit einem Nachwort von Mike Sandbothe, Frankfurt am Main, 76–115

Rosemann, Lutz (2003): Die Zeit als Paradigma in der Wissenssoziologie von Norbert Elias, Münster, Hamburg, London

Saar, Martin (2003a): Genealogie und Subjektivität. In: Honneth, Axel; Saar, Martin (2003): Michel Foucault. Zwischenbilanz einer Rezeption. Frankfurter Foucault-Konferenz 2001, Frankfurt am Main, 157–177

Saar, Martin (2003b): Einleitung: Zwischen Ethik und Ästhetik. In: Honneth, Axel; Saar, Martin (2003): Michel Foucault. Zwischenbilanz einer Rezeption. Frankfurter Foucault-Konferenz 2001, Frankfurt am Main, 277–282

Saar, Martin (2003c): Nachwort. In: Foucault, Michel (2003): Die Wahrheit und die juristischen Formen, Frankfurt am Main 2003

Sandbothe, Mike (2001): Pragmatische Medienphilosophie. Grundlegung einer neuen Disziplin im Zeitalter des Internet, Weilerswist

Sandbothe, Mike (2005): Nachwort. In: Davidson, Donald; Rorty, Richard: Wozu Wahrheit? Eine Debatte, hrsg. und mit einem Nachwort von Mike Sandbothe, Frankfurt am Main, 326–351

Sarasin, Philipp (2003): Geschichtswissenschaft und Diskursanalyse, Frankfurt am Main

Sartre, Jean Paul (1969): Jean Paul Sartre antwortet. Interview mit Bernard Pingaud. In: Schiwy, Günther (1969): Der französische Strukturalismus, Reinbek

Schäfer, Thomas (1995): Reflektierte Vernunft. Michel Foucaults philosophisches Projekt einer antitotalitären Macht- und Wahrheitskritik, Frankfurt am Main

Schmid, Wilhelm (1987): Die Geburt der Philosophie im Garten der Lüste. Michel Foucaults Archäologie des platonischen Eros, Frankfurt am Main

Schmid, Wilhelm (Hrsg.) (1991): Denken und Existenz bei Michel Foucault, Frankfurt am Main

Schmid, Wilhelm (2000): Auf der Suche nach einer neuen Lebenskunst. Die Frage nach dem Grund und die Neubegründung der Ethik bei Foucault, Frankfurt am Main

Schneider, Ulrich Johannes (2004): Michel Foucault, Darmstadt

Schröter, Michael (1996): Die harte Arbeit des kreativen Prozesses. Erfahrungen mit Norbert Elias. In: Rehberg, Karl-Siegbert (Hrsg.): Norbert Elias und die Menschenwissenschaften: Studien zur Entstehung und Wirkungsgeschichte seines Werkes, Frankfurt am Main, 87–122

Schröter, Michael (1997): Erfahrungen mit Norbert Elias. Gesammelte Aufsätze, Frankfurt am Main

Schründer-Lenzen, Agi (1996): Sozialisation im „Reich der Zeichen". Zum Diskurs einer Krise der Erziehung in Japan und Deutschland. In: Schründer-Lenzen, Agi (Hrsg.): Harmonie und Konformität. Tradition und Krise japanischer Sozialisationsmuster, München, 7–29

Schubert, Volker (1992): Die Inszenierung der Harmonie. Erziehung und Gesellschaft in Japan, Darmstadt

Schubert, Volker (2000): Westlicher Individualismus und japanische Gruppenorientierung? Oder: Über den Anteil der Selbsttäuschung bei der Konstruktion von Fremdem. In: Interkulturell, H. 1/2, Jg. 2000, 151–166

Schulz, Walter (1979): Ich und Welt. Philosophie der Subjektivität, Pfullingen

Seier, Andrea (2001): Macht. In: Kleiner, Marcus S. (Hrsg.): Michel Foucault. Eine Einführung in sein Denken, Frankfurt am Main 2001, 90–107

Seitter, Walter (1978): Michel Foucault – Von der Subversion des Wissens. In: Foucault, Michel (1978): Von der Subversion des Wissens, Frankfurt am Main/Berlin/Wien, 141–170

Sennelart, Michel (2004): Situierung der Vorlesung. In: Foucault, Michel: Geschichte der Gouvernementalität II. Die Geburt der Biopolitik. Vorlesung am Collège de France 1978–1979, hrsg. von Michel Sennelart, Frankfurt am Main, 445–489

Singer, Kurt (1991): Spiegel, Schwert und Edelstein. Strukturen des japanischen Lebens, Frankfurt am Main

Smith, Dennis (2001): Norbert Elias and modern social theory, London u.a.O.

Sprenger, Gerhard (2004): ohne Titel. In: Firnhaber, Eberhard; Löning, Martin (Hrsg.): Norbert Elias – Bielefelder Begegnungen, Münster, 93–97

Stäheli, Urs (1998): Politik der Entparadoxisierung. Zur Artikulation von Hegemonie- und Systemtheorie. In: Butler, Judith; Critchley, Simon; Laclau, Ernesto; Žižek, Slavoj et al.: Das undarstellbare der Politik. Zur Hegemonietheorie Ernesto Laclaus, hrsg. von Oliver Marchart, Wien, 52–66

Stäheli, Urs (1999): Die politische Theorie der Hegemonie: Ernesto Laclau und Chantal Mouffe. In: Brodocz, A.; Schaal, G. (Hrsg.): Politische Theorien der Gegenwart, Opladen, 143–166

Tatara Mikihachirô (1990): Identität und Erziehung in Japan. ‚Sehen‘ und ‚Gesehen werden‘. In: Heise, Jens (Hrsg.): Die kühle Seele: Selbstinterpretationen der japanischen Kultur, Frankfurt am Main, 109–120

Thompson, Christiane (2004): Diesseits von Authentizität und Emanzipation. In: Ricken, Norbert; Rieger-Ladich, Markus (Hrsg.): Michel Foucault: Pädagogische Lektüren, Wiesbaden, 39–56

Treibel, Annette (1990): Engagierte Frauen, distanzierte Männer? Anmerkungen zum Wissenschaftsbetrieb, in: Korte, Hermann (Hrsg.): Gesellschaftliche Prozesse und individuelle Praxis: Bochumer Vorlesungen zu Norbert Elias' Zivilisationstheorie, Frankfurt am Main 1990, 179–196

Treibel, Annette (1996): Norbert Elias und Ulrich Beck – Individualisierungsschübe im theoretischen Vergleich, in: Rehberg, Karl-Siegberg (Hrsg.): Norbert Elias und die Menschenwissenschaften: Studie zur Entstehung und Wirkungsgeschichte seines Werkes, Frankfurt am Main 1996, 424–433

Treibel, Annette; Kuzmics, Helmut; Blomert, Reinhard (Hrsg.) (2000): Zivilisationstheorie in der Bilanz. Beiträge zum 100. Geburtstag von Norbert Elias, Opladen

Veyne, Paul (1981): Der Eisberg der Geschichte. Foucault revolutioniert die Historie, Berlin

Veyne, Paul (1986): Sexualität in Rom und Athen. In: Veyne, Paul (1986): Aus der Geschichte, Berlin, 19–26

Veyne, Paul (2003): Michel Foucaults Denken. In: Honneth, Axel; Saar, Martin (2003): Michel Foucault. Zwischenbilanz einer Rezeption. Frankfurter Foucault-Konferenz 2001, Frankfurt am Main, 27–51

Visker, Rudi (1991): Michel Foucault: Genealogie als Kritik, München

Watsuji, Tetsurô (1992): Fûdo – Wind und Erde: der Zusammenhang zwischen Klima und Kultur, Darmstadt

Watsuji, Tetsurô (2005): Ethik als Wissenschaft vom Menschen, Darmstadt

Weber, Susanne; Maurer, Susanne (Hrsg.) (2006): Gouvernementalität und Erziehungswissenschaft. Wissen – Macht – Transformation, Wiesbaden

Weinmayr, Elmar (1995): Zur deutschen Übersetzung von Kimura Bin: Zwischen Mensch und Mensch. In: Kimura, Bin (1995): Zwischen Mensch und Mensch: Strukturen japanischer Subjektivität, Darmstadt, 173–198

Wellmer, Albrecht (2004): Sprachphilosophie. Eine Vorlesung, Frankfurt am Main

Welsch, Wolfgang (1991): Präzision und Suggestion. Bemerkungen zu Stil und Wirkung eines Autors. In: Ewald, Francois; Waldenfels, Bernhard (Hrsg.): Spiele der Wahrheit. Michel Foucaults Denken, Frankfurt am Main

Wilterdink, Nico (1984): Die Zivilisationstheorie im Kreuzfeuer der Diskussion. Ein Bericht vom Kongreß über Zivilisationsprozesse in Amsterdam. In: Gleichmann, Peter; Goudsblom, Johan; Korte, Hermann (Hrsg.): Macht und Zivilisation. Materialien zu Norbert Elias' Zivilisationstheorie 2, Frankfurt am Main, 280–304

Wittgenstein, Ludwig (1980): Das Blaue Buch. Eine Philosophische Betrachtung (Das Braune Buch), Frankfurt am Main

Wittgenstein, Ludwig (2003): Philosophische Untersuchungen, Frankfurt am Main

Wolfstetter, Lothar (1988): Foucaultiade II. In: Das Wahrsprechen des Anderen. Zwei Vorlesungen von 1983/84, hrsg. von Ulrike Reuter et al., Frankfurt am Main, 68–95

Wouters, Cas (1999): Informalisierung. Norbert Elias' Zivilisationstheorie und Zivilisationsprozesse im 20. Jahrhundert, Opladen

Wrana, Daniel (2006): Das Subjekt schreiben. Reflexive Praktiken und Subjektivierung in der Weiterbildung – eine Diskursanalyse, Baltmannsweiler

Žižek, Slavoj (1998): Jenseits der Diskursanalyse. In: Butler, Judith; Critchley, Simon; Laclau, Ernesto; Žižek, Slavoj et al.: Das undarstellbare der Politik. Zur Hegemonietheorie Ernesto Laclaus, hrsg. von Oliver Marchart, Wien, 123–13

Waxmann

MÜNSTER · NEW YORK · MÜNCHEN · BERLIN

Désirée Laubenstein

Sonderpädagogik und Konstruktivismus

Behinderung im Spiegel des Anderen, der Fremdheit, der Macht

Interaktionistischer Konstruktivismus, Bd. 5
2008, 388 Seiten, br., 29,90 €
ISBN 978-3-8309-1910-0

Die Auseinandersetzungen, die um das Phänomen „Behinderung" zirkulieren, sind vielfältig. Oftmals verweisen sie auf die Vorstellung, die Wirklichkeit des Phänomens festschreiben zu können. Auf der Grundlage der Beobachtertheorie des interaktionistischen Konstruktivismus nach Reich zeigt dieses Buch auf, wie der sonderpädagogische Diskurs versucht, das Phänomen „Behinderung" symbolisch durch Sprachkonstruktionen zu definieren. Dabei nähert es sich dem Phänomen auf der imaginären Ebene durch Selbstkonzeptforschung ohne dabei zu reflektieren, dass sich sowohl das Symbolische als auch das Imaginäre einer vollständigen Erfassung entziehen, da diese subversiv von dem unterwandert werden, was der französische Psychoanalytiker Lacan als das Reale bezeichnet hat, d.h. Situationen des Erstaunens, der Irritationen, der Fremdheit. In diesen Diskurs weben sich Machtstrukturen, die sich mit Foucault als Dispositive enttarnen lassen, die den sonderpädagogischen Diskurs durchdringen und die Begegnung mit dem behinderten Anderen bestimmen. Die Suche des sonderpädagogischen Diskurses nach der Klärung des Phänomens „Behinderung" wird damit zu einer Suche, die niemals an ihr Ende gelangen kann. Vielleicht liegt in dieser Erkenntnis seine Chance.